【제2판】

사회복지행정론

서종수 · 신민정 · 조성욱
강도명 · 오승하 · 정명환

KNOWLEDGE COMMUNITY 공동체

머리말

사회복지사를 꿈꾸는 사회복지학도들에게 있어 사회복지행정은 딱딱하고 고리타분한 내용으로 여겨지고 있는 듯하다. 사회복지실천가를 꿈꾸기에 사회복지행정은 실천과 멀리 떨어져 있으며, 그렇기 때문에 사회복지실천론이나 사회복지실천기술론만큼 사회복지행정을 흥미롭게 여기지도 않는 듯하다. 사회복지사 자격을 취득하기 위해서, 1급 시험을 치기 위한 필수과목 쯤으로 여기는 듯하다. 그러나 사회복지실천이 이루어지기 위해서는 사회복지 행정체계가 잘 구축되고 운영되어야 한다. 사회복지행정은 정책을 서비스로 전환하는 과정뿐만 아니라, 서비스를 전달하기 위한 전달체계 운영에 대한 내용들을 담고 있기 때문이다. 이 책으로 공부하는 예비사회복지학도들이 당장은 실천가로서 기능하겠지만 언젠가는 사회복지사로서의 주 역할이 사회복지실천가에서 사회복지행정가로의 변화가 이루어질 것이기 때문에, 사회복지행정에 대해서 좀 더 관심을 가지고, 배웠으면 하는 마음이 있다.

오늘날 사회복지의 양적·질적 확대가 이루어지고 있으며, 이는 사회복지조직이 갖는 사회복지의 문제해결능력을 사회적으로 인정하고 있기 때문이다. 그와 동시에 시민사회 구성원들은 사회복지조직에 공적 자원이 투입되는 만큼 더 나은 성과를 가져오기를 바라는 기대를 갖기 때문이다. 이로 인하여 사회복지조직에 대한 책무성 요구는 증가하고 있으며, 이에 따라 사회복지행정의 중요성은 더욱 강해지고 있다. 조직효과성의 증진, 사업성과의 증명과 달성, 그리고 이를 위한 조직구성원을 포함한 인적·물적 자원의 확보와 분배 등 다양한 과업들에 대한 과학적 접근을 요구하고 있으며, 실제 각종 복지시설 및 기관 평가에 기관장의 리더십을 비롯하여 구성원의 업무 배분 및 배치, 그리고 자원의 동원과 활용에 대한 평가들이 이루어지고 있다. 그 모든 내용의 근간이 되는 교과목이 바로 사회복지행정이라 할 수 있다. 따라서 본 교재는 사회복지학도로서 알아야 할 사회복지행정의 내용을 포함하고자 했다. 그러면서 동시에 눈앞의 당면과제인 사회복지사 1급 시험을 준비할 수 있도록 내용을 구성하였다.

본 교재는 많은 노력과 공을 들였음에도 불구하고, 아직 많이 미흡하고, 부족한 부분이 많다는 것을 잘 알고 있다. 무책임하게 들리겠지만 앞으로 점차 수정해 나가면서 더 괜찮은, 볼 만한 책을 만들도록 저자들이 함께 노력할 것이다. 따라서 이 책이 더 나은 책이 될 수 있도록 사회복지행정에 관심 있는 독자분들의 조언을 부탁드리고 싶다.

끝으로 미흡한 원고임에도 불구하고 이 책의 출간을 흔쾌히 맡아주신 도서출판 공동체 가족 여러분들에게도 깊은 감사를 전한다.

2026년 2월

저자 일동

차 례

CONTENTS

차 례

01 CHAPTER

사회복지행정의 정의

1. 사회복지행정의 개념
2. 사회복지행정의 필요성
3. 사회복지행정의 특성
4. 사회복지행정의 가치
5. 사회복지행정의 과정

CHAPTER 01

사회복지행정의 정의

1. 사회복지행정의 개념

사회복지행정은 사회복지기관의 정책을 서비스로 전환하는 과정 또는 사회복지기관의 목표를 설정하고 달성해 나가는 과정으로서(원석조, 2014) 사회복지서비스를 효과적이고 책임 있게 제공하기 위하여 인적·물적 자원을 동원하고 사회복지조직을 관리하는 활동을 말한다. 사회복지행정의 정의는 관점에 따라 협의의 사회복지행정과 광의의 사회복지행정으로 구분해 볼 수 있다.

협의의 사회복지행정은 사회복지행정을 사회복지실천 방법의 하나로 간주한다. 즉, 사회복지행정은 사회복지서비스를 실천하는 기관에서 이루어지는 행정으로서 사회복지사업을 계획하고 전달하는 과정에 필요한 조직의 운영과 관리, 기능을 통해 사회복지실천활동을 증진시키는 방법이다. 이러한 협의의 개념을 사회사업행정(social work administration)이라고도 하는데, 이는 사회복지조직(기관)의 목표 달성을 위해 주로 관리자에 의해 수행되는 상호의존적인 과업을 의미한다.

광의의 사회복지행정은 국가의 사회복지정책을 구체화시키는 과정이다. 즉, 사회복지행정은 사회문제의 예방과 복지증진이라는 사회복지의 목적을 달성하기 위해 필요한 사회적 시책이나 제도, 정책을 수립하여 조직적인 체계를 통해 관리하고 구체화하는 과정을 말한다. 광의의 사회복지행정에서는 중앙정부 또는 지방자치단체가 사회복지정책을 국민 모두에게 펼치기 위한 공공기관의 제반 활동과, 국가 또는 개인이 설립한 사회복지 법인 및 시설을 설립 취지대로 효율적으로 운영하기 위한 민간단체의 행정까지 모두 포함하여 사회복지행정이라고 한다(장인협·이정호, 2006).

사회복지행정의 개념은 다음과 같은 요소를 포함한다. 첫째, 사회복지조직을 중심으로 정책을 집행하기 위해서 프로그램을 계획하여 서비스를 산출하는 과정이다. 둘째, 사회복지조직의 목표를 달성하기 위해서 인적·물적 자원을 관리하는 과정이다. 셋째, 관리자를 포함한 모든 조직구성원의 역동적인 협력활동이다. 넷째, 조직을 변화시키고 발전시키는 사회복지실천의 한 방법으로 관리에 초점을 둔 간접적 개입방법이다(황성철 외, 2005).

2. 사회복지행정의 필요성

사회복지의 목표가 설정되고 그 목표를 구체화시켜 사회복지서비스로 전달하기까지는 복잡한 과정을 거친다. 때문에 목표의 달성을 위해서는 전체 과정을 기획·실행·평가·환류하는 체계적인 노력이 필요하다. 사회복지행정은 사회복지의 목표달성을 위해 등장했으며 각 과정의 책임성을 향상시키고 운영의 효율성을 높인다.

1) 산업화와 도시화의 영향

산업화와 도시화에 따른 전통적 규범이나 가치관의 붕괴, 그리고 사회·경제적 구조 변화에서 비롯되는 대량 실업 및 빈곤, 그리고 다양한 사회문제들은 과거 복지기제들의 역할을 대신할 공식적이고 체계적인 조직들이 필요하게 되었는데, 그 조직들이 정부, 공공 및 민간 조직이다. 사회복지행정은 이러한 조직들에 의해 확대된 사회복지기능을 조직화·체계화·합리화하기 위한 필요성에서 나타났다(김병식 외, 2005 : 13).

2) 사회복지조직의 서비스와 사회복지행정의 상호 연관성

사회복지서비스의 효과는 복지제도의 개선이나 인적·물적 자원의 단순한 투입만으로는 기대하기 어려우며, 이것들을 효율적으로 활용하는 행정과정을 통해서 비로소 목표를 이루게 된다. 따라서 사회복지행정은 사회복지조직이 사회복지 목표를 달성하기 위해 수행하는 다양한 활동들을 기획, 조정, 통제 및 평가해 효율성과 효과성을 담보해야 할 필요성 때문에 존재한다(김병식 외, 2005 : 13).

3) 사회복지조직의 미션과 비전, 목표의 효과적 구축

사회복지조직 활동에서 '누구를 대상으로 무엇을 해야 할 것인지'를 명확히 설정하는 것은 효과적인 조직활동의 가장 중요한 요소이다. 이것은 곧 조직이 '무엇을 추구할 것인지'를 관리할 필요성을 의미하는 것으로 구체적으로 미션, 비전, 목표 세 가지를 의미한다. 조직구성원의 에너지를 끌어내고 조직역량을 극대화하기 위해서는 복지조직에서 미션과 비전, 목표의 효과적인 구축을 통한 사회복지행정의 활용이 필수적이다(신복기 외, 2010 : 18-19).

3. 사회복지행정의 특성

1) 사회복지행정의 고유한 특성

사회복지행정은 기업이나 정부에서 이루어지는 행정과 원리・기술 면에서 공통점이 있지만, 본질적으로 존엄성을 갖는 사람을 대상으로 하는 휴먼서비스(human service)[1]를 제공한다는 점에서 일반행정과의 차이점도 있다. 휴먼서비스를 실천하는 사회복지행정에서는 인간의 고유한 가치와 특성을 이해하는 것이 중요하며 가치지향적인 행정을 추구한다. 따라서 사회복지사와 클라이언트의 상호작용 및 사회복지사의 업무수행능력이 매우 중요하다.

1) 휴먼서비스는 학제간 지식 기반을 통해 문제의 해결과 예방, 욕구 충족을 통하여 인간의 전반적인 삶의 질을 향상시키는 직종을 말한다. 일반적으로 휴먼서비스는 매우 광범위하게 적용될 수 있으나 일반적으로는 보건, 복지, 교육, 의료 등에서 이루어지는 인간에 대한 직접적인 서비스를 휴먼서비스라고 지칭한다.

2) 사회복지행정과 일반행정의 비교

사회복지행정과 일반행정의 공통점과 차이점은 다음과 같다(Skidmore, 1995; Patti, 1983; 최성재 외, 2005; 황성철 외, 2005).

(1) 공통점

① 행정은 주로 문제의 확인, 문제의 여러 가지 측면을 연구, 해결 가능한 계획의 개발, 계획의 수행, 효과성 평가 등을 포괄하는 문제해결과정이다.
② 행정은 상호 관련되고, 상호작용하는 부분들이 모여서 이루어진 체계이다.
③ 행정은 문제를 해결하기 위한 대안의 선택에서 가치판단적 성격을 가진다.
④ 행정은 개인이나 집단이 조직목표 달성을 효과적으로 기능하도록 해주는 조력(enabling)의 과정을 요구한다.
⑤ 행정은 미래의 바람직한 상태를 구현하기 위한 것과 관련되어 있다.
⑥ 행정에서 지식과 기술의 사용은 일상화된 관례적 절차이기보다는 창조적 측면을 가진다.
⑦ 행정은 최적의 제품 또는 서비스를 생산하도록 인적·물적 자원을 동원하고 조직화하는 것에 관심을 둔다.
⑧ 행정은 모든 업무부문에서 공공의 의지(public will)를 실행에 옮기는 것과 관련되어 있다.
⑨ 행정은 관리운영의 객관화와 인적자원의 활용 간에 적절한 균형을 유지한다.
⑩ 행정은 개별 직원들의 지위와 인정에 관심을 갖고, 조직의 목표, 가치 및 방법에 직원들이 적극적으로 일체감을 가질 필요성에 관심을 가진다.

행정의 주요 영역은 의사소통, 조직원 간 상호작용 관계, 행정에의 참여 등이다.

(2) 차이점

① 사회복지조직이 산출하는 서비스는 휴먼서비스(human service)라는 독특한 성격을 갖는 사회복지서비스이다. 휴먼서비스는 도덕적 가치판단이 필요하고, 클라이언트와 일선 직원과의 관계가 효과성과 효율성에 중요한 요인이 되는 등 여타의 서비스와는 다른 특징을 가진다.

② 사회복지조직에서 행정은 지역사회 내의 인지된 욕구를 충족시킬 수 있도록 돕기 위해 존재하는 것이다.

③ 사회복지행정은 ㉠ 개인이나 가족, 지역사회 주민의 손상된 사회적 기능의 회복, ㉡ 좀 더 효과적인 사회적 기능을 위해 사회적·개인적 자원의 제공, ㉢ 사회적 역기능을 예방하는 프로그램을 실시한다는 점에서 행정의 관리라는 측면과 상당한 차이를 보이고 있다.

④ 사회복지행정이 이루어지는 장(場)인 전형적인 사회복지조직은 일반적으로 지역사회를 대표하는 이사회를 가지고 있으며, 공식조직 이외 비공식조직이 활성화되어 있다.

⑤ 사회복지행정은 지역사회의 각종 사회문제 해결과 지역주민의 욕구충족을 위해서 존재하기 때문에 조직 내부의 관리문제와 더불어 환경관리 영역으로 확대되어 지역사회의 정치, 경제, 사회적 변화에 관한 다양한 지식과 관리기술을 요한다.

⑥ 사회복지조직의 크기, 업무범위, 조직구조, 프로그램 형태가 일반행정조직에 비해 매우 광범위하고 다양하다.

⑦ 사회복지행정가는 사회복지조직의 운영에 있어 지역사회에 대한 책임을 갖고 지역사회와 밀접한 관련을 가져야 한다.

⑧ 사회복지행정은 자원의 활용에 관하여 부단히 선택을 내릴 필요성이 있다.

⑨ 사회복지행정은 관리자를 포함한 사회복지조직의 모든 구성원이 복잡 다양한 행정 및 관리 과정에 참여하고, 전체 조직의 목표 달성에 크게 영향을 주기 때문에 행정가 또는 관리자에 의해서만 이루어지는 것은 아니다.

⑩ 사회복지조직의 핵심 구성원인 사회복지사는 전문성과 자율성을 갖고, 다양한 계층의 클라이언트 집단에 서비스를 제공하므로, 사회복지행정의 성패는 전문사회복지사의 직무수행능력과 자질에 크게 의존하다.

〈표 1-1〉 사회복지행정과 일반행정의 차이점

구 분	사회복지행정	일반행정
역 할	사회적 기능 회복	공공정책 입안
정책결정	이사회	중앙정부, 지방정부
조직행태	광범위	법령에 따른 제약
책임성	지역사회와 연계책임	국민에 대한 책임
자원활용	끊임없는 활용	법령에 따른 활용
재정운영	적자운영 불가능(지양)	적자운영 가능
서비스 성격	사회사업적 성격	관리적 성격
의사결정 참여	모든 구성원의 참여 가능	직급에 따른 참여

출처 : 양승일(2018). 사회복지행정론, p. 15.

4. 사회복지행정의 가치

1) 사회복지행정의 가치

가치는 지식, 기술과 함께 사회복지실천의 3대 요소 중 하나로 사회복지실천이 추구해야 할 방향을 제시하여 준다(서종수 외, 2022). 지식은 인지적 측면이고, 기술은 실천행동과 관련이 있으며, 가치는 사회복지실천의 감정적·정서적 측면이라고 할 수 있다(Johnson & Yanca, 2009). 사회복지의 실천에 있어 가치를 기반으로 동기화되거나 기능화되기 때문에 가치라는 개념을 중요시한다(서종수 외, 2022).

사회복지행정의 가치는 사회복지행정이 추구하는 이념이자 궁극적인 행동규범으로서 사회복지행정의 기준이 되며 실천 방향을 제시한다. 사회복지행정의 가치에는 공익성, 효율성, 효과성, 공평성(형평성), 접근성, 책임성·합법성, 대응성 등이 있다(엄기욱 외, 2013; 허만형, 2012).

(1) 공익성

공익성은 사회복지조직의 존립목적이다. 조직에서 산출하는 서비스나 생산품이 조직의 이익을 추구하지 않고, 클라이언트의 이익을 최우선으로 한다는 점에서 수익성, 혹은 사익과 대비될 수 있다. 즉, 사회복지행정은 공공선을 가장 기초적인 규범으로 생각한다.

(2) 효율성

효율성은 조직이 공공재와 공공서비스를 산출하는 데 최소의 투입으로 최대의 산출을 거둘 것인가와 관련된 것으로, 최소한의 자원을 활용하여 최대의 효과를 거둘 수 있도록 운영해야 한다는 것이다. 자원의 유한성을 전제로 자원이 제한된 사회복지서비스 공급에 있어 효율성은 중요한 가치이다. 즉, 효율성의 가치를 추구함으로써 제한된 예산으로 보다 많은 클라이언트에게 서비스를 제공하고, 이를 통해 욕구를 충족할 수 있다.

(3) 효과성

효과성은 사회복지 프로그램의 목표달성 정도를 의미한다. 클라이언트에게 제공된 서비스나 프로그램이 원래 목표한 대로 성과를 거두었는가, 클라이언트는 목표한 대로 상당한 변화를 이루었는가를 보여준다. 제공된 서비스나 프로그램이 지역사회와 클라이언트의 욕구와 수요를 어느 정도 충족하느냐를 포함한다.

(4) 공평성(형평성)

형평성은 정해진 사회적 지원을 편견 없이 공정하게 배분하고 공정한 기회를 제공해야 한다는 것이다. 즉, 동일한 욕구나 문제를 가진 클라이언트에게 동일한 서비스가 제공되어야 한다는 것을 의미한다. 소득수준이 비슷한 빈곤층에게 비슷한 수준의 생계비를 지원하는 것은 형평성의 예가 된다.

(5) 접근성

접근성은 클라이언트가 사회적 서비스를 얼마나 쉽게 이용할 수 있는가와 관련된다. 즉, 사회복지행정은 사람들이 이용하기에 편리한 장소와 접근성이 좋은 곳에서 이루어져야 하며, 서비스 이용에 대한 정보가 제공되어야 함을 의미한다. 여기서 접근성은 단순히 지리적으로 가까운가를 넘어 클라이언트가 어떤 서비스를 이용하고자 할 때에 장애요소가 될 수 있는 모든 요인을 제거해 주는 것을 의미하며, 장애요소의 예로는 서비스에 대한 정보 부족 또는 부재, 지리적 장애, 심리적 장애(비밀노출, 수치심 등), 선정절차상의 장애 등을 들 수 있다. 따라서 접근성은 사회복지행정의 형평성과 효과성을 제고할 수 있는 유용한 도구가 된다.

(6) 책임성 · 합법성

사회복지조직은 조직의 노력과 결과, 활동에 대해 책임성을 가지고 임해야 한다. 책임성은 행정의 목적 달성에 충실하게 임했으며, 집행과정에서 법을 준수했는지를 묻는 행정의 가치이다. 합법성은 사회복지행정의 절차가 법에 근거해야 하고 절차상의 정당성을 통해 클라이언트의 권리를 보장해야 한다는 것이다. 사회복지행정에서 책임성이 제고되면 합목적성과 합법성을 향상시킬 수 있다.

(7) 대응성(responsiveness)

대응성은 클라이언트의 요구에 부응하는 행정을 수행했는지를 묻는 사회복지행정의 가치이다. 대응성을 제고하기 위해서는 먼저 클라이언트의 요구가 무엇이며 어느 정도까지 제공해야 하는가에 대한 기준이 설정되어야 한다. 무엇보다도 서비스를 제공하기 위한 자원이 확보되어 있지 않으면 사회복지행정의 대응성을 높일 수 없다.

2) 보편주의와 선별주의

(1) 보편주의

보편주의는 전 국민을 사회복지의 대상자로 삼는 것을 말하며, 하나의 권리로서 복지서비스를 제공하고, 복지 수혜 자격과 기준을 균등화하여 복지서비스 수급자들이 그 어떤 낙인감, 열등감을 갖지 않게 한다. 보편주의는 최저소득을 보장함으로써 빈곤을 예방할 수 있고, 수혜자에게 심리적·사회적 낙인을 가하지 않으며, 행정 절차가 용이하고, 시혜의 균일성을 유지할 수 있으며, 모든 시민의 구매력을 일정 수준에서 유지함으로써 경제적 안정과 성장에 기여하는 장점이 있다(원석조, 2018 : 26). 국민 누구에게나 자격과 조건 없이 서비스를 제공하므로 공평성과 접근성의 가치를 반영한다. 하지만 모든 국민에게 서비스를 제공하는 데 따른 비용의 문제가 발생한다.

(2) 선별주의

선별주의는 사회복지 대상자들을 사회적·신체적·교육적 기준에 따라 구분하여 복지서비스를 제공하는 것을 의미한다. 자산조사를 통해 원조의 필요가 있다고 인정된 사람들, 즉 결손가정, 장애인, 무능력자, 노인, 빈민 등만을 복지서비스의 대상으로 하자는 것이다. 선별주의는 서비스를 도움이 필요한 사람에게 집중시킬 수 있고, 자원의 낭비가 없으며, 비용이 적게 드는 장점이 있다(원석조, 2018 : 27). 최소한의 자원으로 최대한의 효과를 거둔다는 효율성의 가치를 반영한다. 선별주의에 의해 제공되는 급여와 서비스는 일시적, 보완적, 잔여적 성격이 강하며, 시혜적이고 범주적이며 열등처우의 원칙에 의한 것이어서 낙인에 의한 수치심을 초래할 가능성이 있다(장인협·오정수, 2001).

5. 사회복지행정의 과정

사회복지행정은 조직을 통해 실천되는 과정으로 조직을 유지하는 최고관리층의 기술을 필요로 한다. 귤릭과 어윅(Luther Gulick & Lyndall Urwick, 1937)은 조직을 성공적으로 이끄는 요소가 객관적으로 존재한다고 보아 최고관리층의 기능은 기획(Planning), 조직(Organizing), 인사(Staffing), 지시(Directing), 조정(Coordinating), 보고(Reporting), 재정(Budgeting)이라고 하였다. 이후 학자들의 논의에서는 여기에 평가(Evaluating)가 추가되었다. 이처럼 행정의 기능과 관련하여 첫 글자를 따서 'POSDCoRBE'로 표현되기도 한다. 구체적인 내용을 살펴보면 다음과 같다.

1) 기획(Planning : P)

기획이란 목표의 설정과 목표를 달성하기 위한 과업 및 활동을 수행하기 위해 사용되는 방법을 결정하는 단계로, 과업을 달성하기 위한 방법은 변화하는 목표에 따라 달라질 수 있다. 사회복지행정가는 변화하는 목표에 맞춰 과업을 계획하고 이를 집행할 방법과 기술을 결정해야 한다.

스키드모어(Skidmore)는 사회복지행정에서 기획이 필요한 이유를 다음과 같이 제시하였다. 첫째, 사회복지 인력과 자원은 한정적이므로 기획을 통하여 효율성을 증진시킬 수 있다. 둘째, 사회복지행정이 클라이언트에게 제공되는 서비스를 통하여 그의 문제나 욕구를 해결하는 데 효과가 있어야 하는데, 기획을 통하여 효과성을 높일 수 있다. 셋째, 사회복지행정은 목표로 하는 서비스를 효과적이고 효율적으로 제공해야 할 책임을 져야 하고, 이를 위해서는 서비스 기획이 필요하다. 넷째, 기획과정을 통하여 조직구성원들의 기여와 의견수용이 수반되고, 구성원들은 자신들의 참여로 계획이 이루어진 데 대하여 인정과 성취감을 획득할 수 있어 사회복지행정조직의 사기를 높일 수 있다(Skidmore, 1983).

2) 조직(Organizing : O)

조직이란 설정한 목표를 달성하기 위하여 조직구성원의 역할과 지위를 체계적으로 연결시키는 과정으로 조직단계에서 구성원에게 과업이 할당되고 조정된다. 조직 구성에 있어서 구성원들의 역할과 책임이 분명하지 않으면 직원들 간의 갈등이 초래되고, 비효율적이고 비효과적인 조직이 된다.

3) 인사(Staffing : S)

인사란 직원의 채용과 승진, 해고, 교육 및 훈련과 관련된 전 인사과정을 의미한다. 사회복지행정의 책임자는 직원의 임면(임명, 면직)뿐만 아니라 훈련과 교육, 좋은 근무조건을 부여하도록 노력하는 일에 대해서도 책임을 진다.

4) 지시(Directing : D)

지시는 의사결정권자가 여러 가지 사안에 대해 끊임없이 판단하고 결정하여 업무를 배분하는 과정으로, 명령, 지시, 봉사 등으로 구체화된다. 사회복지행정가는 ① 합리적인 결정을 내리는 능력, ② 기관의 목적에 대한 능동적인 관심과 이를 달성하려는 헌신적 태도, ③ 구성원의 공헌을 인정하고, 그들의 지위 향상을 도와주는 능력, ④ 자신의 권한과 책임을 효과적 · 효율적으로 위임하는 능력, ⑤ 개인과 집단의 창의성을 고취하는 능력 등을 고려하는 지도자가 되어야 한다.

5) 조정(Coordinating : Co)

조정이란 업무의 충돌이나 중복을 방지하고, 구성원 간의 효과적인 의사소통을 위하여 사회복지행정의 책임자가 수행하는 역할을 의미한다. 사회복지행정가는 부서 간, 직원 간 효과적인 의사소통망을 만들어 유지 · 조정해야 한다. 이를 위한 방법으로 위원회의 조직이 있으며, 위원회에서는 프로그램, 인사, 재정 및 긴급한 문제상황, 임시적인 활동 등을 다루게 된다.

6) 보고(Reporting : R)

보고는 사회복지행정의 책임자가 직원, 이사회, 지역사회, 행정기관, 후원자 등에게 조직에서 일어나는 상황을 알려주는 과정으로 주요 활동은 기록, 정기적인 감사, 조사연구가 있다.

7) 재정(Budgeting : B)

예산이란 행정활동이나 공공정책을 시행하기 위하여 자금을 조달하여 관리하고 이용하는 경제활동으로, 대부분의 사회복지행정 책임자는 한정된 재원을 가지고 효율적으로 집행하기 위하여 재원의 관리와 통제기능을 수행하여야 한다. 사회복지조직은 재정을 투명하게 관리·사용할 수 있어야 하며, 조직의 사회복지행정가는 중·장기적인 재정계획을 수립해야 하고 회계규정에 따라 재정운영에 대해 책임을 진다.

8) 평가(Evaluating : E)

평가란 클라이언트에게 제공된 사회복지서비스가 욕구나 문제의 해결에 적절했는지에 대한 서비스의 효과성과 자원의 투입과 산출과 관련된 효율성을 측정하는 행위로서, 여기에서 도출된 내용은 계획의 기초자료로 사용되는 것이 바람직하다.

02 CHAPTER

사회복지행정의 역사

1. 미국의 사회복지행정사
2. 한국의 사회복지행정사

CHAPTER

02 사회복지행정의 역사

오늘날 사회의 변화 및 발달에 따라 사회복지의 비중은 계속 증가하고 있으며, 사회복지에 대한 관심과 기대 또한 높아지고 있다. 이는 사회복지조직이 가진 다양한 사회문제에 대한 문제해결능력을 사회적으로 인정받고 있기 때문이며(Salamon, 1993; 서종수, 2016), 이와 동시에 서비스 책무성에 대한 사회적 관심 역시 증가하고 있다. 즉, 사회복지서비스의 효율성과 책임성 확보의 측면에서 사회복지행정의 중요성은 점차 강화되고 있다.

사회복지행정의 범위가 확대되고 그 중요성이 강조될수록 사회복지행정의 역사를 고찰하여 반영하는 것이 필요하다. 사회복지행정의 변화를 고찰해 봄에 따라, 과거를 통해 현재를 진단하고 나아가 미래 사회복지행정의 발전방향과 과제를 파악할 수 있을 것이다. 본 장에서는 미국의 사회복지행정사를 살펴보고, 한국의 사회복지행정의 역사를 함께 살펴보고자 한다.

1. 미국의 사회복지행정사

미국 사회복지행정의 역사는 한마디로 현실적 요구에 대한 지체된 발달과정으로 규정될 정도로, 사회복지행정에 대한 인식이나 관심이 높지 않았다(Sarri, 1987, 김영종, 2019 재인용). 그 원인으로 다양한 이유들을 제시할 수 있지만 크게 두 가지 요인으로 살펴볼 수 있다(김경우, 2014). 첫째, 보수적인 정치성향인 자유방임과 개인주의 철학에 기초하여 다수가 관료적, 조직적 성향에 대한 거부감을 가졌다. 둘째, 사회사업 전문직에 의해서 주도되어 개인과 환경이라는 사회복지의 이중적인 관심에서 주로 개인의 치료에 관심을 가짐으로써 환경적 변화를 통한 구조적인 접근방법들은 전문직에 의해 받아들여지기 힘들었다.

미국의 사회복지행정사에 대해서는 학자에 따라 다양한 분류가 있으나 여기서는 패티(Patti)의 분류에 따라 살펴보고자 한다. 패티(Patti, 1983)는 미국 사회복지행정의 역사를 인식기(19세기 말~1930년대 초), 기초 정립기(1930년대 중반~1960년대 초), 정체기(1960년대 중후반), 발달기(1970년대~1980년대 중반), 도전과 응전기(1980년대 후반~현재)의 5단계로 구분하였다.

1) 인식기

남북전쟁(1861~1865) 이후 북동부 지역을 중심으로 공업화와 도시화가 가속화되었다. 이러한 공업화는 도시로의 인구 집중, 이민을 유발하였으며 이는 이전에 없던 빈곤, 실업, 범죄, 공중위생, 범죄의 증가, 정신질환의 급증 등의 각종 사회문제를 유발하였다. 이러한 사회문제는 가족이나 지역사회의 해결능력의 범위를 넘어서는 것으로, 이러한 사회문제의 분출은 대도시 사업가와 지배계층의 사회적 불안을 야기하였다. 이에 유럽에서 일어나는 사회주의 혁명운동의 위험성을 제거하기 위해, 영국식 사회복지제도를 그대로 답습하여 지방정부 중심의 소극적 빈민구호 사업을 전개하였으며, 교회를 중심으로 별도의 민간자선활동이 전개되어 왔다. 근로자를 위한 복지 역시 사회사업가를 동원한 공동체 모형(communitarian model)을 중심으로, 지역공동체를 건설하여 근로자의 복지문제를 해결하고자 하였다. 1877년에는 스테판 험프리 거틴(Stephen Humphreys Gurteen) 목사가 뉴욕주 버팔로시에 자선조직협회(COS : Charity Organization Society)를 창설하였다. 버팔로 COS의 성공을 본 코네티컷주 뉴헤이븐은 곧 자체 COS를 조직했고, 그 뒤로 필라델피아 자선조직협회 등이 조직되었다. 이후 1870년대까지 미국의 많은 도시에는 자체 COS가 있었고 직업으로서의 사회사업이 시작되었다(Wenocur & Reisch, 2001). 자선조직협회는 직접적인 구호와 사회복지서비스를 제공하면서 민간단체들의 업무를 조정하고 자원봉사자들을 관리하였다. 또한 1884년 토인비

홀을 따라 1889년 시카고에 헐하우스라는 인보관이 설립되었다. 인보관은 "도시 빈민을 위한 자립(self-help for urban poor)" 방법을 만들었으며, 1900년대 초반까지 100개 이상의 인보시설이 세워졌고(Wenocur & Reisch, 2001), 이후 1910년까지 400개 이상이 운영되었다(Jansson, 2012).

미국의 산업은 괄목할 만한 성장을 이루었으나, 이에 비해 정부조직이 상대적 성숙 정도는 늦은 상태였고 따라서 복지행정의 발전에서도 정부의 기능과 역할은 방관자적 자세에서 크게 벗어나지 못하였다(김장호, 1997). 그러나 완전히 민간에 의존한 것은 아니었다. 지방정부에서는 민간단체와 공공부조의 주요 책임을 분담하였다(Virginia Commonwealth University 홈페이지). 가령 빈곤아동을 구제하기 위한 방법으로 1911년부터 미주리주는 모성연금제를 실시하였으며, 1919년에는 39개 주에서 모성연금제가 도입되었다. 모성연금과 실업구제와 같은 공적부조를 전문교육을 받은 민간 사회사업가는 다량(bulk)의 업무라고 부르며 자신들의 집중적(intensive) 업무와 구별하였다(西崎緑, 2019). 즉, 상대적으로 민간사회사업가는 공적부조의 업무를 멸시하였다고 볼 수 있다(西崎緑, 2019).

20세기 초반 미국 사회복지 역사에 있어서 사회복지의 독자적 영역이 형성되었다. 사회복지전문가들은 빈민의 사회적 조건 개선과 사회사업기관들의 실천을 합리적으로 관리할 책임이 있었으며, 또한 사회복지전문가들의 활동이 직간접적으로 행정과 연관되어 있으므로 행정에 관심을 갖지 않을 수 없었다(Lubove, 1965). 특히 COS 기관을 중심으로 한 사회복지기관 행정가의 역할은 지역공동모금회(Community chest)와 지역사회복지기관 협의회(Council of social agencies)의 창설과 더불어 사회복지행정에 대한 관심은 더욱 강화되었다(황성철 외, 2021). 1914년 사회사업 교과과정에 행정이 등장(Skidmore가 주장하였으나 근거는 제시하지 못함)하였다. 그러나 교수가 아닌 기관의 관리자들이 가르쳤기 때문에 타 과목에 비해 높은 비중을 차지하지는 못하였다. 1923년 미국사회사업대학협의회가 채택한 교과과정에 사회복지행정이 선택과목으로 포함되었다. 1920년대 접어들어 민간사회복지기관의 직원은 점차 사회복지전문가의 교육과 경험을 갖춘 인력으로 충원되기 시작하였으며 행정기능과 이사회의 기능도 분화되어 행정기능은 행정가가 맡아 기관의 일상적 서비스 제공업무와 직원 채용과 같은 인사업무를 담당하고 이사회는 재정과 기관의 정책을 결정하는 업무로 나누어지게 되었다(Kirschner, 1986, 황성철, 2021 재인용).

이후, 1929년에 개최된 밀포드(Milford) 회의에서 사회사업의 기본적인 기술들을 가르치는 전문가 훈련학교의 교과과정 및 행정을 제안하였고, 이는 전문적 사회복지교육의 영역에 사회복지행정이 포함되어야 한다는 인식을 가져다 준 계기가 되었다. 즉, 사회복지행정이 개별사회사업, 집단사회사업 그리고 지역사회조직사업과 함께 기본적인 실천방법으로 인정받게 된 것이다. 그러나 이 시기는 전체적으로 개별사회사업(social casework)을 중심으로 학문적 정체성과 전문성을 강화하려는 움직임을 보였기에 교육적으로나 학문적으로도 사회복지행정에 대한 특별한 인식과 관심은 미약했던 것으로 보인다(황성철, 2021). 즉, 사회복지행정에 대해 기본과목으로 인식만 공유되었을 뿐 구체적인 영역 및 기능에 대한 논의에 대해서는 이루어지지 못하였다.

1927년 미국사회사업가협회에서 애보트(Abbott)는 사회사업을 전공하는 학생들은 케이스워크와 같은 실천적 지식이나 경험뿐 아니라 행정과 정책에 관한 지식과 경험을 갖추어야 한다고 하였다. 애보트는 사회복지사 교육이 중요하다고 생각하여, 시카고 대학에서 사회사업을 학술연구와 전문훈련과정을 병치하여 운영하였다. 브렉큰리지와 애보트(Breckinridge & Abbott)는 사회서비스 행정대학(University of Chicago's School of Social Service Administration)에서 사회사업 학교를 만들었으며, 복지기관 및 조직들을 관리하도록 학생들을 교육하였고, 복지행정의 전문화를 도왔다.

2) 기초 정립기

미국의 사회복지행정은 사회보장법의 제정을 계기로 기반이 마련되었다. 1930년대 이전까지 미국의 사회복지제도는 민간, 지방자치, 사회사업전문직에 의한 사회복지서비스를 중심으로 구축되었으나 경제대공황을 겪으면서 국가의 개입이 불가피하다는 인식이 일어났다. 주에서 자금을 지원하는 공공지원 프로그램으로 주와 도시 지역을 위협하는 대규모 실업이나 도시빈곤문제를 해결하기에는 부적절하였으며, 지방정부의 재정만으로는 그 문제를 해결할 수 없어 연방정부가 개입하여 공공부조비용을 지원할 필요성이 대두되었다(Virginia Commonwealth University 홈페이지).

1933년 취임 직후 프랭클린 루즈벨트(Franklin D. Roosevelt) 대통령은 경제대공황으로 인한 다수의 실업자와 경제적 파탄자를 원조하기 위해 연방정부 차원의 연방긴급구호청(FERA : Federal Emergency Relief Act)을 제안, FERA는 첫 해에 중앙 정부가 주 정부에 10억 달러 이상을 분배하여 기존 대중을 지원하도록 했다(Virginia Commonwealth University 홈페이지). 연방긴급구호청은 일시적인 조치에 불과하였고, 루즈벨트 대통령은 1934년 6월 29일 실행 가능한 사회보험 시스템 개발이라는 목적으로, 생활위험에 대한 보호를 제공할 방법을 연구할 경제안보위원회를 설치, 최종 50페이지 분량의 위원회 보고서가 1935년 1월 15일 제출되었다(Virginia Commonwealth University 홈페이지). 이후 7개월 간의 청문회와 협상 끝에 1935년 8월 14일 사회보장법이 제정되었다. 사회보장법은 60년 동안 국가의 공공복지제도를 이끌어 온 기본 틀을 만든 획기적인 입법이었으며, 동시에 공공복지행정의 규모 확대 및 공공복지 부문에서 사회복지사에 대한 수요 증가를 가져왔다. 연방긴급구호청의 설립으로 각 주 및 지방에는 공공구제기관이 설치되어 그 기관에서 업무를 수행할 많은 직원이 필요하였고, 이러한 직원들의 업무를 용이하게 하고 효과적인 구제를 위해 많은 관리자가 필요하였다(Breown, 1940). 이에 따라 행정에 대한 중요성이 부각되었고 동시에 행정교육이 확대되었다. 이는 사회복지서비스의 제공에서 공공기관과 민간기관 간의 역할이 분리되는 계기가 되었으며, 사회복지대학들은 기존의 교과과정에 대한 재검토를 실시하였다.

공공복지분야에 공무원으로 진출하려는 사회복지사에 대한 수요가 증가하면서, 개별사회사업 중심의 기존 교육과정은 공공복지행정가의 양성과 교육에 알맞지 않은 것으로 도전을 받게 되었다(Patti, 1983). 따라서 각 대학들은 개별사회사업과 집단사회사업의 지식과 기술이 공공복지의 행정과 슈퍼비전에 적용되는 방법을 교육 내용에 포함하려는 노력을 하였다(황성철 외, 2021).

1920년대 들어 사회복지 교육과정에 사회복지행정을 반영하고자 하는 주장들은 1930년에도 지속적으로 제기되었다. 대표적으로 1931년 해거티(Hagerty)는 사회사업이 개별 사회사업에 너무 치중되어 있는 사실에 대하여 경고하였으며, 사회사업대학의 첫째 임무는 행정가들의 교육에 있고, 그러한 교육을 위해 교과과정에 행정에 관한 내용이 필수적으로 들어가야 한다고 주장하였다. 또한 1939년 던햄(Dunham)은 케이스워크를 학습한 후에 행정을 효과적으로 관리하는 데 필요한 것들을 학습해야 한다고 주장하였다. 이후 1951년 홀리스와 테일러(Hollis & Taylor, 1951)는 사회복지교육자는 행정, 슈퍼비전, 조사와 같은 영역에서 보다 큰 관심을 보여야 하며 이를 반드시 교육과정에 포함시켜야 한다고 하였다. 또한 1959년 봄(Boehm)은 사회복지교과과정 연구 결과 다섯 가지 전문적 실천 방법이 있으며, 그것은 개별사회사업, 집단사회사업, 지역사회조직사업, 사회복지행정, 사회복지조사라고 하여 사회복지행정을 수요 실천방법으로 제시하였다.

3) 정체기

대공황 이후 미국은 제2차 세계대전에 개입함으로써 대공황으로 초래된 경제적 침체로부터 벗어날 기회를 갖게 되었다(김양미, 2012). 케인즈주의 경제사조와 베버리지의 사회정책이 맞물려 돌아가면서 완전고용이 보장되고 지속적인 경제성장이 가능한 호황의 시기를 누리게 된다(김양미, 2012). 이에 따라 1950~1960년대 미국의 사회복지조직 및 전문직들은 대체로 좋은 재정여건(공동모금, 이용료 등)하에 있었고, 그에 따라 그 수와 규모 역시 크게 늘어났다(Wenocur & Reisch, 2001). 특히 1964년 존슨(Johnson) 대통령이 위대한 사회(Great Society) 계획안에 '빈곤과의 전쟁(War on Poverty)'이라는 빈곤의 원인을 제거하자는 취지의 다양한 사업들을 통해 이를 해결하려 하였다.

따라서 1960년대에는 사회복지행정이 상당히 발전할 것으로 기대되었다. 실제 1960년대 초반 사회사업가협회(NASW : National Association of Social Workers) 후원으로 사회복지조직 및 사회복지행정에 관한 많은 이론들이 연구되었고, 사회복지협의회(NCSW : National Council on Social Welfare)는 사회복지행정에 관한 많은 논문들을 발표하였다(신민정 외, 2015). 사회사업교육협의회(CSWE : Council on Social Work Education)는 사회사업대학의 교과과정에 사회복지행정을 포함시켰으며, 1963년에 NASW 산하에 사회사업행정위원회(Council on Social Work Administration)가 창설되었다(신민정 외, 2015).

1960년대 미국의 사회복지 현장은 급속하게 증가하는 사회서비스 프로그램으로 인해 전문가들이 프로그램의 기획, 운영, 관리, 평가를 할 기회가 많았으며, 그로 인하여 사회복지행정의 이론과 실천이 발전하는 데 좋은 여건이 되었다(김영종, 2019). 그러나 패티(Patti)는 1960년대의 사회복지행정을 정체기로 평가하였다. 그 원인으로는 빈곤투쟁(war on poverty)정책 수행에 사회복지기관들이 적절하게 대처하지 못했기 때문이다. 빈곤문제 해결을 위하여 경제원조국(OEO : Office of Economic Opportunity) 및 지역사회행동기관(CAA : Community Action Agency)을 비롯한 많은 기관을 설립하였고, 많은 노력과 재원을 투자하였지만 빈곤문제를 비롯한 사회문제 해결에 실패하였다(천정웅 외, 2015). 이에 국민들의 불신과 사회복지행정의 대안으로 지역사회조직사업이 급격하게 발달하였다. 실제 1960년대 미국 국민과 사회복지학자들은 사회적 변화 및 욕구, 그리고 광범위한 사회문제를 해결해 줄 수 있는 방법으로 지역사회조직사업을 주목하였고, 실제 지역사회조직사업은 민권운동, 인종차별방지운동 및 도시재개발운동 등에 직접적으로 활용되어 많은 성과를 거두었다(신민정 외, 2015). 이처럼 1960년대는 사회복지행정이 발전할 수 있는 다양한 토대가 마련되었으나, 오히려 사회복지행정가들에 대한 불신으로 이어져 지역사회조직사업이 획기적으로 발달하였으며, 사회복지행정은 정체되었다고 평가할 수 있다.

4) 발달기

1960년대 후반 베트남전쟁으로 인한 경제 악화, 1973년 석유파동(oil shock) 발생, 스태그플레이션, 노동시장의 구조 변경 등으로 인하여 사회복지는 위기 상황에 봉착하게 되었다. 완전고용 추구와 정부의 적극 개입을 강조하여 국가차원의 복지정책과 공공부문 확대를 주장하는 케인즈주의는 한계에 봉착하게 되었고, 케인즈주의를 비판하며 신자유주의가 등장하게 되었던 것이다(김양미, 2012).

그러나 이 시기에 오히려 사회복지행정에 대한 관심이 급증하였다. 사회복지비용 감축에 대한 요구와 맞물려, 이에 따른 복지조직의 효과성과 책임성의 증명으로 인하여 복지행정 관련 지식과 기술이 크게 필요해졌기 때문이다. 따라서 프로그램의 선택에 필요한 관리지식과 기술이 필요하게 되었고, 그 결과 효과적이고 효율적인 사회시비스를 계획·유지·관리·평가하기 위한 새로운 관리기법(PPBS, CBA, PERT 등)들이 사회복지행정 영역에 도입되었다(신민정 외, 2015). 또한 1970년대에는 사회복지행정의 발전에 부응하기 위해 사회사업대학들은 행정교육을 확대하였고, 이러한 사회복지행정 교육의 확산에 힘입어 1970년 쉬라즈(Scharz)에 의해 『사회사업행정(Social Work Administration : A Resource Book)』과 『사회사업행정사례집(A Casebook in Social Work Administration)』이 출간되었으며, 1977년 『사회사업행정(Administration in Social Work)』[1] 학술지가 발간되었다. 특히 사회복지행정학회지 1권에는 패티가 저술한 사회복지조직의 경영활동 패턴(Patterns of Management Activity in Social Welfare Agencies), 오스틴(Austin)이 저술한 인사제도 관리를 위한 휴먼서비스 업무의 성격(Defining the Nature of Human Service Work for Personnel System Management), 웨이스만(Weissman)이 저술한 고객, 직원과 조사자 : 경영정보시스템에서의 역할(Clients, Staff, and Researchers : Their Role in Management Information Systems) 등을 비롯한 8편의 논문과 6편의 서평이 실렸다. 이러한 학술적 연구들은 사회복지행정에 대한 학문적 논의를 가

1) 현재는 휴먼서비스 조직 : 경영, 리더십과 거버넌스(Human Service Organizations : Management, Leadership & Governance)로 변경되었다.

능하게 하였고, 이로써 사회복지행정의 원칙, 이론, 역할 등에 대한 사례 및 모델이 정립되었다(신민정 외, 2015). 그러나 오랫동안 행정적 지식을 갖추기를 외면해 온 결과 새로운 사회적 요구에 대처할 수 있는 역량이 전문직 내에서 형성되기 힘들었다(김경우, 2014).

5) 도전과 응전기

1980년대에는 신자유주의 이념의 확산으로 사회복지에 대한 분위기가 반전되었고, 연방정부의 사회복지 프로그램 예산이 삭감되었다(신민정 외, 2015). 예산의 삭감으로 사회복지기관들은 효율적인 운영과 예산절감을 위하여 노력하였다. 이러한 상황에서 사회복지서비스의 제공자로서의 민간 비영리사회복지기관, 즉 정부가 예산을 지원하고 민간기관이 운영하는 방식의 민영화에 대한 관심이 높아졌다. 사회복지 영역에서 민영화와 상업화는 1990년대 이후 더욱 강화되어, 두 기관의 재정과 기능이 유사해지면서 그 경계가 모호해졌다. 이에 따라 비영리 민간복지기관과 영리 민간복지기관의 구분이 모호해졌으며, 사회복지기관의 관리자는 정부지원금, 후원금, 이용료 등 자원획득의 통로를 다각화해야 하는 상황에 직면하게 되었다(Hasenfeld, 1996). 이러한 상황에 직면하여 자연스레 재정관리나 마케팅에 대한 관심은 증대되었으며, 내부적으로는 비용절감의 경영이 강조되었고, 외부적으로는 공격적인 마케팅과 홍보가 강화되고 있다(Grondjerg, 1993).

1996년에는 개인책임과 근로기회조정법(Personal Responsibility and Work Opportunity Reconciliation Act of 1996)이 제정되었다. 새로운 법에 따른 가장 커다란 변화는 1935년에 제정된 사회보장법의 일환으로 시작되어 미국의 공공부조의 중심적인 제도로 자리잡힌 부양아동 가정부조(AFDC : Aid to Families with Dependent Children)를 폐지하고, 이를 빈곤가정 일시부조(TANF : Temporary Assistance to Needy Families)로 대체하는 것이었다(이선우, 1999).

2. 한국의 사회복지행정사

사회복지행정의 발전은 각종 사회복지 관련 법령과 불가분의 관계가 있고, 각 법령이 정치체제의 변동에 따라 그 성격을 달리하였기 때문에 각 공화국별로 사회복지행정의 역사를 파악하는 것이 용이하다(신복기 외, 2013). 따라서 각 공화국별로 구분하여 사회복지행정의 발달을 살펴보고자 한다.

1) 근대 이전

근대 이전 구제활동 측면에서 한국사회에서의 사회복지는 삼국시대, 고려시대, 그리고 조선시대까지 찾아볼 수 있다. 그 내용은 대부분 유민(流民)을 막고 기민(饑民)을 구제하기 위한 구휼사업(救恤事業)의 형태로 이루어졌다. 고구려 고국천왕 16년(194)의 진대법(賑貸法)과 신라 문무왕 8년(668)의 대곡환상(貸穀還償), 그리고 백제 기루왕은 수재를 당하여 손상된 논밭을 관비로 보수해 준 예가 있다. 또한 백제 전지왕은 춘궁기 빈민구제책으로 토목공사에 의한 근로구호사업을 실시하기도 하였다. 물론 이러한 정책들은 생산력의 한계나 제도의 미숙 등으로 인하여 임시적이고 사후 대책적 성격을 가진 정책이었다고 볼 수 있다.

고려시대 구제제도에는 의창(義倉), 유비창(有備倉), 흑창(黑倉), 상평창(常平倉)이 가장 대표적이었고, 혜민국(惠民局), 동서대비원(東西大悲院) 및 동서제위도감(東西濟危都監) 등을 설치하여 환자에 대한 치료 및 물질적 시혜도 아울러 실시했다. 또한 제위보를 두어, 여기서 발생한 이자를 기반으로 구빈사업에 활용하였을 뿐만 아니라, 해아도감(孩兒都監)을 설치하여 유아를 보호하고 양육하였다. 이 외에도 향약(鄕約)의 4개 조항인 덕업상권(德業相勸), 과실상규(過失相規), 예속상교(禮俗相交), 환난상휼(患難相恤)을 실천함을 목적으로 삼고 있으며 그 가운데서 환난상휼에 중점을 두어 향리주민의 문제와 고난의 감소 및 제거에 큰 공헌을 하였다. 계(契)와 두레, 공굴(公屈)도 민간조직의 활동으로서 일종의 사회사업적 의미를 내포하고 있었다.

특히 조선시대에는 고려시대에 비해 사회복지와 관련된 제도의 운영이 더욱 체계화되었다. 고려시대의 경우 자비정신에 입각한 구빈정책이 이념적 바탕이 되었으나, 조선시대에는 주로 유교의 정치적 이상을 실현하기 위한 방편으로 구빈정책이 추구되었기 때문이다. 조선조 건국 자체가 사회경제적으로는 고려 말의 민생의 파탄이라는 사회문제를 해결하려는 시도였고 이에 대한 이념적 기반 내지 명분으로 성리학적 민본주의 정치사상을 내세웠다(권정호, 2014). 이에 따라 훨씬 더 체계화된 복지행정이 구축되었다. 의창(義倉), 사창(社倉), 교제창(交濟倉)과 제민창(濟民倉)을 설치하였을 뿐만 아니라, 빈민에 대한 구호 및 노인보호 사업, 흉년이나 재난 시에 빈민 또는 행·걸인에게 식사를 제공하던 시식(施食) 등을 실시하였다. 또한 자휼 및 진대사업을 비롯하여, 의료보호를 위한 전의감(典醫監)·혜민서(惠民署)·동서활인원(東西活人院) 등을 설치하였다. 자휼전칙(字恤典則)을 반포하여 흉년을 당해 걸식하거나 버려지는 아이들을 보호하고자 하였으며, 수양임시사목(收養臨時事目)을 설치하여 일시보호를 실시하였다. 이 외에도 민간 차원에서 행하여진 두레, 품앗이, 향약, 계 등의 상부상조활동도 사회복지의 전사로서 의의를 지니는 활동이라 할 수 있다.

2) 일제강점기와 미군정하의 사회복지행정

일제강점기에 조선총독부는 1919년 3·1운동 이후 식민지배정책을 '무단통치'에서 '문화통치'로 전환하면서 '사회사업'이라는 용어 및 개념을 도입하고 그에 따른 행정체제를 갖춘다(이방현 외, 2012). 구호사업은 조선총독부 지방과에서 담당하다가 1921년에는 사회과가 신설되어 담당하였고, 1936년 10월 학무국 사회과에 속한 사무를 다시 둘[2)]로 나누어 사회사업 업무를 내무국으로 이관하여 관장하였다(박철규, 2006). 1921년 조선사회사업연구회가 창립되었으

2) 사회사업은 내무국, 사회교육사무와 종교고적 관련 사무는 학무국에 신설한 사회교육과에서 취급하였다(박철규, 2006).

며, 이는 1929년 총독부 사회과의 주도로 조선사회사업협회로 전환되었다. 이후 1940년에는 후생국이 설치되어 사회복지업무를 담당하였다. 일제강점기 구호법으로는 1914년에 은사금 이재구조기금 관리규칙, 1916년에 은사진휼자금궁민구조규정, 1917년에 행려병인 구호자금 관리규칙, 1944년에 조선구호령 등이 제정되었다. 특히 조선구호령[3]은 근대적 의미의 공공부조 제도라는 점에서 의의가 있다. 조선구호령은 1946년 1월 12일에 후생국보 제3호로 그 효력이 승계되었다가, 1961년 12월 30일에 생활보호법이 제정・공포됨에 따라 폐지되었다. 조선구호령에는 국민의 빈곤, 불구, 폐질 등에 대처하기 위하여 생활부조, 의료부조, 조산부조, 생업부조 등 네 가지를 규정하였다. 그러나 이 법령은 조선총독부가 국민들을 회유하고 종속시키기 위한 법령상의 명분에 불과하였으므로, 단지 생활보호법이 제정되기 전까지 우리나라의 공공구호행정의 법적 근거가 되었다는 데 그 의의를 가지고 있다(신복기 외, 2013).

이 시기에는 천주교, 기독교, 불교 등에서 고아원과 병원 등을 설치하여 구호사업을 실시하였는데 민간에 의한 구호사업의 출발인 점에서 의미가 있다. 광복 후 약 3년간의 미군정 시기가 있었다. 미군정은 한국에서 실시한 군정에 대해 어떤 준비나 대책도 없었다. 이는 주한미군정의 정보장교로서 직접 군정에 참여했던 미드(E. Grant Meade)의 진술에서 잘 드러난다. “나는 두 개의 군정학교에서 9개월의 교육을 받았으며, 여기서의 모든 기간을 통틀어 한국에 관해 강의를 들었던 것은 단 한 번뿐이었으며 그것마저도 한 시간에 불과했다”(Meade, 1993, 박보영, 2005 재인용). 이처럼 미군정은 한국에 공산주의에 대항하는 하나의 보루를 형성하는 것이 주요 목표(Meade, 1993)였으며, 따라서 군정을 위해 일제의 식민통치기구와 관료, 그리고 친일협력자였던 한국인을 관료로 활용했다(박보영, 2005). 이에 대한 내용은 남한 점령 태평양 주둔 미군사령관 포고 제1호에 잘 나타나 있다. 맥아더 포고령 제1호의 내용은 다음과 같다.

3) 조선구호령은 일본에서 실시한 구호법(1929년 제정 공포, 1932년 시행)을 기반으로 모자보호법과 의료보호법을 부분으로 부가해서 종합화한 법이지만, 구호법을 거의 그대로 도입한 것이다. 그러나 이 구호령은 구호를 국가의 의무로 규정하고 중앙과 지방간의 구호비용분담규정 등 법령상으로는 어느 정도 체계를 갖추었으나 그 실제의 구호 내용 면에서는 실효를 거두지 못했다(이두호 외, 1992 : 238).

조선 인민에게 고함

미국 태평양 방면 육군 총사령관으로서 이에 다음과 같이 포고한다.

조선 인민에 대한 맥아더 사령관의 포고문 제1호

미국 태평양 방면 육군 총사령관으로서 이에 다음과 같이 포고한다.

일본 제국 정부의 연합국에 대한 무조건 항복은 아래 여러 국가 군대 간에 오래 행해져 왔던 무력 투쟁을 끝나게 하였다. 일본 천황의 명령에 의하고 또 그를 대표하여 일본 제국 정부의 일본 대본영이 조인한 항복문서의 조항에 의하여 본관의 지휘하에 있는 승리에 빛나는 군대는 금일 북위 38도 이남의 조선 영토를 점령한다.

조선 인민의 오랫동안의 노예상태와 적당한 시기에 조선을 해방 독립시키라는 연합국의 결심을 명심하고 조선 인민은 점령의 목적이 항복문서를 이행하고 그 인간적 종교적 권리를 확보함에 있다는 것을 새로이 확신하여야 한다. 따라서 조선 인민은 이 목적을 위하여 적극적으로 원조 협력하여야 한다. 본관(本官)은 본관에게 부여된 태평양 방면 미 육군 총사령관의 권한으로써 이에 북위 38도 이남의 조선과 조선 주민에 대하여 군정을 세우고 다음과 같은 점령에 관한 조건을 포고한다.

제1조 북위 38도 이남의 조선 영토와 조선 인민에 대한 통치의 전 권한은 당분간 본관의 권한하에서 시행된다.

제2조 정부 공공단체 및 기타의 명예직원들과 고용인 또는 공익사업 공중위생을 포함한 전 공공사업기관에 종사하는 유급 혹은 무급 직원과 고용인 또 기타 제반 중요한 사업에 종사하는 자는 별도의 명령이 있을 때까지 종래의 정상적인 기능과 의무를 수행하고 모든 기록과 재산을 보존 보호하여야 한다.

제3조 주민은 본관 및 본관 권한하에서 발포한 명령에 즉각 복종하여야 한다. 점령군에 대한 모든 반항행위 또는 공공안녕을 교란하는 행위를 감행하는 자에 대해서는 용서 없이 엄벌에 처할 것이다.

제4조 주민의 재산소유권은 이를 존중한다. 주민은 본관의 별도의 명령이 있을 때까지 일상의 업무에 종사하라.

제5조 군정 기간에는 영어를 모든 목적에 사용하는 공용어로 한다. 영어 원문과 조선어 또는 일본어 원문 간에 해석 또는 정의가 명확하지 않거나 같지 않을 때에는 영어 원문을 기본으로 한다.

제6조 이후 공포하게 되는 포고, 법령, 규약, 고시, 지시 및 조례는 본관 또는 본관의 권한하에서 발포될 것이며 주민이 이행해야 될 사항을 명기할 것이다.

1945년 9월 7일, 요코하마에서 작성

미육군 태평양방면 육군 총사령관 더글러스 맥아더

미군정은 1945년 10월 27일 군정법령 제18호에 따라 위생국을 폐지하고, 보건후생국을 설립하였다. 보건후생국은 1946년 3월 2일에 보건후생부로 승격되었다. 보건후생국은 1946년 1월 12일에 빈민구호를 위한 후생국보 3호를 발표하여 조선구호령과 함께 시행하였고, 뒤이어 1월 14일 후생국보 3A, 2월 7일 후생국보 3C를 시행한다. 또한 1946년 9월에 아동노동법규, 1947년 5월에 미성년자노동보호법을 시행하였다. 조선구호령과의 차이점은 후생국보 3호의 경우 구호대상에 6세 이하의 부양할 소아를 가진 모를 포함, 노동능력 상실자(후생국보 3A) 외에 이재민과 피난민 그리고 실업자(후생국보 3C) 등을 구호대상자에 포함시켰다는 점이다. 이 같은 후생국보 등의 법령을 통해, 공공부조가 제한적으로 이루어졌다 하더라도, 최저생활의 보장이나 국가책임성과 같은 주요 원칙이 규정되지 않았다는 점에서 근대적 의미의 공공부조제도로의 발전이라 보기 어려우며, 자선과 시혜의 성격을 벗어나지 못하였다는 점에서 조선구호령과 근본적 차이가 없었다고 볼 수 있다(이혜원 외, 1998).

3) 제1·2공화국의 사회복지행정

1948년 8월 15일 대한민국 정부가 수립되었으나, 당시의 정치·경제·사회는 매우 불안정하였다. 그러나 1948년 11월 4일에 보건, 후생, 노동, 주택 및 부녀문제에 관한 사무를 관장하기 위해 사회부가 신설되었다. 사회부는 비서실, 보건국, 후생국, 노동국, 주택국, 부녀국과 22개 과를 두었다(대통령령 제25호).

1950년 6월 25일 한국전쟁(1950. 6. 25.~1953. 7. 27)이 발발하였다. 전쟁 중인 1952년 2월 '한국사회사업연합회'가 설립되었다. 한국사회사업연합회는 오늘날의 '한국사회복지협의회'의 전신으로 1954년 법인으로 전환하였고, 1961년 한국사회복지사업연합회로 명칭을 변경, 이후 1970년 한국사회복지협의회로 명칭을 변경한다. 또한 1952년 한국전쟁 중 외국민간원조단체연합회(KAVA : Korea Association of Voluntary Agencies)가 결성되었다. 사실 KAVA 이전에 1946년에 LARA(Licensed Agencies for Relief of Asia)가 있었으나, 한국전쟁 이전까지 원조

활동을 펼쳤다.

6·25 전쟁 이후 사회 전반에 만연한 빈곤은 국민들로 하여금 복지에 대한 강한 욕구를 갖게 하였고, 이를 반영하여 사회부는 1953년 국민생활보호법의 초안을 마련하였다. 그러나 국가 재정의 어려움으로 추진되지 못하였으며, 1957년 법무부 법제실에서 다시 논의되었으나 재정의 문제로 법제화되지 못했다.

1955년 2월에는 사회부와 보건부가 다시 통합되어 보건사회부로 변경되고, 1957년 2월 한국동화작가협회 회원 7명이 성문화하여 발표한 「어린이 헌장」을 보완, 수정하여 1957년 5월 5일 발표하였다. 또한 9월에는 보건사회부 부녀국 내에 아동과를 신설하여, 아동복지 업무를 본격적으로 추진하는 기틀을 마련하였다. 또한 정부는 사회복지사업에 종사할 인력을 양성하고 훈련하기 위하여 1957년 8월에 보건사회부장관 소속에 '중앙사회사업종사자훈련원'을 설치하였다. 이 기관은 현재 한국보건복지인재원의 전신으로, 1960년 8월에 '국립사회사업지도자훈련원'으로 명칭을 바꾸어 사회사업 종사자에서 사회사업 지도자의 교육·훈련기구로 기능을 확대하였다.

이 시기의 사회복지는 응급구호나 극빈층에 대한 시혜적 접근이 주를 이루었으며, 국가보다는 민간이나 외국의 원조, 종교 단체가 중심적 역할을 하였다. 따라서 제1·2공화국 시기의 사회복지행정은 전 시대에 비해 별다른 진전이 없었다.

4) 제3·4공화국의 사회복지행정

제3공화국 시기 경제개발로 인한 도시화 및 공업화의 결과로 도시빈곤층의 증가와 같은 여러 가지 사회문제가 나타났으나, 이를 해결하기 위한 노력은 이루어지지 못하였다. 다만, 이 시기 5·16군사 쿠데타로 탄생한 군사정부는 이전 정부와는 다르다는 것을 보여주기 위한 목적으로 공무원연금법(1960), 선원보험법(1962), 군인연금법(1963), 산업재해보상보험법(1963), 의료보험법(1963)

과 같은 여러 가지 사회보험 관련법들을 제정하였고, 공공부조 부문에서 생활보호법(1961), 군사원호보호법(1961), 재해구호법(1962), 국가유공자 및 월남 귀순자 특별보호법(1962) 등을 제정하였다.

제3공화국 시기인 1961년 12월 생활보호법을 제정하여, 저소득층에 대한 공공부조를 실시하였으나, 실제 그 내용은 조선구호령의 수준에서 크게 벗어나지 못하였다. 이 시기의 군사정부는 경제개발을 최우선 목표로 설정함으로써 절대 빈곤에서 탈피하고자 하였기 때문이다. 따라서 이 정부는 성장이 곧 복지이며, 일자리가 곧 복지라고 여겼으며, 별다른 복지정책은 이루어지지 못하였다고 볼 수 있다.

이 시기에 제정된 고아입양특례법, 아동복리법 및 고아의 후견직무에 관한 법률 등은 아동복지행정에 관한 법적 근거가 되었지만, 그 법들에 사회사업행정이라는 용어가 포함되어 있지는 않았다(신민정 외, 2015). 1970년에 사회복지사업법이 제정됨으로써 공공사회복지행정의 발전 토대가 이루어졌다. 최초로 사회복지사업에 대한 기본적 사항을 규정하였으며, 국가와 지방자치단체에 의한 사회복지법인에 대한 보조와 지도, 감독이 가능하게 되었다. 특히 1970년대 후반 외원단체의 원조가 감소, 철수함에 따라 국가의 복지사업에 대한 적극적 개입이 요구되었다.

제3·4 공화국의 사회복지행정에 대해서는 평가가 나뉜다. 긍정적인 입장에서는 공공부조제도의 수립과 사회복지법인제도의 도입으로 사회복지행정 발전의 기초가 마련되었다(신복기 외, 2013; 고수현 외, 2016). 반면 부정적인 입장에서는 실천의 장과 전문성이 부족하여 사회복지행정의 발전으로 연결되지 못하였으며(고수현 외, 2016), 사회복지행정의 중요한 가치인 효율성과 합리성이 결여되어 있었다. 뿐만 아니라 행정의 역할과 시설의 보호수준이 이전의 구호활동과 거의 차이가 없었다는 점에서 한계가 있었다(신복기 외, 2013).

5) 제5공화국의 사회복지행정

제5공화국은 복지사회의 건설을 국정지표의 하나로 설정하여, 많은 사회복지 입법을 단행하였다. 특히 헌법 제32조에서 '국가는 사회보장 · 사회복지의 증진에 노력할 의무를 진다'고 하여 국가의 책임을 더욱 명백히 하였다. 따라서 제5공화국 시기는 건국 이래 사회복지에 대한 논의가 가장 고조된 시기로 정부는 정치 · 사회의 안정과 사회복지 관련 문제의 해결을 위해 적절한 대책을 수립하였다. 또한 생활보호법에 교육보호와 자활보호를 추가함으로써 종래 생계보호 중심의 행정에서 자활 중심의 행정까지로 사회복지행정의 범위를 확장시켰다. 1982년에는 사회복지사 윤리강령이 채택되었으며, 1983년에는 사회복지사업법이 개정되어 사회사업 종사자라는 명칭이 사회복지사로 변경되었다. 제5공화국의 사회복지행정은 사회복지행정의 범위를 사회복지서비스 행정까지 확대시켰다는 점에서 긍정적으로 평가할 수 있다.

6) 제6공화국의 사회복지행정

제6공화국 시기에 들어서 각 정부는 나름대로 사회복지에 대한 정책 이념과 비전을 제시하였다. 특히 1987년 노태우 정부는 소외받고 있는 저소득층의 복지증진을 위해 저소득층 밀집지역 동사무소에 사회복지전문요원을 배치하였으며, 이는 공공사회복지행정의 획기적 발전을 위한 전환점이 되었다. 또한 1992년 12월 사회복지사업법 개정을 통해 사회복지전담 공무원 배치(제10조) 및 복지사무전담기구 설치(제11조) 근거를 신설하였다.

김영삼 정부는 우리 국민의 '삶의 질'을 높이는 일은 국민소득 1만 달러 시대를 맞아 정부가 역점을 두고 추진해야 할 핵심 정책과제라고 강조하였다. 이에 따라 보건사회부를 보건복지부로 개칭하고, 국민복지기획단을 구성함으로써 사회복지에 대한 노력을 계속하였다. 국민복지기획단은 성장과 복지, 형평과 개발이 조화를 이루는 새로운 국민복지국가의 건설을 위한 기초작업을 수행하였으며, 크게 총괄과 재정 분과, 보험제도 분과, 복지프로그램 분과로 구성 운영되었다. 김영삼 정부의 사회복지정책에는 정부의 역할과 책임보다는 민간부문의 역할과 책임을 강조하는 선진국의 신보수주의적 경향이 깔려 있었다.

보건복지부는 저소득층, 장애인, 노인 등 복지대상자들에게 보건과 복지서비스를 포괄적·효율적으로 제공할 수 있는 공공복지전달체계를 구축하기 위해, 1995년 7월부터 보건복지사무소 시범사업을 실시하였다. 이러한 배경에는 1995년 지역보건법 개정에 따라 가정방문간호사업 등의 기능강화가 요구되었기 때문이다.

김대중 정부는 노인이나 장애인들도 일할 능력이 있는 사람에게는 일을 하게 하는 소위 생산적 복지를 강조하였다. 생산적 복지의 핵심 아이디어는 극빈층에게 기초생활을 보장하고, 자립·자조·자활을 지원해 개인의 창의성을 발휘하게 하는 것이었다. 따라서 결과적으로 국민 전체의 생산성과 복지를 동시에 향상시키고자 한 것이었다. 생산적 복지는 국민기초생활보장법과 사회보험제도의 확충 그리고 자활을 돕기 위한 다양한 취업방안들로 구체화되었다.

1991년 삼성복지재단은 '작은 나눔 큰 사랑'이라는 명칭으로 국내에서 제일 먼저 사회복지 프로그램 공모사업을 진행하였다(정미나 외, 2020). 특히 단순히 물품을 지원하던 복지서비스의 지원 방식에서 프로그램을 지원하는 방식으로의 변화를 시도하였으며, 1994년에 공모사업의 방법과 프로포절 양식을 개발하여 제시하였다(정미나 외, 2020).

1997년 8월 사회복지사업법이 전면 개정되어 사회복지시설이 허가제에서 신고제로 변경됨에 따라, 민간의 사회복지서비스 참여기회가 확대되었다. 또한 1997년 사회복지시설 평가제가 도입되어, 1999년 사회복지시설에 대한 평가가 이루어지기 시작하였다.

1998년 사회복지공동모금회가 설립되어 민간 사회복지조직과 재정의 자율성이 강화되는 방향으로 발전하였다. 이에 따라 사회복지기관의 프로그램관리와 재정관리가 더욱 중요해지게 되었다. 또한 1990년 12월에 대구대학교에서 한국복지행정학회가 창립되었고, 1999년 한국사회복지행정학회가 창립되었으며, 이후 한국복지경영학회, 한국사회복지경영학회 및 한국상담복지경영학회 등 관련 전문 학술단체가 형성됨으로써 사회복지행정과 관련된 조사연구의 양적·질적 발전이 이루어졌다.

1999년에는 국민기초생활보장법이 제정되어 2000년부터 시행되었다. 국민기초생활보장제도의 시행은 과거 시혜대상이었던 요보호자를 권리를 가진 수급자로 변모시켰다. 또한 2003년 제1회 사회복지사 1급 자격시험 제도가 실시되었다.

참여복지 5개년 계획에 사회복지사무소사업이 포함됨에 따라 2004년 시범사업으로 실시되었다. 이후 2006년부터 주민생활지원서비스로 전달체계가 개편되었다. 또한 2005년에는 시군구에서 지역사회복지협의체를 운영하여 지역사회복지의 중요사항을 심의하고 서비스 부문 간 연계를 강화하고자 하였다.

2007년에는 사회복지업무전자화 규정이 신설되었고, 사회서비스 전자바우처 사업이 실시되었으며, 2009년에는 수요중심의 복지전달시스템이 구축되었다. 특히 2009년 10월 사회복지통합관리망(행복e음)이 개통되어 지원대상자 정보를 전국적으로 통합, 관리함으로써 부정, 중복급여 방지 및 지원대상자 누락 방지 등을 꾀하였을 뿐만 아니라 찾아가는 복지서비스의 기반을 구축하였다. 또한 2012년에는 시군구 희망복지지원단이 설치되어 복지종합상담 및 통합사례관리를 강화하게 되었다. 2013년에는 각 부처 복지사업 정보를 연계하여 개인별, 가구별 복지서비스 이력을 관리하면서 대상자의 부정, 중복수급을 차단하고 중앙부처 복지사업 정보를 제공하고자 사회보장정보시스템을 완전 개통하였다. 2016년부터는 읍면동주민센터를 행정복지센터로 명칭을 변경하여 읍면동의 복지기능을 강화하는 '읍면동 복지 허브화'를 추진하고 있을 뿐만 아니라, 읍면동 지역사회보장협의체를 중심으로 지역사회보호체계를 구축하여 운영하고 있다. 2018년부터는 전국의 모든 읍면동에 맞춤형 복지팀을 신설하며 읍면동 복지 허브화를 전면 실시, 찾아가는 보건복지서비스를 실시 중이다.

03 CHAPTER

사회복지조직의 구조와 유형

1. 조직구조의 개념
2. 사회복지조직의 조직화 원리
3. 사회복지조직의 유형
4. 조직의 구조
5. 위원회와 이사회

CHAPTER

03 사회복지조직의 구조와 유형

사회복지서비스가 제공되는 사회복지조직은 공식적이고 조직화된 활동으로 조직을 제외하고는 논의할 수가 없다. 따라서 사회복지조직을 어떤 기능과 유형으로 움직이게 할 것인가는 매우 중요한 관심사가 된다. 이 장에서는 사회복지조직의 구조에 대해서 살펴보고자 한다.

1. 조직구조의 개념

1) 개 념

조직은 사명과 목적을 가지고 복수의 직원이 모여서 협동하는 구조이며, 그것을 달성하기 위하여 조직으로서의 기능을 다할 수 있도록 조직 속에 팀워크가 형성되어야 한다. 따라서 관리자는 조직의 경영이념이나 방침을 직원에게 주지시키고 명확한 의사전달과 커뮤니케이션, 분명한 역할과 책임분담, 적절한 인재 배치와 권한 위양, 목표달성을 위한 효과적 조직 구성, 작업부문 사이의 상호 연계가 가능한 체제를 만들어야 한다. 특히 클라이언트 욕구에 맞는 서비스 개선이 신속하고 유연하게 이루어질 수 있도록 각 부문에 배치한 사회복지사에게 적절하게 권한을 위양할 필요가 있다(신복기 외, 2009).

조직구조란 구성요소들 간의 상호의존 및 상호작용의 객관적 실체로서 존재하는 유형을 의미한다. 그렇지만 조직구조는 주물제품의 거푸집과는 달리 끊임없이 변화하는 속성을 가지고 있다. 조직구조는 조직을 구성하는 틀을 의미하는데, 대체로 조직구조는 수직적으로는 계층제를 유지하며 수평적으로는 통솔범위가 설정되어 있다(허만형, 2004). 수직적인 관계에서 보면, 조직구조는 명령통일이 가능하도록 구성되어 있고, 수평적으로는 전문성이나 분업에 따라 나누어져 있음을 알 수 있다. 공식적 조직이 목표를 효과적으로 달성하기 위해 구조를 만들 때는 업무의 분화와 위계질서, 구조와 통제범위 같은 조직의 구조적 요소를 고려한 틀을 구성하게 된다.

조직의 업무분화는 기능적 업무분담과 업무의 전문화를 의미하는 것이며, 위계질서는 명령계통의 수립과 권한의 위임을 의미한다. 통제범위는 상관이 효과적으로 통솔할 수 있는 부하의 수를 의미하는데, 오늘날 사회복지조직에서는 4~8명 범위로 구성되는 팀 접근방법을 많이 이용하고 있다. 조직의 구조는 업무의 역할과 범위를 명확히 구분하여 권한과 책임을 부여한 조직배열을 의미한다. 조직구조는 기능에 따라 목표달성을 위한 고유(서비스)업무와 업무지원 및 유지관리를 위한 업무로 나누어지고, 크기와 복잡성에 따라 하위부문(국-부-과-계)으로 나누어진다. 이와 같은 조직의 고유기능(서비스 기능)과 관리기능은 서로 교차되며, 고유한 업무를 수행하면서 동시에 다른 부서와 업무를 협의하고 촉진하게 된다. 현대적 조직은 권한분산형이다. 이것이 의미하는 것은 행정가들과 직원 사이에서 책임을 나누고 함께 일하면서 효과성과 창의성을 촉진하고 사기를 진작할 수 있다는 것이다. 스키드모어(Skidmore)의 조사에 따르면, 권한분산형 구조와 서비스 효과성 사이에는 강한 관련성이 있는데, 권한분산의 정도가 높으면 높을수록 조직의 효과성이 높아진다고 한다(Skidmore, 1983 : 116-117). 조직이론이 조직의 단면을 이해하는 데 도움을 준다면, 조직구조는 조직이 내부적으로 운영되는 과정을 이해하는 데 유용하다.

2) 구성요소

조직구조를 구성하는 요소란 조직구조의 국면 또는 구조적 특성에 영향을 미치는 요인과 지표를 말한다. 여기에는 조직의 규모, 조직의 기술, 조직의 공식화, 집권화와 분권화가 포함된다.

(1) 조직의 규모

조직의 규모를 나타내는 변수나 측정지표는 조직구성원의 수, 이용자의 수, 물적 수용능력, 순자산, 매출고 등이다. 조직의 규모가 커지면 어느 정도까지는 복잡성이 증대하다가 어느 수준부터는 감소하게 되는데, 규모가 커지면 대체로 전문화가 지속되다가 일정한 수준에 도달하면 전문화의 진행 정도가 떨어진다. 규모가 커질수록 조직의 행동은 더욱 공식화되어 가고 규모가 커지게 되면 분권화가 촉진된다. 최근 사회복지조직은 업무수행과 관련해서는 팀 중심 조직으로 슬림화되고 있지만 체인화 경향으로 대규모 복지조직도 등장하고 있다.

(2) 조직의 기술

조직의 기술이란 일하는 방법과 작업과정에서 사용되는 지식을 말한다. 객관적인 관점에서의 기술이란 조직이 목표 달성을 위하여 투입물을 산출물로 변화시키는 데 이용하는 지식 · 도구 · 기법 · 활동 등을 의미한다. 예를 들어, 톰슨(Thompson, 1967)의 경우 조직의 기술유형을 기술 자체보다 단위작업 간의 상호 의존성의 형태에 따라 연속형 기술, 중개기술, 집약적 기술로 분류하였다.

연속형 기술(long-linked technology)의 경우 과업의 단계가 고정적으로 연속되어 있어서 어느 단계의 활동이 원활하게 이루어지려면 그 전 단계의 활동이 완료되어야 하며, 각 부서는 자원을 서로 교환하고 다른 부서의 작업결과에 영향을 받는다. 이 기술은 대량생산에 쓰이는 일관작업체제(assembly line)를 의미하며, 투입 및 산출 분야에 통제를 가하여 불확실성을 줄이고자 한다. 중개기술(mediating technology)은 시간적으로나 공간적으로 분산된 광범위한 고객을 대상으로 하는데 자원봉사활동에서의 자원봉사조정자가 여기에 해당된다. 중개기술을 활용하는 조직은 고객의존적이므로 규정이나 절차를 활용해 통제한다. 집약적 기술(intensive technology)은 조직의 다양한 기술이 복합되어 활용되는 맞춤기술 · 주문기술(custom technology)을 의미한다. 이 기술은 복지조직에서 클라이언트 개개인의 욕구에 맞추어 상담, 재활, 보건의료, 재가서비스 등을 전문가의 협력하에 동시에 제공하는 형태이다.

(3) 조직의 공식화 정도

공식화란 조직 내의 직무가 표준화되어 있는 정도를 가리키는 말로서 조직 구성원 및 조직 관련자들이 언제·무엇을·어떻게 해야 하는가를 규정하고 명시한다. 공식화는 조직에 참여하는 사람들(organizational participants)의 행위와 태도를 규제하므로, 직무가 고도로 공식화되어 있다면 그것은 직무수행자가 직무수행에서 이미 정형화(programmed)된 규정에 따라 업무를 수행해야 하므로 재량권(discretion)이 아주 낮음을 의미한다. 반면에 공식화 정도가 낮으면 사전에 규정된 절차나 규칙이 적어 구성원들이 재량권을 상당히 발휘할 수 있다. 일반적으로 단순하고 반복적인 비숙련 직무일수록 공식화의 정도는 크며, 고도로 전문화된 직무일수록 공식화될 가능성이 낮다. 사회복지사와 같은 전문직종의 경우 공식화 정도가 낮은 것은 이 때문이다. 그러나 예외도 있다. 공인회계사나 경영상담을 하는 전문직의 경우 서비스에 대한 수수료를 소요시간에 따라 받음으로써 매시간의 활동을 자세히 기록하여 청구하게 되므로 공식화 정도가 비교적 높다. 또한 조직의 기술을 일상적인 것(routine)과 비일상적인 것(nonroutine)으로 분류했을 때 일상적이고 단순하며 자동화된 기술을 사용하는 조직이 그렇지 않은 조직보다 공식화 경향이 높다. 그렇지만 지나친 조직의 공식화는 목표와 수단의 전도현상을 초래하고 관료제적 악순환을 불러올 수 있으며, 인적 전문화의 수준이 높을수록 갈등과 소외현상을 심화시킬 수 있다.

(4) 집권화와 분권화의 수준

집권화와 분권화는 연속선상의 현상을 설명하는 개념이다. 이 구성요소는 조직 내의 권력배분 양태와 권력이 위임되는 수준을 설명하려는 개념이며, 집권화와 분권화의 지표는 의사결정권의 위임 정도로 알 수 있다. 집권화와 분권화에 영향을 미치는 요인은 최고관리층의 인간관이나 관리철학, 노동조합, 전문가 등이 될 수 있으며, 통신기술의 발달과 예산 팽창, 그리고 법률의 효과성에 대한 신뢰나 행정수단의 결함의 노출, 행정비용의 팽창 등 행정활동의 통일성을 확보하려는 움직임과 최고관리층의 권력욕 등은 집권화를 촉진시키는 요인이 될 수 있다. 그리고 조직의 사기앙양의 필요성과 조직규모 확대, 그리고 기술수준의 고도화와 조직참여자의 인적 전문화와 능력 향상, 고객에 대한 서비스, 민주주의의 생활화 등은 조직의 분권화를 촉진시키는 요인이다. 조직구성원의 측면에서 볼 때 상급관리층이 강력한 리더십을 가지고 있거나, 하위층의 능력이나 자질이 부족할 때는 분권화보다는 집권화가 바람직하다. 또한 행정업무 내용의 측면에서도 통일성이 요구되는 업무, 중요한 업무는 집권도가 높을 때 더욱 효과적이다. 그리고 조직 측면에서 조직의 규모가 작거나 조직의 역사가 짧을 때일수록 집권화가 효과적이며, 조직환경의 측면에서도 조직이 위기나 난국에 처하거나 환경변화가 극심할 때일수록 집권화가 바람직하다. 그러나 집권화는 조직을 관료적이고 권위주의적 성격으로 몰아가고, 형식주의에 얽매여 창의성과 자발성을 저해하며 획일화시키는 단점을 가진다. 이에 반해 분권화는 신속한 의사결정을 이루고 업무를 감소시키며, 자발적 협조를 유도하면서 책임감을 증진시키고 조직의 협조관계를 용이하게 하는 장점을 가지지만, 동시에 지도·감독과 통제를 약화시키거나 업무를 중복시키며, 행정력을 분산시키고 전문기술을 활용할 수 없게 만드는 등의 단점이 있다.

2. 사회복지조직의 조직화 원리

조직의 원리란 조직을 관리함에 있어서 준거하여야 할 기준을 말한다(장인협·이정호, 1993 : 135-137). 행정학 초기의 과학적 관리론자들은 이 원리를 지키지 않으면 안 되는 금과옥조로 인식했던 데 비하여, 그 후 인간관계론자들은 이 원리를 엄밀한 검증도 거치지 않은 하나의 '격언(proverb)'에 불과하다고 비판하고 있으나(Simon, 1987 : 146-180), 조직의 관리나 편성에 참고할 하나의 기준이 된다(최창호, 2002 : 419).

1) 계층제의 원리

계층제(hierarchy)란 권한과 책임의 정도에 따라 조직구성원 간에 권한과 책임을 배분하고 수직적인 지휘·복종체계를 확립하는 것을 말한다. 일반적으로 계층의 수준이 높을수록 대외관계, 정책결정, 장기계획 등의 업무를 수행하고, 계층의 수준이 낮을수록 집행·실시하는 구체적인 업무를 수행한다. 또한 전문화된 조직일수록 그 권한은 약화되고 영향력의 범위가 좁아진다.

계층제가 심화·확대되면 의사소통의 차단, 인간관계의 등한시, 구성원의 사기 저하 등의 문제점이 발생할 가능성이 있으며, 특히 직무상의 계층제를 신분적·사회적 계층제와 연관시킬 경우는 민주적 이념을 저해하고 창의적·쇄신적 활동을 둔화시킬 우려가 있다. 환경에 대한 적응성과 신축성을 높이기 위해 계층의 완화와 평준화를 도모해야 한다.

2) 명령통일의 원리

명령통일(unity of command)의 원리는 한 조직원은 한 사람의 직속상관으로부터 명령을 받아야 한다는 것이다. 명령통일의 원리는 의사전달의 혼란을 방지하고 책임소재를 분명히 할 수 있으며, 따라서 부하에 대한 통제를 가능하게 한다. 또한 누구에게 보고하고, 누구로부터 보고를 받을 것인가를 명확히 함으로써 심리적 안정감을 줄 수 있으며, 조직의 장으로 하여금 소속된 부하들간의 협조와 조정을 명령하고 지시할 수 있게 한다(박경권 외, 2013). 그러나 조직의 규모가 커짐에도 불구하고, 무리하게 한 사람의 담당 직원을 통해 명령, 감독하는 경우 기능적인 전문가들의 영향력을 저해하여 업무의 효율성 저하를 유발할 수 있다.

3) 통솔범위의 원리

통솔범위(span of control)의 원리란 한 사람의 상관이 효과적으로 통솔할 수 있도록 통솔대상자의 수와 조직단위를 일정한 한도로 제한해야 한다는 원리이다. 직접 지휘, 통제대상 부하 수가 너무 적을 때는 관리비 낭비가 초래되며, 너무 많은 경우에는 커뮤니케이션이 원활하지 못하여 지휘, 통제가 불가능하게 된다(박경권 외, 2013). 많은 연구자와 실무자들이 통솔범위를 일정 수로 정하려는 노력을 했지만, 인간의 능력과 가변적 상황에 따라 달라지므로 일정 수로 확정할 수는 없기 때문에 통솔범위는 그 조직의 여러 가지 조건에 따라 다르며, 직무의 성질, 감독자의 능력, 피감독자의 질, 지리적 분산도, 조직의 역사, 조직관리의 상태, 관리기술의 수준 등이 통솔범위에 영향을 미치는 요인이 된다.

4) 분업(전문화)의 원리

분업 또는 전문화(division of work or specialization)의 원리는 업무를 종류와 성질별로 나누어 능률을 향상시키기 위해 전문분야별로 조직구성원에게 한 가지의 주된 업무를 분담시키는 원리이다. 조직의 규모가 확대되고 업무처리의 전문성이 증가할수록 더욱 요구된다. 즉, 사람의 성격, 기술에 차이가 있고, 능력에 한계가 있기 때문에 분업에 의한 전문화가 필요하며, 또한 작업능률을 향상시키고 업무의 지식 및 기술의 발전을 기할 수 있는 장점이 있다. 그러나 개인의 업무수행에 대한 흥미상실을 유발시킬 수 있으며, 지나친 분업으로 조직 내 단위 간의 조정을 어렵게 하고, 더 많은 비용을 들게 할 수 있다.

5) 조정의 원리

조정(coordination)의 원리란 조직이 공동목적을 달성하기 위하여 행동의 통일을 기하도록 집단적 노력을 질서 있게 배열해야 한다는 원리이다. 조직이 대규모화되고 복잡할수록 그 목적을 효과적으로 달성하기 위해 조직의 각 단위의 기능은 분업화, 전문화됨에 따라 각 단위가 목적을 상실하고 파편화되는 폐단을 초래하게 된다. 이러한 폐단을 방지하기 위해서 각 구성원의 개별적 노력을 통합화하는 기능이 필요하며 이 통합화를 조정이라고 한다. 이러한 조정은 조직단위의 권한과 책임의 한계를 명확히 하거나 조정을 전담하는 기구 설치, 의사소통의 촉진 및 조직 내의 계층제의 구조를 통하여 원활히 할 수 있다.

6) 부문화의 원리

부문화(departmentation)의 원리 또는 부서화의 원리는 업무분화가 확대되어 부서와 직무가 증가하게 되면, 상호작용의 빈도와 갈등이 증가하는 만큼 조정 비용도 늘어난다는 점에서, 이러한 문제점을 해결하기 위해 조직의 효율성을 제고하기 위한 방향으로 목적이나 기능에 맞게 조직을 개편하는 것을 의미한다. 부문화의 원리는 일곱 가지로 나누어진다.

첫째, 수 기준 부문화는 같은 역할을 하는 사람들을 한 슈퍼바이저(supervisor) 아래에 소속시키는 방법이며, 단순히 구성원의 수만을 기준으로 부문화하는 것이기 때문에 개인의 능력 차이를 고려하지 못하는 한계가 있고, 한 사람의 밑에 사람의 수가 너무 많으면 둘 이상의 비슷한 단위를 만들 수 있다.

둘째, 시간 기준 부문화는 하루 24시간 근무하는 조직의 경우 업무시간을 2교대 또는 3교대 등으로 정하여 업무를 부문화하는 방법으로, 24시간 서비스를 제공해야 하는 사회복지 생활시설 등에서 유용하게 활용할 수 있는 조직화 방법이다. 다만, 야간이나 주말을 기피하는 현실에서 조직이 원하는 적합한 요원을 채용하기 어렵고, 조직의 기능이 단편화될 수 있는 한계점이 존재할 수 있다.

셋째, 기능 기준 부문화는 인사, 재정, 기획, 영업 등과 같은 주요한 기능에 따라 인력을 묶어 배치하는 방법으로서, 업무단위 간 경쟁이 지나치면 부서 간의 수평적인 업무협조가 곤란하고 조직 전체의 목적보다는 소속된 부서의 업무만 중시하는 한계점이 존재할 수 있다. 이러한 기능 기준 부문화는 직원의 능력, 선호도, 관심 등 직무적성에 근거하여 사람을 배치하는 방법이다.

넷째, 지리적 영역 기준 부문화는 클라이언트의 거주지역을 중심으로 조직을 구성하고 자율적으로 운영하여 책임감을 갖도록 조직하는 방법으로, 클라이언트 밀착형 서비스 등이 해당한다. 이는 서비스의 효율성을 높일 수 있고 클라이언트에 대해 책임소재를 명확히 할 수 있는 장점이 있는 반면에, 각 지리적 특성으로 업무단위 간 업무량의 차이가 발생할 수 있고, 지리적 구분이 엄격할 경우 인근지역의 서비스를 다른 업무단위에서 제공해야 하는 문제 등 직원의 사기가 저하될 수 있는 한계점이 존재한다.

다섯째, 서비스 기준 부문화는 개별사회사업, 집단사회사업, 지역사회조직사업 등의 서비스 방법에 따라 조직의 업무를 부문화하는 방법이다. 서비스기준 부문화는 전문화된 서비스를 제고시키는 장점이 있는 반면, 클라이언트의 욕구가 복잡하고 다양할 경우 여러 가지 서비스를 포괄적으로 제공할 수 없다는 점이 한계이다.

여섯째, 고객 기준 부문화는 고객의 인구사회학적 특성이나 문제의 집단별로 부서를 나누는 방법으로 클라이언트의 종류와 문제에 따라 부문화하는 방법을 말한다. 고객을 영유아, 아동, 청소년, 장애인, 노인, 여성 등으로 분류하거나 클라이언트의 문제를 실업문제, 빈곤문제, 가족문제, 집단별 비행, 아동학대, 성폭력 등으로 조직의 업무를 부문화하는 것이다, 그러나 문제가 다양하고 복잡한 경우에 서비스 제공자의 기술로 감당하기 어려운 한계점이 있다.

마지막으로 서비스 접근 통로 기준 부문화는 클라이언트가 필요로 하는 서비스에 접근할 수 있는 학교, 병원, 경로당, 대중매체 등 통로별로 업무를 부문화하는 방법이다. 서비스 접근 통로 기준 부문화는 사회복지 조직 서비스의 경우 서비스 제공이 유료든 무료이든 간에 많은 사람이 이용할 수 있도록 서비스조직을 설치하는데, 현실적으로 정보제한 등으로 인해 다양한 서비스 접근에는 한계점이 있다. 이 부문화는 서비스에 따라 확실하고, 접근통로가 다양하지 않을 경우 적용할 수 없다.

3. 사회복지조직의 유형

조직은 여러 기준에 따라 다양하게 분류될 수 있다. 조직을 분류함으로써 조직의 현상과 본질을 보다 명확히 이해할 수 있다. 각기 다른 기준을 가지고 조직을 분류한 예를 보면 다음과 같다.

1) 권력과 복종의 형태에 따른 조직

에치오니(Etzioni, 1975)는 조직의 구분에 있어 상사의 권력사용과 부하직원의 인식 및 반응 사이의 관계를 조사하였다. 권력은 어떤 개인이나 집단이 어떤 방식으로 개인이나 집단을 변화시키도록 하는 능력을 말하는데(Filley, House, & Kerry, 1976), 에치오니(Etzioni, 1975)는 상사의 권력 형태를 강제적 권력, 보수적 권력, 규범적 권력으로 나누었다.

강제적 권력(coercive power)은 신체적 제제를 포함하여 위협, 이동의 제한 등 기본적인 욕구충족을 강제로 통제하는 것이다. 보수적 권력(remunerative power)은 물질적 자원과 보상에 대한 통제를 하는 것이다. 규범적 권력(normative power)은 지위나 상징성에 의한 통제이다. 대부분의 조직은 세 가지 유형의 권력을 모두 사용하지만 대부분 주로 사용하는 한 가지 유형의 권력이 있다.

관여(compliance)는 한 개인이 다른 행위자의 권력에 의해 행동하게 되는 것, 권력에 종속된 사람의 지향성 등을 의미한다. 에치오니(Etzioni, 1975)는 부하의 관여의 형태를 소외적 관여, 타산적 관여, 도덕적 관여로 나누었다.

소외적 관여(alienative compliance/ involvement)는 권력자와 구성원이 다른 가치를 갖는, 구성원은 권력자를 거부하는 매우 부정적인 방향의 관여라 할 수 있다. 타산적 관여(calculative compliance/ involvement)는 흔히 계산적 관여라고도 하며, 일반적으로 비즈니스-직원 관계에서 발견되며, 보상관계에 따라 헌신을 하거나 부정을 한다. 도덕적 관여(moral compliance/ involvement)는 조직목표에 대한 높은 헌신을 갖는 긍정적 관여이다.

이와 같은 권력의 형태와 관여의 세 가지 조합에 따라 9개의 조직 유형을 제시하였으나, 일반적으로 강압적 통제의 사용은 소외적 관여(적대적)와 일치하고, 보수적인 통제 수단은 계산적 관여(중립적 감정, 물질적 혜택)와 일치하며, 규범적 통제는 도덕적 관여(강한 조직에 대한 믿음과 가치)와 관련성이 높기 때문에, 즉 1 강제적 유형, 5 공리적 유형, 9 규범적 유형이 가장 흔하게 나타난다고 보았다.

〈표 3-1〉 복종관계에 의한 9가지 조직의 유형

관여의 종류 / 권력의 종류	소외적 관여	타산적 관여	도덕적 관여
강제적 권력	유형 1(강제적) 수용소, 정신병원, 교도소 등	유형 2	유형 3
보수적 권력	유형 4	유형 5(공리적) 상업조직	유형 6
규범적 권력	유형 7	유형 8	유형 9(규범적) 종교조직, 정치조직, 사회복지조직, 학교조직, 병원조직 등

출처 : 고광신 · 김승훈 · 손연숙(2008). 사회복지행정론. 서울 : 나눔의집.

- 첫째, 강제적 조직(coercive organizations)은 사회에서 일탈자로 간주되는 개인을 통제하려는 조직으로, 질서목표를 가진다. 수용정신병원, 구치소, 교도소 등도 이에 해당된다.
- 둘째, 공리적 조직(utilitarian organizations)은 사회 · 경제단체와 같이 보수를 통제의 수단으로 하는 조직으로, 경제적 목표를 가진다. 산업조직으로서 기업체, 경제단체, 농민조직 등도 이에 해당된다.
- 셋째, 규범적 조직(normative organizations)은 사회의 신념과 가치를 유지하는 데 가치 있고 필요한 것으로 간주되는 상징적 대상의 생성 및 보존에 대한 책임을 가지며, 문화적 목표를 가진다(Etzioni, 1961). 정치조직, 병원, 학교, 사회복지조직 등도 이에 해당된다.

에치오니(1961)는 동적 가설을 제시하였으며, 이는 권력과 순응이 일치하는 유형의 조직이 일치하지 않는 유형보다 더 효과적이라고 주장하였다. 따라서 조직의 환경이 허용하는 정도에 따라 조직은 적합하지 않은 유형에서 일치하는 유형으로 규정 준수 구조를 전환하는 경향이 있다고 하였다. 부하직원의 관점에서 적절한 유형의 권한을 사용하지 못하는 것은 개인수준에서 부정적인 결과(분노, 낮은 사기 등)와 조직의 불안정으로 이어지기 때문이다(Blase, 1988). 예를 들어, 학교조직이나 사회복지조직이 강제적 권력이나 보수적 권력을 사용한다면 구성원의 만족도는 상당히 낮아질 것이며, 종국에는 조직의 존폐 문제가 발생할 수도 있기 때문에, 에치오니는 나머지 6가지 유형은 조직갈등과 부담의 본질을 설명하는 데 유용하다고 생각하였다.

2) 수혜자의 종류에 따른 조직

블라우와 스콧(Blau & Scott, 1962)은 '1차적인 수혜자'가 누구인가를 기준으로 조직을 상호수혜조직, 사업조직, 서비스조직 및 공공조직으로 분류하여 유형화하였다(장인협 · 이정호, 2004).

- 첫째, 상호수혜조직(mutual-benefit association)은 정당, 노동조합, 농협, 수협 등 구성원이 1차적인 수혜자가 되는 조직이다.
- 둘째, 사업조직(business concerns)은 회사와 같이 조직의 소유자 · 경영자가 1차적인 혜택을 받는다. 주식회사, 은행 등이 이에 해당된다.
- 셋째, 서비스조직(service organizations)은 병원, 학교, 사회복지기관, 상담소 등 조직의 클라이언트가 1차적인 수혜자가 되는 조직이다.
- 넷째, 공공조직(commonwealth organizations)은 군대, 경찰, 행정조직 등 일반 대중이 1차적인 수혜자가 되는 조직이다.

〈표 3-2〉 블라우와 스콧의 조직유형

구 분 / 조직유형	1차적인 클라이언트	조직의 종류
상호수혜조직	조직의 회원	정당, 종교단체, 노동조합 등
사업조직	사업체의 소유자	주식회사, 상업적인 회사, 은행 등
서비스조직	클라이언트	사회복지조직, 병원
공공조직	일반대중	행정기관, 군대조직 등

출처 : 고광신 · 김승훈 · 손연숙(2008). 사회복지행정론. 서울 : 나눔의집.

3) 업무의 통제성에 따른 조직

길버트 스미스(Gilbert Smith)는 사회복지조직과 관련하여 업무의 통제성에 따른 조직의 유형을 다음과 같이 네 가지로 분류하였다(장인협 역, 1984, 최성재 · 남기민, 1993 재인용).

- 첫째, 관료조직은 공식적인 조직과 규정, 위계적인 권위구조, 명확하고 전문화된 분업, 문서에 의한 업무처리, 기술적 자격에 기초한 신분의 보장 등을 특성으로 하는 합리적인 통제체제의 조직을 말한다. 그러나 관료조직은 목표와 수단의 전도현상, 형식주의, 개인의 불안정감, 변화에 대한 저항 등의 병리현상이 나타나는 경우가 많다.
- 둘째, 일선조직으로 공식적인 위계제도가 있음에도 불구하고 실제로는 권한의 분산이 행해지고 있는 조직이다. 조직의 주도권이 일선 업무 단위에 있고, 각 업무단위는 자율성을 가지고 상호 독립적으로 업무를 수행하며, 사무단위의 직접적인 감독과 통제가 쉽지 않다.
- 셋째, 전면적 통제조직으로 클라이언트의 유지 · 관리과정에서 엄격한 규칙에 의하여 전반적인 통제를 가하는 조직이다. 정신병원, 기숙사, 교도소, 요양시설 등이 해당된다. 이 조직은 강제적 수용, 철저히 계획된 활동, 일반사회의 기본적 생활형태와 차이, 수용자와 직원 간의 근본적인 차이, 문화적인 차이로 인한 고통, 개인의 개조, 특수한 문화 형성을 그

속성으로 한다.

- 넷째, 투과성 조직으로 조직의 구성원 또는 참여자가 자발적으로 참여하며 개인의 가정과 사적인 생활에 침해를 받지 않고 조직의 문화나 규정에 의한 통제성이 약하고 조직의 활동이 거의 노출되는 조직이다. 자원봉사조직이 대표적이다. 이 조직은 자발적인 참여, 조직의 업무와 사적인 활동 사이의 분명한 구분, 약한 영역 유지구조, 역할구조의 복잡성, 개인의 주체성 강조, 업무활동의 자율성, 일반사회와 문화 차이가 거의 없음을 그 속성으로 한다.

4) 수혜자(클라이언트)의 상태와 조직기술에 따른 조직

하센펠트(Hasenfeld; 성규탁 역, 1985)는 사회복지조직이 대상으로 하는 클라이언트와 조직기술에 따라 사회복지조직을 6가지로 분류하였다. 즉, 클라이언트를 정상기능(normal functioning)과 비정상기능(malfunctioning)으로 구분하고, 사회복지조직에서 클라이언트를 변화시키기 위하여 사용하는 기술을 인간식별기술(people-processing technology), 인간유지기술(people-sustaining technology), 인간변화기술(people-changing technology)로 나누어 이들의 유형을 조합하여 <표 3-3>과 같이 6가지 조직으로 분류하였다. 이 분류에서 인간식별기술이란 클라이언트의 개인적 속성을 변화시키지 않고 오히려 다른 사회집단으로부터 바람직한 반응을 야기하는 사회적 명칭 부여(labelling)와 공식적인 지위를 부여함으로써 클라이언트의 변화를 시도하는 것을 말한다. 예를 들면, 정신질환자, 암환자, 대학생과 같이 클라이언트를 식별하고 분류하여 변화를 시도하는 것이다. 인간유지기술이란 클라이언트의 개인적인 상태의 악화, 약화, 퇴보를 예방하고 현 상태로 완화시키거나 유지하도록 하는 기술이다. 예를 들면, 노인의 요양보호, 생계유지를 위한 금품지급 등이다. 인간변화기술이란 클라이언트의 개인적 속성에 직접 변화를 주려는 기술이다. 예를 들면, 교육, 사회심리적 상담, 의학적 치료 등이다.

〈표 3-3〉 복종관계에 의한 6가지 조직의 유형

구분	사용기술 유형		
클라이언트 유형	인간식별기술	인간유지기술	인간변화기술
정상기능	유형 1 대학 : 신입생 선발 신용카드회사	유형 3 사회보장청 휴양시설	유형 5 공립학교 YMCA
비정상기능	유형 2 소년법원 진료소	유형 4 공공부조사무소 요양시설	유형 6 병원 수용치료센터

출처 : 고광신 · 김승훈 · 손연숙(2008). 사회복지행정론. 서울 : 나눔의집.

4. 조직의 구조

1) 공식조직과 비공식조직

공식조직(formal organization)이란 분업과 권한, 책임의 계층제를 통하여 일정한 목표를 달성하려는 조직으로서 법률, 규칙이나 직제에 의하여 형성된 인위적 조직이며, 인간관계를 규제하는 데 중점을 두는 구조가 명확한 조직을 말한다. 가시적으로 조직의 기구도표에 배열된 지위와 관계를 의미한다.

이에 비하여 비공식조직(informal organization)은 가시적이고 일상적이고 계획된 구조 밖에 존재하는 구조이다. 비공식조직은 구성원 상호 간의 접촉이나 친근성으로 말미암아 자연발생적으로 형성되는 조직으로서 사실상 존재하는 현실적 인간 상호관계나 인간의 욕구를 기반으로 하며, 구조가 명확하지 않으나 공식조직에 비하여 신축성을 가진 조직이다(김규정, 2002).

현실의 조직에 있어서 어느 것이 공식조직이며 어느 것이 비공식조직인가 구별하기 어려운 경우가 많으며, 양자는 공존하면서 협동적 관계에 있는 경우도 있고 대립적인 관계에 있는 경우도 있다. 따라서 비공식조직의 활용과 통제는 조직의 운영에 있어서 중요한 기술이 된다. 행정가는 비공식조직이 목표달성에 순기능적으로 작용하도록 긍정적으로 활용할 수 있어야 한다.

윌리엄스(Williams)는 비공식조직의 가치를 ① 의사소통의 통로, ② 응집력의 유지, ③ 구성원의 자존심 향상으로 요약하였다. 또 윌리엄스는 비공식조직과 공식조직 사이에 불협화음이 발생할 경우 해결방법으로 ① 소외의 원인 제거, ② 설득, ③ 직위 부여, ④ 전보발령 또는 해직의 네 가지를 제시하였다(최성재·남기민, 1993 : 114).

2) 수직조직과 수평조직

조직구조의 공식조직과 비공식조직 외에 또 다른 요소로 수직조직과 수평조직이 있다. 수직조직은 계선조직(line)이라고도 하며, 수평조직은 막료조직 또는 참모조직(staff)이라고도 한다.

수직조직은 명령－복종 관계를 가진 수직적·계층적 구조를 형성하면서 법령을 집행하고 정책을 결정하며, 조직의 목표 달성에 직접적으로 공헌하는 기관이다. 이는 최고관리자를 정점으로 하는 국장 → 과장 → 계장 → 계원의 순으로 되는 피라미드 형태를 구성한다.

수평조직은 수직조직이 그 기능을 원활하게 수행할 수 있도록 지원, 조정, 촉진함으로써 조직목표의 달성에 간접적으로 공헌하는 기관을 말한다. 이는 주로 자문, 권고, 조언, 조정, 연구, 기획, 통제, 인사, 예산, 법무, 홍보, 조달 등의 기능을 수행한다. 예를 들면, 기획관리실, 총무과, 자료실, 경리과, 홍보실, 비서실, 자문위원회 등과 같은 조직이 이에 해당된다.

수직조직과 수평조직 간에는 실제로 그 기능이 엄격하게 구별되지 않으며, 양 기능은 서로 보완적인 관계에 있으며 상호 의존하고 있다. 수직조직과 참모조직은 공식적인 구조상의 위치보다 갈등을 해소하고 원만한 협조를 통하여 통합이 이루어지는 방향으로 조직이 운영되어야 한다. 상호 간의 갈등으로 인한 불화를 해결하기 위해서는 책임한계를 명확히 하고 상호 간의 인사 교류, 상호 간 접촉의 추진, 교육훈련 등을 통해서 상호 협조와 활용을 도모해야 할 것이다.

5. 위원회와 이사회

어떤 조직도 혼자서는 운영할 수 없다. 조직의 정책 개발, 목표 수립, 계획 및 결정, 서비스의 집행을 효과적으로 할 수 있도록 의견을 제시하고, 기관의 운영을 보조함에 있어서 위원회와 이사회는 중요한 역할을 수행한다.

1) 위원회

위원회란 목표 달성을 위한 특별과업이나 문제를 해결하기 위하여 조직의 일상업무 수행기구와는 별도로 여러 사람에 의하여 구성되는 합의제 기관을 말한다. 위원회는 ① 기관의 활동을 방해하는 문제 탐구, ② 문제해결을 위한 계획의 개발, ③ 권고(recommendation)를 공식화하는 기능을 수행한다(장인협 · 이정호, 1993 : 165).

위원회의 위원은 일반적으로 ① 능력이 있는 자, ② 해당 과업이나 문제에 관심을 가지고 있는 자, ③ 시간과 정력을 제공할 용의가 있는 자, ④ 과업이나 문제에 관련된 여러 측면에서 대표자가 될 수 있는 자, ⑤ 경우에 따라서는 소수집단을 대표할 수 있는 자가 되는 것이 바람직하다(최성재 · 남기민, 1993 : 122). 위원회의 규모는 위원회의 목적이나 기능에 따라 다소 달라진다. 위원회에 위원이 너무 많으면 토론이 복잡해지며 시간이 너무 많이 소요된다.

효과적인 위원회의 운영을 위해서는 시간의 가치를 이해하고 시작시간과 종료시간, 회의안건을 사전에 알려주어야 한다.

위원회를 구성함에 있어 위원회의 책임과 권한을 분명히 할 필요가 있다. 그러한 책임과 권한은 구두보다는 명문화하여 밝히는 것이 바람직하다. 또한 일반적으로 위원회는 회의록을 작성하고 보존해 두는 것이 필요하다.

위원회의 위원들은 함께 조화를 이룰 수 있는 능력이 있어야 한다. 그리고 신뢰할 수 있으며, 서로 대화할 수 있고, 타협을 할 수 있으며, 융통성이 있어야 한다.

위원회의 장점은 ① 의사결정의 합리성 확보, ② 여러 사람의 경험과 전문지식 활용, ③ 개인적 배제와 공정한 결정, ④ 조직의 민주적 운영, ⑤ 각 부문 간의 의견대립 조정에 의한 업무 촉진, ⑥ 협조적인 인간관계의 조성과 원활한 의사소통 등을 들 수 있다(장인협 · 이정호, 1993 : 133).

위원회의 단점으로는 ① 많은 시간과 경비가 소요되어 비능률적인 경우가 있으며, ② 위원 간의 책임성을 희박하게 하며, ③ 소수위원에 의한 전제를 초래할 우려가 있거나, ④ 소수의견이 무시될 우려가 있다는 점 등이다.

2) 이사회

이사회는 조직이 그 목표를 달성할 수 있도록 법률적 책임을 지고 있는 조직의 정책결정기구이다(최성재 · 나상만, 1993). 이사회를 통해서 ① 지역사회로부터 피드백을 얻을 수 있고, ② 지역사회의 욕구와 이를 충족할 방법에 대한 지침을 제공받을 수 있으며, ③ 효과성과 효율성을 증대시킬 수 있는 방법을 모색하는 데 도움을 받을 수 있다. 이사회는 사회복지조직의 필요성과 존재에 대한 철학적 및 사회적 근거가 되기 때문에 대부분의 사회복지조직에서 이사회의 설치는 법률적 요청사항으로 되어 있다. 이사회는 자연인이 아니면서 자연인과 같은 권리와 의무의 주체가 되는 법인의 상설적 기관이 된다. 법률적 의미에서 이사회는 법인의 사무를 집행하고 원칙적으로 법인을 대표하며 법률행위를 하는 직무권한을 가지는 상설적 필요기관이 된다.

이사들은 기관과 기관의 서비스 전달에 대한 진지한 관심을 가지고 있는 사람이어야 한다. 이사는 대표성이 특히 중요하다. 다양한 집단, 다양한 문화, 지역적 안배를 고려하여 선발하여야 한다. 대부분 기관의 이사회는 전문가와 법조인으로 구성되어 있다. 선임된 이사들은 이사회에 참여하는 데 기꺼이 시간과 정력을 할애해야 한다.

이사회는 일반적으로 다음과 같은 기능을 수행한다. ① 조직의 목적 또는 목표 설정, ② 조직의 운영기구 설정, ③ 인적 · 물적 자원의 조달, ④ 조직의 행정책임자 채용 및 임명, ⑤ 정책의 결정, ⑥ 예산 인준 및 재정 원천에의 접근 촉진, ⑦ 조직운영의 점검 및 평가, ⑧ 조직과 지역사회 간의 중개, ⑨ 지역사회의 계획 참여, ⑩ 정관의 변경 등이다.

이사회와 조직의 행정책임자 및 직원의 역할(또는 권한과 책임)을 이해하지 못하거나 역할규정이 불분명하여 이들 간의 관계에서 갈등이 발생할 수 있다. 이들 3자 간의 관계를 분명히 하고 갈등을 피하는 가장 좋은 방법 중의 하나는 각자의 역할, 책임, 권한을 명시한 직무규정을 마련하는 것이다.

3) 위원회와 이사회의 차이

위원회와 이사회는 회의체라는 점에서는 유사하고 경우에 따라서는 엄격히 구분될 수 없지만 몇 가지 중요한 차이점은 다음과 같다(Skidmore, 1990).

- 이사회는 위원회에 비하여 조직의 행정책임자의 참석 없이 회의를 가지는 경우는 드물다.
- 이사회는 위원회에 비하여 조직의 직원이 구성원이 되는 경우가 드물다.
- 이사회는 위원회의 구성원 수보다 적은 경우가 많다.
- 이사회는 위원회에 비하여 수혜자가 참여하는 경우는 드물다.
- 이사회는 위원회에 비하여 조직의 운영과 서비스 전달에 더 많은 영향을 미친다.
- 이사회는 정책을 수립하고 위원회는 건의하는 역할을 주로 한다.

04 CHAPTER

사회복지조직 환경과 조직 이론

1. 사회복지조직의 환경
2. 사회복지조직의 환경 관리전략
3. 사회복지조직의 환경 변화 및 과제
4. 사회복지조직의 주요 이론

CHAPTER

04 사회복지조직 환경과 조직 이론

환경이란 조직 외부에 위치하면서 조직의 기능 수행에 영향을 미치는 모든 조건들을 뜻한다(Patti, 1983). 사회복지조직의 환경은 개인, 집단, 조직, 지역사회, 국가, 제도 등을 모두 포함한다. 조직은 환경 내에서 자신의 영역을 규정해 나간다. 이 과정을 영역합의라 하는데(Anthony, R., & Herzlinger, R., 1965), 조직에 영향을 주는 제반 환경 요소들이 조직의 존재와 활동영역을 공식적으로나 비공식적으로 인정하는 상태다. 이를 합법성 부여라 하는데, 환경에 의존적인 사회복지조직으로서는 조직 내부의 자본이나 기술력 등에 못지않은 중요한 조직 자산이 된다.

모든 공공이나 민간 비영리조직들에서 조직의 환경적 맥락은 매우 중요하게 다루어진다. 사회복지조직은 환경으로부터의 대의적 요구를 충족시킬 목적으로 만들어졌으며, 외부환경의 의도와 변화를 감지하고, 그것을 조직활동에 반영해야 한다. 특히 사회복지조직은 환경으로부터의 최근 동향뿐만 아니라 그 밑바닥에 깔려 있는 강한 흐름을 주시하고, 그에 따라 조직전략과 프로그램을 개발하는 것이 중요하다. 일시적으로 유행하는 조직전략들을 따르지 않으려면, 환경의 핵심 경향을 파악해야 한다는 것이다(김영종, 2011).

조직환경은 일반환경와 업무환경으로 구분되는데, 일반환경(general environment)이란 조직의 거시적 외부조건으로, 조직이 속한 일반사회의 정치/ 법, 경제, 문화, 인구, 기술적 상황을 말한다(York, 1982). 일반환경 조건은 특정 조직이 아닌 사회의 모든 조직들에 영향을 미친다. 업무환경(task environment)이란 한 조직과 직접 상호작용하는 외부 조직이나 집단 등의 외부자들을 말한다(Meenaghan, Washington, & Ryan, 1982). 조직에 재정자원을 지원하는 외부자, 클라이언트나 클라이언트를 의뢰하는 외부자, 조직활동에 합법성을 부여하는 외부자, 서비스 생산을 돕거나 혹은 경쟁하는 외부자 등이 모두 업무환경 요소들이다. 모든 조직은 각기 자기 조직 고유의 업무환경을 갖추고 있다.

1. 사회복지조직의 환경

1) 일반환경

일반환경은 거시적 사회 동향으로 경제적, 사회·인구·통계학적, 문화적, 정치적, 법적, 기술적 조건들로 거시적 사회환경의 존재를 의미하며, 이러한 조건들은 모든 조직에 영향을 미치며 특별한 경우를 제외하고는 개별 사회복지조직이 변화시킬 수 없는 주어진 조건으로 생각되는 것이다. 일반환경의 조건들은 사회복지조직의 업무환경에 영향을 주고, 그로 인해 개별 사회복지조직은 간접적이지만 강력하게 그 영향을 받는다.

사회복지조직에서 일반환경이란 사회복지조직이 가질 수 있는 기회, 제약, 선택의 범위를 규정하는 것을 말하는데, 한 사회의 인구사회학적 변동, 정치적·법적 조건, 문화적 조건, 경제적 조건, 기술의 수준 등과 같은 거시적 사회환경의 존재를 의미한다. 한 사회복지조직이 직접적으로 인식하는 일반환경은 업무환경 요소들에 영향을 미침으로써 사회복지조직에 대해 비록 간접적이지만 대단히 큰 중요성을 가지고 있다.

일반환경에서의 경제적 조건은 사회복지조직에 영향을 미치는 국가나 지역사회의 경제상태, 사회복지조직에 대한 자원공급의 절대량과 서비스 수요에 영향을 미친다. 인구사회학적 조건이란 연령, 성별분포, 가족구성, 인종, 거주 지역, 사회적 계급 등과 같은 조건으로 사회문제와 욕구발생에 매우 밀접한 관계를 가지며, 문화적 조건은 특정 시기에 우세한 사회문화적 신조와 사회복지의 형태, 방향과 밀접한 관련이 있다. 정치적·법적 조건은 사회복지조직에 영향을 미치는데, 첫째, 가용자원이 공적으로 관할되고 정치적 과정에 의해 자원에 대한 접근이 통제되며, 둘째, 수많은 법적 규제는 사회복지조직이 서비스를 제공하는 데 있어 준수해야 할 많은 조건들을 만들어 내어 클라이언트를 통제한다. 일반환경에서 기술적 조건이란 사회의 기술적 진보나 변화가 사회복지조직의 서비스 기술에 미치는 영향을 말한다(고광신 · 손승훈 · 신연숙, 2011).

〈표 4-1〉 사회복지조직의 일반환경

일반환경	
경제적 조건	자원공급의 절대량과 서비스 수요에 영향을 줌 예 경기 불황 및 호황, 중앙정부 및 지방자치단체의 재정, 고용률 및 실업률, 경제성장률 등
인구사회학적 조건	장기적인 서비스의 수요 변동과 예측에 영향을 줌 예 연령별 · 성별 · 지역별 · 소득계층별 인구분포, 노인 인구 및 유년 인구 비율, 가구형태 등
문화적 조건	사회의 가치와 규범, 사회복지조직의 목표와 기술에 영향을 줌 예 가족주의 가치, 빈곤에 대한 사회적 인식 변화 등
정치적 · 법적 조건	자원의 흐름에 대한 통제에 영향을 줌 예 사회복지 관련 법령의 제정 · 개정 · 폐지, 정부의 사회복지정책 · 경제정책 등
기술적 조건	사회의 기술적 진보 혹은 변화가 초래하는 영향 예 컴퓨터와 인터넷의 발달로 인한 조직관리 방법의 변화, 신경안정제의 개발로 인한 탈시설화 등

2) 과업환경

과업환경이란 개별 사회복지조직이 직접 자원과 서비스를 교환하고 특별히 상호작용하는 관계집단이나 조직들의 군(群)을 말한다. 이들은 대개 해당 사회복지조직과 특정한 이해관계를 형성하고 있다. 이들 이해 관련자는 조직이 무엇을 하는지, 어떻게 운영되는지에 관해 자신들의 이해득실을 걸고 있다. 예를 들어, 조직활동에 대한 인 · 허가기관, 감독기관, 재정이나 자원을 제공해 주는 기관, 클라이언트를 의뢰해 오는 기관, 보조서비스 제공기관 등이 여기에 해당한다. 과업환경은 일반환경에 의하여 영향을 받는 것이 일반적이며, 특정 사회복지조직에 영향을 미치기도 하지만 사회복지조직에 의해 영향을 받기도 한다. 과업환경에는 재정자원의 제공자인 정부, 공적 사회단체, 민간 사회단체, 개인 등이 있고, 사회복지조직의 합법성과 권위는 법률에 의해 부여되고, 사회적 승인·정당성은 조직이 봉사하고 있는 지역사회, 클라이언트 집단, 전문가 집단으로부터 나온다.

클라이언트 및 클라이언트 제공자는 사회복지조직으로부터 직접 서비스를 받고자 하는 개인, 가족을 의뢰하는 타 조직, 집단, 개인을 포함한다. 사회복지조직의 자원과 클라이언트에 대해 경쟁관계에 있는 다른 조직들을 경쟁조직들이라고 한다. 사회복지조직에서는 모든 서비스를 제공할 수 없으므로, 주된 서비스를 보충할 수 있는 보충적 서비스 제공자와 공식적·비공식적 협조체세를 유지하여야 한다. 사회복지조직이 산출한 것을 소비하거나 인수하는 사람은 사회복지조직이 만들어 낸 서비스를 받아들이고 사용하는 사람으로서 클라이언트 자신, 가족, 지역사회, 교정기관, 복지시설, 학교, 국가 등이다.

〈표 4-2〉 사회복지조직의 과업환경

과업환경	
재정자원의 공급자	정부(보조), 기업체(출연), 개인(후원), 서비스이용자(부담) 등
클라이언트의 제공자	개인, 가족, 의뢰기관, 정부기관 등
서비스의 수급자·소비자	클라이언트 자신, 가족, 지역사회, 국가 등
보완적 서비스 제공자	조직의 업무수행을 위해 보충적으로 필요한 서비스를 제공
합법성·권위의 제공자	정부, 국회, 전문가 단체, 운영법인, 클라이언트 옹호단체 등
경쟁조직	자원과 클라이언트들을 두고 경쟁관계에 있는 다른 조직들

2. 사회복지조직의 환경 관리전략

사회복지조직이 환경과의 의존－권력 관계를 상쇄하지 못하고 외부의 환경적인 것에 크게 의존한다는 것은 조직에 커다란 불안을 불러일으키고 외부압력에 대한 취약성을 갖게 하며, 또한 조직 내부의 권위와 생존을 위협받게 된다. 의존－권력 관계를 개선하기 위하여 다양한 전략을 사용할 수 있는데, 전략선택의 기준은 사회복지조직이 필요로 하는 자원의 조직 외부환경에서의 집중과 분산의 정도 및 조직이 통제하는 전략적 자원의 양에 의해서 결정된다. 일반적으로 조직의 외부환경에 자원의 집중도가 높고 조직 내의 전략적 자원이 적을수록 조직이 환경과의 관계를 향상시킬 수 있는 능력이 미약하다.

사회복지조직의 의존을 강화하기 위한 조건으로는 ① 외부에서 정책적 강요, ② 필요한 목표를 외부에서 인가, ③ 외부조직의 서비스를 크게 필요로 하는 경우, ④ 조직의 서비스를 사용하는 데 있어 외부에서의 재량권 행사, ⑤ 대안에 대한 부정확한 정보 등이 있으며, 의존상쇄조건으로는 ① 주요 자원의 소유, ② 대안에 대한 효과적인 정보 소유, ③ 대체적 서비스의 가용성, ④ 자체 승인의 이념 개발, ⑤ 외부세력에 의해 허용된 자유 등이 있다.

하센펠트(Hasenfeld)는 권력－종속관계를 바탕으로 조직이 환경에 대해 의존을 강화하기 위한 조건과 의존을 상쇄시키는 조건들을 제시하고, 그러한 조건들을 상쇄시키는 전략으로 다음과 같은 구체적 행동전략들을 전개하고 있다 (Hasenfeld, 1983 : 71-82).

1) 권위주의 전략

권위주의 전략은 권력을 사용하여 다른 조직의 행동을 이끌고 명령을 내리는 전략이다. 조직이 자금과 권위를 관장하여 사회복지 전달체계에서 우세한 위치를 차지하고 있을 때 그 조직은 자체의 교환관계 조건과 다른 조건들을 좌우할 수 있는 위치를 가질 수 있다. 주로 자금지원과 권위를 관장하는 중앙정부기관이 지방정부기관에 대하여, 또는 정부기관이 민간 사회복지조직에 대하여 사용할 수 있는 전략이며, 민간 사회복지조직이 이 전략을 사용하는 경우는 매우 드물다고 할 수 있다. 권위주의 전략은 민주적이며 지방분권적인 정치체제가 아니면 실제로 사용하는 경우는 드물다. 그러므로 권위주의 전략은 우세한 위치의 소수 조직에만 한정되고, 명령 순응 여부를 감시하기 위해 비용이 많이 들며, 비록 명령에 대한 순응이 이루어지더라도 형식적인 것으로 그치고 마는 문제가 있다.

2) 경쟁적 전략

경쟁적 전략은 다른 사회복지조직들과 경쟁하여 세력을 증가시키거나 서비스 질과 절차, 행정절차 등을 더 풍성하고 매력적이며 효율적으로 만드는 것이다. 경쟁적 전략은 사회복지조직이 필요로 하는 모든 자원이 외부환경에 분산되어 있고, 세력 균형이 충분한 내적 자원이 있을 때 가능한 전략방법이다.

경쟁적 전략에서 발생할 수 있는 병폐현상으로 크리밍(creaming) 현상이 있는데, 이것은 성공 가능성이 높은 대상자를 선택하고 비협조적이거나 실패 가능성이 높은 대상자를 배척하는 것으로, 개입전략에 잘 맞고 결과가 성공적으로 나타날 케이스를 선호하는 것이다. 민간 사회복지기관에서는 재량권이 넓기 때문에 이러한 관료제적 병폐현상을 말한다.

경쟁적 전략은 자칫 잘못하면 성공률이 높은 클라이언트만 받아들이고 사회계층이 낮은 클라이언트를 거부하게 되는 문제를 발생시킬 수 있다. 또한 경쟁으로 인하여 서비스의 중복과 자원낭비를 조장할 수도 있다. 그렇지만 클라이언트의 선택의 폭을 넓히고 질 높은 서비스를 받게 하는 장점이 있다.

3) 협동적 전략

조직이 과업환경 내의 다른 조직에게 필요한 서비스를 기꺼이 제공하여 그 조직이 그러한 서비스를 획득하는 것에 대한 불안감을 해소시키는 것을 말하며, 서비스를 제공한 사회복지조직은 그에 대한 보답으로 조직에 대한 권력이 증가한다. 사회복지조직이 가장 많이 사용할 수 있는 전략이라고 할 수 있으며, 계약, 연합, 흡수의 세 가지 형태로 구분할 수 있다.

(1) 계약

두 조직 사이에 자원 또는 서비스의 교환을 위해 협상된 공식적 또는 비공식적 합의를 말하며, 필요에 의해 서비스와 자원을 교환함으로써 상호 이득을 보는 장점이 있으나, 조직의 자율성 침해 및 서비스의 남용과 악용의 발생이 가능하고, 서비스 평가를 어렵게 하고 서비스가 부실해진다는 단점이 있다.

(2) 연합

연합은 복지자원의 혜택과 복지서비스 제공에 있어서 공동이익을 위하여 상호 제휴하는 전략이다. 연합은 여러 사회복지조직들이 합동으로 사업을 하기 위하여 자원을 합하는 것이며, 각 사회복지조직의 세력이 비교적 약해야 하며 상호 이익을 추구할 수 있고 비용보다 이득이 커야 한다. 연합은 연합을 통해 얻는 이득이 큰 경우에 가능하며, '조직들의 조직'을 형성해 과업환경과 협상할 세력을 확보하여야 한다. 또한 회원조직 간 불화, 이익배분에 대한 의견 불일치 등의 문제가 발생할 수 있다.

(3) 흡수

흡수는 과업환경 내의 주요 구성조직들의 대표자들을 조직의 지도층 혹은 정책 수립기구에 흡수함으로써 조직의 안정이나 생존에 대한 위협을 피하는 것을 말한다. 대표자들을 자기편으로 끌어들임으로써 조직활동과 생존에 대한 지지를 유도할 수도 있지만 자율성이 침해될 위험성이 크다.

4) 방해전략

경쟁적 위치에 있는 다른 조직의 활동을 방해하거나 세력을 약화시키는 전략으로, 이러한 전략은 그러한 행동을 함으로써 목표조직이 양보해 주기를 바라고 그렇게 함으로써 그들 간의 의존-권력 관계의 판도를 바꿀 수 있기를 기대한다. 방해전력을 활용할 수 있는 조건은 조직의 과업환경이 정당한 요구를 묵살하거나 방해하려는 조직이 실패하더라도 손해 볼 것이 없는 경우와 이념적 갈등이 존재하는 경우 등으로 사회복지조직은 가장 최후에 사용할 수 있는 전략이다.

3. 사회복지조직의 환경 변화 및 과제

사회복지조직은 공공성을 띤 조직으로 사회로부터 공공의 이익과 복지를 위하여 인가를 받은 체제로서, 활동에 필요한 물적·인적·재정적 자원을 외부로부터 받아서 운영되기 때문에 도덕성이 요구된다.

사회복지조직이 환경변화에 비추어 해결해야 할 과제는 다음과 같다.

- 첫째, 사회적으로 부족한 지지를 확보하기 위해 정치적·경제적 자원을 활용하여 조직의 문제를 해결하기 위한 노력을 해야 한다.
- 둘째, 사회복지조직에 부족한 고급인력 양성이 필요하다.
- 셋째, 한국의 사회복지에 적절한 조직형태를 갖출 수 있도록 해야 한다.
- 넷째, 조직의 외부환경뿐만 아니라 내부적인 환경 또한 지속적으로 개선하고 발전시키기 위한 노력이 필요하다.

4. 사회복지조직의 주요 이론

사회복지조직은 생성·성장·소멸되며 이것은 운영과 발전에 밀접한 관련이 있다. 초기의 사회복지조직 이론은 환경의 영향을 최소로 보아 폐쇄체계로 보았으나, 현대 사회복지조직 이론에서는 폐쇄적 단위가 아닌 환경과의 상호 의존적인 관계를 지닌 개방체계로 보고 있다.

사회복지조직 환경에 중요한 이론들은 고전 이론과 현대 조직의 이론으로 나누어 좀 더 자세히 살펴보고자 한다.

1) 고전 이론

고전 이론의 기본 가정은 조직구성원들은 주로 경제적으로 동기부여가 되며, 개인들은 경제적 유인으로 주어질 경우에 조직의 목표를 위해 노력하고 조직이 개인에게 경제적으로 보상할 수 있다면 개인의 목표와 조직의 목표가 일치할 수 있다고 보는 것이다.

(1) 과학적 관리론

과학적 관리론은 테일러(Taylor)가 창시하였다. 조직의 최상 목표는 합리성과 효율성으로 보고 있으며, 작업의 효과성과 효율성을 향상시키기 위하여 노동의 분업, 작업형태 및 시간의 효율적인 사용을 강조하였다. 과학적 관리론의 원칙은 첫째, 과학적인 과업의 관리이다. 일일 적당 작업량을 산출하고 최소한의 시간 내에 최적의 동작을 통해 작업을 할 수 있도록 하는 것이다. 둘째, 차별성과급제도이다. 각 직무에 소요되는 성과표준을 기준으로 임금수준을 결정하는 것을 최상의 방법으로 보았으며, 현재의 인센티브제도의 원형으로 볼 수 있다. 셋째, 과학적인 직원의 선발기준이다. 과업에 적합한 직원의 선발방법, 교육훈련 방법을 정한 뒤 이에 적절한 사람들을 과학적으로 선발하는 것이다. 넷째, 기능식 직장제도이다. 이것은 노동자와 경영자가 제각기 직분에 따라 일하며, 협동할 수 있도록 전문화 원칙을 적용한다.

이러한 과학적 관리론의 한계점은 첫째, 조직을 폐쇄체계로 다룬다는 것이다. 조직의 많은 외적 영향, 다른 조직 및 사람들과의 관계의 필요성을 무시한다. 둘째, 엘리트주의적인 사고이다. 행정 간부에게만 조직목표 설정의 책임을 부여함으로써 조직구성원들 사이의 권력배분에 영향을 미치는 내적 · 외적 · 정치적 과정을 무시한다. 셋째, 인간에 대한 기계적론적인 견해이다. 구성원들을 금전 이외에는 아무런 동기나 관심을 갖지 않는 존재라고 가정하고 있다는 것이다. 인간을 기계의 부품처럼 취급함으로써 인간의 사기와 갈등 등의 내면적인 요소에 대한 파악을 하지 못한다. 이것은 노동자 간의 협동체계, 즉 노동조합 등과 같은 조직체 결성 등을 고려하지 않았으며, 과학적 원리와 방법에 의해 작업을 한다는 신조하에 구성원 서로 간의 교류문제를 소홀히 여겼다. 이러한 한계점을 극복하기 위하여 하버드대학교의 메이요(Mayo) 교수와 연구진들은 호손(Hawthorne) 공장의 실험을 통해 인간관계 이론이 대두되게 하였다.

(2) 관료제 이론

막스 베버(Max Weber)의 관료제 이론은 기술적 지식을 바탕으로 하고 최대한의 효율성을 목적으로 한 전반적인 조직의 구조와 과정을 조정하기 위해 설정된 합리적 규칙에 기초한 통제체계를 연구하였다.

관료제 이론의 특성은 첫째, 위계적인 권위구조로 인간의 개성보다 공적인 지위에 기반을 둔다. 상급직위에 있는 사람은 하급직위에 있는 사람을 통제할 수 있다는 것이다. 둘째, 규칙과 규정으로 의도적으로 마련된 일관성 있는 규칙, 규정에 따라 직무의 배분 및 인력의 배치가 이루어진다. 조직활동에 통일성 · 안정성 보장, 각기의 독특한 사례를 다루기 위해 규정의 상세한 체계를 만든다. 셋째, 분업과 전문화이다. 특정 과업을 명확히 분업화하여 고도의 전문화를 추구한다. 넷째, 비인격적인 사회관계로 사적인 감정의 배제, 개인적 감정보다 공식적 원칙을 중요시하며, 합리성에 기초한 의사결정이 이루어진다. 다섯째, 경력지향성으로 전문적 능력과 기술을 중요하게 여기며, 일정한 규칙하에 연공서열과 실적에 따라 이루어지는 승진, 기술적 자격에 기반을 둔

신분 보장, 유급직원에 의한 관료의 충원이다. 여섯째, 능률의 강조로 순수한 관료제는 최대의 능률을 올릴 수 있다고 보았으며, 합리적 의사결정을 통해 행정능률의 극대화가 가능하다고 보았다.

관료제 이론의 한계점은 첫째, 규칙과 규제에 지나치게 의존함으로써 문서주의(red tape)와 형식주의가 대두될 수 있고, 둘째, 서비스 전달과정에서 직원과 클라이언트의 비인간화를 야기할 수 있으며, 셋째, 클라이언트에게 효과적인 서비스를 전달하는 데 필요한 융통성의 결여가 발생할 수 있으며, 넷째, 직원들의 자질을 평가하는 데 비인격적이고 무감각한 성과측정 방법에 의존하며, 다섯째, 권위의 위계질서는 엄격한 지시 이행과 조정이 가능하지만, 하위직원의 의사소통을 저해하는 역기능이 나타날 수 있다는 것이다. 여섯째, 규칙이 너무 엄격하여 업무수행이 경직되고 목표전치(goal-displacement) 현상을 발생시킬 우려가 있다. 이러한 측면에서 볼 때 사회복지조직의 관료제화는 서비스의 합리화·효율성의 증대, 개선된 서비스 기술 등을 가져다 주었지만 서비스 대상자들을 소외시키는 결과도 가져왔다. 따라서 둘 사이에 적절한 균형이 중요하다.

과학적 관리론과 관료제 이론의 공통점은 조직의 공식적인 목표를 중시하고 개인의 목표와 조직의 목표는 일치된다고 보았으며, 조직은 합리적인 체계이며 기계와 같이 설계되어 효율성·효과성을 높일 수 있다고 보았다.

(3) 인간관계 이론

인간관계 이론은 메이요의 인간관계 이론과 맥그리거의 X·Y이론이 대표적이다. 우선 호손공장 실험에 기반한 인간관계 이론을 살펴보면 다음과 같다. 인간관계 이론은 하버드대학교의 심리학자 메이요(George Elton Mayo)를 중심으로 행해진 미국 시카고 근처에 있는 Westren Electric 회사의 호손(Hawthorne) 공장 실험을 계기로 전개되었다. Western Electric은 전기 및 전설관계 설비를 생산하는 우량기업으로 일찍부터 종업원의 복지에 관심을 가져 복지시설이나 임금 등에 있어서도 적정 수준을 유지하고 있었기 때문에, 회사의 간부들은 종업원들의 불만을 이해할 수 없었다(박만순, 1970). 그러나 불평불만이 높아지자 회사는 이 문제를 해결하기 위해 하버드대학교에 이 문제의 해결을 의뢰하였고 메이요 교수를 중심으로 한 연구진이 현지에 파견되어 1925년 11월부터 8년간에 걸쳐 여러 가지 상이한 내용의 실험을 하게 되었다. 실험의 내용은 조명실험, 계전기 조립실험, 면접 프로그램, 배전기권선 관찰실험 등이다.

1924년 11월부터 1927년 4월까지 조명실험이 실시되었다. 그 결과 전혀 예상하지 못한 결과를 가져왔다. 즉, 조명도를 높였을 때 능률이 상승한 것은 예상한 바였으나, 조명도를 낮추었을 때도 생산량이 여전히 증가하였다(Halloran, 1983). 이러한 실험 결과 물리적 여건과 상관없이 생산을 증가시키는 다른 요인이 작용하고 있음을 알게 되었다. 1927년 4월부터 1929년 6월까지 계전기 조립실험이 실시되었다. 2명의 여공을 선발, 여공들이 좋아하는 4명의 여성을 선발하여 모두 6명의 여공을 한 작업실에 넣어 계전기를 조립하는 작업을 시켰다. 그동안 노동시간, 급여, 휴식시간 등의 다양한 노동조건을 변화시키고, 작업능률에 미치는 영향을 확인하였으나 이러한 작업조건의 변화가 작업능률에 결정적 변화를 주지 않는다는 것을 발견하였다. 오히려 동기를 제공하는 것이 작업의욕에 보다 큰 영향을 미친다는 사실을 발견하였다. 이후 1928년 9월부터 1930년 9월까지 약 3년에 걸쳐 21,126명의 종업원에 대해 면접을 실시하였다. 면접조사 결과 노동의 과학적 접근과는 달리 물리적 환경보다는 불만이나 감정과 같은 사회적 요인이 노동자의 태도를 좌우하며 생산에 영향을 준다는 것을 발견하였다. 1930년 11월부터 1932년 5월까지 마지막 배전기권선 관찰실험이 이루어졌다. 15명의 근로자가 작업을 하고 있는 작업장을 중심으로 면접과 관찰실험을 한 결과, 비공식 집단의 존재를 발견하였고, 비공식 집단에는 그들만의 규범이 생겨나는 것을 발견하게 되었다.

연구 결과 근로자의 작업 능률은 물리적 환경조건보다 집단 동료나 윗사람과의 인간관계에 의해 좌우되고, 비공식 집단이 존재하며, 이 비공식 집단은 생산량에 강력한 영향을 미친다는 것을 발견하게 되었다. 또한 근로자는 개인이 아니라 집단의 일원으로 행동하며, 경제적 욕구나 동기와 같은 합리적 행동보다 비경제적 요인인 사회적·심리적 욕구나 동기에 입각한 행동을 중시한다는 것을 발견하게 되었다(신두범, 1980, 최성재·남기민, 1993 재인용).

맥그리거(McGregor, 1960)는 그의 저서 『기업의 인간적 측면(The Human Side of Enterprise)』에서 인간본질의 두 가지 상반된 견해를 중심으로 X·Y이론을 제시하였다. 전통적 인간관을 X이론이라 하고, 현대적 인간관을 Y이론이라고 부르면서 각 이론의 주요한 가정과 동기부여 방식을 다음 〈표 4-3〉과 같이 제시하고 있다.

〈표 4-3〉 맥그리거 X·Y이론의 인간관

구 분	X이론	Y이론
인간관	• 본래 태만하고 가능한 한 일을 회피함 • 야망이 없고 책임지기를 싫어함 • 이기적이며 창의력이 부족함 • 변화에 저항함 • 생리적·안전적 수준에서 동기부여됨 • 인간은 통제와 강제의 대상임	• 일을 놀이와 같이 자연스럽게 생각함 • 목표 달성을 위해 자기통제가 가능함 • 수동적인 성향을 지닌 것은 아님 • 변화에 저항적으로만 반응하지는 않음 • 친화, 자존, 자기실현 수준에서 동기부여 • 자율성, 창조성을 지님

(4) 상황 이론

생태체계 이론의 도입으로 조직을 보다 개방적인 관점에서 외부환경과의 관계를 강조하면서 연구의 시각을 넓혀 주었지만, 조직운영과 직접 관련한 해결책을 찾기에는 지나치게 추상적이었기 때문에 이들 이론을 구체적이고 실천적인 의미에서 변형하게 된다. 이렇게 해서 등장한 것이 상황 이론(contingency theory)이다.

상황 이론은 조직환경과 조직구조의 적합성이 조직의 성과 및 생존에 중요한 영향을 미치며, 조직의 설계는 합리적인 선택에 의해 환경적 제약에 대한 적응이 가능하며, 이는 조직의 성과를 높이는 데 중요하다는 것이다.

사회복지조직의 합리적인 선택에 의한 가장 적절한 사회복지조직 형태는 사회복지조직이 처한 상황적 조건에 의해 결정된다. 합리적인 사회복지조직

형태는 기계적이거나 유기체적일 수 있는데, 어느 형태가 더 합리적인지는 상황적 요인에 달려있다. 로렌스와 로쉬(Lawrence & Lorsch, 1967)는 한 조직 내에서도 여러 형태의 조직구조가 고안되어야 한다고 본다. 상황 이론이란 사회복지조직의 주변 상황이 자주 바뀌고 사회복지조직이 복잡성과 다양성을 가질 때 사회복지조직이 어떻게 적응하느냐를 연구하는 것으로서 사회복지조직과 사회・문화・기술・경제・법・질서 등의 외부환경과의 관계와 사회복지조직의 각 하위체계 간의 관계를 파악하여 사회복지조직의 존립과 발전에 기여하도록 하는 것이다. 상황 이론 변수에는 상황(환경)변수, 조직의 구조 및 관리체제 변수, 조직의 효과성이 있는데, 한 조직이라도 다양한 하위 환경에 직면할 수 있기 때문에 이들과의 관계를 연구할 필요가 있다.

대부분의 현대 조직환경 이론은 조직과 환경 간의 적합도를 유지하면 궁극적으로 조직효과성을 제고할 수 있다고 본다. 상황 이론은 사회복지조직과 기술적 환경 간의 적합도를 유지하려 한다. 한 조직체가 상이한 하위 환경에 직면할 수 있기 때문에 한 사회복지조직 내에도 다양한 조직구조화가 필요하다.

상황 이론에서는 조직효율성에 중요한 영향을 미치는 것이 조직구조라고 보기 때문에 조직구조와 환경, 구조와 기술, 구조와 조직 규모 등과의 관련성을 중심으로 다루어 왔다(임창희, 1995 : 45). 상황 이론은 기본적으로 다음과 같은 특징을 가지고 있다(한동일 외, 2011).

- 첫째, 상황 이론은 객관적 결과로서의 조직유효성을 중시하며 상황과 조직 특성 간의 적합한 관계를 규명하고자 한다.
- 둘째, 상황 이론은 조직과 환경 또는 기술과의 관계를 중요시한다.
- 셋째, 상황 이론은 행동의 주체로서 조직체 자체를 분석하는 단위로 삼는다. 상황 이론은 개인이나 집단의 행동보다는 조직의 구조적 특성과 그 기능을 주목하고 있다.

사회복지조직에 있어서의 상황 이론은 어느 정도의 유용성을 가지고 있는데, 두 가지로 설명된다(황성철 외, 2005).

- 첫째, 상황 이론은 사회복지조직의 내부적 특성을 잘 설명하고 환경의 중요성을 강조한다는 점에서 그 적용이 유용하다. 실제로 사회복지조직은 클라이언트 집단에 따라 그 조직의 특성이 매우 다르다. 따라서 제각기 다른 특성을 충분히 이해하고 조직화와 관리법의 형태를 결정해야 한다는 점은 시사하는 바가 크다.
- 둘째, 기존의 조직 이론이 환경과의 관계를 도외시한 반면, 상황 이론은 환경적 변수의 중요성을 강조한 측면이 사회복지조직에 적용 가능성을 크게 하고 있다.

실제로 사회복지조직은 환경적 변화에 크게 좌우되기 때문에 그에 따른 조직구조와 관리 스타일의 적용이 절실히 요구되므로 이론적 타당성이 충분하다. 따라서 사회복지행정가가 상황 이론을 활용할 경우 자신이 운영하는 사회복지조직의 특성과 욕구를 명확히 파악하고 환경적 특성을 잘 이해해야 한다.

(5) 정치경제 이론

정치경제 이론(political economy theory)은 보다 폭넓은 개방체계의 관점에서 조직을 이해하는 것이다. 이 이론은 규범적이라기보다는 분석적이며, 상황이론과 마찬가지로 환경적 요소에 의해 조직의 특정 형태가 영향을 받는 과정에 초점을 둔다. 그러면서도 조직의 내·외부 환경요소에 의한 상호작용을 중시하여 일방적이고도 결정주의적인 성향을 띠지 않는다.

정치경제 이론의 관점은 조직 내·외부의 정치경제적 역학관계가 조직의 서비스 전달체계에 어떻게 영향을 미치는지를 파악하게 하는 데 중요한 기여를 한다. 특히 사회복지조직이 외부환경에 매우 의존적이라는 사실을 감안하면, 환경의존에 적용하는 과정에서 채택하는 조직전략이 사회복지조직의 구조와 과정에 어떠한 영향을 미치는지를 설득력 있게 나타낼 수 있다. 이 모델은 또한 클라이언트를 중요한 자원이면서 한편으로는 잠재적 이해집단인 것으로 인식한다. 이것은 곧 클라이언트가 보유하는 정치적 파워와 경제적 자원을 근거로 해서 볼 때 사회복지조직이 어떻게 클라이언트에 대해 반응할 것인지를 예측 가능하게 한다(김영종, 2008 : 124).

정치경제 이론에 의하면, 조직의 생존과 발전에는 두 가지 기본적인 자원이 필수 불가결하다. 하나는 합법성과 권력과 같은 정치적(political) 자원이고, 다른 하나는 생산과 서비스에 요구되는 경제적(economic) 자원이다. 조직에서 합법성은 조직의 설립기반과 모든 활동의 근거가 되는 중요한 요소이며, 권력과 같은 정치적 자원으로 인하여 조직의 목표 달성을 위한 적절한 권위와 영향력이 행사될 수 있다. 또한 재원, 클라이언트, 인력과 같은 생산과 서비스를 위한 경제적 자원이 확보되지 않는다면 조직은 정상적으로 가동될 수 없을 것이다.

정치경제 이론은 조직과 환경 간의 상호작용이 조직의 내부 역학관계에 미치는 영향에 초점을 둔다. 조직은 생존과 서비스 생산이라는 목적 달성을 위해서 두 가지 형태로 근본적 자원을 확보해야 한다. 첫째, 정치적 자원(합법성과 세력), 둘째, 경제적 자원(생산에 필요한 돈, 클라이언트, 인력 등)이다. 조직의 생존을 위해서 합법성이란 불가결한 것이고, 세력 또한 조직 내에서 권위와 영향력이 배분되게 하는 수단이 된다. 경제적 자원은 조직의 서비스 전달체계와 인센티브시스템 등을 설치·운영하는 데 필수적이다(김영종, 2008 : 123).

사회복지조직은 이러한 자원을 주로 업무환경과의 관계를 통해 획득하는데, 업무환경이란 조직의 활동에 대해 이해관계가 걸려 있는 다른 조직이나 이해집단을 가리키는 것이다(Hall, 1977; Hasenfeld, 1983). 이러한 환경은 조직의 서비스 전달체계를 구성하는 데 있어서 중대한 영향력을 발휘한다. 즉, 외부의 정치경제적 환경요소는 다음과 같은 조직의 형태-특정 클라이언트 집단에 대한 조직의 선호, 서비스의 우선순위 결정, 수요와 공급의 조절, 서비스 종류와 강도 선택 등-에 대하여 어떠한 조직형태가 가장 적합한 것인지를 고려하도록 개입(간섭)한다는 것이며, 또한 조직 내에서의 파워와 경쟁관계는 서비스 기술이 어떻게 실행에 옮겨지고, 의사결정권한이 조직단위에서 어떻게 배분되는지를 결정한다고 본다.

사회복지조직에 적용해 보면, 변수들을 복잡하고 경험적으로 나타내기 어렵다는 점, 돈과 파워 같은 정치경제적 변수에 의해서 조직의 환경을 설명하므로 무형의 가치와 이념이 존재하는 사회복지조직에는 적용하는 데 한계가 있다는 지적도 있지만(김영종, 2002 : 124), 현실에서의 사회복지조직이 처한 상황을 표현하고 있으므로 사회복지조직원 간에 업무분담의 중요성과 목적이나 목표의 설정방향을 거듭 강조하고 있다는 데에서 그 의의를 찾을 수 있다(우종모 · 김재호 · 조당호, 2007 : 143).

앞에서도 지적하였듯이 사회복지조직은 대부분이 예산을 정부와 자치단체, 기업과 개인의 기부에서 충당하기 때문에 더욱 큰 영향을 받는다. 사회복지조직에서 정치경제 이론의 적용에 있어 폭넓은 개방체제하에서 조직을 이해하고, 사회적 환경에 의하여 영향을 받으며, 외부와의 상호작용을 중요시하고, 조직의 운영과 보존을 위한 경제력도 중요한 내용이다. 클라이언트의 욕구를 인지하고, 그에 적절한 정치경제적 여건을 잘 만드는 조직은 발전하여 융성할 것이다.

(6) 체계 이론

체계 이론에서는 개인, 가족, 소집단, 조직, 지역사회, 국가를 유기체로 보고, 이들 체계들은 상호 의존적인 밀접한 관계를 가지고 있다고 본다. 따라서 모든 사회체계는 그것이 전체로서 다른 하위체계를 내포하고 있는 동시에 또한 부분으로서 상위체계에 속해 있다. 사회체계들은 상호 의존적 관계를 맺으며 전체를 이루고 있으며, 전체는 부분의 합보다 더 크고 다른 성질을 가지고 있으므로 전체에 나타나는 사회복지조직이나 상호 의존성을 개별적인 부분들로 환원할 수 없다. 각 체계는 살아 있는 개방체계이며 다양한 사회체계들과 상호작용을 통해 사회복지조직에서 필요한 에너지를 확보하여 조직을 유지 · 발전시켜 나갈 수 있다. 개방체계란 환경과 체계 사이에 빠른 속도로 다양한 요소들이 투입 · 산출되는 고도의 투과성을 가지면서 체제가 유지되는 특성의 체계이다. 사회복지조직은 사회적으로 지지가 부족하기 때문에 조직의 합리성을 확립하기 위해 정치적 · 경제적인 자원을 활용하여 지지할 수 있는 환경을 조성해야 할 필요성에 의해 개방체계 이론의 하위개념으로 정치경제 이론이 도출되었다.

사회체계로서 조직의 하위체계는 생산하위체계, 유지하위체계, 경계하위체계, 적응하위체계, 관리하위체계 등이 있다(Neugeboren, 1985, 최성재・남기민, 1993 재인용). 따라서 체계 이론은 어느 부분이 잘못 기능하고 있는지 분석하고 진단하기 위한 방법을 제공해 준다. 각 하위체계의 주요 내용은 다음과 같다(최성재・남기민, 1993 재인용).

- **생산하위체계** : 모든 조직은 생산과 관련된 과업을 수행한다. 사회복지조직에서 생산하위체계의 기능은 클라이언트에게 서비스를 제공하는 것이며, 따라서 생산하위체계는 재정과 인력을 투입하여 서비스로 전환하여 클라이언트에게 제공한다.
- **유지하위체계** : 유지하위체계는 조직의 계속성을 확보하기 위한 과업을 수행한다. 따라서 직원의 선발과 훈련, 그리고 구성원의 사회화, 보상체계의 확립 및 직원 개개인의 목표를 조직의 목표와 통합이 되도록 촉진하는 등의 과업을 수행한다.
- **경계하위체계** : 경계하위체계는 조직이 자신을 둘러싼 외부환경에 영향을 미치기 위한 과업을 수행한다. 사회복지조직의 경계하위체계는 생산지지체계와 제도적 체계라는 두 가지 구성요소를 통해 외부환경에 반응한다. 생산지지체계는 서비스 전달에 후원과 지지를 보내기 위해 필요한 활동들에 관심이 있어서 외부 다른 조직과 교환관계를 맺는다. 제도적 체계는 조직의 임무와 업적을 지역사회에 홍보할 필요가 있으며 필요한 경우 지지와 정통성을 확보하기 위해 지역사회 다양한 조직 및 수혜대상에 영향을 미쳐 환경을 조성한다.
- **적응하위체계** : 적응하위체계는 환경의 변화에 반응하여 조직을 대응하는 과업을 수행한다. 사회복지조직에서 적응하위체계는 연구와 계획 및 개발과 같은 과업과 관련이 있으며 조직의 지적인 부분에 해당한다.
- **관리하위체계** : 네 가지 하위체계를 조정하고 통합하며, 리더십을 발휘하는 체계이다. 관리하위체계는 계층 간 갈등을 해결, 타협과 심의를 통해

하위체계를 조정, 자원을 증진시키고 조직을 재구조화하기 위해 외부환경을 조정하는 등의 과업을 수행한다.

2) 현대 조직의 이론

(1) 목표관리 이론(management by objectives theory)

피터 드러커(Peter Ferdinand Drucker)는 그의 저서 『경영실제(The Practice of Management)』에서 목표관리(management by objectives)라는 용어를 처음 사용하였다. 목표관리(MBO)는 경영진과 직원 모두가 동의하는 목표를 명확하게 정의하여 조직의 성과를 향상시키는 것을 목표로 하는 전략적 관리 모델로, 목표 정의, 직원과 목표 공유, 진행 상황 모니터링, 마지막으로 성과 평가 및 피드백(성과 보상)의 다섯 가지 단계로 구성된다. 1970년대 초, 미국의 닉슨 행정부에 의해 처음으로 목표관리제가 주도적으로 공공기관 및 정부부처에 도입되기 시작하였고, 각 지방정부에 확산되며 다양한 형태로 발전되었다(박영강, 2006). 우리나라에는 기업 간 경쟁구도가 심화된 1980년대 이래로 민간부문의 목표관리제 도입이 시작하면서 POSCO, 삼성전자, LG 화학, (주)효성, 현대정보기술, (주)오리온, 한국전력 등의 기업들이 목표관리제를 성과주의 경영체계와 함께 도입하면서, 미국에서 발전한 형태의 목표관리제를 그대로 적용하거나 수정·보완해 직업 특성에 적합하도록 내재화했다(김동우·이태식, 2007).

목표관리 과정을 통해 업무계획을 설정함으로써 업무와 자원의 합리적 배분을 기할 수 있으며, 목적과 목표 설정에 직원들을 참여시킴으로써 동기를 유발하고 개인적 기여를 확인할 수 있게 한다. 또한 조직 내 목표들이 상호계층을 갖도록 유도하며, 목표들이 일관성을 갖게 함으로써 목표를 효율적으로 달성할 수 있게 해준다. 또한 객관적 업무기준을 통해 실적에 기초한 업적평가를 실현할 수 있게 하며, 조직 내부의 변화를 촉구하는 데 효과적이다(신복기 외, 2019).

(2) 총체적 품질관리 이론(TQM : Total Quality Management)

TQM은 1960년대 이래 일본에서 적용되던 품질경영기법이 1980년대에 미국의 기업에 도입되면서 등장한 용어이다. TQM이란 '고객만족을 서비스 질의 제1차적 목표로 삼고 조직구성원의 광범위한 참여하에 조직의 과정·절차를 지속적으로 개선하여 장기적인 전략적 품질관리를 하기 위한 관리철학 내지 관리원칙'이라고 한다(Milakovich, 1992, 박경일 외, 2002 재인용). 이는 제품과 서비스의 질적 향상을 위하여 모든 조직구성원들이 참여하는 종합적인 품질관리 활동이라 할 수 있다.

사회복지조직에서 TQM의 구성요소는 다음과 같다.

① **클라이언트** : 서비스에 대한 평가는 그것을 제공한 사회복지조직이 아니라 클라이언트가 하는 것이다. 클라이언트의 만족도가 TQM의 실행 결과인 동시에 목표이다. 클라이언트의 요구나 기대는 변화하기 때문에 지속적으로 클라이언트의 만족도를 평가하고 반영하는 것이 필요하다.

② **조직구성원의 참여** : 조직구성원의 참여와 사명감 없이는 조직의 목표를 효과적으로 달성할 수 없다. 의사결정과정에 구성원을 포함시켜 바람직한 결정을 내릴 수 있다. 서비스의 질을 향상시키기 위해 모든 구성원이 주인의식과 책임감을 가지고 노력할 필요가 있다. 또한 조직구성원들이 하나가 되는 조직문화가 필요하다.

③ **복지자원** : 클라이언트에게 제공하기 위한 물적·인적 복지자원은 서비스 수준에 영향을 미치는 중요한 도구들이다(신복기 외, 2013).

④ **리더십** : TQM의 성과는 기본적으로 사회복지조직 기관장의 리더십과 의지에 좌우된다. 따라서 기관장이 서비스 질 관리의 필요성과 중요성을 인식하는 것이 중요하고, TQM에 대하여 충분히 이해하고 확신을 가져야 한다.

⑤ **지속적 개선** : TQM은 단순히 도입해서 실천하는 기술적인 방법이 아니고, 가치관과 조직의 문화가 변화하여야 하기 때문에 TQM은 지속적으로 추구해야 한다. 서비스의 제공과정 및 지속적인 서비스 개선과정은

클라이언트의 만족에 결정적인 영향을 미친다. 지속적 개선은 클라이언트의 만족과 복지서비스의 전달과정의 개선을 위해 꾸준히 노력하는 것을 의미한다.

(3) 애드호크라시 이론

애드호크라시(adhocracy)는 관료주의의 대립으로 등장한 조직 형태로, 일찍이 슬레이터와 베니스(Slater & Bennis, 1964)는 특정 목적을 위해 모인 다양한 전문 전문가로 구성된 민주적 유형의 조직의 출현을 예고했다. 애드호크라시는 ad-hoc와 cracy가 합해져서 이루어진 말인데, 애드혹(adhoc)은 '임시변통의', '특별한' 등의 뜻을 지니고 있으며 cracy는 '지배'라는 뜻을 가지고 있다. 따라서 애드호크라시는 임시적 지배와 같은 뜻을 지니며, 임시적 조직을 애드호크라시라 한다. 애드호크라시는 1970년 미래학자 앨빈 토플러(A. Toffler)의 저서 『미래의 충격(Future Shock)』을 통해 널리 알려졌다. 앨빈 토플러는 미래 사회에서 혁신적인 변화에 신속하게 반응할 수 있는 새로운 조직 유형으로 애드호크라시를 제안하였으며, 애드호크라시는 다양한 분야의 전문가가 문제를 해결하기 위해 수행하는 임시적 조직 구조를 일컫는다. 즉, 다양한 전문기술을 가지고 있는 이질적인 분야의 전문가들이 프로젝트를 중심으로 집단을 구성해서 문제를 해결하는 임시적인 체제를 말한다. 따라서 애드호크라시는 역할이나 직제에 따라 종적으로 분리되지 않고 유연하게 기능별로 직무를 수행하는 구조를 가지고 있으며, 업무의 수평적 분화로 형식주의나 공식적 절차에 의존하지 않고 융통성 있게 업무를 수행한다.

기업에서 수평적 관계는 복잡한 혁신과 변화와 조정에 대한 훨씬 더 큰 민감성(much greater sensitivity)을 허용하며(Mintzberg & McHugh, 1985), 따라서 더 많은 아이디어 공유와 협업을 가능하게 하기 때문에 새로 개발 중인 산업이나 고위험조직 그리고 임시조직에서 발견된다.

(4) 학습조직 이론

기존의 조직 이론은 조직의 개선에 초점을 맞추는 하드웨어 중심 접근인 반면, 학습조직 이론(learning organization theory)은 조직개선을 위해 구성원의 역량 강화에 초점을 두는 소프트웨어 중심의 접근방법이라 할 수 있다(심상용, 2017). 학습은 기본적으로 사회화 과정이며 나아가 평생 이루어야 할 과업이다. 조직을 둘러싼 환경이 끊임없이 변화하기 때문에 조직은 끊임없이 변화, 대응해야 하며 이러한 과정에서 지속적인 학습과 성장 그리고 발달이 이루어져야 한다.

학습조직에 대해 봄(Bohm)은 모든 수준의 사람들이 개별적으로 그들이 원하는 결과를 산출할 수 있도록 능력을 지속적으로 향상시키는 조직이라 하였으며, 센게(Senge)는 사람들이 원하는 결과를 창출할 수 있는 능력을 지속적으로 개발하는 곳, 새롭고 확장적이고 개방적 사고가 육성되는 곳, 사람들이 지속적으로 학습하는 방법을 배우는 곳이라 하였다(Saeeda dawoood, et al., 2015). 이처럼 학습조직 이론은 자유로운 학습을 통해 구성원의 역량을 강화하는 것에 초점을 둔다. 구성원이 학습을 통하여 역량을 강화하면, 이는 조직 자체의 역량이 강화가 된 것이고 나아가 조직의 성과가 개선된다고 보는 것이다. 따라서 이상적인 조직은 끊임없이 배울 수 있는 학습환경을 제공해야 하며, 구성원이 자신의 역량을 개발하기 위해 노력하고 더불어 경영진은 이러한 학습의 기회를 제공한다. 구체적으로 경영진은 구성원에게 권한을 부여하고, 열린 대화를 촉진하며, 스스로 변혁할 수 있도록 지원해야 한다.

허니와 멈포드(Honey & Mumford)는 학습피라미드를 제시하며 학습조직이 이루어지기 위해서는 개인적 학습 → 일대 일 학습 → 그룹 또는 팀 학습 → 학습조직으로 발달한다고 보았다. 따라서 학습조직이 이루어지기 위해서는 자기학습이나 개발이 이루어져야 한다.

커스트-애쉬먼과 헐(Kirst-Ashman & Hull, 2009, 최성재·남기민, 2017 재인용)은 학습조직의 특성에 대해 다음과 같이 제시하였다. 첫째, 학습조직은 조직구조 내에서 권력이 높은 수준에서 낮은 수준으로 재분배되는 특징을 가진다. 둘째, 학습조직에서의 조직구성원들은 창의성을 발휘하거나 자신의 생각들을 다른 사람과 나누도록 장려되며 개선을 위해 모험을 감행할 수 있도록 고무된다. 셋째, 클라이언트에 대한 서비스 제공과정보다 제공의 효과성을 강조한다. 넷째, 학습조직에서는 다학문적 팀제의 활용이 장려된다. 다섯째, 정보공개가 강조된다. 여섯째, 개별구성원들이 조직의 최고목표를 달성하고 상호간에 기여하는 것을 바라기 때문에 조직 전체의 이익에 초점을 두고 이루어진다.

센게(Senge, 1990)는 학습조직의 경우 시스템사고, 개인적 숙련, 정신모델, 공유 비전 및 팀학습의 특성이 있다고 하였다. 시스템사고는 사건은 격리(isolated events)되기보다 유기적으로 연결되어 있는 것을 아는 것이며, 개인적 숙련은 뛰어난 역량을 갖추기 위해 노력하고 헌신해야 한다는 것이다. 정신모델은 자기 반성과 깊은 통찰을 의미하며, 구성원은 각 작업 영역별 다양한 아이디어나 비전을 공유해야 한다. 마지막으로 팀학습은 서로 배우고 아이디어를 공유함으로써 서로 간에 조직 목표를 달성하는 데 기여한다는 것이다.

(5) 벤치마킹

벤치마킹(benchmarking)은 제록스사(Xerox)가 일본 캐논(Cannon) 복사기 열풍으로 경쟁력이 하락하자, 이에 대한 대안을 마련하기 위해 처음 도입하면서 시작되었다. 이후 1989년 캠프(Camp)가 『벤치마킹(benchmarking)』이라는 책을 저술하면서, 널리 확산되었다.

벤치마킹은 뛰어난 경쟁업체나 업계 리더로 인정받는 모범사례를 찾아 제품, 서비스 및 관행을 지속적으로 측정하는 과정으로, 이러한 과정을 모방함으로써 미래에 어떤 성과가 나올지 예측하는 프로세스라 할 수 있다. 즉, 조직이 다른 사람들을 보고 달성할 수 있는 가능한 성과 수준과 그러한 성과를 어느 정도 달성할 수 있는지를 예측할 수 있다. 캠프(Camp, 1989)는 벤치마킹을 해야 하는 이유에 대해 고객의 욕구를 좀 더 정확하게 충족시키고 외부상황과 일관된 관점에 근거한 목표설정을 위해서라고 했으며, 정확한 생산성 측정을 결정하고 경쟁적인 위치를 확보해서 업계 최고의 작업방식을 탐색하고 인식하기 위해서라고 하였다.

앤더슨과 캠프(Anderson & Camp)는 최근 벤치마킹의 경향에 대해 두 가지 특성이 있다고 제시하였다. 첫째는 컴퓨터 기반 벤치마킹의 확산이며, 둘째는 벤치마킹의 초점 변화이다. 초기연구에서는 주로 경쟁업체의 성과 측정에 초점을 맞추었으나, 최근에는 비즈니스 프로세스를 개선하는 방법으로 초점이 변화했다는 것이다.

벤치마킹은 단순한 복제가 아닌 '배운다'라는 의미를 포함하고 있다. 따라서 오늘날에는 벤치러닝(Bench leatning)이라는 개념이 사용되기도 한다. 즉, 질적 벤치마킹을 실시한 후, 벤치마킹과 관련된 증거기반 상호 학습활동을 연결하여, 조직을 개발하고 성과를 향상시키는 것이다.

(6) 자원종속 이론

조직과 환경의 상호작용에 초점을 두면서 역동적인 상호작용의 역할관계를 강조하는 것으로, 사회복지조직은 자원을 얻기 위해 의존할 수밖에 없지만 능동적으로 대응하고 적응함으로써 자율을 확보하려는 실체임을 강조한다. 전략적 선택 관점은 환경에 대한 지향성을 강조하여 의사결정자가 전략적 선택을 통해 어느 정도는 상황적 제약조건을 완화할 수 있다. 페퍼(Peffer, 1982)는 사회복지조직과 조작화된 인위적 환경 간의 적합도를 유지하기 위해 구조적 상황 이론을 자원종속 이론으로 발전시켰는데, 구체적인 환경 차원으로서 자원의 집중도, 자원의 희소성, 조직 간의 상호 연관성 등을 환경변수의 조작화 변수로 제안한다. 이는 사회복지조직이 상황요소에 단지 반응하는 것이 아니라 전략적인 조정을 통해 상황요인을 어느 정도까지는 완화시킬 수도 있다.

사회적 교환이론 개념을 확장시킨 자원종속 이론은 사회복지조직 간의 분석수준에 일반적인 분석틀을 제시한다. 사회복지조직은 희소자원을 통제할 능력이 있다면 다른 사회복지조직에 비해 비교적 권력을 더 받게 되고, 따라서 희소자원의 통제는 권력의 종속성을 창조함에 있어 가장 중요한 요소라는 것이다. 한 사회복지조직이 핵심 자원을 통제하는 다른 사회복지조직과 독립적으로 존재할 수 있는 정도는 다음 네 가지 조건에 의해 결정된다(고광신 외, 2010). ① 자원에 대한 접근 가능성, ② 대체자원의 존재 여부, ③ 희소자원을 통제하는 타 조직에 대한 영향력, ④ 자원 없이도 조직을 유지할 수 있도록 근본 우선권을 변경할 수 있는 가능성 등이다. 이 네 가지 조건이 충족되지 않으면 사회복지조직은 희소자원을 통제하는 타 조직에 종속된다. 자원종속 이론은 사회복지조직 내 부서 간의 권력 차이를 중요시하기 때문에 사회복지 조직 내의 계층 간 권력차이를 무시하는 경향이 있다. 그러한 사회복지조직 내의 계층 간 권력차이는 부서 간 권력투쟁의 결과를 무효화할 수 있으므로 계층 간 권력차이를 반드시 고려해야 한다. 왜냐하면 부서 간 권력차이는 누가 최고관리자가 되는가를 결정하는 데 중대한 영향을 주지만, 일단 사회복지 조직의 계층이 정해지면, 최고관리자의 권력이 사회복지조직의 전략적 선택을 결정하는 데 가장 중심적인 역할을 하기 때문이다.

하지만 자원종속 이론은 사회복지조직이 자원에 의해서만 좌우되는 것이 아니라 사회복지조직의 가치와 이념에도 중요성이 있다는 것을 무시한다는 한계점을 가지고 있다.

(7) 생태학 이론

생태학 이론은 환경의 조직선택이라는 환경결정론적 시각에 입각하여 환경적 욕구에 부합하는 조직만이 생존한다고 주장한다. 즉, 조직과 환경과의 상호작용을 전제로 하지만 조직 생존의 결정요인은 환경이며, 환경에 적응하는 조직은 살아남고 그렇지 않은 조직은 도태된다는 점을 강조하고 있다.

생태학 이론에서는 사회복지조직이 자연적 환경과 동질성을 유지하려 한다고 본다. 다른 이론들은 변화가 외부환경으로부터 점진적으로 발생하며, 이러한 점진적인 환경변화에 대해 사회복지조직이 대처할 충분한 능력이 있다고 보나, 개체군 생태학 이론의 주장은 일단 체제균형을 유지하면 환경이 변화하더라도 구조적 타성으로 인해 환경에 대한 적응능력이 저하된다는 것이다.

따라서 사회복지조직의 변화와 환경에 대한 적응이라기보다는 선택이라는 것이다. 라마르크(Lamarck)의 적응이든 다윈(Darwin)의 선택이든 결국 사회복지조직 변화의 소재지는 환경이다. 환경에 대한 적극적 조작 관점이나 다윈의 자연도태 관점은 이것 아니면 저것이라는 사고방식이다. 다시 말해, 사회복지조직이 환경을 조작하거나 혹은 환경이 사회복지조직을 선택한다는 것인데, 이들 관점은 변화가 환경으로부터 발생된다는 생각에 의해 지배된다. 생태학 이론의 한계점은 라마르크의 적응관인 구조적 상황 이론과 다윈의 자연도태관인 개체군 생태학 이론을 둘러싸고 많은 논란이 있으며, 강조하고 있는 환경의 개념이 구체적이지 않고 조직 간의 권력관계 및 갈등 등을 도외시한다는 것이다.

(8) 제도 이론

조직의 규범과 조직을 둘러싼 제도적 환경이 조직의 특성과 형태를 좌우한다는 점을 강조하며, 사회복지조직과 같이 정부와 제도화된 규범이 강하게 작용하는 조직을 이해하는 데 도움을 준다. 즉, 제도적 환경(사회적 규범, 가치, 문화적 규칙 등)의 중요성을 강조한다.

조직의 제도 이론은 관료제를 연구한 셀즈닉(Selznick, 1940)에 의해 도입된 것으로서 조직의 합리성보다 조직의 생존을 우선시하는 이론이다. 제도 이론은 조직구조를 외부환경과 조직 내 구성원의 상호작용 형태에 대응하여 형성된 적응적 유기체로 이해한다.

제도 이론의 창시자인 셀즈닉(Selznick, 1957)은 만일 우리가 조직에 대한 도구적 관점을 취한다면, 기술적 합리성, 제한적 합리성 또는 개인적 합리성의 총체적 불합리성은 조직을 평가하는 지배적인 패러다임이 될 수 있으나, 합리성이나 능률성이 중요하지 않은 상황에서 이러한 이론의 적용 가능성은 적다고 하였다.

제도 이론은 조직의 기술적 환경뿐만 아니라 제도적 환경이 조직에 미치는 영향에 주된 관심을 부여하고 있다. 사회에 전반적으로 통용되고 있는 가치,

절차 및 신념체계가 조직구조와 행태에 반영되는 것에 주목한다. 제도적 이론은 조직의 능률성보다는 조직의 사회적인 정통성에 더 큰 관심을 부여하고 있다. 최근의 제도 이론은 경쟁적인 환경이 존재하는 분야보다는 정치적 권력이나 제도적 정통성을 추구하는 분야의 사회복지조직에 더 적합하다는 기존의 제도 이론에서 한걸음 더 나아가고 있다. 시장경쟁이 존재하고 기술적 환경이 지배적인 분야에서도 제도 이론은 잘 적용될 수 있는데, 제도적 환경에의 적응이 사회복지조직의 능률성을 감소시키는 것이 아니라 오히려 향상시킨다(Orru, Biggart, & Hamilton, 1991).

셀즈닉은 모든 사회체계의 가장 중요한 욕구는 그 자체의 순수성과 계속성을 유지하는 것이라고 언급하면서 대부분의 조직은 자신의 생존을 위해 내외의 조건에 적응해 가는 과정에서 하나의 특징적 구조를 자연적으로 형성한다고 보아 이것을 '제도화(institutionalization)'라고 명명하면서 조직분석에 있어 기본 관점으로 삼았다. 조직이 생존을 위해 사용하는 자기방어적 적응기제에는 비공식구조, 흡수(cooptation), 이데올로기 등 다양한 방법이 사용될 수 있다.

이러한 적응기제 중에서 셀즈닉이 특히 관심을 기울인 것은 흡수이다. 셀즈닉에 의하면, 조직은 조직의 공식적 권위에 대한 정당성의 기반이 취약한 경우 또는 외부의 특정 권력집단의 압력에 대응하기 위하여 흡수전략을 구사한다고 보고 있다. 결국 조직이 환경으로부터 정당성을 인정받으면 생존 가능성이 증가한다는 사실로 귀결되는 것이다(우종모 · 김재호 · 조당호, 2007 : 142).

이 같은 제도 이론은 디마지오(Dimaggio, 1991)나 파월(Powell)에 의해 신제도 이론으로 변화되었는데, 제도 이론과 다른 점은 특히 방법론적 성격이라고 할 수 있다. 셀즈닉의 제도 이론은 기능주의적 성격을 띠고 있는 데 반해 신제도 이론(neo-institutionalism, new institutional theory)은 현상학적 접근법을 다양하게 응용하고 있다. 그 예로 셀즈닉의 제도 이론은 환경에 대한 적응이라는 기능적 충족의 관점에서 조직행동을 설명하였으나, 신제도 이론은 환경으로부터 사회정의로 기대되는 규범에 대한 동조(준거)의 관점에서 조직행동을 이해한다.

따라서 신제도 이론은 조직의 외적 환경, 특히 문화가 조직에 미치는 측면에 관심을 두고, 외적 환경에서 요구하는 규범에 대한 동조(conformity) 개념으로 조직을 설명한다. 외적 환경에서 요구하는 규범을 조직의 목적이나 목표로 삼는다는 것이다(우종모 · 김재호 · 조당호, 2007 : 142).

제도 이론은 사회복지조직을 설명하는 데 있어서 도덕적 이념이나 가치에 의해서 그 존립의 정당성이 확보되는 경향이 있고, 정부와 전문직의 제도적 규범이 강하게 작용하는 조직을 이해하는 데 도움을 주는데, 사회복지조직이 그러한 성격을 가지고 있다(Hasenfeld, 1992 : 36). 따라서 사회복지조직을 이해하는 데 있어서 제도 이론은 매우 유용하다. 그러나 이러한 제도 이론의 한계는 제도 이론의 핵심이라고 할 수 있는 '제도화' 과정 자체에 대해서 명확하게 언급하고 있지 않다. 또한 기술적 환경과 제도적 환경과의 상호 연관성에 대해서도 언급하고 있지 않다는 것이다. 그러한 이유 때문에 구체적 조직관리의 원칙을 도출할 수 없을 뿐만 아니라 실천을 위한 개입지시으로 활용하기 어려운 것이다(오세영, 2008 : 83).

사회복지조직의 제도 이론과의 관련은 사회복지조직의 예산을 대부분 정부와 지방정부 그리고 기업과 개인 및 단체에 의존하는 경향이 많기 때문이다. 이는 현 정부의 각종 제도와 정책에 민감하게 반응하는 사회문화적 특성이 있기 때문에 더욱 중요한 위치에 자리하고 있다. 제도 이론은 조직의 생존을 위한 외부 사회와 기관의 관계를 우선시하는 이론으로 조직의 구조를 외부환경과 내부 구성원과의 상호작용 형태에 대응하여 형성된 적응적 유기체로 이해하고 있다. 사회체계의 중요한 욕구는 순수성과 계속성을 유지하는 것이며, 대부분 조직의 생존을 위한 조건적응과정은 하나의 특징적 구조를 자연적으로 형성하는 제도화라고 본다.

현재의 신제도 이론은 현상학적 접근법을 다양하게 응용하며, 환경으로부터 규범의 준거 관점에서 조직행동을 이해하여 외부환경이 요구하는 규범을 조직의 목적과 목표로 삼는다는 이론으로, 현재 사회복지조직에서 요구하는 변화의 한 방향이기도 하다.

제도 이론을 요약하면, 첫째, 절대적 합리성 개념에 대한 회의이다. 둘째, 조직과 제도의 변화과정을 진화론적이고 자체 내에 마치 유전자를 통한 재생산과 같은 지속성이 담보된 과정으로 이해한다. 효율성의 논리보다는 생존 차원의 논리에 기반을 두고 사회적으로 합리화된 규범이나 규칙들에 의해 사회복지조직의 성격이 결정된다는 것이다.

(9) 다양성 이론

다양성 이론은 인간들이 서로 다른 배경, 경험, 문화, 인종, 성별, 성적 취향, 지적 수준, 장애 등의 측면에서 다양성을 가지고 있기 때문에 이러한 다양성을 존중하고 포용하는 것이 조직의 성과와 생산성을 향상시키는 데 중요하다는 이론이다.

다양성 이론은 조직 내부에서 다양한 배경과 경험을 가진 직원들이 조화롭게 협업하면 조직의 성과와 생산성이 향상된다는 것을 강조한다.

이론은 인종, 성별, 문화, 성적 취향, 지적 수준, 장애 등의 다양한 측면에서의 다양성을 다루며, 조직 내부에서 차별과 배타가 발생하는 것을 경각심 있게 다루고 방지하기 위해 조직 내부에서 인종, 성별, 문화, 성적 취향 등의 다양성을 존중하고, 이를 포용하는 문화를 조성해야 한다는 것을 강조한다.

따라서 다양성 이론은 조직 내부에서 각종 차별과 배타를 줄이고, 모든 직원들이 조화롭게 협업할 수 있는 환경을 조성하는 데 있어 중요한 역할을 한다. 이론은 조직의 성과와 생산성을 향상시키는 것뿐만 아니라, 개인적인 성장과 발전을 강조하여, 개인과 조직의 발전을 동시에 추구하는 것을 목표로 하며, 이를 구체적으로 설명하면 다음과 같다.

① **문화적 다양성 이론** : 인간들이 서로 다른 문화적 배경과 가치관을 가졌기 때문에 문화적 다양성이 중요하다는 것을 강조한다. 이 이론은 문화적 다양성을 인정하고, 이를 포용하는 것이 조직 내부에서의 협업과 조화를 이루는 데 있어 중요하다고 주장한다.

② **인종적 다양성 이론** : 인종 간 차별을 줄이고, 다양한 인종 간의 권리와 평등을 존중하는 것이 중요하다는 것을 강조한다. 이 이론은 인종적으로 다양한 직원들이 조직 내부에서의 차별과 배타를 경험하지 않도록 하는 것이 중요하다고 주장한다.

③ **성적 다양성 이론** : 성적 지향성이 서로 다른 직원들이 존재한다는 것을 인정하고, 이들이 조직 내부에서의 차별과 배타를 경험하지 않도록 하는 것이 중요하다는 것을 강조한다.

④ **인지적 다양성 이론** : 인지적 다양성 이론은 인간들이 서로 다른 지적 능력과 관심사를 가지고 있다는 것을 인정하고, 이들이 조직 내부에서의 차별과 배타를 경험하지 않도록 하는 것이 중요하다는 것을 강조한다.

⑤ **기능적 다양성 이론** : 조직 내부에서 다양한 기술과 능력을 가진 직원들이 존재해야 조직이 성공할 수 있다는 것을 강조하며, 기술적인 다양성과 경험적인 다양성이 조직의 성과 향상에 긍정적인 영향을 미친다는 것을 주장한다.

이러한 다양성 이론은 조직 내부에서 각종 차별과 배타를 줄이고, 모든 직원들이 조화롭게 협업할 수 있는 환경을 조성하는 데 있어 중요한 역할을 하며, 주요 특징은 다음과 같다.

① **인간의 차이점 인정** : 다양성 이론은 인간들이 서로 다른 배경과 경험을 가지고 있다는 것을 인정, 이러한 차이점을 존중하고 포용하는 것이 중요하다고 강조한다.

② **폭넓은 범위** : 다양성 이론은 인종, 성별, 문화, 성적 취향, 지적 수준, 장애 등 다양한 측면에서의 다양성을 다룬다.

③ **조직의 이점 강조** : 다양성 이론은 조직 내부에서 다양한 배경과 경험을 가진 직원들이 조화롭게 협업하면 조직의 성과와 생산성이 향상된다는 것을 강조한다.

④ **차별과 배타에 대한 경각심** : 다양성 이론은 조직 내부에서 차별과 배타가 발생하는 것을 경각심 있게 다루며, 이를 방지하기 위해서는 조직 내부에서 인종, 성별, 문화, 성적 취향 등의 다양성을 존중하고, 이를 포용하는 문화를 조성해야 한다는 것을 강조한다.

⑤ **개인적인 성장 강조** : 다양성 이론은 개인적인 성장과 발전을 강조하며, 조직 내부에서 각자의 차이점을 인정하고, 이를 존중하는 문화를 조성하면 개인적인 성장과 발전이 이루어질 수 있다는 것을 강조한다.

(10) 디지털조직 이론

디지털조직 이론은 디지털 기술의 발전으로 인해 조직 내부와 외부의 변화가 가속화되면서 디지털 기술을 조직 내부의 모든 영역에 적용하여 조직의 경쟁력을 제고하고자 하는 이론으로 디지털조직 이론의 요소들은 ① 디지털 기술을 활용하여 조직의 전체적인 구조와 프로세스를 개선하여 경쟁력을 제고하는 디지털 전환, ② 조직이 디지털 기술을 활용하여 비즈니스 모델을 개선하고, 새로운 시장을 개척하는 등의 전략을 수립하는 디지털 전략, ③ 조직 내부에서 디지털 기술의 활용을 적극적으로 받아들일 수 있는 문화를 구축하는 디지털 문화, ④ 조직 내에서 디지털 기술의 활용 방법을 이해하고, 적극적으로 활용할 수 있는 리더십을 구축하는 디지털 리더십, ⑤ 조직 내부에서 디지털 기술을 활용할 수 있는 역량을 개발하고, 유지하는 디지털 역량, ⑥ 디지털 기술을 활용하여 팀이나 개인이 자유롭게 협업할 수 있는 환경을 구축하는 디지털 협업이 있다.

이러한 디지털조직 이론의 요소들은 현대 조직에서 디지털 기술을 활용하여 경쟁력을 제고하는 데 있어 중요한 역할을 하며 다음과 같은 특징을 가지고 있다.

① **디지털 기술의 활용** : 디지털 기술을 조직 내부의 모든 영역에 적용하여, 조직의 생산성과 효율성을 높이고, 경쟁력을 제고하고자 한다.

② **고객 중심 경영** : 고객 중심 경영을 강조하여, 디지털 기술을 활용하여 고객의 니즈를 파악하고, 그에 따른 서비스를 제공하는 것을 목표로 한다.

③ **유연한 조직 문화** : 디지털 기술의 발전에 따라 조직 내부와 외부의 변화에 대응할 수 있는 유연한 조직 문화를 강조한다.

④ **혁신적인 협업 방식** : 디지털 기술을 활용하여 혁신적인 협업 방식을 구축하고, 팀이나 개인이 자유롭게 협업할 수 있도록 한다.

⑤ **데이터 중심 의사결정** : 데이터를 중심으로 한 의사결정을 강조하여, 데이터 분석을 통해 조직의 의사결정을 지원한다.

이러한 특징들은 디지털조직 이론이 현대 조직에서의 중요성을 강조할 수 있도록 해주고 있다.

05 CHAPTER

사회복지서비스의 전달체계

1. 전달체계의 개념과 원칙
2. 사회복지서비스 전달체계의 구분
3. 공적 사회복지서비스 전달체계
4. 사적 사회복지서비스 전달체계

CHAPTER

05 사회복지서비스의 전달체계

1. 전달체계의 개념과 원칙

1) 개 념

사회복지행정에서 서비스 전달체계란 급여 또는 서비스를 효율적으로 클라이언트에게 전달하기 위하여 어떠한 조직을 통해서 실천할 것인가에 대한 전략을 선택하는 것이며, 사회복지서비스의 공급자와 클라이언트를 연결시키는 조직적 장치이다. 길버트와 테렐(Gilbert & Terrell, 1988 : 143)은 '지역사회 체계 속에서 사회복지서비스의 공급자와 클라이언트를 연결시키기 위한 조직적 장치', 즉 서비스 전달망이라고 하였으며, 게이트(Gate, 1980)는 이를 지역사회의 맥락에서 사회복지서비스를 공급하는 자들 간의 조직적 연계 및 공급자와 클라이언트 간의 조직적 연결이라고 하였다(김형석 · 이영철 · 신준섭, 2009 : 49).

또한 사회복지행정은 추상적 사회복지정책을 구체적 사회복지서비스로 전환하여 서비스가 필요한 사람(클라이언트 또는 소비자)에게 전달하는 과정에 관한 활동이라 할 수 있다(Skidmore, 1990 : 3).

이처럼 사회복지정책을 통해 제공되는 다양한 재화나 서비스를 클라이언트에게 전달하는 방법으로 전달체계의 중요성은 복지정책이 추구하는 가치와 목표의 성취가 바로 이 전달체계에 따라 달라질 수 있기 때문에 강조된다.

2) 원 칙

사회복지서비스 전달체계의 구축 시 고려되어야 할 여러 가지 원칙이 있는데, 중요하다고 판단되는 8가지 원칙을 제시하면 다음과 같다(Gate, 1980; 성규탁, 1995; 김영종, 2001).

(1) 전문성의 원칙

사회복지서비스 제공업무는 그 특성에 따라 반드시 전문가가 하지 않아도 되는 것도 상당하지만 핵심적인 주요 업무는 반드시 전문가가 담당해야 한다. 사회복지 분야의 종사자는 전문성의 정도에 따라 전문가, 준전문가, 비전문가로 구분될 수 있다.

여기서 전문가란 상식적으로 생각하는 경험과 지식이 많은 정도의 사람이 아니라 자격이 객관적으로 인정된 사람으로, 자신의 전문적 업무에 대한 권위와 자율적 결정권 및 책임성을 지닌 사람을 말한다. 사회복지 분야에 있어서는 사회복지사, 의사, 간호사, 보육교사, 물리치료사, 작업치료사, 영양사 등 여러 전문가가 참여하고 있지만, 그중에서 사회복지사가 가장 보편적인 전문가이다.

(2) 적절성의 원칙

사회복지서비스는 그 양과 질, 제공하는 기간이 클라이언트나 소비자의 욕구 충족(또는 문제해결)과 서비스의 목표 달성에 충분해야 한다. 예를 들어, 소득보장을 위한 급여가 최저생계비 수준에도 못 미친다든가, 상담서비스가 단순히 타이르고 조언하는 정도에 그친다고 한다면, 소비자는 욕구를 충족할 수 없을 뿐만 아니라 나아가서는 서비스의 목표를 달성하기 어려울 것이다. 구체적으로 살펴보면 다음과 같다.

① 서비스는 수요자의 욕구와 상황에 적합하게 고안되고 제공되어야 한다. 수요자 중심으로 서비스가 설계되고 운영되어야 한다.

② 서비스 내용과 방법은 수요자의 특성과 상황에 맞춰 적절하게 조정되어야 한다. 표준화된 서비스는 수요자의 욕구를 충족시키지 못한다.
③ 서비스 전달체계는 유연하고 다양하게 구성되어 수요자의 욕구에 부합하는 맞춤형 서비스가 가능하도록 해야 한다.
④ 서비스 제공자는 수요자의 욕구와 특성을 정확하게 파악할 수 있는 능력(상담능력, 욕구평가능력)을 가져야 한다.
⑤ 수요자의 만족도와 서비스에 대한 의견은 서비스 개선을 위한 중요한 자료가 된다. 수요자의 의견에 반영장치(mechanism)가 마련되어야 한다.

이상에서 적절성의 원칙은 수요자 중심의 서비스 전달체계를 구축하기 위한 기본원리로서 수요자의 욕구와 특성에 부합하는 맞춤형 서비스를 제공하는 데 필수적인 원칙이라고 할 수 있다.

(3) 포괄성의 원칙

인간의 욕구는 다양하고 복잡하며 한 가지 문제는 다른 여러 가지의 문제와도 연관되어 있는 것이 일반적이기 때문에 다양한 욕구 또는 다양한 문제를 동시에 또는 차례로 해결하기 위하여 다양한 서비스를 필요로 한다. 서비스의 포괄성을 달성하기 위해서는 한 사람의 전문가가 여러 문제를 다루거나, 아니면 각각 다른 전문가가 한 사람의 문제를 다룰 수도 있고, 여러 전문가들이 한 팀이 되어 문제를 해결할 수도 있다. 접근방법으로서는 일반화 접근방법, 전문화 접근방법, 집단 접근방법, 그리고 사례 관리방법 등이 있다.

예를 들어, 경제적으로 취약한 가정의 경우 건강, 교육, 주거 등의 문제가 동시에 발생할 수 있다. 이러한 경우에는 다양한 분야에서 포괄적인 서비스를 제공하여 가정의 전반적인 복지를 증진시키는 것이 필요하다. 또한 장애인, 노인, 청소년 등 각종 취약계층도 다양한 문제와 어려움을 겪을 수 있으므로, 이들에게는 포괄적인 서비스가 제공되어야 한다.

이를 위해서는 다양한 분야의 전문가들이 협력하여 종합적인 서비스를 제공하고, 지역사회와의 협력과 연계를 통해 지속적인 지원이 이루어져야 한다. 또한 이들에게는 개인화된 서비스와 참여 기회가 제공되어야 하며, 이를 위해 수요자의 의견 수렴과 참여가 적극적으로 이루어져야 한다.

이러한 포괄성의 원칙은 인간의 다양한 문제를 종합적으로 해결하고 복지를 증진시키는 데 중요한 역할을 한다.

(4) 지속성의 원칙

한 개인의 문제나 욕구를 해결하는 과정에서 필요한 서비스의 종류와 질이 달라져야 하는 경우가 많은데, 개인이 필요로 하는 다른 종류의 서비스와 질적으로 다른 서비스를 지역사회 내에서 계속적으로 받을 수 있도록 그러한 서비스들이 상호 연계되어야 한다. 예를 들면, 직업훈련 프로그램이 직업알선 프로그램과 잘 연계되어 있지 않으면 직업훈련을 통한 소득 증대의 목표를 달성할 수 없을 것이다.

이러한 지속성의 원칙은 사회복지 대상자에게 필요한 서비스를 문제가 해결되는 동안 일정 기간 계속적으로 제공하는 것을 말한다. 지속성의 원칙이 잘 적용되기 위해서는 같은 조직 내의 서비스 프로그램 간의 상호협력이 잘 이루어져야 할 뿐만 아니라 지역사회 내의 사회복지서비스 조직 간에도 유기적인 연계가 잘 이루어져야 한다.

또한 지속성의 원칙은 사회복지서비스가 단기적인 목표에만 집중하기보다는 장기적인 시각으로 지속적인 복지증진을 위해 노력해야 한다는 것을 강조한다. 이는 단기적인 예산 부족 등의 어려움을 극복하고 장기적인 시각으로 지속적인 사회복지서비스 제공을 위해 정책적인 노력이 이루어져야 함을 의미한다.

따라서 지속성의 원칙은 현재와 미래의 세대들에게 지속적이고 안정적인 사회복지서비스를 제공하기 위해 필수적인 원칙 중 하나이다.

(5) 통합성의 원칙

서비스의 통합성이란 문제를 가진 사람들이 전달체계를 통하여 사회복지서비스를 받게 될 때, 복합적이고 다양한 문제해결에 필요한 각종 서비스가 질서정연하고 체계적으로 제공되어, 문제를 해결하고 욕구충족을 충분히 달성할 수 있는 것을 말한다.

클라이언트의 문제는 많은 경우 복합적이고 상호 연관되어 있기 때문에 이러한 문제의 해결을 위한 서비스들도 서로 연관되어야 한다. 한 클라이언트의 여러 문제들을 해결하기 위한 서비스들이 서로 연결성 없이 제공된다면 클라이언트를 조각으로 분리하는 것과 같다. 따라서 서비스가 통합적으로 운영되고 제공되기 위해서는 한 행정책임자에 의해 서비스들이 제공되고 서비스 제공 장소들이 지리적으로 상호 접근되며, 서비스 프로그램 간 또는 조직 간에 상호 유기적인 연계와 협조체계가 갖추어져 있어야 한다.

(6) 평등성의 원칙

사회복지서비스는 기본적으로 개인의 성별, 연령, 소득, 지역, 종교, 지위 등에 관계없이 평등하게 제공되어야 한다. 그러나 특별한 경우 소득수준이나 연령에 의한 제한을 둘 수도 있다. 현대사회에서는 급속한 사회적 변화에 의하여 개인의 경제적 형평에 관계없이 많은 문제들이 개인에게 발생하고 있다. 부부간의 문제, 청소년 비행, 산업재해 및 교통사고에 의한 장애문제 등은 소득의 높고 낮음에 관계없이 모든 인간에게 발생하고 있기 때문에 국가는 사회복지서비스를 이런 모든 사람들에게 평등하게 제공하여야 하는 것이다.

(7) 책임성의 원칙

사회복지조직은 복지국가가 시민의 권리로 인정한 사회복지서비스를 전달하도록 위임받은 조직이므로 사회복지서비스의 전달에 대하여 책임을 져야 한다. 책임을 져야 할 주요 내용은 서비스가 수혜자의 욕구에 적절히 대응하는 것인가, 서비스의 전달절차가 적합한가, 서비스가 효과적이고 효율적인가, 서비스 전달과정에서의 불평과 불만의 수렴장치는 적합한가에 대한 것이고, 사회복지조직이 구체적으로 책임을 지는 대상자는 사회나 국가를 대표하는 실체인 중앙정부 및 지방자치단체와 서비스의 수혜자가 되어야 한다.

(8) 접근성의 원칙

사회복지서비스는 그것을 필요로 하는 사람들이면 누구나 쉽게 받을 수 있어야 하기 때문에 클라이언트가 접근하기에 용이하여야 한다. 클라이언트가 서비스에 접근하는 데는 여러 가지의 장애요인이 있을 수 있는데, 주요한 장애요인으로는 서비스에 관한 정보의 결여 또는 부족, 지리적 장애, 심리적 장애, 선정절차상의 장애, 자원부족 등이 있다. 따라서 전달체계의 접근성을 높이기 위해서는 세 가지 방법이 활용되는데, ① 유사한 경험을 가진 사회복지사의 채용, ② 의뢰서비스를 전문으로 하는 사회복지기관의 설립, ③ 특수한 집단을 취급하는 사회복지기관의 설립 등이다.

2. 사회복지서비스 전달체계의 구분

사회복지행정은 사회복지정책을 구체적인 서비스로 전환하여 클라이언트에게 전달하는 과정이며, 사회복지전달체계는 서비스의 공급자와 공급자, 공급자와 클라이언트를 연결시키는 조직적 장치라 할 수 있다. 사회복지서비스 전달체계를 분석할 때 일반적으로 구조·기능적 차원과 운영주체적 차원을 중심으로 논의가 이루어져 왔다(서상목·최일섭·김상균, 1988; 최성재·남기민, 1993). 최근에는 이 두 가지 차원에 서비스의 종류를 추가하여 세 가지 축을 중심으로 설명이 이루어지고 있다(김형식·이영철·신준섭, 2002; 김영종, 2005; 김경우, 2007; 김형식·이영철·신준섭, 2009).

1) 구조·기능적 구분

구조·기능적 성격은 사회복지서비스 공급자들을 중심으로 그들 간의 구조와 기능이 어떻게 분화되었는가를 살펴보는 방식으로, 이러한 방식으로 〈표 5-1〉과 같이 행정체계와 집행체계로 구분할 수 있다(성규탁, 1993 : 407; 김경우, 2007 : 322-323).

행정체계는 서비스 전달을 기획, 지시, 지원, 관리하는 것을 말하며, 집행체계는 서비스 수혜자들과 직접적 대면관계를 가지며 서비스를 전달하는 과정을 말한다. 여러 사회복지서비스를 직접 클라이언트에게 전달하는 대부분의 일선 사회복지조직들은 서비스의 전달체계 중 집행체계에 해당한다고 볼 수 있다.

이 구분의 장점은 어떤 서비스의 책임을 규명하는 데 있어서 그 잘못이 행정체계의 잘못된 판단인지 아니면 집행체계의 미비된 활동에 원인이 있는지를 판단할 수 있다는 것이다(오세영, 2009 : 181).

〈표 5-1〉 사회복지서비스 전달체계

구 분	내 용
행정체계	서비스 전달을 기획, 지원 및 관리하는 체계 (예 보건복지부 → 특별시·광역시·도 → 시·군·구)
집행체계	전달자가 소비자와 상호 접촉을 통해 서비스를 직접 전달하는 체계 (예 읍·면·동 → 클라이언트)

출처 : 오세영(2009). 사회복지행정론. 서울 : 신정, p. 182.

2) 운영주체별 구분

사회복지서비스 전달체계는 운영주체에 따라서 사적(민간) 전달체계와 공공 전달체계로 구분될 수 있다. 공공 전달체계는 정부(중앙 및 지방)나 공공기관이 직접 관리·운영하는 것이며, 사적 전달체계는 민간(또는 민간단체)이 직접 관리·운영하는 것을 말한다(최성재·남기민, 2007).

❙그림 5-1❙은 사회복지서비스 전달체계를 운영주체별로 양분하여 구성해 본 것이다. 공공과 민간은 서비스 전달을 위한 자원 동원의 양식에서 우선 구분된다. 공공체계는 주로 강제적 세금자원에 의해서 유지되고, 민간체계는 기부, 위탁, 후원, 자원봉사 등과 같은 자발적인 자원들에 의해 유지된다. 공공 전달체계를 통한 서비스 자원의 연결 흐름을 보면, 일관적이고 위계적으로 구성되어 있음을 알 수 있다. 반면에 그러한 흐름이 관료제적 구조를 통해 전달되기 때문에 서비스의 경직성을 초래하기 쉽다.

공적 전달체계는 주로 보건복지부에서 관장하는 내용이 많지만 다양한 주체들이 참여하게 된다. 예를 들어, 사회보험은 건강보험, 국민연금, 고용보험, 산재보험 등 부문별로 공단을 설치하여 정부 기관을 통해 중앙집권방식으로 보험서비스를 전달하고 있다. 즉, 국민연금이나 건강보험은 보건복지부의 소관이지만 고용보험과 산재보험의 경우 이는 고용노동부의 소관이다. 또한 공공부조의 경우 보건복지부과 소관부서이지만, 행정안전부 소속의 지방조직에 그 업무를 위탁하여 운영되고 있으며, 또한 공공부조 중 주거급여의 경우 국토교통부에서, 교육급여는 교육부에서 그 내용을 담당하고 있다. 또한 사회복지서비스 중 여성, 가족 그리고 청소년복지 관련 업무는 여성가족부에서 그 내용을 담당하고 있다. 따라서 일반적으로 전달체계의 주요 주체는 보건복지부이지만 다양한 정부부처가 참여한다고 할 수 있다.

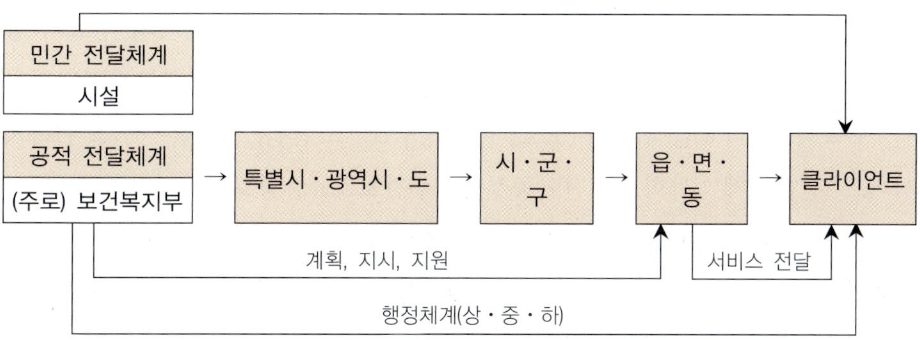

❙그림 5-1❙ 사회복지서비스 전달체계도

출처 : 김형식 · 이영철 · 신준섭(2007). 사회복지행정론. 경기 : 양서원, p. 51.

공적 서비스 전달체계는 주로 세금에 의해 유지되며, 사회보험과 공공부조와 관련된 서비스들을 제외한 대부분의 대인적 사회복지서비스들을 사적 서비스 전달체계에 위탁하여 운영하고 있다. 이러한 경우 구조·기능적 분류와 결부시켜 보면, 공공서비스 전달체계는 행정체계의 성격을 띠고 있으며, 사적 서비스 전달체계는 집행체계로 분화되는 성향을 가지고 있다.

구조·기능적 분류에서 공적 전달체계의 특징은 재정적인 측면에서 안정적이라는 장점을 가지고 있으나 관료적이며 복잡하고, 외적 요인에 다소 둔감하다는 단점을 가지고 있다. 반면에 사적 전달체계는 재정적인 안정성은 취약하다는 단점이 있으나 서비스에 융통성이 있고, 창의적이며 유연한 체계를 가지고 있어 사회 변화와 요구에 민감하게 반응할 수 있다는 장점이 있다.

3) 서비스 종류별 구분

서비스 전달체계는 서비스의 종류와 성격에 의해 분류될 수도 있다(김영종, 2000 : 269). 서비스 종류별 분류는 서비스 수요자의 욕구를 중심으로 하는 서비스 전달체계이며, 지역사회의 관점을 잘 반영하고 있다. 특히 서비스 전달체계를 서비스 종류별로 구분하려는 시도는 서비스 수급자들의 관점을 보다 직접적으로, 그리고 명백히 지역사회적인 측면을 반영할 수 있게 한다. 서비스 종류별 구분은 지역사회 내에서 이루어지는 제반 서비스의 수요자와 공급자들 간의 네트워크를 가상하고 있다. 즉, 지역사회 내에서 서비스의 수요와 공급이 이루어지는 연결망을 ① 아동복지서비스 전달체계 : 사회복지전담공무원, 보육시설, 학교급식, 일시보호, 아동상담소, 소년원, 그룹홈, ② 노인복지서비스 전달체계 : 사회복지전담공무원, 주간보호소, 양로원, 노인연금, 재가서비스, 요양원, 경로당, ③ 정신질환자 전달체계 : 사회복지전담공무원, 정신질환자가족협회, 정신병원, 종합병원, 요양병원, 치매치료시설, ④ 생활보호서비스 전달체계 : 사회복지공무원, 보장심의위원회, 직업재활시설, 각종 생활시설 등으로 구분하는 것이다.

서비스 종류별 전달체계는 명백히 지역사회의 측면을 반영하고 있으나 쉽게 파악하기 어렵다는 단점이 있으며, 지역사회서비스 조직들에 의한 서비스별 전달체계를 확인해 내고 그것을 구체화시켜야 하는 이유는 사회복지서비스 전달체계는 수혜자로서 클라이언트, 즉 이것은 단순히 서비스별로 전달체계를 쪼개어 놓은 것이라기보다는 서비스 수급자들의 욕구를 중심으로 해서 그것을 실현하기 위한 서비스 전달체계의 모든 문제들을 전체적인 관점에서 볼 수 있도록 하기 위함이다.

3. 공적 사회복지서비스 전달체계

1) 공적 사회복지서비스 전달체계의 구조와 기능

(1) 공적 사회복지서비스 전달체계의 구조

공적 사회복지서비스 전달체계는 사회복지서비스를 관장하는 정부, 사회복지서비스를 실행하는 기관, 그리고 실제적인 서비스를 전달하는 사회복지사를 포함한다.

공적 전달체계는 주로 사회복지 관련 법령에 근거해서 소속 공무원이 사회복지를 실천하도록 하거나 사회복지법인 등에 국고나 지방비를 지원 또는 보조하거나, 정부의 복지기관을 민간에 위탁하여 서비스를 전달하는 것이다(김형식 · 이영철 · 신준섭, 2009 : 55-56).

공적 전달체계는 국가 또는 지방자치단체가 수립하고 직접 그 운영의 주체가 되는 것으로서 대부분의 국가에서는 사회보험과 공공부조, 그리고 사회복지서비스 등 정부 차원에서 사회복지정책을 통하여 전달하고 있다. 이와 같이 사회보험과 공공부조는 중앙정부에서, 그리고 사회복지서비스 등은 지방정부에서 분담하여 제공하고 있지만 사회복지서비스의 일부분은 민간 차원에서도 활발하게 참여하고 있다.

역사적으로 살펴보면, 1948년 정부 수립과 동시에 사회부가 발족되었으며, 그 이듬해에 사회부의 기능 중 보건에 관한 사항을 분리하여 보건부가 신설되었다. 그러나 1955년 정부의 조직 통폐합 작업에 따라 보건부와 사회부가 보건사회부로 개편되었고, 1994년에는 보건사회부를 보건복지부로 개칭하여 그 동안 30여 회의 직제 개정을 거쳐 오늘에 이르고 있다. 한편 정부는 1990년 사회복지정책실을 신설하여 종전의 사회국과 가정복지국을 각각 사회복지심의관과 가정복지심의관으로 개편하였다. 사회복지심의관 내에는 복지정책과, 복지지원과, 생활보호과, 자립지원과, 재활과를 두고, 가정복지심의관 내에는 가정복지과, 노인복지과, 아동복지과, 부녀복지과 4개과를 두고 있다. 2002년 보건복지부는 보육과 및 의료급여과를 신설하여 지역보건정책과를 공공보건과로 개편하였다.

지방정부 차원에서 공적 사회복지 전달체계를 담당하는 조직은 행정안전부의 지방조직인 특별시(광역시) · 도 단위의 보건사회국(혹은 사회복지국)이나 가정복지국 혹은 지방자치단체의 구조조정에 따라 복지와 환경, 보건, 여성 관련 부서들을 통합하여 자치단체별로 그 명칭을 달리하여 운영되고 있다.

그리고 행정안전부의 지방 하위 조직인 시 · 군 · 구 단위에는 보건사회국(시민국) 내에 사회(복지)과 혹은 가정복지과 산하에 사회복지계, 가정복지계, 부녀복지계, 청소년복지계 등이 설치되어 있으며, 이 중 가정복지계가 보건복지부나 시 · 도의 가정복지국에서 시달된 업무지침을 받아 사업을 시행하고, 필요한 업무는 다시 일선 조직인 읍 · 면 · 동 단위의 사회복지계나 소속 사회복지전담공무원으로 이어진다.

또한 사회복지행정 부서의 업무를 보조하며 그 자문에 응하는 심의기관으로서 중앙정부 차원에서 국무총리실 산하에 노인복지대책위원회, 장애인복지위원회, 국민기초생활보장위원회 등이 있다. 지방정부 차원에서 시 · 도나 시 · 군 · 구는 보건복지부 산하의 위원회와 유사하며, 읍 · 면 · 동 산하에는 자원봉사자인 복지위원과 아동위원이 있다. 복지위원과 아동위원은 그 관할구역 안의 저소득자나 아동에 대하여 항상 그 생활상태 및 가정환경을 상세히 파악하고, 이들의 복지에 관하여 필요한 원조와 지도를 행하며, 사회복지전담공무원이나 아동복지지도원 및 행정기관과 협력해야 한다.

① 보건복지사무소 시범사업

1995년 7월부터 5개 지역에서 5년간 실시된 시범사업으로, 읍・면・동 사무소에 있던 사회복지부서를 보건소에 통합・재배치하는 형태로 시작되었다. 복지업무 집중에 따라 ① 복지행정의 포괄성 향상, ② 이용자 중심의 통합・전달체계 구축, ③ 책임성과 신속성, 공정성, 전문성 향상 등의 효과가 있었다. 그러나 보건복지 연계효과가 미흡했고, 접근성의 감소 등의 문제가 나타나 시범사업으로 마무리되었다.

② 사회복지사무소 시범사업

공공복지전달체계의 비효율성, 비전문성으로 인한 복지수요에 효과적 대처가 미흡하여 이러한 문제점을 극복하고 복지업무의 독자적인 전달체계를 구축하고자 2004년 7월부터 2년간 9개 지역에서 사회복지사무소 시범사업이 실시되었다. 이 사업을 통해 복지전문인력의 효율적 이용, 시・군・구 복지조직의 전문성 강화, 수요자 중심 복지서비스 제공, 지역 중심 복지 실현 등의 효과를 기대하였다. 그러나 ① 접근성의 어려움, ② 사회복지전담공무원의 업무과중, ③ 시・군・구 및 보건복지 등과의 연계 미흡 등의 문제점이 나타나 시범사업으로 마무리되었다.

③ 지역사회복지협의체

2001년 10월부터 1년간 시범사업을 거쳐 2005년 전면 실시되었다. 지역사회 복지협의체는 사회복지사업법에 근거하여, 지역의 사회복지에 관한 전반적인 사항을 다루는 거버넌스 실천기구로서 시・군・구 단위로 설치되어 복지자원의 확충, 효율화, 서비스 간 연계를 도모하고, 서비스 대상자의 욕구 충족 및 문제 해결을 위한 지역의 역량 강화를 위해 운영되었다. 주요 기능은 다음과 같다.

- 민주적 의사소통구조의 확립(상향식 의사소통구조 확립)
- 수요자 중심의 통합적 복지서비스 제공기반 마련(one-stop 서비스)
- 지역사회 복지자원의 효율적 활용체계의 조성(자원의 중복 및 누락 방지)

④ 주민생활지원서비스의 설치

2006년 7월부터 시작된 주민생활지원서비스는 '희망한국 21'이라는 종합복지대책에 따라 주민생활지원국을 통해 복지・보건・주거・고용・교육・체육・문화・관광의 8대 영역 서비스를 포괄해 지방행정의 틀을 복지 중심으로 바꾸고, 민・관 협력의 거버넌스 체제를 갖추어 참여복지를 실현하며, 수요자 중심의 맞춤형 통합서비스 전달체계로 개편하고자 하였다. 통합성, 접근성, 신뢰성, 효율성을 원칙으로 하며, 전달체계 개편의 4대 수행과제는 다음과 같다.

- 시・군・구청 및 읍・면・동 사무소를 주민서비스 위주로 개편하는 지방행정조직의 개편
- 주민이 온라인으로 관련 서비스에 대한 정보를 얻고 서비스를 신청하며 자격을 조회할 수 있는 통합정보시스템의 구축
- 민관이 함께 서비스를 기획・집행하여 지역단위에서 거버넌스 체제를 구축하는 민・관 협력 네트워크의 구축
- 다양한 중앙부처서비스를 수요자 입장에서 조정

기존의 전달체계와 비교하여 주민생활지원서비스 설치의 기대효과를 보면 다음과 같다.

- **통합성** : 수요자는 시・군・구 본청 또는 읍・면・동을 방문하여 종합적으로 필요한 서비스를 포괄적으로 제공받을 수 있고, 시・군・구에서 제공되지 않는 서비스에 대해서는 정보 제공 및 의뢰, 연결을 할 수 있다.
- **접근성** : 읍・면・동에 주민생활 지원 담당인력이 확충되어 현장방문, 사례관리 등 찾아가는 서비스를 실현하고, 상담실 등 친근한 환경을 조성하

여 주민의 편의를 제고할 수 있다.

- **신뢰성** : 수요자가 필요로 하는 서비스에 대한 종합적인 정보 제공 및 관련 기관에 의뢰하고 연결하는 기능을 수행함으로써 정책체감도를 향상시키고, 주민생활 지원과 관련한 충분한 상담, 현장방문 등을 통해 정책에 대한 주민의 신뢰성을 제고할 수 있다.
- **효율성** : 주민생활지원서비스 기획 및 민·관 협력체계 강화로 자원효율성을 증대시키고, 부서별 관련 정책의 조정을 강화함으로써 서비스의 중복을 감소시킨다.

⑤ 지역사회보장협의체

지역사회보장협의체는 민관 복지관계자 및 학계전문가, 주민대표, 공무원 등이 참여하여 지역의 사회보장 관련 사안 등을 심의·자문하는 민관협의기구이다. 기존의 지역사회복지협의체는 2014년 「사회보장급여의 이용·제공 및 수급권자 발굴에 관한 법률」이 제정되고, 2015년 7월 시행됨에 따라, 지역사회보장협의체로 변화하였다. 지역사회보장협의체는 전국 시군구에 구성·운영 중이며 대표협의체, 실무협의체, 실무분과, 읍면동협의체로 구성·운영된다.

⑥ 사회복지통합관리망 구축

시·군·구의 사회복지업무 지원시스템인 사회복지통합관리망이 2010년 1월부터 본격 가동됨에 따라 이에 적합하도록 업무 프로세스와 조직·기능·인력을 정비하는 전달체계의 개선을 추진하였다. 그 결과 시·군·구의 주민생활지원국 주민생활지원과 내 통합조사관리팀으로 복지대상자의 자산조사와 자격관리가 일원화되고, 서비스연계팀에서는 민간서비스 연계제공과 사례관리를 읍·면·동에서는 상담 및 신청 접수와 수급자 관리업무를 맡는다. 이러한 개선대책은 사회복지통합관리망의 활용을 극대화하고, 분산된 업무를 통합·관리하도록 조직 및 인력구조를 개선함으로써 업무의 효율성 향상과 수요자 중심의 찾아가는 서비스를 지향하고 있다.

⑦ 통합사례관리 사업 실시

지역주민의 다양한 욕구에 통합서비스를 연계・제공함으로써 지역주민의 삶을 안정적으로 지원・지지하고, 복지제도의 효과성・효율성 향상을 목적으로 통합사례관리 서비스를 제공한다. 대상자 발굴, 초기상담, 대상자 접수, 욕구 및 위기도 조사, 사례회의, 대상자 구분・선정, 서비스제공계획 수립, 서비스제공 및 점검, 종결, 사후관리 총 10단계로 구성되어 있으며, 희망복지지원단은 읍면동에서 초기상담 후 의뢰된 사례관리 가구에 대해 대상자 접수부터 종결까지의 사례관리를 수행한다.

⑧ 읍면동 복지허브화 추진

읍면동의 복지깔때기 현상으로 인하여, 수요 발굴이 어려우며, 또한 복지제도나 재정의 확대에도 불구하고 자원의 중복, 누락 등이 발생할 뿐 아니라 맞춤형 대응이 미흡하였다. 또한 지역사회 민관협력 기반이 미약하여, 2016~2017년 국민 중심 맞춤형 복지를 위한 읍면동 복지허브화를 추진하였다. 읍면동에 맞춤형 복지 전담팀을 설치하여, 읍면동의 대민복지서비스 전문성 강화를 도모하고, 민관협력으로 공공복지 보완 및 강화를 도모하였다.

⑨ 찾아가는 보건복지서비스

2012년 희망복지지원단 설치, 2016년 읍면동 복지 허브화를 통해 방문상담 및 민간서비스연계, 통합사례관리 등이 국민의 복지 체감도를 높이는 데 큰 성과가 있음을 확인하고, 2017년부터는 전국 읍면동에 찾아가는 보건복지전담팀을 설치하고 보건소・유관기관・지역주민 등과 함께 협력하여 복지 취약계층을 대상으로 찾아가는 보건복지서비스를 제공하고 있다. 읍면동 찾아가는 보건복지서비스를 통해 위기상황에 처해 있음에도 복지제도를 잘 알지 못하거나, 도움을 청하지 못하는 주변의 어려운 이웃들에게 복지공무원이 복지통(이)장과 읍면동 지역사회보장협의체 위원 등 지역사회 주민들과 함께 찾아가 필요한 공적 급여지원과 전문적 통합사례관리 서비스 등을 제공하고, 소득・재산기준 초과 등으로 인해 공적급여 및 서비스를 받지 못하지만 실질적인 생활의 어려움에 처해 있는 사람들에게는 지역사회 내 다양한 민간 자원을 찾아 서비스를 연계한다.

2) 공적 사회복지서비스 전달체계의 문제점

공공부문 사회복지 전달체계는 확대된 서비스 사업에 대한 기획력과 수행체계가 부재함으로써 서비스 수요에 대한 대응력이 취약하고, 수요자 욕구 사정과 서비스 기획을 통한 맞춤형 통합서비스 제공에 한계가 있으며, 또한 민간과의 협력이 미진하다. 공적 사회복지서비스 전달체계에 있어서 조직구조상의 문제가 중요한데 이러한 조직구조상의 문제는 프로그램 운영과 프로그램 평가 면에도 영향을 미치게 된다. 따라서 조직구조상의 문제점을 중심으로 살펴보고자 한다.

- 첫째, 상의하달식의 수직적 체계를 들 수 있다. 중앙정부에서 기본 정책과 계획을 수립하고, 이를 수행하기 위한 지침을 하달하고 중간 및 하부 기관은 그 지침에 따라 업무를 수행하게 됨으로써 지역 특성과 수혜대상자의 욕구를 반영한 복지서비스를 제공하기가 힘들고, 사회복지담당자가 전문성을 발휘하여 자율적으로 업무를 수행하기 어렵다.
- 둘째, 서비스의 통합성 결여와 행정단위 체계의 연계성 부족이다. 공적 서비스 전달체계에 있어서 관련 부서들이 각각 분리·설치되어 있어 통합성이 매우 낮다. 또한 복지업무가 읍·면·동과 시·군·구의 별개의 행정단위 체계로 수행되며, 대상분야별 별도로 관리가 이루어져 대상자에 대한 중복 지원, 혹은 누락의 가능성으로 인해 급여의 효율성 및 제도 간 연계성도 부족하다. 이 때문에 서비스의 단편성이 발생하며, 클라이언트의 문제를 통합적으로 해결하지 못하므로 서비스의 효과성과 효율성을 약화시키게 될 것이다.
- 셋째, 사회복지행정의 지방일반행정 체계로의 편입이다. 국민기초생활보장, 의료급여 및 취약계층의 자립·자활, 재활 등 사회서비스의 전달을 위

한 행정체계가 행정안전부의 지방행정체계에 편입되어 일반행정 공무원인 상급자가 사회복지 분야에 대한 이해가 부족하여 전문적 지도·감독을 하기 어렵고, 동료 전문직 간의 사례연구회의 등을 통한 업무의 질적 향상을 기대하기도 곤란하다. 그리고 배치된 사회복지전담공무원들은 타 업무 겸임으로 인한 업무과중으로 소진현상과 주변 여건의 미비로 전문성을 발휘하기 어려울 뿐만 아니라 이로 인하여 사회서비스의 효율성도 저하될 가능성이 높다.

- 넷째, 사회복지 관련 위원회와 위원의 활동이 부진하다는 것이다. 행정 전달체계의 각 수준에서 주요한 사항을 자문 또는 심의하기 위하여 사회복지위원회를 두고 있지만, 위원회는 거의 형식적으로 운영되거나 심지어 구성되지 않는 경우도 있어 거의 유명무실한 존재가 되고 있다.
- 다섯째, 1987년 이후에 사회복지전담공무원이 매년 증가하고 있지만 1인당 복지수혜자 691명을 담당하고 있어 사회복지전담공무원의 부족은 여전히 심각하다. 특히 기존의 생활보호법을 대치하는 국민기초생활보장법이 2000년 10월부터 시행됨에 따라 자산조사 등의 업무량이 크게 증가한 데 비하여 사회복지전문요원의 수는 크게 부족한 형편이다. 이와 같은 전문인력의 부족은 특히 서비스의 질을 저하시키고 결국은 서비스의 효과성을 약화시키는 결과를 초래할 것이다.

3) 공적 사회복지서비스 전달체계의 해결방안

공적 사회복지서비스 전달체계의 문제가 되는 분야는 중앙정부와 지방정부가 관여하는 공공부조와 사회복지서비스이다. 공적 사회복지서비스 전달체계의 문제점을 개선하기 위한 방안을 제시하면 다음과 같다.

- 첫째, 사회복지서비스는 지역주민이 사회복지 욕구를 효율적이고 효과적으로 충족시키는 데 있기 때문에 사회복지서비스 전달체계를 지시적·감독적·후견적인 수직적 관계에서 상호 보완적이며, 수평적이고 협동적인

관계로 전환하여야 한다.

- 둘째, 과다한 계층 수를 줄여서 보고 · 지시 · 감독 · 통제 등을 완화하여 신속하게 서비스를 전달할 수 있도록 한다.
- 셋째, 사회복지전담공무원을 충원하여 서비스를 효율적이고 효과적으로 제공함으로써 서비스가 필요한 대상자의 욕구를 해결한다.
- 넷째, 사회복지 관련 위원회 활동을 강화하여 사회복지서비스를 효과적이고 효율적으로 운영함으로써 서비스 대상자의 중복과 누락을 방지하는 데 기여한다.

4. 사적 사회복지서비스 전달체계

1) 사적 사회복지서비스 전달체계의 구조와 기능

사회복지서비스 전달체계는 공식적으로 조직된 제도적 조직에 의한 활동이 주된 활동이지만 그 이전에는 사적 사회복지 전달체계에 의한 활동이 주축을 이루었다.

사회복지서비스 중 공식적으로 조직된 활동으로 전달주체 또는 운영주체가 정부인 공공 전달체계 외에 사적 사회복지 전달체계가 있다.

사적 사회복지 전달체계는 사적 사회복지조직이고 민간 사회복지조직이며, 이러한 민간기관(단체)은 주로 사회복지서비스법과 민법 등에 기초하여 설립된 것이다(김영모, 1999 : 172).

또한 민간 사회복지조직은 '영리를 목적으로 하지 않는 주민조직과 사회복지법인, 재단법인, 사단법인, 그리고 종교단체, 법정단체 및 기타 특수법인 등록단체나, 그 법인 또는 단체가 사회복지사업을 목적으로 운영하는 시설과 기관을 총칭하는 것'으로 보고 있다(이정호, 1987 : 49). 한국사회복지협의회에 따르면, 민간 사회복지서비스 전달체계가 아동, 노인, 장애인, 부랑인, 부녀, 정신요양, 보육, 복지관 등 기관, 단체, 시설 등으로 존재하고, 직능별 복지시설들은 각각 협회로 조직되며, 이 협회들은 다시 한국사회복지협의회의 회원이 되어 체계적이고 조직적인 형태를 갖추고 있다.

사적 사회복지 전달체계의 필요성을 보면, ① 정부제공서비스 담당자에 대한 서비스 제공, ② 정부가 제공할 수 없는 서비스 제공, ③ 동일한 종류의 서비스에 대한 선택의 기회 제공, ④ 사회복지서비스의 선도적 개발 및 보급, ⑤ 민간의 사회복지 참여욕구 수렴, ⑥ 정부의 사회복지활동에 대한 압력단체의 역할, ⑦ 국가의 사회복지비용 절약 등을 들 수 있다(최성재, 1993 : 95-96).

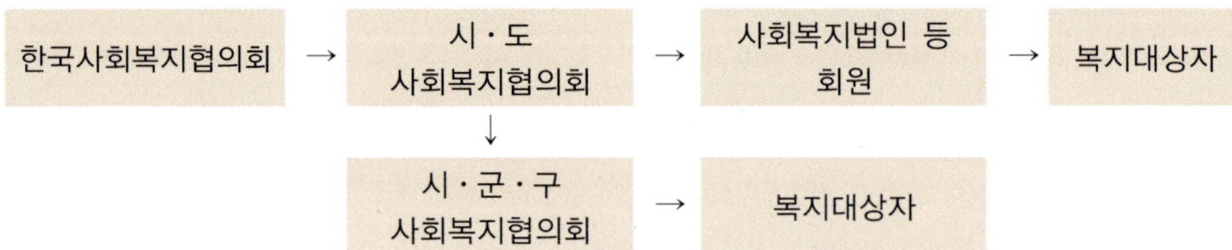

| 그림 5-2 | 사적 사회복지서비스 전달체계도

(1) 사적 사회복지서비스 전달체계의 조직

사적 사회복지서비스 전달체계는 거의 대부분 사회복지서비스 부문에 집중되어 있다. 물론 사회복지 공급주체에 따라 전달체계가 약간 상이하지만 대부분 정부에서 일부분의 재정을 위탁 지원받고 행정적 지도 · 감독을 받고 있다.

사적 사회복지서비스 전달체계에서 중요한 기능을 하는 것이 사회복지협의체이다. 사회복지협의체는 대체로 세 가지 유형을 구분할 수 있다(최성재 · 남기민, 2000 : 113).

- 첫 번째 유형은 전통적인 사회복지시설협의회(councils of social agencies)이다. 한국사회복지협의회나 한국사회복지관협회 등이 이 유형에 해당된다.
- 두 번째 유형은 지역사회복지협의회이다. 사회복지협의회와 각 시 · 도의 사회복지협의회가 여기에 해당된다.

- 세 번째 유형은 직능별 협의체로서 전문분야협회(specialized councils)이다. 한국사회복지사협회, 임상사회복지사협회 등이 대표적이다(오세영, 2009).

사적 사회복지서비스 전달체계에서 대표적인 기관으로서는 현재 사회복지협의회와 전국적 규모의 사회복지관을 꼽을 수 있다. 이를 보다 구체적으로 살펴보면 다음과 같다(이영철, 2000 : 288-306).

① 한국사회복지협의회

한국사회복지협의회는 사회복지사업법 제33조 및 동법 시행령 제12조에 의거하여 설립된 비영리 공익법인으로 민간 사회복지 증진을 위한 협의조정, 정책개발, 조사연구, 교육훈련, 자원봉사활동의 증진, 정보화 사업, 사회적 취약계층을 위한 사업을 수행하고 있다.

또한 한국사회복지협의회는 사회복지에 관한 조사·연구와 각종 복지사업을 조성하고, 각종 사회복지사업과 활동을 조직적으로 협의·조정하며, 사회복지에 대한 국민의 참여를 촉진시킴으로써 우리나라의 사회복지 증진과 발전에 기여하고 있다.

한국사회복지협의회의 회원구성은 단체회원과 개인회원으로 구분한다. 전자는 시·도, 사회복지협의회장, 사회복지법인 및 사회복지사업과 관련 있는 비영리법인의 대표자, 경제, 언론, 종교, 법조, 문화 및 보건의료계 등을 대표하는 자 및 기타 사회복지사업 수행에 필요하다고 인정되어 회장이 추천한 자이다. 개인회원은 전직 또는 현직 정무직 공무원, 전직 또는 현직 국회의원인 자, 경제단체 및 100인 이상 상시고용 기업체 대표자, 공인된 대학의 부교수 이상의 직에 있는 자로서 사회복지 발전에 공헌을 할 수 있는 자, 행정기관의 4급 이상 공무원으로서 사회복지 관련 업무에 5년 이상 재직한 자, 사회복지사업에 20년 이상 실무경험자, 경제인·언론인·종교인·예술인·체육인·문인·보건의료인 그 밖에 이 회의 발전에 기여할 수 있다고 인정하여 회장이 추천하는 자 등이다.

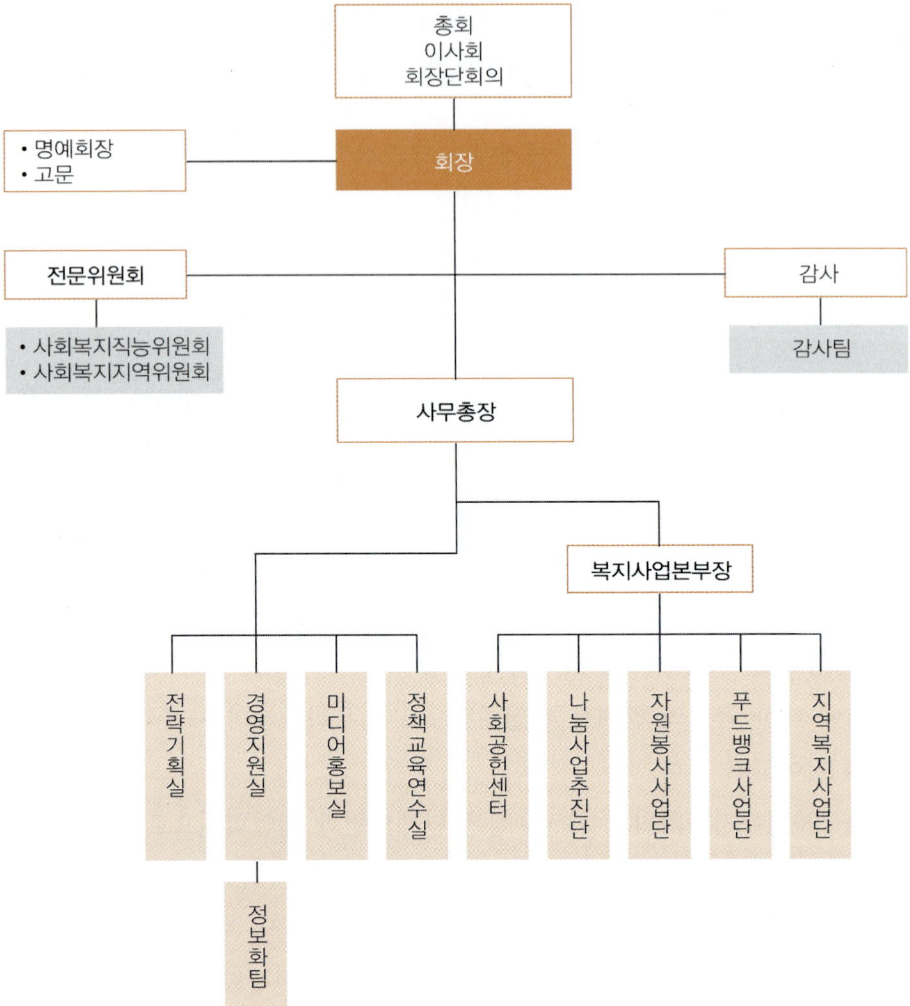

| 그림 5-3 | 한국사회복지협의회 조직도

한국사회복지협의회의 주요 업무는 사회복지에 관한 조사・연구 및 정책건의, 사회복지종사자에 대한 교육, 훈련 및 복지 증진, 사회복지에 관한 자료수집과 각종 간행물 발간 및 홍보, 시・도 사회복지협의회 업무지원 및 협력 증진, 국제사회복지단체와의 교류협력, 자원봉사활동의 진흥, 사회복지 자원 개발 및 정보화사업의 진흥, 식품자원 기부촉진 기반 조성, 사랑나눔운동 실천, 희귀・난치성 질환 진료비 지원, 사회공헌 문화 주도 및 종합정보 제공 등이다.

② 사회복지관

1906년 원산 인보관 운동에서 사회복지관사업이 태동하였으며, 1921년 서울에 최초로 태화여자관이 설립되는 등 사회복지관은 상당히 오랜 역사를 가진 기관이다. 사회복지관은 사회복지사업법 제34조의5, 주택법 제2조 제14호 나 등의 법적 규정에 근거해 설치된 사회복지전문기관으로, 지역사회 내에서 일정한 시설과 전문인력을 갖추고 지역사회의 인적·물적 자원을 동원하여 '지역사회복지'를 중심으로 한 종합적 사회복지사업을 수행하는 사회복지시설을 말한다. 여기에서 '지역사회복지'라 함은 지역사회 주민의 삶의 질 향상을 목표로 지역사회문제를 해결하고, 주민의 복지욕구를 충족시키기 위한 다양한 기관의 조직적이고 전문적인 활동체계를 말한다(사회복지관 설치·운영규정 제2조).

사회복지관의 기능과 역할은 다음과 같다(사회복지사업법 시행규칙 별표3).

- **서비스 제공기능** : 가족기능 강화, 지역사회 보호, 교육문화, 자활지원 등 기타 다양한 서비스 제공 기능을 수행한다. 가족기능 강화를 위하여, 가족관계증진사업, 가족기능보완사업, 가정문제해결 치료사업, 부양가족지원사업, 다문화가정, 북한이탈주민 등 지역 내 이용자 특성을 반영한 사업을 수행한다. 지역사회보호를 위해 급식서비스, 보건의료서비스, 경제적 지원, 일상생활 지원, 정서서비스, 일시보호서비스, 재가복지봉사서비스 등의 사업을 수행한다. 교육문화 내용의 사업으로는 아동, 청소년사회교육, 성인기능교실, 노인 여가 문화, 문화복지사업 등을 수행한다. 자활지원 등 기타사업으로 직업기능훈련, 취업알선, 직업능력개발, 그 밖의 특화사업을 실시한다.
- **사례관리 기능** : 지역사회복지관에서는 사례관리를 위해, 지역 내 보호가 필요한 대상자 및 위기 개입대상자를 발굴하여 개입계획을 수립하는 사례발굴, 지역 내 보호가 필요한 대상자 및 위기 개입대상자의 문제와 욕구에 대한 맞춤형 서비스가 제공될 수 있도록 사례개입, 사례개입에 필요한 지역 내 민간 및 공공의 가용자원과 서비스에 대한 정보 제공 및 연계, 의뢰 등의 서비스 연계를 실시한다.

- **지역조직화 기능** : 지역조직화 기능으로 복지네트워크를 구축하고 주민조직화를 실시하며 자원개발 및 관리를 실시한다. 복지네트워크를 구축함으로써 복지서비스 공급의 효율성을 제고하고, 사회복지관이 지역복지의 중심으로서의 역할을 강화한다. 또한 주민이 지역사회 문제에 스스로 참여하고 공동체 의식을 갖도록 주민 조직의 육성을 지원하고, 이러한 주민 협력강화에 필요한 주민의식을 높이기 위한 교육을 실시하는 등 주민조직화 사업을 실시한다. 또한 지역주민의 다양한 욕구 충족 및 문제해결을 위해 필요한 인력, 재원 등을 발굴하여 연계 및 지원하기 위하여 자원 개발 및 관리를 실천한다.

(2) 지역사회복지 관련 체계

① 노인복지관

노인복지관은 노인복지법 제36조 제1항 제1호에 근거하여 설치된 노인여가복지전문기관으로, 무료 또는 실비로 노인에 대하여 각종 상담에 응하고, 건강의 증진, 교육, 오락 등 노인의 복지증진에 필요한 편의 등 사업을 효율적으로 운영하여 지역사회의 종합적 노인복지 증진에 기여하고자 함을 목적으로 설립되었으며, 노인의 복지증진을 위한 종합적 노인복지센터로서의 기능수행을 목표로 하고 있다.

1971년 인천광역시 노인복지회관을 시작으로 1981년 노인복지법 제정에 따라 노인복지시설로 노인복지회관이 제시되었으며, 1997년 노인복지법에서 노인복지회관을 여가시설로 규정하였다. 노인복지관은 노인을 위한 종합복지센터로서의 기능과 역할을 수행하기 위해 필수적으로 제공해야 할 사업 프로그램과 지역의 특성을 반영하여 개발·추진 가능한 사업을 실시하고 있다.[1)]

- **기본 사업** : 종합복지센터로서 기능과 역할을 수행하기 위해 기본적으로 제공해야 할 사업으로 사업 구분에 따라 상담, 사례관리 및 지역사회돌봄,

1) 보건복지부에서는 매년 관련 사업 지침을 제시하고 있으며, 보건복지부(2023)의 노인보건복지사업 안내(2)에서 노인복지관 사업에 대해서 상세하게 그 내용을 확인할 수 있다.

건강생활지원, 노년사회화교육, 지역자원 및 조직화, 사회참여 및 권익증진을 기본사업으로 하되 대분류 기준별로 두 가지 이상의 소분류 사업을 자율적으로 선택하여 기본사업으로 운영(보건복지부, 2023a)

- **선택 사업** : 기본사업 이외의 사업으로 지역 또는 노인복지관의 특성을 반영하여 개발, 추진 가능한 사업 예 돌봄 요양서비스, 사전연명의료의향서 상담 및 등록 사업 등(보건복지부, 2023a)

② 장애인복지관

장애인복지관은 장애인 권리에 기반한 서비스 제공과 지역의 통합환경 조성을 통해 장애당사자의 지역사회 참여와 자립 촉진을 목적으로 설립되었다. 장애인복지관은 개인별 지원계획 수립, 중재(치료)와 컨설팅, 낮활동 및 행동지원, 직업지원, 가족(지원자) 지원, 사례관리 및 권리옹호, 지역사회중심지원서비스 등의 7개 서비스 영역을 기반으로 복지관의 목표와 이용자의 욕구, 복지관의 규모와 환경, 복지관이 자원 등 복지관에 맞게 유연하고 다양하게 조합하여 사업을 운영한다(보건복지부, 2023b).

2) 사적 사회복지서비스 전달체계의 문제점

먼저 한국사회복지협의회의 사회복지 전달체계의 문제점을 보면 다음과 같다.

- 첫째, 가장 중요하고 본질적인 역할이라 할 수 있는 지역사회 및 전국 사회복지 관련 기관 간의 협의조정 역할을 제대로 수행하지 못하고 있다.
- 둘째, 사회복지협의회가 순수한 민간의 자발적인 동기에 의하여 결성된 것이라기보다는 사회복지사업법에 의한 법정단체로 존재하게 되었고, 또한 운영비도 거의 보건복지부에서 지원받기 때문에 민간조직의 협의체라는 느낌을 주지 못한다.
- 셋째, 협의회 직원의 전문적 수준이 높지 않아 협의조정 업무와 사회복지

전반에 관한 연구개발이 미흡하다.

- 넷째, 지방조직을 가지고 있지 않아(중앙협의회와 시·도협의회는 독립적인 법인체임) 지방조직과의 유기적 협조가 부족하다.
- 다섯째, 사회복지계의 이슈나 문제에 대하여 정부나 국민에게 사실을 홍보하고 정책적 건의를 하는 지도력을 행사하지 못하고 있다.
- 여섯째, 전반적인 사업의 내용과 활동이 전국적 또는 지역사회의 복지욕구를 충분히 대변하지 못하고 있다.

지역사회복지협의체는 민관협의체로서 지방정부의 사회복지서비스 사업에 관한 중요 사항을 심의·건의하고, 지역의 복지서비스를 연계·조정하는 면에서 바람직한 협의체라 할 수 있다. 그러나 관이 같이 참여하고 협의체 위원장이 되는 경우가 많기 때문에 관의 영향력이 상대적으로 커져서 민간 측의 의견이 제대로 반영되지 못할 소지가 있는 것은 문제점이라 할 수 있다(최성재·남기민, 2007 : 131-133).

(1) 생활시설과 이용시설

생활시설의 문제점은 첫째, 전문가의 비율이 낮다는 것이다. 특히 사회복지사 자격증(1, 2, 3급 포함) 소지자 비율이 낮게 나타난다. 생활시설에서 사회복지사 비율이 낮은 것은 특정한 업무에만 사회복지사 채용을 규정하고 있고, 그 외의 업무에는 사회복지사 채용을 규정하고 있지 않기 때문인 것도 있고, 시설장이나 운영하는 법인이 적극적으로 사회복지사를 채용할 의지가 없기 때문이기도 하다. 이와 같은 현상은 시설의 사회복지서비스 전문화에 큰 장애요인이 된다. 둘째, 시설에서 제공되는 서비스의 질은 물질적인 것이든 비물질적인 것이든 현실적 최저생활 유지에 못 미치고 있으며, 특히 사회복지전문가에 의하여 제공되어야 하는 사회서비스의 질은 아주 낮거나 아니면 거의 제공되지 못하고 있다. 셋째, 시설직원의 빈번한 교체로 서비스를 지속적으로 전달하는 데도 문제가 많다. 또한 시설의 서비스와 지역사회의 서비스가 제대로 연결되지 않아 시설생활자가 통합적인 서비스를 받을 수 없는 것도 문제이다. 넷째, 시설서비스의 효과성과 효율성에 대한 평가도 거의 없고, 시설종사자도 서비스 제공의 결과에 대한 책임의식이 아직도 크게 모자란 것으로 보인다. 그러나 1997년 사회복지사업법 개정으로 3년마다 한 번씩 시설을 평가하도록 되어 있어 효과성과 효율성 및 책임성이 점차 향상되고 있다.

반면 이용시설은 첫째, 생활시설의 경우보다는 낫지만 역시 서비스에 적절한 전문가의 수가 부족하다. 둘째, 사회서비스의 학문적 및 실천적 지식과 기술이 부족하여 질 높은 서비스를 제공하지 못하는 경우가 대부분이며 서비스의 효과성도 높지 못한 것으로 보인다. 셋째, 이용시설 간의 협의·조정체계가 거의 구축되어 있지 않아 서비스 간의 연계가 부족하여 통합적인 서비스 제공이 어렵다. 넷째, 서비스의 효율성과 평가에 대한 인식이 부족하고 이에 따라 사회복지사의 책임성 인식도 대단히 낮은 것이 문제이다. 다섯째, 이용시설에서 제공하는 서비스에 대한 홍보가 부족하여 이용자들이 제대로 서비스에 접근하지 못하는 경우가 많고 서비스가 중복 제공되는 경우도 있다(최성재·남기민, 2007 : 133-135).

3) 사적 사회복지서비스 전달체계의 해결방안

앞으로 사적 사회복지 전달체계가 추구해야 할 발전방향을 정리해 보면 다음과 같다.

- 첫째, 수요자인 클라이언트 중심의 서비스 전달체계를 구축하는 것이다.
- 둘째, 통합적인 서비스 전달체계를 마련하는 것이다.
- 셋째, 사회복지행정 전달인력의 전문화이다.
- 넷째, 사적 전달체계 간의 서비스 연계체계의 수립이다.
- 다섯째, 모든 시민이 언제 어디서나 원스톱으로 서비스를 받을 수 있는 서비스시스템을 구축하는 것이다.

특히 서비스 전달체계 개선을 통해 서비스를 통합하는 방법으로는 ① 사례관리자가 중심이 되어 조직들 간의 네트워크를 이용하여 클라이언트를 관리하고 욕구를 만족시켜 주는 사례관리, ② 전달체계들을 단순 조정하는 방법으로 독립성을 유지하면서 서비스 제공을 강화하는 종합적인 정보와 의뢰시스템, ③ 클라이언트의 다양한 욕구를 종합적으로 평가하여 적절한 서비스 계획을 개발하도록 하는 인테이크 창구의 단일화, ④ 하나의 서비스 분야를 두고서 복수의 서비스가 제공될 수 있도록 하는 종합서비스센터의 설치, ⑤ 서로 다른 각각의 기관과 프로그램에서 다루었던 클라이언트에 대한 정보를 공유할 수 있게 하는 시스템의 확립 등을 들 수 있다.

06 CHAPTER

사회복지 기획과 의사결정

1. 사회복지 기획
2. 통 제
3. 의사결정

CHAPTER

06 사회복지 기획과 의사결정

1. 사회복지 기획

1) 기획의 개념

기획(planning)은 흔히 계획(plan)과 구분 없이 활용되고 있으나, 기획과 계획은 그 의미가 다르다. 기획은 계획을 세워가는 활동과정이라는 의미이며, 계획은 기획에서 도출된 결론, 즉 이미 결정된 행동노선이라 할 수 있다(최성재 · 남기민, 2001). 즉, 기획은 계획을 세워나가는 실천과정에 초점을 맞춘 용어이고, 계획은 기획으로 도출된 산출로서 결론에 도출을 맞춘 용어이다(문숙재 외, 1999). 따라서 계획은 정태적 개념인 반면, 기획은 동태적 개념으로, 계획은 기획의 결과로 만들어진 특정의 상황이라 할 수 있다(박경권 외, 2013).

기획은 조직에서 사업을 준비하고 실행하며 평가하여 더 나은 사업을 만들기 위한 전 과정을 계획하는 행동으로(강병노, 2011), 기획에서 고려해야 할 요소는 미션(mission), 목적(goal), 목표(objectives), 전략(strategy), 정책(policy), 규정(rule), 과정(procedure), 프로그램(program), 예산(budget) 등이다(Weinbach, 2008).

드로어(Dror, 1968)는 최적의 수단을 통하여 목표를 달성하기 위해 미래의 행동에 대한 의사결정을 준비하는 과정이라 하였으며, 길버트와 스펙트(Gilbert & Specht, 1986)는 기획을 통찰력, 체계적 사고, 조사, 행동노선, 대상의 선택에서 가치 선호의 행사를 통해 문제를 해결하고 장래의 일을 방향을 통제하려는 의도적 시도라 하였다. 디목(Dimock)은 기획을 변화와 대조되는 합리적인 설계의 사용, 조치가 시작된 후 개선하는 대신, 조치를 취하기 전에 결정에 도달하는 것이라 하였으며, 할리(Harley)는 기획은 해야 할 일을 미리 결정하는 것이며,

대안 중에서 목표, 절차, 프로그램의 선택 등으로 구성된다고 하였다(Mishra, 2016). 클레반과 킹(Clevan & King)은 전반적인 목적을 달성하는 데 필요한 전략, 행동 및 관계를 생각하고 명시적으로 만드는 과정이라 하였다(Mishra, 2016). 성규탁(1993)은 과거와 현재의 정보를 분석하고, 장래 발전에 대한 예측을 하며, 공식적 목표달성을 위한 전략을 수립하기 위하여 조직체가 취하는 일련의 활동이라 하였다.

기획은 미래의 목표를 달성하기 위해, 현재 무엇을 할 것인가에 대해 결정하는 것이다. 따라서 기획은 목표지향성, 미래지향성, 연속된 의사결정의 과정, 행동노선의 선택, 체계적이고 동적인 과정, 계속적인 과정, 문제해결과정, 목표를 달성하기 위한 수단 등과 같은 특성을 가진다(박경권 외, 2013).

2) 기획의 필요성

여러 학자들(이기영 외, 2009; 장동일, 2009; 신복기 외, 2019; Skidmore, 1995)은 기획의 필요성으로, 효율성, 효과성, 책임성, 사기증진 등을 제시하고 있다. 이를 간단히 살펴보면 다음과 같다.

첫째, 기획은 효율성을 증진시킨다. 효율성은 경제성으로, 최소의 비용으로 최대의 효과성을 달성하는 것을 말한다. 사회복지와 같은 비영리조직들은 기본적으로 상당히 제약된 인적·물적 자원으로 운영관리를 실천한다. 기획과정을 통하여 중복되고 낭비적인 활동을 줄일 수 있다. 즉, 기획관리를 통하여 다른 관리과정이 원활하게 진행될 수 있도록 하여 자원의 변화과정에서 인적·물적 자원의 최소 사용으로 최대의 서비스를 제공할 수 있는 방안을 제시한다(이기영 외, 2009).

둘째, 기획은 효과성을 높인다. 효과성은 흔히 말하는 목표를 달성하였는가를 의미하는 것으로, 사회복지기관이 제공하는 서비스는 클라이언트의 문제를 해결하거나 욕구를 충족시키는 데 효과가 있어야 한다. 치밀하게 계획된 활동이 아니라면 그 결과가 바라는 대로 달성되지 않을수록 있다. 기획을 통하여 목표를 명료하게 파악할 수 있고, 목표에 따라 조직과 구성원들이 어떠한 역할을 해야 하는지 알고, 실천할 수 있다. 즉, 기획을 통하여 조직과 구성원이 함께 노력해야 할 명료한 방향성을 제시할 수 있고, 이는 조직의 효과성을 높일 수 있다.

셋째, 기획은 책임성 증진을 위해 필요하다. 사회복지조직은 국가의 보조금과 개인의 후원금 등으로 이루어지므로, 그 책임성을 다해야 한다. 책임성은 조직의 활동에 대한 평가과정을 거쳐 확보될 수 있으며, 기관의 운영관리에 대한 성과와 공공의 이익실현은 매우 연관성이 높다(박경권 외, 2013). 따라서 책임성을 다하기 위해서는 조직의 목표를 효율적으로 달성해야 하며, 이를 위해서 기획이 요구된다.

넷째, 기획은 조직구성원의 사기를 진작한다. 조직구성원들은 직업에 대한 성취감이나 만족감을 가져야 하는데, 이런 감정들은 조직의 기획과정에 참여함으로써 획득할 수 있다(Skidemore, 1983). 뿐만 아니라 기획과정에 조직구성원이 참여함으로써, 조직구성원 간의 갈등을 감소시키고 협력을 증진할 수 있다.

이 외에도 기획을 통하여 위기의 발생 가능성을 낮추고 불확실성을 감소시키며, 이에 따른 적극적 대처를 시행할 수도 있다. 또한 기획을 통하여 혁신적인 사업 아이디어를 도출할 수 있다. 기획과정을 통하여 새로운 사업아이디어나 새로운 접근방식을 도출해 낼 수 있다. 이러한 다양한 기획의 효과들을 통하여 조직은 다른 경쟁조직과의 경쟁우위를 달성할 수 있다.

이러한 중요성에도 불구하고 강병노(2011)에 따르면 기획과 관련하여 이론적 혹은 학문적 논의보다 교과서적 내용의 전달이 강조되며, 실제 기획과 관련된 연구 자체가 상당히 부족한 것으로 나타났다. 최영선(2005) 역시 기획에 대해서 경영학계에서는 관심있게 다루고 있으나 사회복지학계에서는 기획의 성격과 영역을 규정하려는 노력들이 구체화되지 못하였고 또한 이와 관련된 활발한 연구는 상당히 미흡하다고 평가하였다.

3) 기획의 유형

기획은 여러 가지 기준에 의해 다양하게 분류될 수 있다. 가장 기본적으로 조직구조의 위계수준에 따라 구분할 수도 있으며, 시간 차원에 따른 구분, 그리고 기획의 범위에 따른 구분, 대상에 따른 구분 등으로 구분될 수 있다. 이러한 기획의 유형을 간단히 살펴보면 다음과 같다.

(1) 구조의 위계에 따른 구분

성규탁(1993)은 위계에 따른 기획의 유형을 다음 표와 같이 구분하였다. 최고관리층은 사회복지관에 대입하면 관장, 중간관리층은 부장, 하위관리층은 팀장, 관리실무자는 사회복지사를 의미한다.

〈표 6-1〉 위계에 따른 기획의 유형

조직 위계	기획의 유형
최고관리층	목표, 정책, 장기적 계획, 조직 전체의 차원
중간관리층	할당된 몫, 사업계획, 보완적 목표, 정책
하위관리층	구체적 사업계획, 일정표, 단기목표, 운영기획
관리실무사	일상적인 또는 사소한 절차에 국한

(2) 시간에 따른 구분

시간에 따른 기획의 구분에 대해 일부 학자(서보준 외, 2017)들은 장기기획(10년 내지 20년), 중기기획(3년 내지 7년, 가장 보편적으로 5년), 단기기획(1년 미만)으로 구분하기도 한다. 그러나 보편적으로 장기기획과 단기기획으로 구분한다. 장기기획은 1년, 5년, 10년 이상의 기획을 말하며, 단기기획은 장기기획에 근거한 1년 미만의 사업기획을 말한다. 단기기획은 장기기획과 상호 밀접한 관련성을 가지고 장기기획 속에 통합되어야 한다(최성재 · 남기민, 2006). 일반적으로 위계수준이 높아짐에 따라, 즉 하위층에서 상위층으로 올라감에 따라 단기기획에서 장기기획으로 그 책임수준이 높아진다.

〈표 6-2〉 장기기획과 단기기획의 비교

분 류	기 간	내 용
장기기획	1년, 5년, 10년 이상	• 외부환경의 영향을 중시하고, 주기적으로 조직의 목적과 목표를 재설정 • 창의성과 미래에 대한 비전을 갖게 됨
단기기획	1년 미만	• 장기기획에 근거한 1년 미만의 사업기획 • 구체적이고 행동지향적이며 실행방법과 관련

사울픽 등(Saulpic, et al., 2011)은 현재로부터 장기 목표로 이어지는 시간의 흐름에 따른 기획의 차원에 대해 다음 그림과 같이 제시하였다. 전략적 계획은 운영 계획을 요구(일반적으로 3년)하며 예산(일반적으로 1년)이 요구된다. 운영계획은 최종목표 달성의 중간단계를 설정하여, 전략계획을 '운영'한다. 예산은 이 과정을 계속하여 이정표를 설정한다.

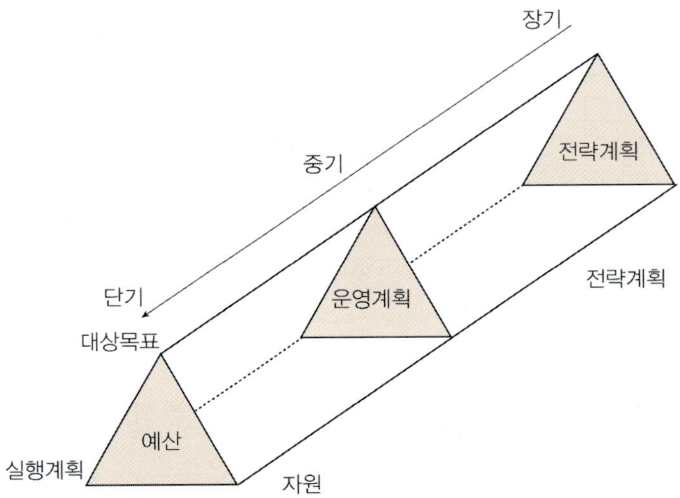

▌그림 6-1▐ 기획의 다양한 차원

출처 : Saulpic, et al.(2011). Fundamentals of management control : techniques and principles, p. 5.

(3) 범위에 따른 구분

전략적 기획은 미래의 비전을 달성할 수 있도록 우선순위와 관련된 전략을 결정하는 기획이다. 따라서 전략적 기획을 위해서는 비전 및 사명 선언이 먼저 공식화되어야 한다. 또한 사회, 정치, 경제적 맥락이나 상황을 분석하고, 기회와 위협요인을 분석한다. 그리고 문제해결에 있어 조직의 강점과 약점을 분석하고, 자원의 획득과 관련되며, 스스로의 목표를 설정하고, 우선순위를 선정하며, 목표 달성을 위한 다양한 전략적 대안을 탐색하고 가장 적절한 대안을 선택한다.

관리운영(사업/행동)기획은 프로세스(process)와 유사한 의미를 가진다. 즉, 프로세스는 실행계획이며, 이 실행계획은 관리운영 기획이라 볼 수 있다. 즉, 무엇을 할 것인가? 어떻게 할 것인가? 누가 할 것인가? 언제까지 완료해야 하는가? 그리고 이를 위해 어떤 자원이 필요할 것인가? 등에 답하고 기획하는 과정이다. 일반적으로 목표 달성을 위한 자원의 사용기획이며, 따라서 상대적으로 전략적 기획보다는 관리운영기획이 좀 더 쉽게 여겨진다.

(4) 엘러스에 의한 구분

엘러스 등(Ehlers, et al., 1976)은 기획을 자원기획, 프로젝트 기획, 개인기획으로 구분하였다. 자원기획은 다시 재정기획, 시설 및 장비 기획, 소비물자 기획, 인적 자원 기획으로 구분할 수 있다. 재정기획은 프로그램의 재정과 관련된 기획이며, 시설 및 장비 기획은 목표달성을 위해 필요한 시설이나 장비에 관한 기획을 말한다. 소비물자 기획은 목표달성을 위해 필요한 소비물자에 관한 기획이며, 인적자원 기획은 목표달성을 위해 필요한 인적자원에 관한 기획을 의미한다.

프로젝트 기획은 주어진 시간 안에 최소의 비용으로 성공적으로 달성하기 위해 필요한 기획이라 할 수 있다(박경권 외, 2013). 따라서 프로젝트 기획은 노력에 대한 질적 성과가 상대적으로 높은 수준으로 나타난다(박경권 외, 2013).

개인기획은 개인적인 과업에 대한 기획으로 자신의 목표를 설정하고 취해야 할 활동 과정에 대한 기획을 의미한다(박경권 외, 2013).

4) 기획의 과정

기획의 과정에 대해 학자들마다 다소 다른 단계와 내용들을 제시하고 있다. 예를 들어, 신복기 등(2019)은 기획을 가장 단순화한 형태로 계획의 작성, 실행, 평가로 구성하였다. 이기영 등(2009)은 기획을 현황파악 및 문제규명, 목표설정, 대안결정, 프로그래밍, 예산수립의 단계로 구분하였으며, 황성철 등(2021)의 경우도 문제분석, 욕구측정, 전략선택, 목적 및 목표설정, 프로그램 설계, 예산수립 등으로 구분하였다. 스키드모어(Skidmore)는 기획을 목표설정, 가용자원의 고려, 대안모색, 결과예측, 계획결정, 구체적인 프로그램 수립, 변화를 위한 개방성 유지 등으로 구분하였다. 학자들마다 각 다른 내용들과 단계를 제시하고 있으나 내용적 측면에는 유사한 내용들을 제시하고 있다. 이를 간단히 살펴보면 다음과 같다.

(1) 문제진단, 현황 분석 및 욕구파악

기획을 위해서는 가장 먼저 문제에 대한 진단이 이루어져야 한다. 이를 위해서 현황을 분석하고 이용자의 욕구를 파악하는 것이 필요하다. 이러한 과정이 이루어져야 목표설정이 가능하다.

문제를 규명하고 현황을 분석하기 위해 일반적으로 사용할 수 있는 방법은 SWOT분석이 있다. SWOT분석은 조직 내 강점(Strength)과 약점(Weakness), 그리고 외부 환경과 관련된 기회(Opportunities)과 위험(Threats)을 파악하는 것이다. 또한 이를 교차시킴으로써 강점－기회전략, 약점－기회전략, 강점－위협전략, 약점－위협전략을 도출해 낼 수 있다.

〈표 6-3〉 SWOT분석

외부환경 \ 내적역량	강점(S)	약점(W)
기회(O)	강점-기회전략 성장	약점-기회전략 역량강화
위협(T)	강점-위협전략 방어	약점-위협전략 신중

출처 : 이기영 외(2009). 비영리기관 운영관리, p. 104.

이용자의 욕구를 파악하기 위하여 매슬로우(Maslow, 1954)의 욕구위계이론과 브래드쇼(Bradshaw, 1972)의 욕구이론을 활용할 수 있다. 매슬로우(Maslow, 1954)는 욕구는 위계를 가진다고 보았으며, 기본적인 하위 욕구가 충족되어야 더 높은 단계의 욕구가 발생할 수 있다고 보았다. 즉, 생리적 욕구, 안전의 욕구, 소속과 사랑의 욕구, 자존감의 욕구, 자아실현의 욕구는 각각의 위계를 가지고 이러한 위계를 고려하여 프로그램을 적용해야 한다. 즉, 가장 우선적으로 생리적인 욕구를 충족시킨 후 안전의 욕구를 충족시키기 위한 개입을 해야 하는 것이다. 따라서 이용자를 위한 긴급보호 등을 먼저 실시한 후 이후 다양한 서비스의 접근이 이루어져야 한다는 것이다. 다음으로 브래드쇼(Bradshaw, 1972)는 욕구를 규범적 욕구, 인지적 욕구, 표출적 욕구, 상대적 욕구로 구분하였다. 규범적 욕구란 전문가에 의한 욕구상태의 규정이며, 인지적 욕구는 이용자들이 그것을 필요로 하다고 느끼고 있는지를 물음으로써 파악할 수 있는 욕구를 말한다. 표출적 욕구는 이용자들이 그 욕구를 충족시키기 위해 어떤 행동을 하였는가를 기반으로 파악할 수 있으며, 상대적 욕구는 타인과의 비교를 통해 상대적으로 욕구를 느끼는 것을 말한다.

(2) 목표의 설정

문제진단에서 문제를 진단, 이와 관련된 현황을 분석하고, 이용자의 욕구를 파악하였다면 이를 기반으로 목표를 설정해야 한다. 목표는 조직이 달성하고자 하는 바람직한 미래의 상태로, 목표를 통하여 조직구성원들이 업무수행을 위한 장기적 방향성을 제시하여 공유할 수 있도록 하며, 사업의 효과성과 효율성을 평가하는 기준이 된다. 즉, 목표는 조직의 활동에 중요한 영향을 미치기 때문에, 목표를 설정하는 것은 중요하다. 목표는 주체의 관점에 따라 고유목표와 사회적 목표로 구분할 수 있으며, 개념에 따라 생산목표와 산출목표, 그리고 전략과 운영의 차원에 따라 전략목표와 운영목표로 구분할 수 있다(이기영 외, 2009).

목표의 요건은 SMART로, S(Specific) - 구체적인 현실언어로 표현되어야 하며, M(Measurable) - 계량적으로 측정 가능해야 한다. A(Action oriented) - 행동 중심의 실천성을 지향해야 하며, R(Realistic) - 현실적으로 달성하는 것이 가능해야 한다. 마지막으로 T(Timely) - 정해진 시간 내에 완수할 수 있어야 한다.

(3) 프로그램 설계

목표를 달성하기 위한 프로그램을 설계해야 한다. 프로그램을 설계하기에 앞서 목표를 달성하기 위한 다양한 대안을 도출하고 그에 따른 결과를 예측한 다음 최선의 대안을 선택하는 과정을 거쳐야 한다. 이러한 과정을 통해 도출된 대안을 기반으로 프로그램을 설계해야 한다.

프로그램 설계는 목표를 달성하기 위해 실행방법 및 자원을 연결하여 하나의 일관성 있는 틀을 만드는 작업으로, 정밀성과 구체성이 요구된다(황성철 외, 2021). 프로그램을 설계하는 과정을 흔히 프로그래밍(programming)이라 하며, 프로그래밍 시 시간별활동계획(Gantt chart), 프로그램 평가검토기법(PERT), 월별활동계획카드(Shed-U Graph) 등을 활용할 수 있다.

(4) 예산 수립

프로그램 설계는 결국 프로그램 실행을 통해 목적을 달성하기 위한 것이라 할 수 있다. 프로그램 실행을 위해서는 이를 위한 자원이 확보되어야 한다. 프로그램 실행을 위해 필요한 인적·물적 자원을 충분히 확보하여 이를 배치함으로써 프로그램을 기획한 대로 실행할 수 있을 것이다. 특히 조직은 예산을 수립함으로써 조직의 목표를 달성하기 위한 자원의 규모를 결정할 수 있으며, 자원을 배분하는 의사결정을 통해 조직구성원은 물론 지역사회에 대한 영향력을 행사할 수 있다(이기영 외, 2009).

예산수립은 항목예산방법, 기능예산방법, 프로그램 예산방법 등을 활용할 수 있다. 항목예산방법은 예산을 항목별로 분류하여, 지출대상과 한계를 명확하게 규정하는 방법이다. 기능예상방법은 서비스 제공비용에 초점을 두어, 산출단위로 예산을 수립하는 방법이다. 프로그램 예산방법은 성과에 초점을 두어, 성과를 기준으로 예산을 수립하는 방법이다.

5) 기획관리기법

기획관리기법은 기획 시 활용할 수 있는 관리기법으로, 프로그램의 목적 달성을 위해 조직의 인적·물적 자원을 효율적으로 활용하고 프로그램을 효과적으로 실행하기 위한 방법이라 할 수 있다(황성철 외, 2021). 기획기법의 대표적인 예로 시간별 활동계획(Gantt), 프로그램 평가검토 기법(PERT), 월별활동계획카드(Shed-U-Graph) 및 방침관리기획 등에 대해 살펴보고자 한다.

(1) 시간별 활동계획 : 간트 차트(Gantt Chart)

간트 차트는 프로젝트 관리에 가장 널리 사용되는 방법으로, 특정 작업과 그 작업의 시작과 완료 날짜를 표시하는 막대형 차트이다. 간트 차트의 발명은 다음과 같다. 1896년 캐롤 아다미키(Karol Adamiechi)는 하모노그램(harmonogram)이라고 하는 간트 차트의 기원이 되는 도구를 설계하였으며, 1931년까지 이를 폴란드어로만 발표하여 크게 확장되지 않았다. 1903년 미국의 기계공학자 헨리 간트(Henry Gantt)는 생산일정의 가시성을 높이기 위해 차트를 발견하였고, 1910~1915년 다이어그램을 더욱 발전시키고 기사를 출판하여 이를 더 대중적으로 확대시켰다.

간트 차트를 실행하기 위해서 가장 먼저, 목표 달성에 필요한 필수작업을 식별해야 한다. 프로젝트 목표 달성을 위해 필요한 모든 작업을 포함하지 않는 한, 유용한 정보를 제공하지 못한다. 따라서 이러한 작업을 먼저 나열해야 하며, 각각의 작업에 대해 가장 빠른 시작 날짜와 예상 시간을 기록해야 한다. 둘째, 작업관계를 파악해야 한다. 각 작업들이 소요되는 시간을 파악해야 한다. 또한 각 작업은 독립적으로 이루어질 수도 있으나, 다른 작업과의 의존, 연관성이 요구되는 것이 있기 때문에 이를 파악할 필요가 있다. 즉, 동시에 이루어질 수 있는 것이 있으며, 반드시 순차적으로 이루어져야 하는 작업이 있기에, 이러한 작업관계를 파악해서 표시할 수 있어야 한다. 셋째, 각 작업단계를 표로 표시한다. 도표의 세로축(X)은 작업내용을 표시하고, 가로축(Y)에는 작업시간(주, 월)이 표시된다.

왈라크(Wallac, 1922)는 간트 차트의 장점에 대해서 다음과 같이 제시하고 있다.

첫째, 간트 차트를 사용하는 경우, 명확한 작업의 할당을 촉진하는 경향이 있다. 즉, 각 작업의 담당이 누구인지, 그 책임을 명확하게 할 수 있다.

둘째, 간트 차트를 사용하는 경우 관련 프로젝트의 과업 및 진행상황이 명확하게 표시되므로, 관리자(경영진)뿐만 아니라 그 위, 아래의 조직구성원도 각 과업에 대해 전체적으로 이해할 수 있다.

셋째, 간트 차트는 완료된 작업과 완료될 작업을 비교할 수 있다. 이를 통해 현재 진행상황이 만족스럽지 않은 경우, 그 이유를 발견할 수 있다.

넷째, 시간과 관련된 원인과 결과가 명확하므로, 관리자 입장에서는 명확하게 미래의 사건을 예측할 수 있다.

다섯째, 간트 차트는 그리기 쉬우며, 읽기 쉽다. 직선만 사용하기 때문에 별도의 제도 경험이 요구되지 않으며, 평균적인 지능을 가진 사람이라면 누구나 이러한 차트를 만들도록 훈련받을 수 있다. 또한 차트에 색상을 사용할 필요가 없기 때문에 인쇄물은 원본만큼 이해하기 쉽고 효과적이다. 따라서 실용적이며, 단순하고 또한 경제성이 높다.

여섯째, 간트 차트는 시간의 흐름을 시각화하여 시간을 절약하는 데 도움이 된다. 또한 간트 차트는 상당히 동적이며, 차트 자체가 행동을 위한 원동력이 된다.

〈표 6-4〉 간트 차트의 예

구 분	6월	7월	8월	9월	10월	비고
홍 보	■					
참여자 모집	■(후반)	■(전반)				
프로그램 진행		■(후반)	■	■		
프로그램 평가					■	
진행률	5%	15%	50%	75%	100%	

(2) 프로그램 평가검토 기법 : PERT(Program Evaluation and Review Technique)

PERT는 1958년 미국 해군에서 폴라리스 미사일(Polaris missile) 프로젝트의 일정계획 및 통제를 위한 관리기법으로 개발되었으며, 프로젝트 기간을 추정하는 데 주로 사용되는 기법이다.

PERT는 기본적으로 네트워크 방식이다. 목표를 달성하는 데 필요한 순차적 활동(이벤트)을 보여주는데, 각 활동별 상호관계를 나타낸다. 따라서 PERT Network는 활동[1] 간의 상호의존성과 상호작용을 표현한다는 점에서 모호한 시간관계만 나타내는 간트 차트에 비해 개선된 것이라 할 수 있다(Alexandria, 1963). PERT에는 제약(constraints)이라는 개념이 존재하는데, 이는 특정 이벤트가 발생하기 위한 조건으로, 선행 이벤트가 존재해야 하는 것이다. 즉, 특정이벤트의 선형적 관계나 인과적 관계를 제약이라 한다.

1) 알렉산드리아(Alexandria, 1963)는 각 활동을 이벤트라 보았고, 이벤트와 이벤트 사이의 연결선, 화살표 등이 활동이라 보았다. 그러나 실제로 각 이벤트 역시 사회복지 영역에서 볼때 하나의 활동이므로, 포괄적 의미에서 활동이라고 기술하였다.

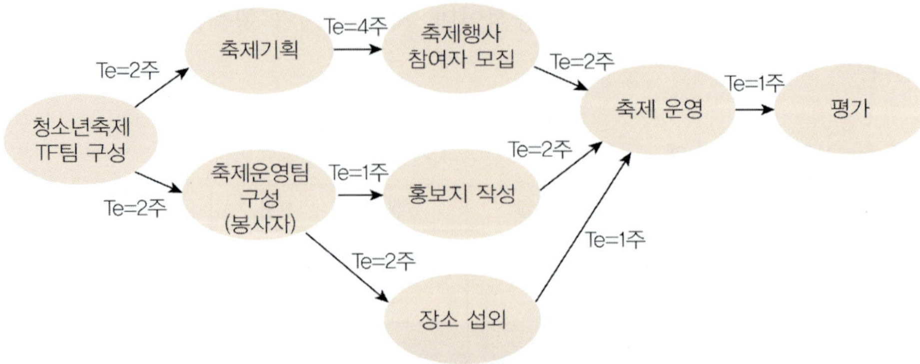

Te(expectative time) : 기대시간, To(otimistic time) : 낙관적인 시간
Tm(most likely time) : 통상적 기대시간, Tp(pesstimistic time) : 비관적 시간

그림 6-2 축제진행을 위한 PERT

다음으로 여유시간(Slack)과 임계경로(Critical Path)라는 개념이 존재한다. Slack은 가장 늦은 일정과 가장 빠른 일정 사이의 시간차이다. 즉, Slack= TL(Latest Allowable Date, 늦은 발생 시간)－TE(Expected Date, 빠른 발생 시간)이다. 임계경로(Critical Path)는 가장 늦은 일정, 즉 긴 시간경로를 말한다. 따라서 임계경로의 총 기간 = 프로젝트의 최소 완료 기간으로, 기획자가 최종 평가에 도달하는 데 소요될 것으로 기대되는 시간이다.

PERT를 위해서는 프로젝트 완료에 필요한 모든 작업 및 이벤트를 나열, 선택해야 한다. 다음으로 프로젝트가 진행되기 위하여 이벤트의 순서를 지정하고 이벤트 간의 상호의존성을 설정한다. 또한 이벤트를 달성하는 데 필요한 시간의 추정치를 예측하고, 이를 처리하고 조작하기 위한 분석 또는 평가절차를 설계해야 한다. 일반적으로 주요 경로 식별이라 하며, 가장 긴 일련의 작업시간을 파악한다.

PERT는 다음과 같은 장점이 있다.

첫째, 이벤트를 성공적으로 조정하여 프로젝트 목표를 제시간에 달성할 수 있도록 한다.

둘째, 적절한 작업지점을 알고, 이를 적시에 처리할 수 있다. 이벤트 사이의 관계를 알고, 프로젝트 완료 시간 측면에서 중요한 활동이 무엇인지에 대한 정보를 얻을 수 있다.

의사결정에 필요한 사실을 얻는 근거를 제공한다.

(3) 월별활동계획카드(Shed-U-Graph)

월별활동계획카드는 미국의 Remington Rand 사에 의해 개발되었다. Remington Rand 사는 1953년 『Advertising Vintage Remington Rand Machine By Scrivere Sched-u-Graph』라는 책을 통하여 Sched-U-Graph라는 방법을 소개하였고, 1962년 1월 4일 Sched-u-Graph에 대한 상표출원을 하였다.

〈표 6-5〉 월별활동계획카드의 예

7월	8월	9월	10월
참여자(노인, 봉사자) 모집	봉사자 교육	노인 대상 스마트폰 교육	봉사자평가회 노인 내상 평가회

월별활동계획카드는 업무를 이동시키는 것이 편리하다는 장점이 있다. 예를 들어, 9월에 마감하기로 한 회원모집 및 관리가 완성되지 못한 경우 이를 10월로 옮겨 붙이면 되는 것이다. 다만, 월별활동계획카드는 업무 간의 상관관계를 파악하기 어렵다는 단점이 있다,

(4) 방침관리기획

방침관리기획은 흔히 PDCA 사이클에 따라 프로그램을 기획하는 것이다. PDCA 외에도 PDS, PDA, PODCF, POLMCC 등의 모형이 있다.

PDCA는 계획수립, 운영 및 실행, 감시 및 검토, 유지관리 및 개선이라는 일련의 사이클에 따라 프로그램을 기획하는 것이다. 즉, 계획수립(Plan)단계에서는 방법의 표준을 정하고, 목적에 따라 목표를 정한 후 이를 달성하기 위한 대책을 정한다. 운영 및 실행(Do)단계에서는 계획대로 실행한 후 대책에 대해 연구하여 대책대로 실시한다. 감시 및 검토(Check)단계에서는 결과를 확인하

고, 이상이 있는가를 파악한다. 또한 목표와 실제와의 차이를 조사한다. 유지관리 및 개선(Action)단계에서는 이상이 있으면 원인을 조사하여 조치를 취한다. PDCA 모델은 기업재난관리표준에도 활용되는 등 광범위하게 사용되고 있다.

PDS(Plan-Do-See)는 계획과 실행 후에 평가하는 과정이 연속적으로, 순환(cycle)되는 것을 의미한다. PDCA는 실현 가능한 목표를 설정하고 이러한 목표를 달성하기 위한 계획을 수립, 계획에 따른 실행을 한다. 실행을 완료 후에 목표달성을 평가한다. 이후 개선이나 수정을 통하여 다음 계획에 피드백하는 일련의 순환과정을 의미한다(이규호・서종수, 2022).

이광로, 장병집과 정기만(2008)은 계획을 세우고(plan), 이를 실행하며(do), 실행결과를 평가하고(see) 이를 다시 계획에 피드백하는 일련의 연속적 과정이라 하였다. 이를 경영의 순환과정이라 하며 이를 1회만 하고 끝마치는 활동이 아니므로 순환과정이라 하였다. 이러한 지속적 순환과정을 통하여 조직의 목표를 달성하기 위한 방향으로 나아가게 된다.

이필상, 이만우와 정순진(2001)은 미래를 예측하고 조직의 비전과 목표를 제시하며 활동계획을 작성(planning), 계획달성을 위해 체계적으로 조직화(organizing)한다고 보았다. 즉, 인적・물적 요소를 조직하며 누가 어떤 일을 할지 결정하는 것이다. 다음으로 조직원들이 의욕을 가지고 최선을 다할 수 있도록 유도(leading)하는 것이다. 관리자는 종사자들을 독려(motivation)하고 후원하는 것이다. 다음으로 업무진행과정에서 발생한 상충된 이해관계를 조정하고 통일성 있게 일이 진행되도록 조화시킨다(coordination), 마지막으로 수행되는 일들이 계획에 일치되도록 하기 위하여 조직과 개인의 성과를 측정하고 평가한다(controlling).

2. 통 제

1) 통제의 개념

통제(controlling)란 조직의 목적을 달성하기 위해 수립한 계획이 바람직한 방향으로 이루어지고 있는지를 측정하고 수정하는 기능을 말한다(박경권 외, 2013). 통제는 미리 결정된 목표를 달성하는 데 효과적이고 효율적인 지원의 활용 및 할당이 이루어질 수 있도록 조직의 다양한 하위 단위를 평가, 모니터링 및 제어하는 과정을 의미한다.

실행계획이 부적절하게 실행되거나 예기치 않은 이벤트가 발생하는 경우 예상했던 결과를 달성하지 못하기 때문에 이를 모니터링 해야 하며, 이는 통제과정의 하위 단계(downstream) 과업이라 할 수 있다(Saulpic, et al., 2011). 통제의 하위 단계인 모니터링은 단순히 목표에 도달했는가를 관찰하는 것이 아닌, 목표달성을 위한 통제, 감독을 위한 필수적인 내용이라 할 수 있다(Saulpic, et al., 2011). 따라서 통제는 기한이 끝나는 시점뿐만 아니라 중간중간 실행하는 과정에서 확인하고 대응하는 기회를 제공하는 것이다. 정리하면 통제는 목표를 달성하기 위해, 내부적 어려움과 외부적 어려움을 해결하기 위한 프로세스를 말한다. 단순화하면 통제는 마치 검증(certification)처럼 여겨지지만, 검증은 이미 수행된 후, 즉 사후 검증이라는 의미이므로 통제가 검증보다 훨씬 더 넓은 개념이다. 통제는 검증이 이루어지는 평가단계와 더해서, 기획 및 계획 단계, 실행단계에서도 모두 유용하게 활용될 수 있다. 사울픽 등(Saulpic, et al., 2011)은 통제과정을 일직선의 순차적 프로세스가 아닌 조직이 정기적으로 개입하여 진행상황을 확인하는 과정(loop)이며, 이를 피드백 제어과정(feedback control loop)이라고 하였다.

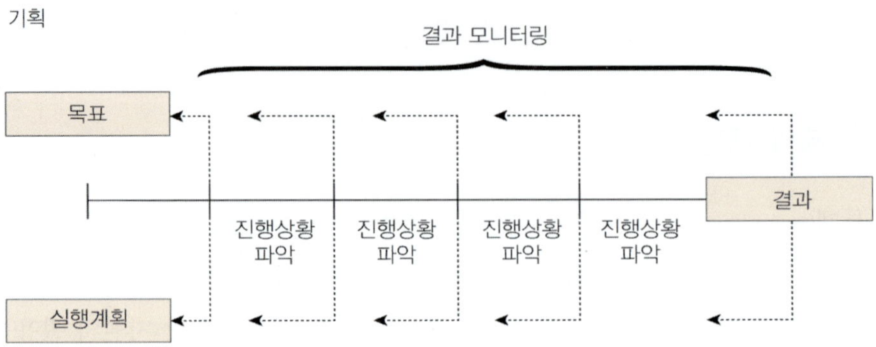

| 그림 6-3 | 피드백 제어과정

출처 : Saulpic, et al.(2011). Fundamentals of management control : techniques and principles, p. 6.

2) 통제의 목적

통제의 목적은 다음과 같다(박경권 외, 2013). 첫째, 환경의 불확실성에의 대처이다. 조직을 둘러싼 환경은 급변하고 있으며, 이러한 상황하에서 통제는 환경 변화의 불확실성을 예측하고, 감시하고 대처하도록 도와준다.

둘째, 오류와 실수를 발견할 수 있다. 조직구성원들의 지나친 비용사용, 불량품 제조, 기록의 실수 등 작업환경에서의 실수 문제를 통제 시스템을 통해 발견할 수 있도록 도와준다.

셋째, 비용을 감소하고, 생산성을 향상한다. 통제시스템은 인건비를 절감하고 생산성을 증가시켜 부가가치를 증가시킴으로써 결국 조직의 이익 증대를 가져온다.

넷째, 기회를 발견할 수 있다. 새로운 시장, 인구변동, 가격 경쟁, 고객이 선호하는 제품이나 서비스 등에 대한 새로운 기획의 발견에 도움을 준다.

다섯째, 규모의 확대, 복잡성으로 인한 필요의 증가이다. 조직규모의 확대와 제공하는 제품, 서비스의 확대에 따라 조직의 복잡성은 증대되고 있으며, 따라서 다양한 조직활동에 대한 조정과 통합을 위해 통제가 필요하다.

여섯째, 권한위임의 필요성 때문이다. 권한 및 책임의 위임에 따른 하급관리자의 과업과정을 확인하기 위해서 통제시스템이 필수적이다.

3) 통제의 유형

통제의 유형은 통제 시기에 따라, 사전통제(feedforward control), 동시통제(concurrent control), 피드백 통제(feedback control), 다원통제(multiple control) 등으로 구분할 수 있으며, 통제의 내용에 따라 생산통제(production control), 관리통제(administrative control), 재무통제(financial control) 등으로 구분할 수 있다.

통제 시기에 따른 구분으로 사전통제(feedforward control)는 자원변환과정 이전의 투입 단계에서의 통제활동을 의미하며, 동시통제(concurrent control)는 자원변환과정 중에 이루어지는 통제활동을 의미한다. 피드백 통제(feedback control)는 자원변환과정 이후의 산출단계에서의 통제활동을 의미하며, 다원통제(multiple control)는 통제 활동이 두 개 이상의 단계에서 동시에 발생하는 것을 의미한다.

통제의 내용에 따른 구분으로 생산통제(production control)는 물적 자원의 생산과정을 대상으로 한 통제활동을 의미하며, 관리통제(administrative control)는 인적자원이나 관리자원별로 이루어지는 통제활동, 재무통제(financial control)는 자본의 조달이나 운용에 초점을 맞춘 통제활동을 의미한다.

4) 통제의 원칙

통제의 원칙은 다음과 같다(최용민 · 김치영, 2011; 박경권 외, 2019). 첫째, 즉각적 조치를 통한 통제이다. 조치를 회피하고 시기를 놓치면 실효성을 거두기 어려우므로 즉각적인 조치, 개입이 요구된다. 둘째, 적절한 범위의 통제이다. 너무 사소한 문제까지 통제하는 것은 업무자율성을 침해하여, 활동을 위축시킬 가능성이 있으므로 적절히 통제를 해야 한다. 특히 사회복지와 같은 전문직은 그 권한과 재량이 실천가에게 위임받아야 원활한 운영이 가능하며, 따라서 적절한 권한의 위임이 요구된다. 셋째, 인간적인 통제이다. 통제를 실시할 때에는 조직구성원의 애로와 고충을 이해하는 인간적 측면에서 접근해 나가야 한다. 특히 사회복지와 같은 휴먼서비스 조직은 인간에 의해, 인간을 통해,

인간을 대상으로 서비스가 제공되므로 조직효과성에 조직구성원의 역할은 거의 절대적이라 할 수 있다. 따라서 조직효과성을 극대화하기 위하여 통제의 기능을 사용할 때 조직구성원을 인간으로서 존중하고 배려하는 인간적인 통제가 요구된다. 넷째, 객관적인 통제이다. 통제의 효과를 가져오기 위하여 객관적인 통제 수단과 방법을 활용하여 효용성이 있는 통제를 실천해야 한다. 다섯째, 융통성이 있는 통제가 요구된다. 통제는 상황의 변화에 따른 변경, 예기치 않은 사태가 발생하더라도 적절하게 대응할 수 있는 융통성이 요구된다. 여섯째, 기획과 실행의 차이를 통한 통제이다. 통제를 적용함에 있어 기획기준과 실행기준을 비교할 수 있어야 한다. 일곱째, 업무의 전반적 흐름에서의 통제가 요구된다. 통제를 함에 있어 업무의 전반적인 관점에서 파악되어야 하며, 부분적으로 이해하고 평가하기보다는 업무 전체를 균형 있게 파악하고 통제를 적용해야 한다.

5) 통제의 방법

통제의 방법은 크게 예산적 통제 방법과 비예산적 통제 방법으로 구분할 수 있다(박경권 외, 2019). 예산적 통제 방법은 예산을 통제하는 것을 말하며, 예산통제를 위해서는 예산통제를 기반으로 한다. 따라서 대차대조표, 손익계산서, 재무비율분석, 회계감사 등의 방법을 활용하여 통제를 실시한다.

비예산적 통제방법은 통계적 자료이용법, 판매실적방법, 개인적 관찰방법, 내부감사활용방법, 손익분기분석방법 등이 있다. 통계적 자료이용법은 통계적 자료를 분석하여, 이를 통제 자료로 활용하는 방법이다. 판매실적방법은 과거의 판매실적과 현재와 미래의 판매를 예측하여 통제하는 방법이다. 개인적 관찰방법은 행동과학적 방법을 활용하여, 개인의 능력과 잠재능력 및 인격 등을 관찰, 분석한 자료를 통제수단으로 이용하는 방법이다. 내부감사활용방법은 흔히 운영감사로, 회계, 재무상의 감사뿐 아니라 정책, 절차, 권한 행사 등의 내용을 감사하는 것을 말한다. 손익분기분석방법은 손익분기표에 따라 매출액과 이익과의 관계를 분석, 검토하는 것을 말한다.

3. 의사결정

1) 의사결정의 개념과 중요성

인간은 하루에도 수십, 수백 번 이상의 의사결정을 하며 살아간다. 의사결정(decision making)은 자기의 생각을 명확하게 하거나 기업이나 단체 등의 조직이 그 활동 방침을 결정하는 것을 말한다(국어사전). 즉, 의사결정이란 말 그대로 조직의 목표 달성을 위하여 여러 가지 대안 가운데 부정적 결과를 가장 적게 유발하며, 동시에 긍정적 결과를 가장 많이 가져오는 가장 바람직한 대안을 일정 기준에 따라 선택하는 과정을 말한다. 이를 위해서는 합리성과 직관이 요구된다.

에드워드(Edwards, 1954)는 「의사결정이론」이라는 논문에서 무위험 선택이론(the theory of riskless choices)이라는 개념을 제시하며, 의사결정을 내리는 사람은 경제적 인간(Economic man)이라는 개념을 말하였다. 경제인은 완전한 정보, 민감성, 합리성이라는 세 가지 요인을 가지고 있다고 보았다. 즉, 경제적 인간은 자신의 모든 행동과정과 그 결과를 알 수 있으며, 대단히 민감할 뿐만 아니라 합리성을 갖추고 있어 자신이 도달할 목표를 위해 최선의 선택을 할 수 있다고 보았다.

일반적으로 다양한 정보를 근거로 합리적인 결정을 내려야 하지만, 모든 환경을 통제할 수 없으며 정보 역시 불안정하다. 의사결정과 유사한 경험이 많으면 많을수록 의사결정의 성공 가능성은 높아지며, 따라서 현재와 미래의 문제를 해결하는 데 도움이 된다(Pozo, 1998). 그러나 의사결정능력이 없거나 그 경험이 부족할 수 있기 때문에 결과 역시 예측이 곤란하며, 이를 위해서 합리성 외에 직관이 함께 요구된다. 아고르(Agor, 1986)는 직관이 관련된 시나리오가 매우 불확실하고, 정보가 부족하며, 비교 이력이 없고, 시간요인으로 인한 엄청난 압력이 있는 조직의 최고경영진 수준에서 더 많이 인식된다고 하였다. 따라서 의사결정에 있어 합리성뿐만 아니라 직관을 활용할 수 있어야 한다(Morgan, 2002).

유필화 등(2006)은 의사결정의 경우 문제구조가 복잡하고, 불확실하며, 다양한 선택기준과 평가자의 가치관 때문에 쉽지 않다고 하였다. 즉, 한 개의 문제는 독립적일 수도 있으나, 반대로 다른 문제와 연결되어 있는 경우도 있다. 또한 의사결정을 위한 기초자료, 주변환경, 성과에 대한 불확실성 등 다양한 불확실성의 요인이 많기 때문에 의사결정은 쉽지 않다. 그리고 대안을 선택하고자 할 때 이익, 비용, 위험, 기술, 위험, 사회적 이미지 등과 같은 기준 요인들을 동시에 고려해야 하는데, 어떤 기준 요인을 고려할 것이며, 또한 어느 기준 요인에 좀 더 가치를 부여할 것인가 등의 문제로 인해 의사결정은 쉽지 않다고 하였다. 마지막으로 평가자는 다양한 가치 기준을 가지고 있으며, 이는 불변적이기 보다 시간과 장소 그리고 생각의 변화에 따라 얼마든지 변할 수 있다는 점에서 의사결정은 쉽지 않다고 할 수 있다.

드러커(Drucker, 2006)는 그의 저서 『경영의 실제(Practice of Management)』에서 매니저는 무엇을 하든지 의사결정을 한다(Whatever a manager does, he does through making decision)고 하였다. 물론 의사결정은 고위경영자에게서만 발생하는 것은 아니다. 누구나 의사결정을 하며, 조직 내 위계에 따라 다른 내용의 의사결정을 실천할 뿐이다. 예를 들어, 관리자는 질적 정보와 전략적 가치를 기반으로 의사결정을 하며, 하위관리자는 일상적이고 보다 운영적인 의사결정을 실천한다.

2) 의사결정 모형 및 유형

베르가라(Vergara, 1991)와 마르키소티 등(Marchisotti, et al., 2018)은 합리성을 불균일한(non-uniform) 사고의 방식이라 하였으며, 의사결정의 과정에서 합리성을 이해하는 것이 중요하다고 하였다. 일부에게는 합리적인 것이 다른 사람에게는 합리적이지 않을 수 있기 때문이다.

(1) 의사결정 모델

① 합리적 모델

합리적 의사결정 모델은 이성과 합리성에 근거하여 계획하고 결정한다고 본다. 따라서 의사결정 시 논리적 단계를 사용하여 가능한 최선의 대안을 선택하는 것에 초점을 둔다. 실라지와 월리스(Szilagyi & Wallace, 1990)는 의사결정의 고전적 연구방법으로 합리적 의사결정 모형을 제시하였으며, 합리적 의사결정모형은 완전한 정보, 완전한 대안, 완전한 선호체계, 합리적 의사결정, 계산상의 무한계성을 전제로 한다고 하였다. 완전한 정보(perfect information)는 의사결정에 요구되는 모든 정보가 존재하며, 이를 모두 수집할 수 있다는 것이다. 즉, 문제나 목표를 명확하게 개념화하고, 이와 관련된 정보를 수집할 수 있다는 것이다. 완전한 대안(perfect alternatives)은 의사결정과정에서 고려될 수 있는 대안을 모두 고려하고 있다는 것이다. 완전한 선호체계(complete system of preference)는 대안분석에 있어 완전하고 일관된 선호체계를 가지고 있다는 것이다. 합리적 의사결정(rational decision making)은 항상 자기가 추구하는 목적을 최적화시키는 합리적 대안을 선택한다는 것이다. 계산상의 무한계성(no limit to computational complexity)은 대안분석에 있어 가중치나 확률 및 기타 복잡한 계산이 무제한 가능함으로써 아무리 어려운 의사결정도 계산해 낼 수 있다는 것이다.

② 만족모델

만족 모형은 의사결정자는 합리적 존재이긴 하지만, 완벽한 합리성을 가지고 있지는 않다고 본다. 이를 사이먼(Simon, 1957)은 제한된 합리성이라 하였으며, 만족모델을 사이먼의 바늘이론이라고 한다. 인간은 지적 능력의 한계가 있으며, 지각능력의 한계가 있다. 또한 대안선택 시 기대가치 극대화보다 만족스러운 대안을 선택한다는 것이다. 즉, 의사결정자는 인지능력이나 기타 여러 요인에 의해 제약을 받기 때문에 각 대안의 결과에 대한 예측을 정확하게 하기 어려우므로 정책결정자 자신의 경험이나 인지 범위 내에서 관련 문제의 본질 및 특성에 관심을 두게 된다는 것을 의미한다(정영숙 외, 2019). 따라서 의사결정을 위한 자료수집의 어려움, 현실적용의 가능성, 정보처리기술과정의 제약과 한계, 시간과 비용의 한계 때문에 모든 정보를 수집할 수 없으므로 제한된 합리성(bounded rationality) 내에서 의사결정을 하는 것이 효율적이다.

사이먼(Simon)은 의사결정 과정에서 최적 대안을 선택하는지 아니면 인간의 인지능력과 범위 내에서 최적 대안이 아닌 심리적으로 만족할 만한 대안을 찾는지에 따라 전자를 경제인, 후자를 행정가로 구분하였다(정영숙 외, 2019). 따라서 만족모형은 관리적 모델(administrative model)이라고 부르기도 한다.

③ 직관적 의사결정 모형

의사결정에 대해 논리적 추론보다는 자신의 직관에 의존하여 의사결정을 하는 모형을 말한다. 일반적으로 조사할 시간이 없거나 관련 자료를 조사할 수 없을 때, 이 모형을 사용하여 빠른 결정을 내릴 수 있다. 따라서 직관적 의사결정 프로세스는 상대적으로 덜 구조화되어 있다. 직관적 의사결정은 단순한 감정이나 정서에 의존한 의사결정이 아닌, 오랜 경험에서 나온 막연하지만 종합적인 정보에 근거한 의사결정이다. 즉, 이전에 획득한 정보, 학습에 기반하여 이를 무의식적으로 회상함으로써 의사결정을 내리는 것을 말한다.

④ 기타 모형

의사결정 시 활용할 수 있는 모형으로 점증모형, 혼합주사모형, 쓰레기통 모형 등이 있다. 점증모형은 의사결정자의 인식능력에 한계가 있기 때문에, 완전히 새로운 의사결정을 하는 것이 아니라, 기존의 결정들을 점진적으로 개선하는 것을 말한다. 혼합주사모형은 합리모형과 점증모형의 공과를 고려하여 두 이론의 한계점을 보완하기 위해 이 두 이론을 적절히 혼합을 시도한 모형이다. 쓰레기통 모형은 의사결정의 기회, 해결책, 참여자, 문제점 등이 합류되는 시점에서 의사결정이 이루어진다고 보았다. 즉, 의사결정은 의도적이기보다 운이나 타이밍에 달려있다고 본 것이다.

(2) 의사결정 유형

의사결정 유형은 의사결정 모형처럼 학자에 따라 그 견해가 매우 다양하다. 의사결정의 유형은 행정의 요소에 따라 다양하게 구분될 수 있다. 즉, 의사결정의 주체, 절차, 조직계층, 상황의 중요성, 의사결정이 이루어지는 위치, 구성원의 참여, 의사결정 방법에 따라 매우 다양한 유형의 의사결정이 이루어질 수 있다. 이를 구체적으로 정리하면 다음 표와 같다.

〈표 6-6〉 의사결정의 유형

행정의 구성요소	유 형
의사결정 주체	개인적, 집단적, 조직적
의사결정 절차	정형적, 비정형적
조직계층	전략적, 관리적, 운영적(업무적)
상황의 중요성	확실, 위험, 불확실
의사결정이 이루어지는 위치	집권적, 분권적
구성원의 참여	참여적, 비참여적
의사결정 방법	직관적, 판단적, 문제해결적

① 전략적, 전술적, 운영적 의사결정

안소프(Ansoff, 1965)는 관리자의 직위나 포괄범위에 따라 전략적 의사결정과 전술적 의사결정 및 운영적 의사결정으로 구분하였다.

전략적 의사결정(strategic decision making)은 조직 전체에 영향을 끼치는 상층 관리자의 장기적인 의사결정으로, 조직의 목표달성을 위해 최대의 능력을 발휘할 수 있도록 자원을 배분하는 것과 관련된 의사결정이다. 전략적 의사결정은 의사결정의 수정이 어렵다.

전술적 의사결정(tactile decision making)은 중간관리자가 수행하는 중·단기 기획과 관련되는 의사결정으로서 최대의 생산성을 위해 자원을 조직화하는 과정에서 조직기구의 관리에 관한 결정과 자원의 조달, 개발에 관한 결정과 관련된 의사결정이다.

운영적 의사결정(operating decision making)은 일선 관리자나 조직구성원에 의해 이루어지는 의사결정으로 단기적인 전략수행과 성과달성에 필요한 의사결정을 내리는 것과 관련된 의사결정이다.

② 정형적·비정형적 의사결정

그린버그 등(Greenberg, et al., 2008)은 구조화된/ 정형적 의사결정(programed decision)과 비구조화된/ 비정형적 의사결정(non-programed decision)으로 구분하였다. 구조화된 의사결정은 정형화된 의사결정이라고도 하며, 이미 설정된 표준화된 기준에 따라 일상적이며 반복적으로 이루어지는 의사결정이다. 따라서 정형적 의사결정은 일상화되어 효율적으로 처리되고 관리자의 책임 수준도 낮아서 대개 부하직원에게 위임될 수 있다.

비구조화된 의사결정은 비정형화된 의사결정이라고도 하며, 과거의 결정으로부터 어떤 지침을 얻지 못하는 상태에서 이루어지는 의사결정이다. 따라서 이미 설정된 해결방법이 없는 상황에서의 이루어지는 새롭고 독특한 의사결정 방법이다. 대개 비구조화된 의사결정은 조직의 상위 관리자에 의해 행해진다.

③ 기타 의사결정 유형

시바쿠마르(Shivakumar, 2014)는 범위와 헌신이라는 두 가지 변수를 기준으로 결정하는 의사결정 프레임워크를 제시하였다. 가로축은 헌신 정도에 영향을 미치는 중요성을 나타내며, 세로축은 회사에 미치는 영향의 중요성을 나타낸다. 시바쿠마르(Shivakumar, 2014)는 경쟁우위를 확보하기 위해 조직은 높은 수준의 헌신을 가지고 의사결정을 내리려 한다고 하였다.

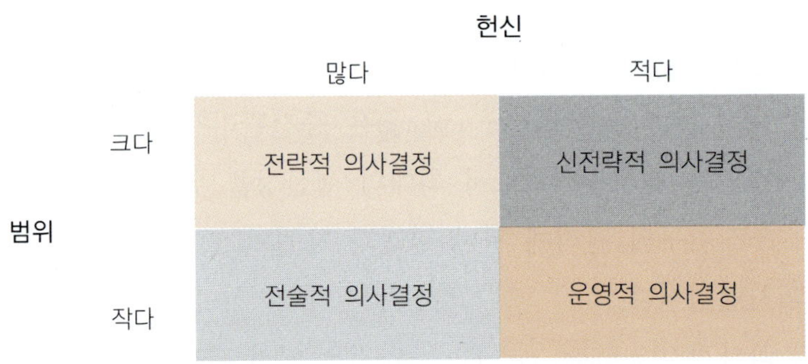

【그림 6-4】 시바쿠마르의 의사결정 유형

(3) 의사결정의 개선

의사결정의 개선을 위해 갖추어야 할 아홉 가지 과제를 제시하면 다음과 같다(Obi & Agwu, 2017).

첫째, 모든 결정을 내리지 말 것. 경험이 없는 관리자만이 모든 의사결정을 내린다. 관리자는 조직운영 및 사업성과에 큰 영향을 미치는 전략, 자원 할당,

고용 및 해고에 대한 결정을 내려야 한다. 나머지 작은 일상적 과업들은 그 권한을 위임하고, 위임한 조직구성원은 그것을 처리할 전문지식과 권한이 있음을 믿어야 한다.

둘째, 사람들이 자유롭게 의견을 말하도록 할 것. 조직구성원들은 (적절하게 잘 채용되었다면) 그들의 분야에 대해서 전문가이므로, 그들이 자유롭게 입장을 표명할 수 있도록 해야 한다.

셋째, 신속하게 행동할 것. 관리자들은 때때로 불완전한 정보로 신속하게 의사결정을 내릴 필요가 있다. 대부분의 사업들은 제한된 정보로 운영할 수밖에 없으며, 모든 정보를 수집할 때까지 기다리다 보면 중요한 사업의 기회를 놓칠 수 있다.

넷째, 잘못된 의사결정은 바로 바꿀 것. 실패를 인정하는 것은 어렵지만 잘못된 결정을 바꾸지 않는 것은 위험하다. 신뢰성과 효율성을 유지하려면 잘못된 결정을 너무 늦기 전에 가능한 한 빨리 바꾸어야 한다. 잘못된 의사결정은 지속해서 조직의 자원을 낭비하게 만든다.

다섯째, 악마의 변호인[2)]을 정할 것. 조직의 중요한 결정은 취소가 불가능하기 때문에 엄청난 위험을 수반한다. 따라서 악마의 변호인 역할을 할 사람을 지정, 토론을 통해 장점과 약점 등을 발견함으로써 의사결정에 도움을 받을 수 있다.

여섯째, 정확한 사실을 적시에 전달할 것. 소문과 왜곡은 간접적으로 듣게 될 때 발생한다. 따라서 중요한 결정에 대한 사항(및 필요에 따라 세부사항)들은 직원들에게 직접 전달하는 것이 바람직하다. 이를 통해 직원들은 결정의 과정을 이해할 수 있다.

일곱째, 사람들이 명백히 잘못하지 않는 한 지원할 것. 조직구성원들이 명백하게 잘못하지 않은 한 그들을 지원할 필요가 있다.

여덟째, 사람들을 자주 압도하지 말 것. 조직이 의사결정을 내릴 때 팀이

2) 악마의 변호인은 토론을 원활하게 하기 위해 일부러 반대입장을 취하는 사람. 일부러 이의를 제기하는 사람으로 선의의 비판자라는 뜻을 가지고 있다.

회사의 전략, 비전 및 목표를 적용한다면 올바른 결정에 동의할 것이다. 그러나 자주 조직과 의견이 맞지 않을 수 있으며, 실제 모든 상황에 합의가 가능한 것은 아니다. 때때로 상대방의 의견에 반하는 선택을 해야 할 수 있으며, 그대로 밀고 나가야 한다. 다만, 이러한 상황이 자주 발생해서는 안 되고, 그 이유에 대해 설명해야 한다.

아홉째, 사후평가를 실시할 것. 의사결정이 잘 이루어졌는지 알 수 있는 가장 좋은 방법은 사후평가를 하는 것이다. 공식적인 사후평가 과정이 없다면 문제를 재검토하거나 결정과정에서 배우는 것이 없을 수 있다. 공식적인 사후분석을 통해 의사결정능력을 키울 수 있으며, 결과적으로 조직의 목표를 더 잘 달성할 수 있게 된다.

3) 의사결정의 과정과 기법

의사결정의 단계는 학자들마다 다소 다르게 제시하고 있다. 듀이(1933)는 의사결정을 의견충돌 및 상쇄 단계, 여러 가지 주장들에 대한 정리 단계, 해결책의 선정과 종결 단계의 3단계로 구분하고 있으며, 사이먼(1961)은 탐색단계, 설계단계, 선택단계로 구분하고 있다. 아비와 머피(Abies & Murphy, 1981; 한신애 외, 2018 재인용)는 문제정의와 욕구확인, 관련정보의 확보, 해결대안의 개발 및 평가, 최선의 대안선택, 대안의 실행, 피드백의 여섯 단계로 구분하였다. 박경권 등(2019)은 문제의 명확화, 대안의 탐색, 대안의 평가, 최적 대안의 선택의 네 단계로 제시하였다. 김나리 등(2022)은 문제확인 및 대안제시, 목표 달성을 위한 대안선택, (대안시행)의사결정 시행, (대안평가)의사결정 평가의 네 단계로 제시하였다.

이러한 학자들의 의견을 종합하면 의사결정의 단계를 다음과 같이 제시할 수 있다. 첫째, 의사결정을 할 사항을 확인해야 한다. 즉, 욕구를 포함하여 문제의 확인 및 명확화가 이루어져야 한다. 문제가 무엇인지, 문제를 해결해야 하는 이유가 무엇인지, 문제의 영향을 받는 사람은 누구인지, 문제와 관련된 기간(일정) 등을 통해 문제를 명확화할 수 있다.

둘째, 관련 정보를 수집해야 한다. 문제를 둘러싼 상황과 관련된 이해관계자 등, 문제와 관련된 여러 가지 정보를 수집, 처리, 분석하여야 합리적인 대안들을 도출해 낼 수 있다.

셋째, 대안을 탐색, 평가해야 한다. 대안 탐색을 위해 브레인스토밍, 델파이 등의 기법을 통해 대안을 마련할 수 있으며, 도출된 대안을 판단하기 위해서 대안을 통한 결과를 추측할 수 있어야 한다. 이때 평가기준을 선정해야 하며, 조직의 목표나 조직문화와 같은 요인들을 고려해야 한다.

넷째, 최적 대안의 선택을 선택해야 한다. 대체안의 평가 단계에서 추측된 여러 가지 대체안 중 가장 목적달성이 높은 대체안을 선택하는 것이다. 대체안을 선택할 때, 합리모델, 만족모델, 직관모델, 쓰레기통 모델 등을 활용할 수 있다.

다섯째, 대안을 실행한다. 최적의 대안이 선택되면, 이를 활동으로 전환하여 실행해야 한다.

여섯째, 평가를 실시한다. 흔히 피드백 단계라고 할 수 있으며, 의사결정의 결과를 평가하고, 이때 수정할 사항이 있는지를 확인한 후 대안을 변경하거나 혹은 향후 의사결정에 반영한다. 평가단계에서는 개방적인 태도와 유연성이 요구된다.

07 CHAPTER

리더십과 동기부여

1. 리더십의 정의
2. 리더십 이론
3. 사회복지조직의 리더십
4. 동기부여

CHAPTER

07 리더십과 동기부여

1. 리더십의 정의

1) 리더십의 개념

사회과학에서의 리더십에 대한 정의는 매우 다양하고 리더십 이론 또한 많다. 스토그딜(Stogdill, 1948)은 1900년대 이후 리더십 연구들을 검토한 후 리더십 개념을 정의하고자 시도한 사람들의 수만큼 리더십은 많은 정의가 있다고 결론을 내렸다. 그럼에도 리더십 정의에서 공통적 요소들을 도출하면 리더십은 과정이며, 영향력을 미치는 것이다. 또한 조직과 집단의 상황에서 일어나는 현상이고 또한 목표달성을 위한 과정이다. 따라서 이러한 내용을 바탕으로 노트하우스(Northouse, 2007)는 리더십이란 공동의 목표를 달성하기 위하여 구성원이 조직과 그룹의 다른 구성원에게 영향력을 미치는 과정이라 하였다.

베니스와 나누스(Bennis & Nanus, 1985)는 관리자와 리더를 비교하며 관리자는 책임을 수행하는 데 반하여 리더는 혁신을 주도한다고 하였다. 또한 관리자는 모방하는 데 반하여 리더는 창조하며, 관리자는 유지에 관심이 있지만 리더는 개발에 관심이 있다고 하였다. 관리자는 통제 위주의 행위에 기반을 두지만, 리더는 신뢰에 기반하고 있으며, 관리자는 언제, 어떻게에 관심을 두는 반면, 리더는 무엇을, 왜에 관심을 둔다고 하였다. 또한 관리자는 현 상태를 수용하는 데 반하여, 리더는 현 상태에 도전하며, 관리자는 일을 옳게 한다면, 리더는 옳은 일을 한다고 보았다.

리더십의 개념을 명확히 이해하기 위해서 헤드십(headship)의 개념과 비교해 볼 수 있다. 리더십과 헤드십은 다 같이 권위(authority)를 바탕으로 하고 있다.

그러나 그 권위가 어디에 근거한 것이냐에 따라 차이가 있다. 헤드십은 한 조직의 고위관리자(국장 또는 부장 등)라는 공식적인 직위와 권한에 근거한 권위에 의하여 발휘되는 것이나, 리더십은 그러한 직권과는 관계없이 '사람' 자체에 근거한 권위에 의하여 발휘될 수 있다는 점에서 차이가 있다(이종수, 2009).

〈표 7-1〉 리더십과 헤드십의 비교

기 준	리더십	헤드십
권위의 근거	공식적 권위와 관계없는 사람 자체	공식적인 직위(국장 · 과장 · 팀장 등)와 권한
주 체	상관, 동료, 부하도 발휘 가능 (공식적 조직이 아닌 집단에서도 가능)	공식적 조직에서의 공식적 직권자만이 행사
권위의 성격	심리적 권위	제도적 권위
성격(본질)	상호성(상관과 부하) 부하의 자발성	일방성(상관) 상관의 강제성
인간관계	상관과 부하의 심리적 공감, 밀착	상관과 부하의 심리적 유대가 없이 거리감
소 멸	추종자(부하)의 심리적 유대가 소멸되지 않는 한 공식적 상하관계와 상관없이 지속	공식적 조직 상의 상하관계가 끝나면 즉시 소멸

2) 리더십의 필요성

리더십은 조직성과에 영향을 미치는 중요한 요소로, 관리자에게 있어서 조직의 목표를 달성하는 활동의 핵심이다. 사회복지조직에서 리더십이 필요한 이유는 다음과 같다(Neugeboren, 1985 : 145).

첫째, 많은 전문가가 고용되어 있는 사회복지조직에는 전문가의 자율성에 대한 욕구와 조직의 목표달성을 위한 통제욕구 사이에 지속적 긴장이 존재하며, 이와 같은 긴장으로 인해서 구성원이 조직의 규칙과 규정을 준수하도록 동기부여할 수 있는 지도력이 요구된다.

둘째, 사회복지조직은 주변 환경의 영향을 많이 받기 때문에 환경 변화에 능동적으로 대처하기 위해서는 조직구성원들이 조직의 목표를 달성하는 데 자발적으로 기여할 수 있도록 리더십이 필요하다.

셋째, 사회복지조직에서는 새로운 지식이나 기술, 기법을 도입하여 조직의 목적이나 프로그램의 목표를 달성해야 하는데, 조직구성원이 내부적 변화를 무리 없이 수용할 수 있도록 하기 위해 리더십이 필요하다.

넷째, 사회복지조직은 조직이 추구하는 목표와 조직구성원이 추구하는 목표가 다를 수 있기 때문에 이를 일치시키기 위해서 리더십이 필요하다.

3) 리더십의 기능

사회복지조직과 프로그램의 목표를 달성하기 위해서는 효과적인 리더십의 발휘가 필요한데, 이를 리더십 기능이라 한다. 리더십의 기능은 다음과 같다(박동서, 1972 : 372).

첫째, 목표 설정 및 임무와 역할의 명확화이다. 리더십은 집단이나 조직의 목표를 설정하고 부하의 임무·역할을 명확히 한다. 리더는 권위주의적이거나 단독적으로 하지 않고, 최소한 구성원, 환경, 조직문화, 구조 등을 고려하여 목표를 설정하여야 하고, 또한 프로그램은 가능한 한 개혁적이고 참신한 것을 개발하여야 한다.

둘째, 자원의 동원이다. 리더십은 목표 달성을 위하여 인적·물적 자원과 지위·권위·상징·정치적 자원을 효율적으로 동원한다. 이러한 자원동원으로 부하의 동기를 자극하고 조직에 대한 충성심을 확보함으로써 능력을 최대한 발휘시키며 조직구성원의 지지·협조를 얻을 수 있도록 한다.

셋째, 조직의 일체성과 적응성의 확보이다. 리더십은 조직의 일체성·통일성을 유지하고 내부갈등을 관리하며 환경에 대한 조직의 적응성을 확보한다.

넷째, 조직활동의 통합 및 조정과 통제이다. 리더십은 조직활동을 전체적으로 통합·조정하고 통제함으로써 조직 내의 협조관계를 확립하고 효과적인 목표 달성에 기여하도록 한다.

4) 리더십 이론의 전개

리더십 이론을 이해하기 위해 리더십의 사전적 의미에서부터 시작하고자 한다. 리더십의 사전적 의미는 '무리를 다스리거나 이끌어 가는 지도자로서의 능력'(표준국어대사전), 즉 지도력이다. 리더십 이론은 이 능력이 무엇인가를 구명하고 현실의 리더들이 갖는 다양한 능력을 설명하는 것이며 더 나아가 리더가 갖추어야 할 바람직한 능력을 찾는 연구라고 할 수 있다.

리더십 이론은 크게 세 가지 관점에서 연구되었다. 하나는 리더의 능력을 리더 개인의 타고난 자질로 설명하는 이론(특성이론, 카리스마적 리더십 이론)이고, 리더의 능력은 후천적으로 학습될 수 있다는 이론(행동이론)과, 리더의 능력은 상황에 의해 결정된다는 이론(상황이론)이 있다. 한편 상황이론 이후에는 리더십의 유형화와 더불어 주어진 상황에 따라 리더가 갖추어야 할 바람직한 능력을 제시하는 이론으로 발전하였고, 거래직-변혁적 리더십 이론과 서번트 리더십 이론도 마찬가지이다.

2. 리더십 이론

1) 특성이론(자질론), 카리스마적 리더십

(1) 특성이론(자질론)

특성이론은 리더는 보통사람에게는 없는 특별한 특성을 타고난다는 이론으로, 리더십이 개인의 특성·자질에 따라 발휘된다고 보았으며 1940~1950년대에 주장되었다. 사회나 조직에서 인정받는 성공적인 리더들은 어떤 공통적인 특성을 지니고 있다는 전제하에 그 특성들을 구명하려고 하였다. 대표적 학자인 스토그딜(Stogdill, 1948)은 1904년부터 시작한 리더십 특성연구들을 통하여 리더의 특성으로 지능, 타인의 욕구에 대한 기민성, 과제에 대한 이해, 문제해결의 주도성과 지구력, 자신감, 책임을 수용하는 자세와 타인을 지배하고 통제하는 직위를 차지하려는 열망 등을 제시하였다. 만(Mann, 1959)은 1900년부터 1957년 10월까지 이루어진 성격 특성과 리더십에 관한 연구들을 검토하여 7가지 성격 특성(내향성-외향성, 우월성, 대인관계 민감성, 남성성-여성성, 보수성, 지능 및 적응성)과 리더십의 관계를 살펴보았다.

훌륭한 리더의 특성으로는 신체적 특성, 사회적 배경, 지능, 성격, 과업과 관련된 특성, 사회적 특성, 자신감, 활력 등이 제시될 수 있으나, 학자들마다 연구결과는 달랐다. 즉, 연구결과의 일관성이 결여된 것이다. 또한 모든 상황에 적용할 수 있는 효과적인 리더의 일반적 특성이 없을 뿐만 아니라, 리더와 부하를 구별할 수 있는 명확한 특성을 발견할 수 없었다. 그리고 리더 모두가 동일한 특성을 가지고 있는 것도 아님에도, 리더의 특성 사이에서 상대적인 중요도를 제시하지 못하고, 부하들의 특성과 욕구의 영향을 무시하였으며, 환경적인 요소를 고려하지 않는 점에서 한계를 드러냈다.

(2) 카리스마적 리더십

특성이론은 리더의 자질이 리더십을 결정한다는 관점에서 출발하였으나, 이러한 자질이 과학적으로 검증되기 어렵다는 비판을 받았다. 그 결과 20세기 중반 이후 리더십 연구의 관심은 리더의 행동에 초점을 둔 행동이론으로 이동하였고, 특성(자질)론은 점차 쇠퇴하였다. 그러나 1990년대에 들어 성격심리학과 행동과학의 발전에 힘입어 리더의 자질을 과학적으로 규명하려는 시도가 다시 이루어지기 시작하였다.

카리스마적 리더십은 막스 베버(Max Weber)가 말한 카리스마적 권위에서 출발한다. 카리스마란 하늘이 부여한 예외적이고 천부적인 특질로서 위대한 정치인이나 종교인에게서 나타난다. 카리스마적 리더는 확고한 자신감, 분명한 비전, 비전에 대한 확실한 신뢰, 개성 강한 행동, 개혁적이고 혁신적인 태도, 조직환경에 대한 민감성, 활발한 커뮤니케이션, 활발한 활동 등 특별한 자질을 보유하고 있으며, 이런 자질로 인해 추종자들은 리더에 대해 강력한 신뢰, 애정과 복종, 높은 기대 등을 보이며 자발적으로 리더의 명령에 따른다. 카리스마적 리더는 이러한 조직구성원의 높은 기대와 신뢰를 바탕으로 조직을 이끌며 때때로 믿을 수 없는 아주 예외적인 열광을 추동해 내기도 한다. 이런 것들이 조직의 높은 성과로 나타나는 것이다. 그러나 카리스마적 리더는 권위주의적으로 변질되기 쉽고 나아가 독재자가 되는 경우도 있다(원석조, 2014 : 142),

2) 행동이론

행동이론은 1950~1960년대 행동과학자들에 의해 제시된 이론으로 특성이론에 대한 비판으로 등장한 것이다. 행동이론은 리더 개인의 행태 또는 리더십의 스타일에 중점을 둔 이론으로 성공적인 지도자들의 실제 행동이 어떠한가를 측정하고 분석한 것이다. 즉, '누가 효과적인 리더인가?'의 관점이 '효과적인 리더는 어떻게 행동하는가?'로 연구의 초점이 변화된 것이다. 특히 특성이론에서의 리더의 자질은 천부적으로 타고난 특성으로서 일반인들에게서는 찾아보기 어려우며, 교육 등을 통해 개발하기 어려운 반면, 행동이론에서는 리더의 행동은 후천적인 학습을 통해 일반인들도 행동할 수 있는 것으로 간주한다. 행동이론의 입장에서 리더십에 관한 연구는 아이오와대학교 · 오하이오주립대학교 · 미시간대학교의 리더십 행동에 관한 연구가 있다.

(1) 아이오와(Iowa)대학교의 연구

1939년 아이오와대학교의 레윈 등(Lewin, et al., 1939)은 10대 아동들을 대상으로 리더십 유형을 민주형(democratic), 독재형(autocratic), 자유방임형 유형(laissez-faire)으로 나누어 리더십 행동이론에 관한 개척적 연구를 실시하였다. 민주형 리더십은 참여형 리더십으로 의사결정의 권한 등을 구성원에게 대폭적으로 위임하는 리더십이며, 독재형 리더십은 지시적 리더십으로 혼자서 행하는 리더십이며, 구성원에 대한 지시 행동을 중심으로 한다. 즉, 구성원들이 서로 상의하거나 결정을 내리도록 내버려 두지 않으며, 리더가 결정을 내리고 그 결정에 대해 강요하고 순종하길 기대한다. 자유방임형 리더십은 가능한 한 의사결정에 참여하거나 간섭하지 않으며, 부하들에게 의사결정의 권한을 완전히 위임하는 리더십으로, 진정한 리더십이 아니라고 할 수 있다.

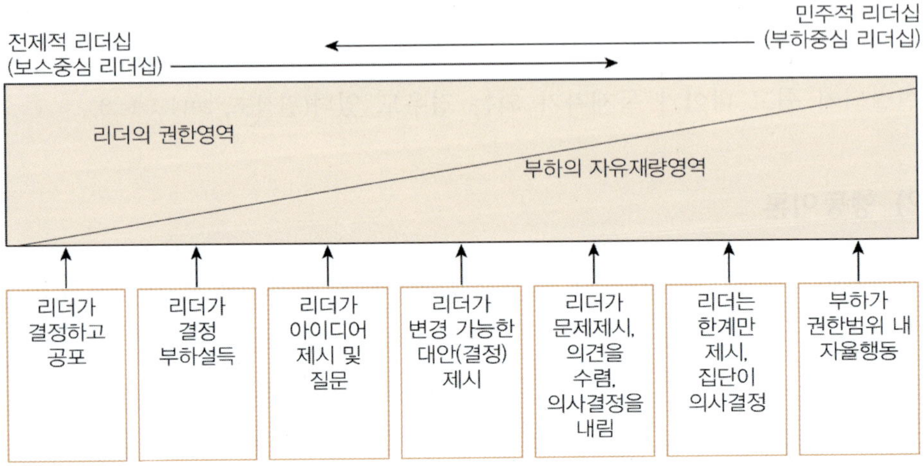

| 그림 7-1 | 리더십 유형

출처 : Tannenbaum & Schmidt(1958). How to choose a leadership pattern. Harvard Business Review, 36(2), 164.

(2) 오하이오(Ohio) 주립대학교의 연구

오하이오 주립대학교의 연구는 리더의 행동을 두 가지 차원에서 정리하였다. 하나는 구조주도 행동(initiating structure behavior, 업무추진력)으로 리더가 업무를 정의하여 할당하고, 의사소통할 수 있게 하며, 결과를 평가하는 행동이다. 다른 하나는 배려 행동(consideration behavior)으로 신뢰와 존중, 지지, 복지에 대한 관심을 나타내는 행동이다. 두 가지 행동의 정도에 따라 네 가지의 리더십 유형을 제시하였다. 연구 결과 리더가 구조주도 행동과 배려 행동이 둘 다 높은 Ⅱ유형일 때 생산성은 높고 구성원의 불평과 이직률이 낮은 것으로 나타났다.

Ⅰ유형 : 구조주도 행동(업무추진력)은 있지만 배려가 부족한 유형

Ⅱ유형 : 구조주도 행동(업무추진력)이 있고 배려도 잘하는 유형

Ⅲ유형 : 구조주도 행동(업무추진력)이 없고 배려도 부족한 유형

Ⅳ유형 : 구조주도 행동(업무추진력)은 없지만 배려는 잘하는 유형

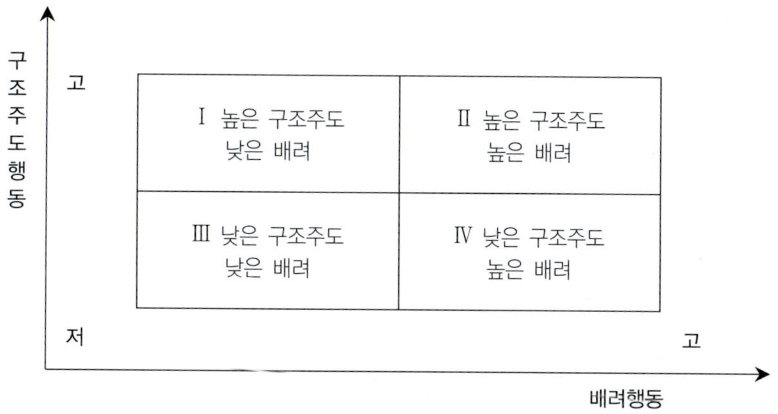

| 그림 7-2 | 오하이오 연구모형

(3) 미시간(Michigan) 연구

미시간 연구는 오하이오 연구와 비슷한 시기에 이루어졌다. 연구의 목적은 오하이오 연구와 마찬가지로 어떤 유형의 리더일 때 업무성과와 구성원의 만족도가 높아지는가였다. 연구방법은 생산성이 높은 그룹과 낮은 그룹을 비교하여 생산성이 높은 그룹의 리더의 행동을 분석하였다. 그 결과 직무중심적 리더십(job-centered leadership style)과 직원중심적 리더십(employee-centered leadership style) 유형을 찾아냈다. 직무중심적 리더는 세밀한 감독, 법적이고 강제적인 권력의 활용, 업무계획표에 따른 실천, 업무성과의 평가를 중시한다. 직원중심적 리더는 인간지향적이며 권한과 책임의 위임, 구성원의 복지와 욕구, 승진, 개인적 성장을 중시한다. 연구 결과 직원중심적 리더십이 직무중심적 리더십보다 높은 생산성과 직무만족도를 보이는 것으로 나타났다.

(4) 관리격자 이론(managerial grid theory)

블레이크(Blake)와 머튼(Mouton)은 오하이오 연구의 구조주도 행동과 배려 행동 리더십 연구를 발전시켜 생산에 대한 관심과 인간에 대한 관심이 리더십과 어떻게 관련되는가를 밝히기 위해 관리격자(바둑판 모양) 이론을 제시하였다. 관리격자는 가로축과 세로축을 따라 각각 9개의 등급으로 나뉘어 그 조합에 따라 총 81개의 리더십 유형을 보여준다. 그중에서 격자의 네 구석과 중앙의 리더십 유형이 두드러진다.

- 무기력형(1.1 impoverished management)은 생산과 사람 모두에 관심이 없는 유형이다.
- 컨트리클럽형(1.9 country club management)은 사람에 대한 관심은 높지만 생산에 대한 관심이 없는 유형이다.
- 과업형(9.1 task management)은 생산에만 관심이 있고 사람에는 관심이 없는 유형이다.
- 팀형(9.9 team management)은 생산에 대한 관심과 사람에 대한 관심이 모두 높은 유형으로 성과가 높은 이상적인 리더의 유형이라고 할 수 있다.
- 중도형(5.5 middle of the road management)은 생산에 대한 관심과 사람에 대한 관심이 모두 중간인 유형이다.

연구 결과 팀형 리더가 가장 높은 생산성을 보인다는 결론을 얻었으나, 무엇이 리더를 만드는지에 관한 해답을 제공해 주지 못하고 단지 리더십을 개념화하기 위한 뼈대만 제공했다는 평가가 있다.

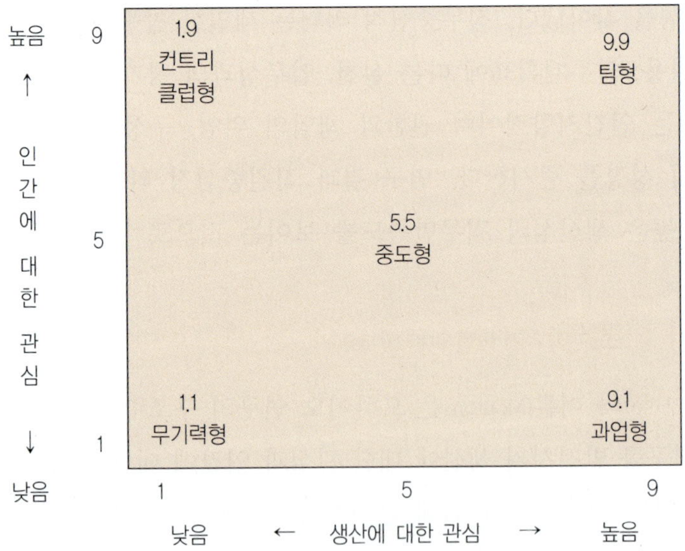

| 그림 7-3 | 관리격자 이론

3) 상황이론

상황이론은 1970년대 이후 행동이론의 한계를 인식하고 새로운 리더십 연구를 진행하면서 등장하였고 리더십 이론의 주류를 이루고 있다. 상황이론에 따르면, 리더란 상황의 산물이기 때문에 주어진 상황에 따라 효과적인 리더의 유형은 달라진다고 본다. 여기에서 상황이란 리더의 특성, 부하의 특성, 조직의 목표와 성격, 과업의 성격, 기대와 욕구 등을 의미한다. 상황이론에는 피들러(Fiedler)의 상황적합이론(contingency theory), 허시와 블랜차드(Hersey & Blanchard)의 상황적 리더십 이론(situational theory), 하우스(House)의 경로목표이론(path-goal theory) 등이 있다.

(1) 피들러의 상황적합이론

피들러(Fiedler, 1964)는 리더유형을 구분하는 척도로 LPC척도(Least Preferred Co-Worker Sacle)를 개발하였으며, LPC 점수가 낮으면 과업지향적 리더이며, 중간 정도면 사회독립적 리더, 높으면 관계지향적 리더이다. LPC는 시간이 지나도 쉽게 변하지 않으며, LPC 점수에 따라 어느 리더가 효과적인지를 평가한다면 '상황에 따라 다르다'고 할 수 있다. 피들러는 조직의 상황변수로 리더와 부하의 관계, 과업의 구조화 정도, 지위권력의 세 가지로 구분하였다. 리더와 부하의 관계는 집단의 분위기나 리더에 대한 신뢰 정도, 호감도 및 충성도 등을 의미하며, 과업의 구조와 정도는 과업 내용의 명확성, 수행절차의 공식화, 구조화 정도를 의미한다. 마지막으로 지위권력은 리더가 고용, 해고, 징계, 승진 등에 영향력을 행사하는 정도를 말한다. 그리고 세 가지 요소의 조합에 따른 상황별로 바람직한 리더십을 적용하였다. 연구 결과 리더와 부하의 관계가 좋고, 과업이 잘 구조화되어 있으며, 리더의 지위 권력이 강한 상황과 정반대로 리더와 부하의 관계가 나쁘고, 과업이 구조화되어 있지 않으며, 리더의 지위 권력이 약한 상황에서는 과업지향적 리더십이 효과적이고, 세 가지 요소가 보통인 상황에서는 관계지향적 리더십이 효과적이라는 사실을 확인하였다.

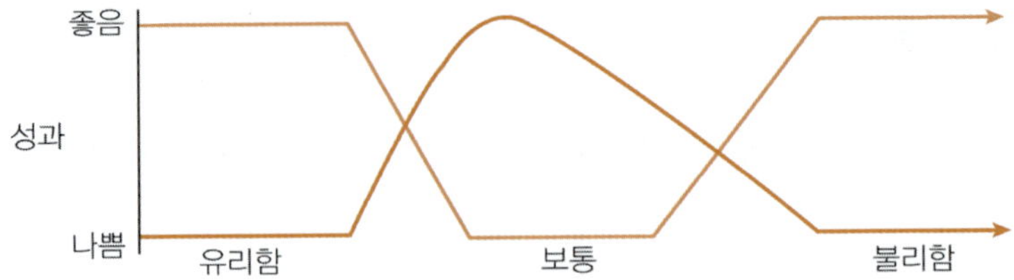

	1	2	3	4	5	6	7	8
리더-구성원 관계	좋음	좋음	좋음	좋음	나쁨	나쁨	나쁨	나쁨
과업구조화	높음	높음	낮음	낮음	높음	높음	낮음	낮음
리더의 (지위)권력	강함	약함	강함	약함	강함	약함	강함	약함

—— 과업중심　　—— 관계중심

| 그림 7-4 | 피들러의 상황모형

출처: Robbins & Judge(2007). Organizational behaviour(12th ed.), p. 411.

(2) 허시와 블랜차드의 상황적 리더십 이론

허시와 블랜차드(Hersey & Blanchard)는 부하의 성숙도(maturity), 즉 부하의 능력(지식, 경험, 기술의 보유 등)과 의지(믿음, 헌신, 동기 등)에 따라 네 가지 상황으로 나누고 각각의 상황에 적합한 리더십을 제시하였다.

첫째, 부하가 능력은 있는데 의지가 없을 때에는 업무지시를 자제하고 지지와 격려를 통해 참여를 유도하는 참여형 리더십이 적합하다.

둘째, 부하가 능력도 있고 의지도 있을 때에는 일을 위임하면서 함께 일해 나가는 위임형 리더십이 적합하다.

셋째, 부하가 능력도 없고 의지도 없을 때에는 모든 것을 지시하고 점검해 주는 지시형 리더십이 적합하다.

넷째, 부하가 능력은 없지만 의지가 있을 때에는 아이디어와 방향을 제시해 주는 제시형 리더십이 적합하다.

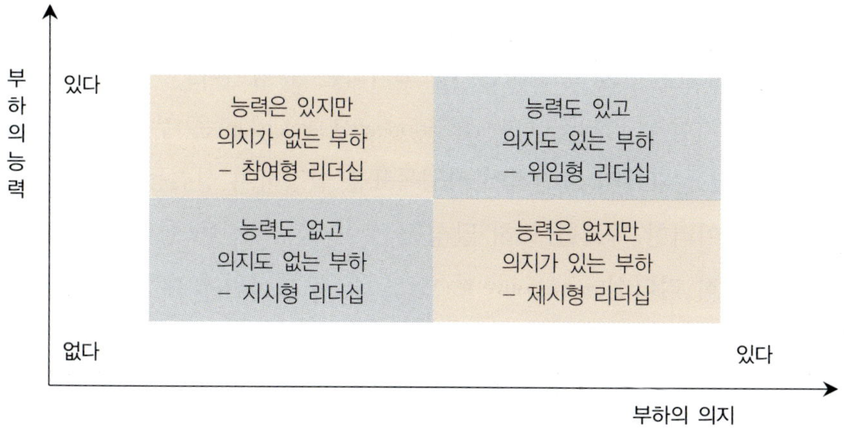

| 그림 7-5 | 허시와 블랜차드의 상황적 리더십 이론

(3) 하우스의 경로-목표이론

경로-목표이론은 부하의 성과가 그들이 바라는 보상을 성취하기 위한 도구적 수단이 된다는 것을 부하들에게 인식시킴으로써 리더가 과업 달성을 촉진할 수 있다는 점에 초점을 둔다. 즉, 효과적 리더는 직원들이 기대하는 목표를 달성할 수 있는 행동경로를 명확히 밝혀주고, 그에 따라 보상을 빠르게 받을 수 있도록 지도력을 발휘해야 한다는 점을 강조한다.

경로-목표이론은 부하의 상황(부하의 능력, 성격, 욕구, 동기 등)과 근무환경의 상황(과업구조, 작업집단의 특성, 조직 내의 규칙, 조직 내의 절차 등) 두 가지 상황변수를 조합하여 제시하고, 각각의 상황에 적합한 네 가지 유형의 리더십을 제시하였다.

지시적 리더십, 지지적 리더십, 성취지향적 리더십, 참여적 리더십 네 가지 유형은 다음과 같다.

첫째, 지시적 리더십(directive leadership)은 부하직원의 업무가 모호한 상황에서 계획·조직·통제와 같은 공식적 활동을 강조하는 유형이다. 이 유형은 종업원들의 작업을 계획하고 조정하며, 그들에게 기대하는 바가 무엇인가를 알려주고, 구체적으로 작업을 지시하며 규칙과 절차를 따르도록 요구한다.

둘째, 지지적 리더십(supportive leadership)은 부하직원의 자신감이 부족한 상황에서 부하직원의 복지와 안녕 및 욕구에 관심을 기울이고 구성원 간의 상호 만족스러운 인간관계를 조성하는 데 노력하는 유형이다.

셋째, 성취지향적 리더십(achievement-oriented leadership)은 부하직원의 도전적 과업이 부족한 상황에서 도전적인 작업목표를 설정하여 성취동기와 목적의식을 강화시키고, 이러한 목표를 능히 달성할 것이라는 확신을 심어주는 유형이다.

넷째, 참여적 리더십(participative leadership)은 부하직원에 대한 보상이 부정확한 상황에서 부하직원들에게 묻거나 제안을 구하여 부하직원의 견해를 존중하고 격려하는 유형이다. 종업원들과 정보를 공유하지만 최종적인 결정은 여전히 지도자 자신이 행한다.

4) 새로운 리더십

(1) 거래적–변혁적 리더십

일반적으로 리더십은 특성이론에서 출발하여 행동이론을 거쳐 상황이론으로 전개되어 왔으나, 최근 들어 새로운 리더십이 등장하고 있다. 이 중 가장 대표적인 것이 바로 변혁적 리더십이다. 변혁적 리더십은 번즈(Burns)에 의해 처음 제시되었으며, 배스(Bass, 1985)에 의해 발달하였다. 번즈(Burns, 1978)는 변혁적 리더십을 리더와 추종자가 더 높은 수준의 사기와 동기부여를 통해 발전하도록 서로 돕는 과정이라 보았다. 그에 반해 거래적 리더십은 리더가 조건적 보상을 근거로 하여 구성원에게 영향력을 행사하는 것이라 보았다. 거래적 리더십과 변혁적 리더십을 살펴보면 다음과 같다.

거래적 리더십(transactional leadership)이란 보수나 지위 등을 보상하는 등으로 구성원의 동기수준을 높이는 리더십이다. 거래적 리더십은 현상 유지 및 조직 안정을 꾀하는 리더십으로 업무의 할당, 결과의 평가, 통제 등 일상적인 리더의 행동을 강조한다.

변혁적 리더십(transformational leadership)은 조직이 침체되거나 불안정할 때 조직구성원을 변화시켜 조직의 변화와 혁신을 꾀하는 개혁적 리더십이다. 변혁적 리더는 비전 제시, 카리스마, 지적 자극, 부하에 대한 임파워먼트 등으로 부하들의 신념, 가치, 욕구의 변화를 도모한다(Bass, 1990).

〈표 7-2〉 거래적 리더십과 변혁적 리더십

구 분	거래적 리더십	변혁적 리더십
목표지향	현실과 너무 괴리되지 않은 목표 지향	현실보다 높은 이상적 목표 지향
시 간	단기적 전망	장기적 전망
동기부여	구성원에게 즉각적이고 가시적인 보상으로 동기부여	구성원에게 자아실현과 같은 높은 수준의 목표를 동경하도록 격려
행위표준	구성원들은 규칙과 관례를 따르기 좋아함	변혁적이고 새로운 시도에 도전하도록 격려
문제해결	문제해결을 하거나 해답을 찾을 수 있는 곳을 알려줌	질문을 통해 구성원이 스스로 해결책을 찾도록 격려하거나 함께 일함

출처 : 강정애 외(2010). 리더십론. 서울 : 시그마프레스.

(2) 서번트 리더십

서번트 리더십(servant leadership)은 1977년 미국 AT&T의 그린리프(Greenleaf)가 소개한 리더십으로 헤르만 헤세(Hermann Hesse)의 소설 『동방순례(Journey to the East)』에 등장하는 하인 레오로부터 아이디어를 얻어 고안하게 되었다. 서번트 리더십은 타인을 위한 봉사를 가장 중시하고, 종업원과 고객 및 공동체를 최우선시하며, 이들의 욕구 충족을 위해 헌신하는 리더십이다. 스피어스(Spears, 1995)는 서번트 리더십의 열 가지 행동 특성에 대해 제시하였다. 첫째, 경청이다. 서번트 리더는 수용적인 태도를 가지고 경청한다. 둘째, 공감이다. 서번트 리더는 다른 사람을 이해하고, 그들을 공감한다. 셋째, 통찰력과 직관이다. 오랜 경험과 직관을 가지고 미래를 내다보며 현재와 미래를 예측할 수 있는 능력을 가지고 있다. 넷째, 인지와 지각이다. 리더가 왜 존재하는지에 대한 자각과 인지능력을 가지고 있다. 다섯째 설득이다. 서번트 리더는 다른 사람들을 설득할 수 있는 힘이 있다. 여섯째, 비전 제시이다. 서번트 리더는 비전을 제시하고 그 비전을 목표와 연결하여 방향을 제시할 수 있다. 일곱째, 치유이다. 서번트 리더는 치유능력, 스트레스나 정서적 불안감을 해소할 수 있는 능력을 갖추고 있다. 여덟째, 공동체 구축이다. 서번트 리더는 구성원끼리 활발한 의사소통과 협력을 촉진시켜 공동체를 구축할 수 있다. 아홉째, 봉사의식이다. 서번트 리더는 개인의 욕구나 이익에 앞서 다른 사람의 욕구나 이익을 먼저 생각한다. 열번째, 구성원 성장에의 기여이다. 서번트 리더는 구성원이 역량을 발휘하고 성장할 수 있도록 환경을 조성하고 기회를 제공한다.

(3) 경쟁가치 리더십

리더십의 복잡성에 대응하여 퀸(Quinn, 1984)은 CVF(Competing Values Framework)를 개발하고 안정성 대 유연성 및 내부 대 외부 초점의 두 가지 기본 차원을 기반으로 8가지 관리 리더십 역할을 통합하는 모델을 제안하였다. 이 모델은 다음과 같다.

- **혁신가의 역할** : 혁신가는 창의적이며 변화를 구상하고 격려하며 촉진한다.
- **중개인 역할** : 중개인은 정치적으로 기민하며 자원을 획득하고 외부 네트워크의 개발, 검색 및 유지 관리를 통해 부대의 외부 적법성을 유지한다.
- **생산자 역할** : 생산자는 작업지향적이고 작업 중심적인 역할을 한다. 생산자는 종결을 추구하고 그룹의 작업을 완료하게 될 행동에 동기를 부여한다.
- **감독 역할** : 감독은 목표 설정 및 역할 설명에 참여하고 목표를 설정하며 명확한 기대치를 설정한다.
- **코디네이터 역할** : 코디네이터는 구조를 유지하고, 일정을 잡고, 조정하고, 문제를 해결하고, 규칙과 표준이 충족되는지 확인한다.
- **모니터 역할** : 모니터는 정보를 수집 및 배포하고 성능을 확인하며 연속성과 안정성을 제공한다.
- **촉진자 역할** : 촉진자는 의견 표현을 장려하고 합의를 추구하며 타협을 협상한다.
- **멘토 역할** : 멘토는 개인의 요구 사항을 인식하고, 적극적으로 경청하고, 공정하고, 합법적인 요청을 지원하고, 개인의 개발을 용이하게 하려고 시도한다.

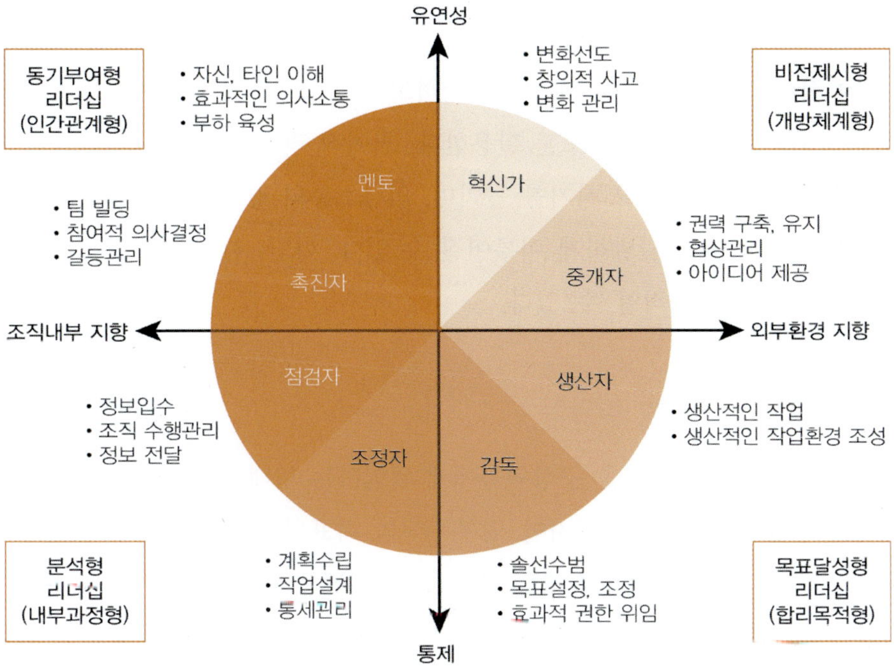

| 그림 7-6 | 경쟁가치모형 리더십

출처 : Melo, et al.(2014). Effective leadership : Competing Values Framework, p. 923.

3. 사회복지조직의 리더십

1) 사회복지조직의 리더십 유형

사회복지조직의 리더십 유형에 대해서는 여러 학자들의 다양한 연구가 있는바, 여기에서는 칼라일(Carlisle, 1997)의 유형을 소개한다.

(1) 지시적 리더십

지시적 리더는 명령과 복종을 강조하고 독선적이며 조직구성원을 보상-처벌의 연속선에서 통제하고 관리한다. 지시형의 장점은 통제와 조정이 쉽고 정책집행에 일관성이 있으며 신속한 결정이 가능하므로 위기 시에 효과적이다. 그러나 지시적 리더하에서 구성원은 사기가 저하되고 경직될 수 있다.

(2) 참여적 리더십

참여적 리더는 구성원의 의견을 경청하고 의사결정과정에 참여시키며 활발한 의사소통으로 지식과 정보를 활용한다. 참여적 리더십은 부하 직원들의 일에 대한 동기를 부여하고 사기를 높이며, 의사소통의 경로가 개방됨으로써 새로운 정보의 교환이 활발하게 이루어질 수 있다. 다만, 긴급한 결정이 필요한 위기 시에는 비효율적일 수 있다.

(3) 자유방임적(위임적) 리더십

모든 의사결정의 권한을 구성원들에게 위임하는 형태로 지도자는 소극적으로 조직활동에 참여하며 심지어 업무수행의 목표와 방법까지도 구성원들이 세우도록 한다. 따라서 특정 과업 해결을 위한 전문가 중심 조직에 적합할 수 있다. 자유방임적 리더십은 구성원들 간의 능력이 전반적으로 우수하고 업무의 내용이 고도로 전문화된 전문가 중심의 집단에서는 유리하지만, 내부 갈등이 발생할 경우 쉽게 해결하지 못하는 단점이 있다.

2) 지위 계층별 리더십 수준

(1) 최고관리층의 리더십

최고관리층이란 조직을 이끌고 나갈 전반적인 책임을 지고 있는 사람들로서 조직 내부 운영을 지시하고 조정하며 조직 외부환경과의 관계를 확립하는 역할을 한다. 최고관리층이 가져야 할 리더십 기술은 ① 조직의 기본적인 임무의 설정, ② 외부의 이해관계 집단과 교섭하고 중재하여 조직의 정체성을 확립하는 것, ③ 임무 수행을 위한 서비스 기술의 설정, ④ 내부구조를 발전시키고 유지시키는 기술, ⑤ 변화를 주도하고 수행하는 기술이다(배은영 외, 2010 : 145).

(2) 중간관리층의 리더십

중간관리층은 조직의 한 부서를 책임지고 있는 계층으로서 최고관리층의 지시를 구체적인 프로그램으로 전환하고 필요한 인적·물적 자원을 확보하고 프로그램을 관리, 감독, 조정, 평가하는 일을 담당한다. 중간관리층은 최고관리층의 지시를 전달하고 하위관리층의 욕구나 관심사를 대변하는 중재역할을 해야 하므로 매우 중요한 입장에 서게 되며, 동등한 위치의 다른 부서의 중간관리층과도 수평적인 의사소통을 해야 하는 책임을 가진 계층이다(배은영 외, 2010 : 145). 중간관리층이 가져야 할 리더십 기술은 ① 수평적·수직적 연결자로서 기술, ② 직원들의 욕구를 조직목표에 통합시키는 인간관계기술이 필요하다(신복기 외, 2013 : 210).

(3) 하위관리층의 리더십

하위관리층은 일선 사회복지사들을 관리하고 접촉하는 슈퍼바이저로서 일선 요원들의 프로그램 수행을 감독하고 업무를 위임하거나 분담하고, 일선 요원들에게 충고와 지침을 제공하고, 부족한 지식과 기술을 지적해 주며 개인적인 경과를 평가한다. 하위관리층은 직접적인 서비스에 대한 전문적 기술과 사무적 기술 및 구성원을 공정하게 대하는 기술이 필요하다.

4. 동기부여

1) 동기부여의 개념

동기부여(motivation)의 어원은 라틴어 movere에서 유래한 것으로, 이는 움직인다(to move)라는 뜻을 가지고 있으며 행동을 활성화하거나 활력을 주는 주요 요인이라 할 수 있다. 동기(motive)는 목적 달성을 위해 행동을 일정한 방향으로 작동시키는 내적 상태를 의미하며, 동기부여는 개인의 행동이 실제로 작동되는 과정이나 작동이 유지되도록 하는 것이다.

직무성과는 세 가지 요소의 구성되며 다음과 같이 표현될 수 있다. 동기부여는 성과에 영향을 미치는 요인 중 하나로, 업무가 잘 수행되기 위해서는 동기부여가 중요하다. 그러나 동기부여만으로 충분한 것은 아니며, 직무를 수행하는 데 필요한 기술과 지식을 가지고 있어야 하며 더불어 작업을 위해 정보를 포함한 자원과 같은 환경요인이 충족되어야 한다.

| 그림 7-7 | 성과의 결정요인

데이비드와 안데르제이(David & Anderzej, 2010)에 따르면 동기 부여는 특정 목표를 달성하기 위한 의도적인 의사결정 및 행동과정이라 보았다. 사회복지행정에서 동기는 사회복지사와 클라이언트에게 구체적이고 바람직한 행동을 하게 이를 지속시킬 수 있도록 하는 힘을 의미한다(남일재 외, 2015).

동기부여는 방향성(direction), 지속성(persistence), 그리고 강도(intensity)로 구성된다. 즉, 행동이 추구하는 목적을 나타내는 방향성, 그리고 목표를 달성할 때까지 행동이 지속적으로 계속되는 지속성 그리고 열정이라고 표현할 수 있는 행동의 강도로 구성된다.

동기부여의 특성을 살펴보면 다음과 같다(이임정 · 김재붕, 2011).

- 동기부여는 인간의 행동을 유발하는 내적 상태이며, 내적 힘에서 시작되어 행동과 관련된다.
- 동기부여는 단순한 행동이 아니라 목적지향적 행동이다. 의식적이건 무의식적이건 사람은 누구나 스스로 추구하는 바를 위해 동기부여가 된다.
- 동기부여는 본질적으로 강제에 의한 것이 아니라 자의적인 의사로 유발된다. 따라서 강제성을 띤 동기부여가 아닌 자의성을 띤 동기부여가 바람직

한 관계의 기반이다.

- 동기부여는 개인뿐 아니라 그가 속한 조직의 업적과 밀접한 관련을 지닌다. 다시 말해 집단의 목적 달성은 그 집단의 구성원인 개인의 동기부여에 크게 의존한다.

2) 동기부여의 주요 이론

동기부여는 내용이론(content theory)과 과정이론(process theory)으로 설명될 수 있다. 내용이론은 욕구이론이라고도 하며 개인에게 동기를 부여하는 요인이 무엇인지에 대해 관심을 가지며, 과정이론은 동기부여가 어떤 과정을 통해 일어나는가에 관심을 두고 있다.

욕구이론에는 매슬로우(Maslow)의 욕구이론, 앨더퍼(Alderfer)의 ERG이론, 맥클리랜드(McClelland)의 성취동기이론, 허츠버그(Herzberg)의 동기-위생이론, 맥그리거(McGregor)의 X・Y이론 등이 있다. 과정이론은 로크(Locke)의 목표설정이론, 브룸(Vroom)의 기대이론 등이 있다.

〈표 7-3〉 동기부여 이론의 분류 : 내용이론과 과정이론

구 분	관심의 초점	주요 이론
내용이론	동기를 부여하는 요인이 무엇인가? • 동기의 구성요소 • 동기 구성요소와 구조	Maslow의 욕구단계 이론 Alderfer의 ERG 이론 Herzberg의 동기위생 이론 McClelland의 성취동기 이론 McGregor의 X・Y이론 Argyris의 미성숙・성숙 이론 Likert의 관리체제 이론 Lundstedt의 Z이론
과정이론	어떤 과정을 통해 동기가 부여되는가? • 동기의 인지적 과정	Adams의 공정성 이론 Vroom의 기대이론 Potter & Lawler의 업적-만족 이론 Georgopoulos의 통로・목표 이론

(1) 내용이론

① 매슬로우의 욕구이론

매슬로우(Maslow)는 욕구위계이론을 제시하였다. 매슬로우는 개인의 욕구는 저차원에서 고차원 욕구에 이르는 계층적 체계를 가지고 있으며, 이미 충족된 욕구는 더 이상 동기화 요인으로 작용하지 않는다고 보았다. 따라서 인간의 욕구를 단계적으로 분석하여 조직이 목표를 달성하는 과정에서 조직구성원의 욕구를 충족시킴으로써 그들의 사기를 향상시킬 수 있을 뿐만 아니라 조직목표도 능률적으로 실현시킬 수 있다는 기본 과정을 제시하였다(Maslow, 1960).

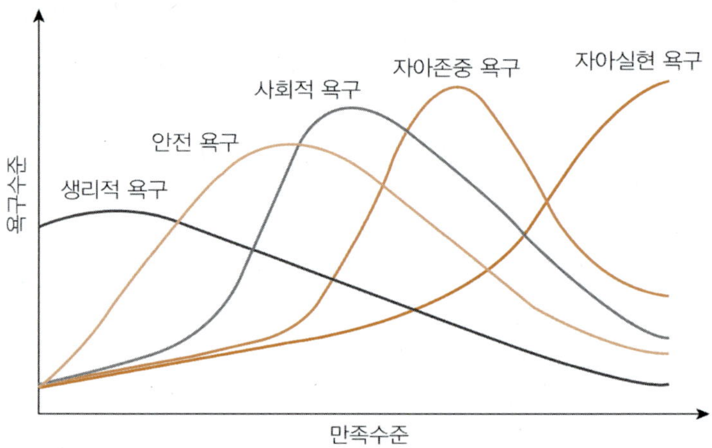

| 그림 7-8 | 욕구수준과 만족수준

출처 : Uysal, et al.(2017). Maslow's hierarchy of needs in 21st Century : The examination of vocational differences, p. 216.

- **생리적 욕구**(physiological needs) : 가장 기본적이며 분명한 것으로 공기, 수면, 음식, 물, 의복, 성욕과 같은 생존을 위한 욕구이다.
- **안전 욕구**(safety needs) : 위협, 박탈 및 기타 위험(예 건강, 안정적인 고용 및 재산)으로부터 보호, 고통의 회피와 관련된 욕구이다.
- **사회적**(소속감 및 사랑) **욕구**(belongingness needs) : 교류, 우정, 사랑 등에 대한 욕구이다.
- **자아존중 욕구**(self-esteem needs) : 자신과 다른 사람들로부터의 존중과 인정

에 대한 욕구이다. 특히 유교적 전통을 중시하는 한국사회에서는 명예와 관련된 욕구가 강하다고 할 수 있다.

- **자아실현 욕구**(self-actualization needs) : 개인적 발전, 학습, 재미/ 창의적/ 도전적인 작업을 위한 기회를 통해 자신이 원하고자 하는 사람이 되고, 성취할 수 있는 것을 성취하려는 욕구이다. 자아실현은 인간이 열망할 수 있는 가장 높은 수준의 욕구이다.

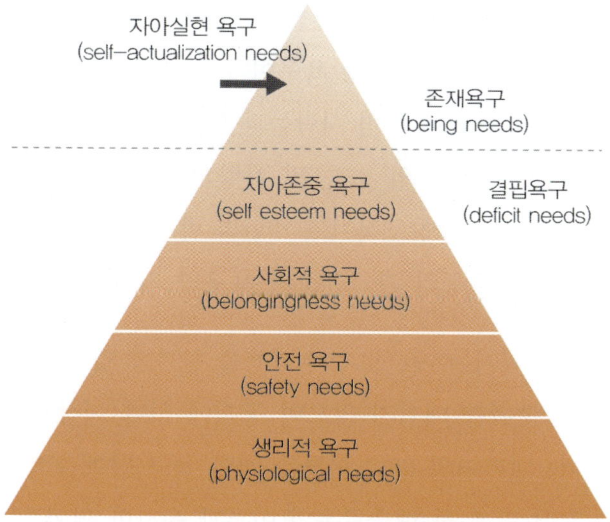

| 그림 7-9 | 매슬로우의 단계별 욕구

이후 매슬로우는 인지 및 심미적 욕구와 초월욕구를 포함하여 욕구이론을 확장하였다. 존중의 욕구 다음으로 인지적 욕구와 심미적 욕구가 나타나며, 인지적 욕구는 지식과 이해, 호기심, 탐구, 의미와 예측 가능성에 대한 욕구를 말하며, 심미적 욕구는 아름다움, 균형, 형태 등을 감상하고 탐색하는 욕구를 말한다. 다음으로 자아실현의 욕구가 나타나며, 이를 넘어 초월의 욕구가 나타난다고 보았다. 초월의 욕구는 사람은 개인의 자아를 초월하는 가치에 의해 동기부여 되는 것이다. 예로써 신비적 경험 및 자연에 대한 특정 경험, 미적 경험, 성적 경험, 타인에 대한 봉사, 과학 추구, 종교적 믿음 등이 있다.

② 앨더퍼의 ERG 이론

앨더퍼(Alderfer)는 매슬로우의 욕구 이론이 현실적인 조직에 적용하기 모호하다고 비판하면서 욕구를 존재의 욕구(E : Existence needs), 관계욕구(R : Relatedness needs), 성장욕구(G : Growth needs)로 구분하였다. 존재, 관계, 성장의 첫 머리글자를 따서 ERG 이론이라 한다.

- **존재의 욕구**(Existence needs) : 생리적이고 물질적인 욕구로, 매슬로우의 생리, 안전의 욕구와 유사하다. 기본적인 욕구로 음식, 공기, 물, 임금, 그리고 작업조건과 같은 것에 대한 욕구이다.
- **관계욕구**(Relateness needs) : 주변 사람들과 의미 있는 관계를 형성하고 싶은 욕구를 말하며, 매슬로우의 소속 및 사랑의 욕구와 유사하다.
- **성장욕구**(Growth needs) : 창조적이고 개인적 발전을 향한 인간의 노력과 관련된 욕구로, 매슬로우의 자기존중의 욕구와 자아실현의 욕구와 같다.

ERG 이론의 주요 기여는 매슬로우의 가정을 완화한 것으로, ERG 이론은 특정 순서로 욕구의 순위를 매기지 않으며 동시에 하나 이상의 욕구가 작용할 수 있다고 보았다. 앨더퍼의 ERG 이론은 개인 욕구의 계층적 구조와 욕구단계 간의 만족－진행 단계 등 매슬로우의 이론과 유사한 면이 많다. 그러나 매슬로우의 욕구단계 이론은 한 하위 욕구의 충족 시 다음의 상위 욕구로 진행된다는 만족－진행접근법(satisfaction-progression approach)에 근거를 두는 반면, ERG 이론은 이러한 접근법에 더해 상위 욕구가 충족되지 않거나 좌절될 때 그보다 낮은 하위 욕구의 중요성이 커진다는 좌절－퇴행접근법(frustration-regression approach)에 기초하고 있다. 즉, ERG 이론에서는 한 시점에서 한 가지 이상의 욕구가 동시에 발생할 수도 있다고 본다. ERG 이론은 다음과 같은 몇 가지 기본적인 명제를 기초로 하고 있는데, 이는 매슬로우 이론과의 차이점이 되기도 한다(유기현, 2003).

- **욕구좌절**(need frustration) : 낮은 수준의 존재욕구가 충족되지 않으면 더욱 존재욕구를 원하게 되고, 보다 낮은 차원의 관계욕구가 충족되지 않으면

관계욕구를 더욱 원하게 된다. 이러한 현상은 욕구좌절이 욕구의 증대를 초래한 결과인 것이다.

- **좌절역행**(frustration regression) : 관계욕구가 충족되지 않으면 존재욕구를 더욱 원하게 되고 성장욕구가 충족되지 않으면 관계욕구를 더욱 바라게 된다.
- **만족향상**(satisfaction progression) : 더 많은 존재욕구가 충족되게 되면 관계욕구를 더욱 갈구하게 되고 관계욕구가 더욱 충족될수록 성장욕구를 더 바라는 충동이 일어난다.

③ 허츠버그의 2요인 이론 : 동기-위생요인

1950년대 허츠버그(Herzberg)는 펜실베이니아주의 피츠버그를 중심으로 기업에 고용되어 있는 200명의 회계사와 엔지니어를 대상으로 동기에 관한 연구를 시도했다. 그 결과 응답자들은 자신의 직업에 대해 좋게 느끼는 상황을 설명할 때 자신의 직업에 내재된 요인을 언급한 반면, 자신의 직업에 대해 기분이 좋지 않은 상황을 설명할 때는 외적 요인을 언급하였다. 이에 허츠버그는 직업 만족도를 떨어뜨리는 요인을 위생요인으로, 직업 만족도를 향상시켜 주는 요인을 동기요인이라 하였다. 허츠버그는 인간은 이원적 욕구구조를 가지고 있으며, 만족과 불만족은 별개의 차원이며, 또한 불만의 제거는 단기적 효과를 가지는 반면, 만족요인은 장기적 욕구를 가진다고 보았다. 위생요인은 '불쾌함을 피하고자 하는 욕구'와 관련이 있는 반면, 동기요인은 '자기성장과 자아실현을 위한 개인의 욕구'이기 때문이다. 따라서 동기요인은 직무만족으로 더 직접적으로 연결된다. 위생요인과 동기요인은 서로 다른 차원으로 상호 독립적으로 기능한다. 즉, 어느 한쪽이 높더라도 다른 한쪽의 부족분을 충족시킬 수 없다. 따라서 위생요인을 충족하였다고 해서 만족스러운 상태가 되는 것은 아니다. 즉, 직무만족의 반대는 직무불만족은 아니다(Kacel, et al., 2005).

만족감을 유발하는 동기요인으로 허츠버그는 성취, 인정, 직무 자체, 책임 및 발전이 있다고 언급하였으며, 반대로 불만족을 초래할 수 있는 요인으로 제도적 정치, 관리 접근 방식, 감독, 급여, 관계를 제시하였다.

〈표 7-4〉 허츠버그의 위생요인과 동기요인의 비교

구 분	내 용	요 인
위생요인 (불만족요인)	갖추어지지 않는 경우 불만족을 초래하는 요인으로서 주로 환경적 요인	• 조직의 정책 • 관리, 감독 • 봉급 • 대인관계 • 작업환경
동기요인 (만족요인)	직무와 조직구성원 사이의 관계에 관련된 요인	• 직무상 성취 • 직무성취에 대한 인정 • 직무내용 • 책임감 • 자기 성장 및 발전

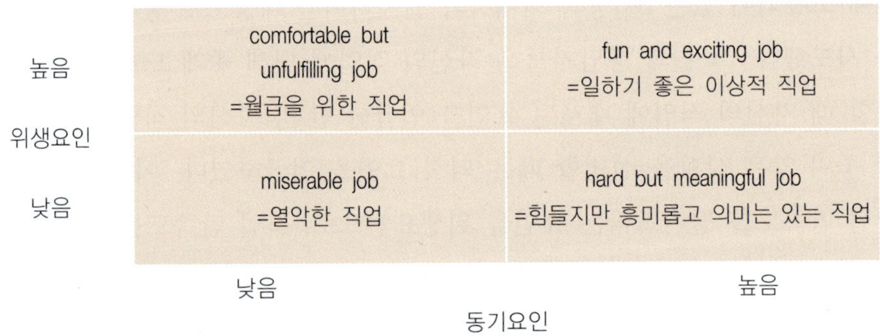

▌그림 7-10▐ 동기-위생요인의 결합

④ 맥클리랜드의 성취동기이론

맥클리랜드(McClelland, 1962)는 자신의 저서 『The Achieving Society』에서 인간의 욕구는 선천적인 것이기보다 후천적으로 학습되는 것으로, 인간의 행위를 유발시킬 수 있는 잠재력을 가진 욕구를 성취욕구(need for achievement), 권력욕구(need for power), 친교욕구(need for affiliation)의 세 가지로 제시하였다. 성별, 문화 또는 연령에 관계없이 우리 모두에게 세 가지 동기 부여요인이 있으며, 이 중 우리의 문화와 삶의 경험과 관련된 하나가 지배적인 동기요인이 될 수 있다고 하였다.

- **성취욕구**(need for achievement : n-Ach) : 우수한 결과를 얻기 위해 높은 기준을 설정하고 달성하고자 하는 욕구이다. 따라서 성취욕구가 높은 사람은 자신의 노력에 따른 책임과 결과를 제공하는 업무를 선호한다. 성취감을 맛본 사람일수록 성취욕구는 더 강해지고 더 도전적이며 어려운 목표를 설정하고 이를 달성하고자 한다.
- **권력욕구**(need for power : n-Pow) : 구성원들에게 통제력을 행사하거나 행동에 영향을 미치려는 욕구를 말한다. 따라서 남을 통제하는 위치에서 타인들로 하여금 자기가 바라는 대로 행동하도록 하려는 욕구이다. 그들은 지위와 권위를 가진 직위를 열망하고 효과적인 업무 수행보다 자신의 영향력 수준에 더 관심을 갖는 경향이 있다. 남들에게 조언이나 충고를 하며 나서기를 좋아한다.
- **친교욕구**(need for affiliation : n-Aff) : 다른 사람과 우호적이고 따뜻한 관계를 유지하려는 욕구를 말한다. 따라서 타인들에게 친절하고 동정심이 많으며 타인을 도우려 한다. 반면 경쟁적인 상황을 힘들어하며, 갈등을 불편해한다.

⑤ 맥그리거의 X · Y이론

맥그리거(McGregor, 1960)는 매슬로우의 욕구단계 이론을 바탕으로 X이론과 Y이론을 제시하였다. 맥그리거의 이론은 동기부여를 위해 인간을 어떻게 관리할 것인가를 인간을 본성적으로 어떻게 이해할 것인가의 인간관에 입각하고 있다. X이론과 Y이론의 인간관은 제4장에서 다루었으므로, 참조하기 바란다. 각 이론의 동기부여 방식은 다음 〈표 7-5〉와 같다.

〈표 7-5〉 맥그리거 X · Y이론의 동기부여 방식

구 분	X이론	Y이론
동기부여 방식	• 저차원의 욕구 충족 • 지시 · 명령 · 감독 · 통제 • 권위주의적 관리	• 고차원의 욕구 충족 • 조직 목표와 개인 목표의 조화 • 민주적 관리

⑥ 아지리스의 미성숙 · 성숙 이론

아지리스(Argyris)는 인간 성격(personality)의 성숙과정을 설명하면서 맥그리거 X이론의 인간성은 미성숙의 유아적 인간성이라 하고, Y이론으로의 계속적 발전을 성인으로 되는 인간의 성취과정이라고 주장하면서 이른바 미성숙 · 성숙 이론(immaturity-maturity theory)을 전개하였다.

미성숙이론은 조직구성원을 X이론의 가정에서 보고 자율성을 최대한으로 제한하여 구성원들에게 의존적이며 종속적인 행동을 강요하는 이론이다. 성숙이론은 조직구성원을 Y이론의 가정에서 보고 구성원에게 성숙할 수 있는 기회를 제공함으로써 구성원들의 자질 향상과 자기실현을 할 수 있도록 성숙을 촉진하는 이론이다. 아지리스는 한 개인이 성숙인으로 발전하려면 다음과 같은 7가지의 성격변화를 거쳐야 하는데 다음 〈표 7-6〉과 같은 하나의 연속선상에 표시될 수 있다(C. Argyris, 1975).

〈표 7-6〉 아지리스의 미성숙 · 성숙의 연결모형

미성숙성(유아형)		성숙성(성인형)
• 수동성(passive)	⇨	• 능동성(active)
• 의존성(dependence)	⇨	• 독립성(independence)
• 제한된 행동(limited behavior)	⇨	• 다양한 행위(diverse behavior)
• 얕은 관심도(shallow interest)	⇨	• 깊은 관심도(deep interest)
• 단기적 안목(short-time perspective)	⇨	• 장기적 안목(long-time perspective)
• 종속적 지위(subordinate position)	⇨	• 우월적 지위(superordinate position)
• 자아의식의 결여(lack of self-awareness)	⇨	• 자아의식과 자기통제(self-awareness & control)

아지리스는 인간의 성숙을 저해하는 고전적 관리전략에 대치될 새로운 관리전략으로 ① 직무확대, ② 참여적 · 직원중심적 리더십, ③ 현실중심적 리더십 등을 제시하였다. 그리고 관리자는 모든 구성원이 조직목표 달성을 위해 일하도록 함에 있어 그들의 개인적인 성숙욕구를 충족시킬 기회를 가질 수 있는 분위기를 조성하여야 한다.

〈표 7-7〉 학자들의 욕구 제 이론 비교

매슬로우 (Maslow)	허츠버그 (Herzberg)	앨더퍼 (Alderfer)	맥그리거 (McGregor)	아지리스 (Argyris)
생리적 욕구	위생요인	존재욕구	X이론	미성숙인
안전의 욕구				
소속의 욕구		관계욕구		
존경의 욕구	동기요인	성장욕구	Y이론	성숙인
자아실현의 욕구				

(2) 과정이론

① 브룸의 기대이론

브룸(Vroom)의 기대이론(expectancy theory)은 레윈(Lewin)과 톨만(Tolman)에 의해 처음 제시되었고, 1964년 브룸(Vroom)에 의해 발전된 이론이다. 인간의 행동을 일으키는 동기는 조직의 보상이 개인 목표나 욕구를 충족시키는 정도 그리고 잠재적 매력(V : Valence)과 일정 수준 이상의 노력을 한다면 성과 향상이 되리라 믿는 기대(E : Expectancy), 그리고 성과 달성 시 보상이 주어질 것이라고 믿는 정도, 수단(I : Instrumentality)에 의해 영향을 받는 것으로 설명하여 VIE 이론으로 불리기도 한다. 기대이론은 습관에 의해 행동하기보다 선택할 수 있는 여러 행동의 대안 중 자신의 효율을 극대화시킬 가능성이 높은 대안을 선택하고 이에 따라 행동한다고 본다.

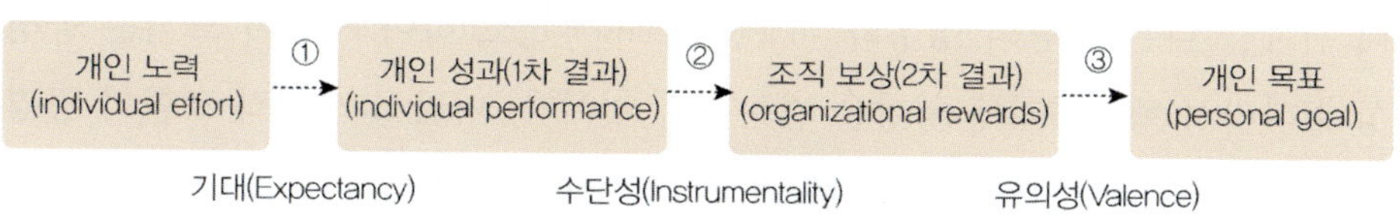

| 그림 7-11 | 기대이론

브룸의 기대이론을 구성하고 있는 기본 변수의 개념은 다음과 같다.

- **기대감**(expectancy) : 특정 행동과 노력이 자기 자신에게 가져올 결과에 대한 기대감(신념 · 확신 · 주관적 확률 · 믿음의 가능성)을 말한다. 예를 들어,

직무에서 열심히 일함으로써 높은 보수를 받을 수 있다고 믿는 지각수준이다.

- **유의성**(가치성; valence) : 직무 결과에 대해 개인이 부여하는 가치를 말한다. 즉, 개인이 원하는 특정 결과에 대한 선호의 강도(보상, 승진, 인정)와 매력의 정도(유인가 · 유인치 · 유인력)를 뜻한다.
- **결과 또는 보상**(outcome or reward) : 행동의 산물로서 개인 행동의 성과와 같은 1차적 결과와 성과에 따른 보상과 승진 등 2차적 결과로 구분된다.
- **수단성**(instrumentality) : 행동주체가 지각하는 1차적 결과와 2차적 결과의 상관관계에 대한 인식을 의미한다. 즉, 1차 수준의 결과(높은 성과)가 2차 수준의 결과(승진 · 보상)를 반영하게 되리라는 주관적 확률과 관련된 믿음을 말한다.
- **행동선택**(choice behavior) : 여러 가지 기대되는 결과와 중요성을 감안하고 여러 행동대안을 비교 · 평가하여 적절한 행동패턴을 선택하는 행위를 말한다.

② 아담스의 공정성 이론

아담스(Adams)의 공정성 이론(equity theory)은 흔히 사회비교이론(social comparison theory)이라 불린다. 공정성 이론에서는 인간(person), 비교대상(comparison other), 투입(input), 산출(output)이라는 네 가지 개념이 사용된다. 공정성 이론에 따르면 개인(person)은 자신의 노력(input)과 그 결과로 얻어지는 보상(output)과의 관계를 다른 사람의 경우와 비교(comparison other)하여 자신이 느끼는 공정성에 따라서 행동동기에 영향을 받는다는 것이다. 따라서 사회적 교환이 공평한지 불공평한지의 여부는 투입물과 결과 사이의 관계에 대한 개인의 인식에 달려있다(Adams, 1965). 마땅히 받아야 할 것보다 더 많은 급여를 받는 경우 결과의 질이나 양 측면에서 매우 높은 성과를 보인다(Adams, 1965). 반면 결과를 불평등하다고 느낀다면 개인은 고통을 경험하여 공평성을 회복하기 위한 조치를 취할 것이며, 불평등이 크면 클수록 더 큰 고통을 느끼고 공평성을 회복하기 위해 더 열심히 노력한다(Adams, 1965). 그러나 공평성의 회복은 실제적일 수도 있으나 심리적일 수도 있다. 심리적 공평성의 회복은 불공평한 관계 현실을 왜곡함으로써 공평하다고 자신을 납득시키는 것을 말한다(Adams, 1965). 사람은 누구나 자신의 결과(결과 = 보상 - 비용)를 최대화하려고 하기 때문에, 그룹은 자원이 구성원 간에 공평하게 분배되는 시스템을 개발할 때 구성원 간에 공평한 행동의 가능성을 극대화할 수 있다(Al-zawahreg & Al-Madi, 2012).

③ 강화이론

스키너의 연구에 기초한 것으로 행동수정이론으로 불리기도 한다. 강화이론은 조직이 바람직한 것으로 규정하는 직무수행을 할 경우 적극적 보상을 통하여 이러한 행태를 지속, 강화하려는 것이다. 봉급인상이나 승진과 같은 보상이 직무성과와 관련하여 상당한 기간 지속적으로 제공되는 경우와 그렇지 않은 경우를 비교할 때 상당한 차이가 나타난다(최성재 · 남기민, 2000). 따라서 최성재와 남기민(2000)은 행동수정이론에 근거하여 조직구성원에 영향을 미치기 위해 처벌사용을 피하고, 바람직한 행동을 적극적으로 강화하며, 바람직한 반응과 강화 사이의 시차를 최소화해야 한다고 하였다. 또한 적극적 강화를 자주 사용하고, 명백한 용어로 바람직한 행동을 제시하는 것이 효과적이라고 제시하였다.

④ 포터와 로울러의 업적-만족 이론

포터와 로울러(L. W. Potter & E. E. Lawler)는 브룸의 기대이론을 기초로 하여 조직에 있어서 조직원의 작업에 대한 태도와 성과의 관계를 규명하였는데, 만족이 업적을 가져오는 것이 아니라 업적의 수준이 직무만족의 원인으로 될 수 있다고 전제하고 있다. 업적과 결부된 보상에 대해 부여하는 가치, 그리고 어떤 노력이 보상을 가져다 줄 것이라는 기대가 직무수행 노력을 좌우한다고 보는 것으로서, 사람이 바라는 목적과 결과를 성취하려는 노력에 의하여 업적이 결정되며, 만족은 사람이 실제로 달성하려는 결과에 의하여 결정될 수 있다는 것이다. 포터와 로울러의 모형은 노력(effort), 업적(performance), 보상(reward), 만족(satisfy) 등의 변수와 상호관계에 중점을 두고 있다.

⑤ 조고폴러스의 통로 · 목표 이론

조고폴러스(Georgopoulos)의 통로 · 목표 이론은 개인의 동기는 ① 개인이 추구하려는 목적에 반영되어 있는 개인의 욕구, ② 목표 달성에 이르는 수단 또는 통로로서 생산성 제공 행동이 갖는 상대적 유용성(효용성)에 대한 개인의 지각에 달려 있다는 것이다. 만일 어떤 노동자가 높은 생산성을 자기의 개인적 목적 달성의 통로라고 생각하면 많은 생산성을 올리나, 반대로 낮은 생산성이 개인적 목적 달성의 통로라고 생각하면 생산성이 낮아진다는 것이다.

⑥ 로크의 목표설정이론

로크(Locke)의 목표설정이론은 인간이 합리적으로 행동한다는 기본적인 가정에 기초하여, 개인이 의식적으로 얻으려고 설정한 목표가 동기와 행동에 영향을 미친다는 이론이다. 목표는 다음과 같은 기능이 있다(Locke & Latham, 2002). 첫째, 지시기능(directive function)이 있으며, 둘째, 활력기능(energizing function)이 있다. 셋째, 목표는 지속성(persistence)에 영향을 미치며, 넷째, 과업 관련 지식과 전략의 각성, 발견 및 사용을 유도함으로써 행동에 간접적으로 영향을 미친다. 따라서 스티어스(Steers, 1977)는 첫째, 목표는 구체적이어야 하며, 둘째, 너무 쉬운 목표보다는 다소 어려운 목표가 더 동기유발에 좋다고 하였다. 셋째, 목표설정에 구성원들이 직접 참여해야 하며, 넷째, 노력에 대한 피드백이 주어져야 한다. 다섯째, 목표달성에 대한 동료들 간의 경쟁이 있을 때 성과를 높일 수 있으며, 여섯째, 구성원들이 자발적으로 수용한 목표가 더 큰 동기를 유발시킬 수 있다. 이러한 동기유발을 통하여 더 나은 성과를 가져올 수 있다. 이 외에도 목표갈등은 성과를 저해하기 때문에(Locke, Smith, Erez, & Schaffer, 1994) 개인과 조직의 목표는 일치될 필요가 있다.

3) 동기부여의 공통적 요소

사회복지조직에서 동기부여와 관련된 몇 가지 실용적 원리와 요소들은 다음과 같다(Skidmore, 1990; 최성재 · 남기민, 1999).

- **개인적 관심** : 개인적 관심은 동기부여와 양질의 사회서비스 제공에 있어 매우 중요하다. 따라서 개인적 관심을 높이기 위하여 기획 및 의사결정에 직원들을 참여시키고, 민주적이고 참여적인 분위기를 조성하는 등의 노력 해야 한다.
- **개성의 존중과 전문성 개발** : 직원 개개인의 특성을 고려하여 그들이 가진 가치와 존엄성을 인정해야 한다. 아울러 지속적인 전문성 개발의 기회를 제공함으로써 직무 동기를 부여할 수 있다.
- **시간관리** : 행정가를 포함하여 개개 직원의 시간 가치를 존중하는 조직은 사기와 생산성이 높다. 따라서 조직의 체계 안에서 효율적인 시간 사용을 보장하고, 창의적 서비스를 계획·개발·개선할 수 있도록 충분한 시간을 제공하는 것이 필요하다.
- **행정직 지지** : 직원들의 사기를 진작시키기 위해 다양한 도움을 제공하고, 뒷받침해야 하며 또한 신뢰를 보여야 한다. 특히 업무 수행에 있어 쉬는 어려움을 알고, 행정가가 이에 대해 관심을 기울이고 문제를 해결해 줄 때 더욱 업무수행에 따른 동기가 부여될 수 있다.
- **책임과 권한의 명확화** : 직원들은 자신의 책임을 이해하고, 이를 수행하기 위한 권한을 가지고 있다고 느낄 때 동기가 부여된다. 따라서 그들의 업무나 과업 그리고 그에 따른 권한과 책임을 명확히 할 필요가 있다.
- **보상, 인정과 칭찬** : 업무성과에 따른 인센티브와 같은 보상 제도를 마련할 수 있으며, 환류과정에서 직무수행에 대한 칭찬과 격려를 제공해야 한다.
- **성취기회** : 성취기회를 제공함으로써 만족감을 갖도록 해야 하며, 이를 통해 사기를 진작할 수 있어야 한다. 구성원들은 문제를 스스로 처리할 수 있도록 도울 수 있는 기회를 제공할 때 동기가 부여되고 만족이 높아진다.
- **소속감의 개발** : 조직구성원의 소속감을 개발함으로써 조직과의 일치성을 높이고, 업무에 몰입하고, 성과를 향상시킬 수 있도록 동기를 부여할 수 있다.

08
CHAPTER

사회복지와 조직문화

1. 조직문화의 개념
2. 조직문화의 형성
3. 조직문화의 구성과 기능 및 특성
4. 조직문화의 유형
5. 조직문화의 영향

CHAPTER

08 사회복지와 조직문화

1. 조직문화의 개념[1)]

문화란 한 사회의 구성원들이 공유하는 가치, 신념, 이념, 관습, 규범, 전통, 상징체계, 지식, 기술체계 등을 총칭하는 것으로 그 문화권에 속한 인간의 행동에 영향을 미치는 거시적 개념으로 볼 수 있다. 따라서 조직문화라는 개념은 '문화'라는 다소 포괄적이고 추상적인 개념이 조직에 적용된 것으로, 조직문화는 보다 광범위한, 거시적인 문화개념을 사회체계를 구성하는 미시적인, 조직수준에 적용한 개념이라 할 수 있다(이학종, 2004). 즉, 조직문화란 사람이 각각 다른 개성을 가지고 있듯이 조직도 다른 조직과 구분되는 독자적인 고유한 정체성과 특성, 능력과 자질을 가지고 있다고 인식하는 것이다.

조직문화와 유사한 개념으로 기업풍토(business climate) 혹은 조직풍토(organizational climate), 조직 분위기라는 개념이 있다. 조직문화는 조직구성원과 전체 조직의 행동에 영향을 미치는 기본가치와 전제를 강조하는 반면에 조직풍토는 조직구성원이 감지하는 조직체에 대한 인상 또는 인지를 강조하며, 조직 분위기도 조직풍토와 비슷한 의미로서 조직구성원이 인지하는 조직체에 대한 상징을 강조한다(도운섭, 2005). 조직풍토와 분위기는 거의 동일한 의미로 사용되며, 조직풍토와 조직 분위기는 조직문화를 형성하는 한 요인이라 할 수 있다(도운섭, 2005).

조직문화는 조직의 구성원과 조직 전체의 행동에 영향을 미치는 기본요소로, 조직문화라는 용어와 개념은 페티그루(Pettigrew, 1979)가 조직문화에 대한 논문(On Studying Organizational Cultures)을 발표하면서부터 본격적으로 사용되었

1) 이 부분은 서종수(2014)의 논문을 수정, 보완한 것이다.

으며, 딜과 케네디(Deal & Kennedy, 1982)가 출간한 『기업문화(Corporate Cultures : The Rites and Rituals of Corporate Life)』가 대중적인 인기를 얻게 됨에 따라 더욱 일반화되었다. 조직컨설턴트였던 딜과 케네디(Deal & Kennedy)는 조직(기업)들이 재무, 인사, 비용통제 등과 같은 경영관리의 합리적 측면에 주의를 기울인다고 해서 건전한 수익이 보장되지 않는다는 사실을 발견하였다. 즉, 숫자 외에 문화에 따라 운영된다는 사실을 발견하게 된 것이다. 즉, 조직의 장기적인 성장의 관점에서 중요한 것은 내부가치, 의례나 영웅과 같은 회사의 문화라고 지적하였으며, 조직문화를 진단하고 이를 활용함으로써 성과를 향상시킬 수 있다고 보았다. 따라서 조직문화는 주로 경영학 분야에서 중요하게 다루어졌다. 급속한 시장의 변화와 기술혁신, 조직의 구조나 관리수단의 한계성이 인식됨에 따라 조직의 성과를 향상시키기 위한 목적으로 조직의 문화에 대한 연구의 필요성이 고조된 것이다. 조직문화는 조직의 직원들이 공유하는 이해이며 이러한 신념, 가치, 규범 및 철학이 어떻게 작용하는지 결정해야 한다(Wallach, 1983).

슈워츠와 데이비스(Schwartz & Davis, 1981)는 조직을 구조, 시스템, 사람, 문화로 구분하였으며 이 네 가지 차원이 내부적으로 일관되고 전략에 맞지 않는 한 어떤 조직도 경쟁 환경에서 잘 수행하지 못할 것이라 하였다. 길버트(Gilbert, 1991)는 구조, 시스템, 사람에 대한 관리 방법은 잘 알려져 있으나 문화를 관리하는 방법은 상대적으로 미비하다고 지적하였다.

좋은 조직문화를 형성하는 것은 중요한 문제이지만, 절대적으로 좋은 조직문화라는 것은 존재하기 어렵다. 즉, 환경과의 관계에 따라 더 효과적이고, 기능적인 생산성이 높은 문화는 있으나, 이는 상대적이다. 왈라크(Wallach, 1983)는 그 자체로 좋은 문화나 나쁜 문화는 없지만 조직의 사명, 목적, 전략을 강화한다면 그것은 좋은 문화라 하였다. 문화는 직원의 사고방식과 행동에 영향을 미치므로 이러한 조직문화를 체계적으로 관리하는 것은 효과적인 조직을 위해 필수적이다. 왈라크(Wallach, 1983)는 조직구성원이 승진될수록 조직문화에 얼마나 잘 적합한지(fit in)가 중요해진다고 하였다.

셰인(Schein, 1983)에 따르면 조직문화는 조직구성원의 가치관과 사고방식으로서 행동을 지배하는 근본 요소로, 조직이 가진 문화의 특성에 따라 각 개별 종사자들은 조직구성원으로서의 동질감과 응집력을 향상시킨다. 또한 조직문화는 각 구성원이 수행하는 직무에 의미를 부여함으로써 조직목표달성을 향한 구성원들의 행동을 조정하고 지배한다. 이 같은 이유로 조직문화는 조직의 자산(김진영, 2007)이라고 표현되기도 한다. 조직문화가 종사자 간 의사소통을 원활히 함으로써 서로의 교류를 증대시키고 때로는 통제기능을 수행함으로써 조직 내의 협력 수준과 몰입, 헌신을 증대시키기 때문이다. 조직과 종사자 간의 욕구와 사업목적의 조화는 신념과 가치를 형성시켜 조직구성원의 조직효과성, 사업성과를 극대화할 수 있다(김진영, 2007).

홉스테드 등(Hofstede, et al., 1990, 최성욱, 2001 재인용)은 조직문화를 전체적인 접근으로, 역사적으로 결정된다고 보았다. 또한 인류학적 개념들과 연결되어 있으며, 사회적으로 구성되고, 연성적이며, 변화하기 어렵다고 하였다. 오트(Ott, 1989, 최성욱, 2001 재인용)는 조직문화의 합의된 일반적 특징으로 조직문화는 존재하며, 각 조직문화는 상대적으로 독특하며, 조직문화는 사회적으로 구성된다고 하였다. 또한 조직문화의 기능을 조직구성원들에게 사건과 상징을 이해하고 그 의미를 해석하는 방법을 제공하며, 조직문화는 조직행동을 인도하는 강력한 수단으로, 어떤 행동 패턴을 비공식적으로 승인하거나 금지하는 통제 메커니즘으로 작용한다고 하였다.

따라서 조직문화란 한 조직 안에서 오랫동안 지속되어 온 것으로 다른 조직과 구별되는 조직구성원들이 공유하는 가치와 신념, 기대라 할 수 있으며, 조직구성원의 태도와 행동을 규제함으로써 조직의 동질성과 결속력을 향상시키는 데 기여하는 것이다. 조직구성원들은 각각의 구성원들이 공유하는 가치와 신념, 기대에 따라서 조직구성원들의 행동과 태도를 의식적·무의식적으로 판단하게 되고, 이에 따라 조직문화의 특성에 맞는 행동과 태도는 강화되지만, 조직문화의 특성에 맞지 않는 행동과 태도는 수정 혹은 소거하게 되는 것이다. 이처럼 조직문화에 부합하는 행동과 태도의 증가는 동질감을 형성시키고 조직의 결속력을 향상시키게 된다. 그러므로 한 조직의 조직문화는 다른 조직과는 구별되는 독특한 문화를 형성한다고 할 수 있다.

조직문화는 다음과 같은 특성이 있다(백기복, 1994; Hofstede, 1995). 첫째, 조직문화는 일반적 문화와 마찬가지로 학습된다. 조직문화는 조직구성원 간의 상호작용에 의해 만들어지는 것이며, 경험으로부터 얻어지는 학습의 산물인 것이다. 그러나 조직에 참여하기 이전에 이미 학습된 것(예 아름다움의 본성에 관한 가치나 느낌 등)도 있으며, 조직 내 다른 사람에 의해 학습될 수도 있다. 따라서 조직문화는 사회적 구성물이라 할 수 있다.

둘째, 조직문화는 공유된다. 조직문화는 구성원들 간에 공유되는 것이다(Schein, 1985). 조직이 복수의 구성원을 가진다는 점을 고려한다면, 복수의 구성원끼리 공유되지 않는 문화는 조직문화라고 할 수 없다.

셋째, 조직문화는 공유된 가치체계라는 관점에서 가치관과 관련된다. 거시적 관점에서 거시적 관점에서이 문화 등은 조직문화에 영향을 미칠 수 있다. 예를 들어, 미국의 경우 인간의 관계에 대해서 경제적 인간으로 보는 반면, 유럽은 개인주의적 인간으로 보며 동양권은 상호의존하는 문화로 바라보고 있으며, 이러한 가치관은 조직문화에 영향을 미친다.

넷째, 조직문화는 전승되며 역사성을 가진다. 조직구성원에게 전달되어 계승되며, 그 과정에서 변화가 발생하기도 한다. 조직문화는 조직이 변화해 온 과거의 역사, 현재의 문제를 해결하면서 겪고 있는 고민, 그리고 조직구성원들의 미래에 대한 희망이나 기대가 혼합적으로 존재하게 된다. 즉, 과거의 경험을 통합하면서 공동의 인식과 행동패턴이 나타나는 것이다. 따라서 조직문화는 역사적으로 결정된 것으로, 조직의 역사를 반영하며 또한 전승된다. 따라서 조직문화는 오랜 역사 속에서 이루어져왔기 때문에 변화시키기 어렵다. 더불어 조직문화는 의례나 의식, 언어, 영웅 및 상징물, 일화나 전설 등을 통해 표현된다. 즉, 조직문화와 관련된 상징물들이 등장하거나 존재하고, 이를 사용함으로써 조직문화는 전승된다.

다섯째, 조직문화는 지각(perception)과 관련된다. 즉, 문화는 지각하는 것으로, 사람들에게 내재하는 것이지 외재하는 것이 아니다.

여섯째, 조직문화는 공통성과 상이성을 동시에 가진다. 즉, 대부분 조직에는 조직구성원 대다수가 공유하는 핵심가치(core value)가 반영된 지배문화(dominant culture)를 가진다는 점에서는 공통성을 갖지만, 또 부서별로, 혹은 성격이나 신념, 행동방식에 따라 수많은 하위문화 집합체(numerous sets of subcultures)가 있기 때문에 이러한 다양한 하위문화(subculture)가 존재한다.

2. 조직문화의 형성

1) 조직문화의 형성

조직문화의 형성은 개인과 집단의 상호작용에 의한 문화형성, 기능별 하위시스템에 의한 조직문화 형성, 리더에 의한 조직문화 형성 등으로 나누어 살펴볼 수 있다(박해남, 1995). 첫째, 개인과 집단의 상호작용에 의한 문화형성이다. 개인은 누구나 소속감과 같은 기본적 욕구를 가지고 있으며, 이를 위해 자신이 속하고자 하는 집단의 방식을 따르게 되는 것이다. 따라서 집단규범에 의해 조정과 중재를 받게 되면, 이러한 과정에서 행동과 사고의 공유가 일어나 문화가 형성된다.

둘째, 기능별 하위시스템에 의한 조직문화 형성이다. 조직은 목적달성을 위한 집단으로, 계층화된(Simon, 1996) 기능의 집합체인 것이다. 즉, 조직은 하나의 체계로서 하위 체계를 갖게 되고, 하위 체계에서 활용되는 가치를 검토함으로써 조직문화가 형성될 수 있다. 즉, 자신의 기능과 계층 수준에 따라 다른 가치를 형성하며, 따라서 그에 부합하는 방식이나 양식을 습득함으로써 하나의 하위 체계와 하위 조직문화를 갖게 되는 것이다.

셋째, 리더에 의한 조직문화 형성이다. 문화는 한 개인의 것이 아니라 전체 구성원들이 공유하는 것이기는 하지만 창립자나 최고경영자 같은 특정 개인의 영향력에 따라 좌우되는 수도 있다.

2) 조직문화의 수용양식과 수용과정

조직문화가 지속되기 위해서는 그 조직의 가치관과 이념이 구성원에 의해 수용되어야 한다. 베리 등(Berry, et al., 1987)은 새로운 문화를 접한 사람들의 수용경험과 태도 간에 이론적 모형을 제시하였다. 이러한 베리 등(Berry, et al., 1987)의 모형을 활용하여 주영종(2010)과 김홍규(2012) 등은 조직문화의 수용양식을 제시하였다.

〈표 8-1〉 조직문화의 수용양식

구 분		문화적 정체성	
		유 지	비유지
조직문화와의 상호작용	있 음	통 합	동 화
	없 음	분 리	주변화

출처 : 주영종(2010). 조직문화 연구에 대한 통합과 실증분석, p. 16.

통합(integration)은 자신의 고유한 문화적 정체성을 유지하면서 새로 속한 지배적 문화의 가치를 수용하는 유형이다. 동화(assimilation)는 자신의 문화적 정체성을 유지하기보다 지배적 문화와의 상호작용을 통해 지배적 문화의 가치를 수용하는 유형이다. 분리(separation)는 자신의 고유한 문화를 간직한 채 다른 문화와의 상호작용을 회피하는 유형이다. 주변화(marginalization)는 자신의 고유한 문화적 정체성을 유지하지 않으면서 지배적 문화와의 상호작용도 단절된 경우다.

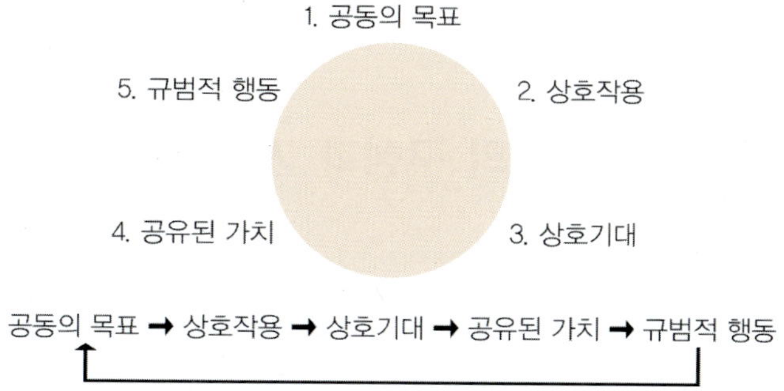

| 그림 8-1 | 조직문화의 수용

출처 : Wallach(1983). Individuals and organization : The Cultural match, p. 31, 주영종(2010), p. 17 재인용.

3) 합리적 조직문화의 형성 조건

높은 성과를 내기 위하여, 리더는 조직문화에 대한 이해가 필수적이다. 조직문화에 영향을 미칠 수 있는 요소에는 조직의 구조, 업무수행 과정, 시스템, 직원의 행동과 태도, 조직의 가치와 전통, 리더십 등이 포함될 수 있다. 리더는 조직문화를 체계적으로 형성하고 운영할 필요가 있으며, 합리적인 조직문화의 형성을 위한 조건은 다음과 같다.

첫째, 합의(alignment)로, 조직구성원이 조직의 비전 목표를 위해 같은 방향으로 함께 노력해야 한다. 둘째, 감사(appreciation)로, 서로에 대한 기여를 인정하고, 감사, 승진과 같은 보상을 마련해야 한다. 셋째, 신뢰(trust)로, 서로에 대한 믿음과 신뢰를 갖추어야 하며, 나아가 서로 지지함으로써 사업의 효율성을 도모할 수 있다. 넷째, 성과(outcome)로, 높은 성과는 직원들의 동기를 부여하게 하며 나아가 생산성과 수익성 확보를 통해 조직의 유지, 발전에 기여한다. 다섯째, 탄력성(resilience)으로, 탄력성은 외부 환경의 변화에 따라 능동적으로 변화할 수 있는 역량을 말한다. 여섯째, 팀워크(teamwork)로, 서로 간에 협업과 존중을 포함하여 함께 일하는 것이다. 일곱째, 도덕성(integrity)으로, 조직구성원은 서로 믿고 의지할 수 있어야 하며, 그러기 위해서 조직은 정직하고 투명해야 한다. 여덟째, 혁신(innovation)으로, 혁신은 창의적 사고를 말한다. 아홉째, 심리적 안전(psychological safety)으로, 심리적 안전을 위한 심리적·물질적 환경을 구성하고 있어야 한다.

3. 조직문화의 구성과 기능 및 특성

1) 조직문화의 구성

문화는 추상적이므로, 이를 발견하기는 쉽지 않다. 다만, 다음의 요소들을 통하여 조직문화를 관찰할 수 있다(Schein, 2010).

- **사람들의 행동 및 규칙**(observed behavioral regularities when people interact) : 사람들이 사용하는 언어, 관습, 전통, 의식
- **공동체 규범**(group norms) : 암묵적인 기준 및 가치
- **지지하는 가치**(espoused values) : 조직이 달성하려고 노력하는 공개된 원칙과 가치
- **공식철학**(formal philosophy) : 조직의 행동을 안내하는 광범위한 정책과 원칙
- **규칙**(rules of the game) : 조직에서 잘 지내기 위한 암묵적인 규칙과 방식
- **풍토나 분위기**(climate) : 구성원이 행동하는 방식에서 전달되는 느낌이나 분위기
- **내재된 기술**(embedded skills) : 작업수행을 위해 필요한 (세대에서 세대로 전달되는) 역량
- **사고습관, 정신모델, 언어패러다임**(habits of thinking, mental models, and/ or linguistic paradigms) : 조직원이 사용하는 사고나 언어, 공유하는 인식틀
- **공유의미**(shared meanings) : 조직원이 서로 공유하는 의미
- **은유나 통합적 상징**(root metaphors or integrating symbols) : 인지적 · 평가적 반응과는 다른 정서적 · 미적(aesthetic) 반응
- **공식적 의례 및 행사**(formal rituals and celebrations) : 행사, 승진, 프로젝트 완료와 같은 구성원의 중요한 통과(passages)를 축하하는 방식

(1) 셰인의 조직문화 구성요인[2]

셰인(Schein)은 문화를 변화하기 어려운 조직속성으로 제품이나 서비스 그리고 창립자나 리더십보다 더 오래 지속된다고 보았다. 셰인은 관찰자의 관점에서 문화를 살펴보고 인공물, 옹호가치, 기본가정의 세 가지 수준에서 조직문화를 설명하였다. 문화는 관찰할 수 있다는 점에서 빙산과 같으며, 실제 빙산의 많은 부분이 수면 아래에 숨겨져 있듯이 문화 역시 확인하기 어려운 부분

2) 이 부분은 셰인(Schein, 1984)의 Coming to a New Awareness of Organizational Culture 내용을 수정, 보완한 것이다.

들이 있다고 하였다. 세인은 눈에 보이는 인공물들을 파악함으로써, 어느 정도 옹호가치나 기본가정/ 믿음을 발견할 수 있다고 하였다.

- **인공물**(artefacts) : 관찰이 가능한 상호작용방식을 포함하여 개입이 쉽게 보고, 듣고, 느낄 수 있는 조직의 속성을 말한다. 인공물에는 또한 문화적 분석을 위해 그러한 행동을 일상적으로 만드는 조직 프로세스, 헌장, 조직이 작동하는 방식에 대한 공식적인 설명, 조직도와 같은 구조적 요소가 포함된다(Schein, 2010). 인공물은 관찰하기는 쉽지만 해독하기는 쉽지 않으며, 가치와 가정과 같은 더 깊은 수준에서의 문화를 경험한 경우에 의미를 통찰할 수 있다(Schein, 2010).
- **옹호 신념과 가치**(espoused beliefs and value) : 조직이 공언하는 것으로, 조직의 슬로건, 사명선언문, 운영신념과 같은 인식적인 것을 말한다. 이러한 옹호 가치를 관리자들은 준수하며, 또한 직원들에게 표현함으로써 직원들의 행동에 영향을 미친다. 이러한 가치나 신념을 받아들이지 못하면 조직에서 쫓겨날 수 있다(Schein, 2010). 이러한 옹호 신념과 가치는 공동체로서의 의식을 유지하게 하며, 특정 상황을 처리하거나 행동동의 도덕적, 규범적 기능을 제공한다(Schein, 2010). 또한 이러한 옹호신념과 가치는 효과적이냐보다, 이러한 신념과 가치를 지켰을 때 편안하고 불편하지 않느냐의 문제이다(Schein, 2010).
- **기본가정/ 믿음**(basic underlying assuptions/ beliefs) : 눈에 보이지 않으며 일상생활에서 식별되지 않는 잠재적 요인으로, 일상적 결정을 내리는 데 사용하는 믿음(beliefs)을 의미한다. 구체적으로 조직과 환경의 관계에 대한 인식, 즉 핵심구성원이 조직관계를 지배하는지 아니면 조화를 이루는지, 또한 현실에 대한 파악, 즉 선형적인지 순환적 인식을 하는지, 인간을 어떻게 이해하고 있는지, X이론과 Y이론 중 어느 관점으로 이해하는지, 인간행동을 이해하는 방법으로 능동적 관점을 취하는지 수동적 관점을 취하는지, 인간관계의 본질로서 사람이 관계를 맺고 배분하는 데 있어 어떠한 방법을 취하는지 등에 대한 신념이나 믿음을 의미한다(Schein, 1984).

수준	특성
인공물(Artefacts & Creations) • 기술(Technology) • 기법(Art) • 시 · 청각적 행동양식(Visible & Audible Behavior Patterns)	가시적이지만 해석하기 쉽지 않음 (Visible but Often Not Decipherable)
↑ ↓	
가치(Values)	구성원들이 비교적 명확하게 인식하는 수준 (Greater Level of Awareness)
↑ ↓	
기본가정/ 믿음(Basic Assumptions) • 환경과의 관계(Relationship to Environment) • 현실감각에 대한 관념(Nature of Reality Time & Space) • 인성본성에 대한 관념(Nature of Human Nature) • 인간행동에 대한 관념(Nature of Human Activity) • 인간관계에 대한 관념(Nature of Human Relationships)	당연하게 여김(Taken for Granted) 보이지 않음(Invisible) 전의식적 수준(Preconscious)

| 그림 8-2 | 조직문화의 수준

출처 : Schein, E. H.(1984). Coming to a New Awareness of Organizational Culture. Sloan Management Review, 25(2), 4.

(2) 홉스테드의 조직문화 구성요인

홉스테드(Hofstede)는 와이스피츠(Waisfisz)와 협력하여 여섯 가지 차원으로 조직문화를 구분하였다. 또한 이를 체계화하여 Hofstede Insights를 통하여 팀/ 조직문화진단(Team/ Organizational scan)을 제공하고 있다. 여섯 가지 차원은 다음과 같다.

- **조직효율성 – 수단지향 대 목표지향**(means oriented vs. goal oriented) : 업무수행에 있어 우선순위가 목표(what) 또는 수단(how)인지를 의미하는 것으로, 이는 위험을 감수하거나 기여하는 데 영향을 줄 수 있다.
- **고객지향 – 내부주도 대 외부주도**(internally driven vs. externally driven) : 외부주도는 고객의 요구사항에 중점을 두며, 내부주도는 조직의 요구사항에 좀 더 중점을 두는 방식이다. 내부주도의 경우 대량생산, 사무에 적합하고 독점적인 특성이 있으며, 공식화의 수준이 높다. 따라서 정부나 준정부기

관은 내부주도에 초점을 두고 있다. 반면 외부주도의 경우 연구나 서비스에 적합하며 경쟁시장의 특성이 있으며, 공식화 수준이 다소 낮다. 따라서 민간부문은 외부주도에 초점을 두고 있다.

- **통제 – 유연함 대 엄격함**(easygoing vs. strict) : 유연한 문화는 상대적으로 즉흥적인 반면, 엄격한 문화는 높은 수준의 규율과 통제를 가지고 있다. 따라서 유연한 문화는 혁신이 필요한, 예측할 수 없는 작업상황 그리고 높은 교육 수준의 직원을 둔 경우 적절하다. 반면 엄격한 문화의 경우 건강과 안전을 위해 위험을 통제·방지하기 위한 목적으로 활용되며, 상대적으로 낮은 교육수준의 직원을 둔 경우 적절하다.
- **초점 – 현장중심 대 전문성중심**(local vs. professional) : 현장의 규범이나 특성을 따르거나 혹은 자신의 직업적 전문성에 따르느냐를 의미한다. 현장성을 강조하는 경우 전통적 기술을 보유하고 있으며, 직원들이 잘 조직되어 있는 경우 (준) 정부조직의 경우 적절하다. 반면 전문성의 경우 첨단기술을 활용하며, 자율성(not well organised)이 있는 경우 적절하다.
- **접근 가능성 – 개방성 대 폐쇄성**(open system vs. closed system) : 조직이 변화에 수용적인가에 따른 여부를 의미한다. 개방적 문화는 상대적으로 불확실성에 대한 약한 회피, 덜 공식화되어 있는 경우에 적절하며, 폐쇄적 문화는 불확실성에 대한 높은 회피, 높은 수준으로 공식화되어 있는 경우에 적절하다.
- **관리철학 – 직원중심 대 업무중심**(employee-oriented vs. work-oriented) : 직원의 복지가 우선시되는가, 작업이 우선시되는가를 의미한다. 직원중심 문화는 대규모 투자가 없는 소규모 조직, 지속적인 좋은 결과, 그리고 낮은 연공서열과 직원의 연령이 적을수록 적절하다. 반면 업무중심 문화는 대규모 조직, 높은 연공서열, 직원의 연령이 많을수록 적절하다.

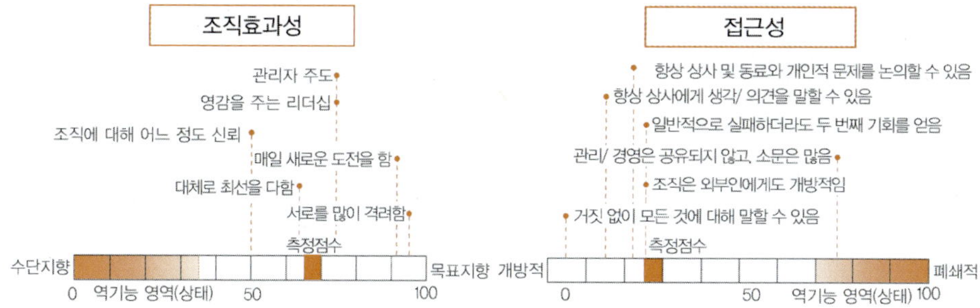

| 그림 8-3 | 홉스테드의 조직문화진단 예시

출처 : https://hi.hofstede-insights.com/the-team-culture-scan

(3) 존과 스콜스의 조직문화 구성요인

존과 스콜스(John & Scholes, 1992)는 조직문화와 관련된 몇 가지 요인을 제시하며, 이 요인들을 관리함으로써 경쟁 우위를 개선하고 성과를 개선할 수 있다고 보았다.

- **스토리**(stories) : 조직 및 구성원의 과거, 현재와 관련된 회사 안팎의 이야기
- **일상적 행동 및 의례**(rituals and routines) : 구성원이 '당연하게 여기는' 일상적 행동 방식, 회의 관행, 의식, 의례적 절차 등
- **상징**(symbols) : 로고, 장식, 공간 및 비공식적 복장규정을 포함한 요소들
- **조직구조**(organizational structures) : 조직의 구조, 권력 및 영향력 등
- **통제시스템**(control systems) : 재무, 품질시스템 및 보상을 포함한 조직의 통제시스템
- **권력구조**(power structures) : 권력의 배분과 이에 따른 의사결정, 운영, 전략적 방향설정

(4) 박원우의 조직문화 구성요인

박원우(2002)는 조직문화를 이념정체성(ideology identity), 제도/ 경영정체성(management identity), 구성원정체성(person identity), 이미지정체성(corporate identity), 리더정체성(leader identity)의 다섯 가지로 구분하였다. 이념정체성은 기업

의 이념과 비전의 정립 및 공감 여부를 말하며, 제도/ 경영정체성은 조직고유의 경영/ 관리제도와 방식의 정립 및 인식 여부를 말한다. 구성원정체성은 조직구성원(전체, 계층별, 직군별)의 상 정립 및 인식 여부를 말하며, 이미지정체성은 조직의 독자적 이미지 정립, 존재 및 인식 여부를 말한다. 마지막으로 리더정체성은 조직 리더(관리자/ 경영자)의 경영관, 목표, 전략의 존재 및 인식 여부를 말한다.

물론 이러한 다섯 가지 요소가 정리되어 있다고 해서 조직문화가 형성되는 것은 아니고, 이러한 요소들이 조직구성원들에 의해 공유되어야 한다. 따라서 조직문화를 관리하고 변화하기 위해서는 이들 다섯 가지를 관리하고 변화시켜야 한다(박원우 · 정시영, 2008).

2) 조직문화의 기능과 특성

조직문화의 기능과 특성은 다음과 같다(Robbins, 1989; Smircich, 1983). 첫째, 조직문화는 구성하는 여러 요소들은 서로 분리된 개체로서 기능하는 것이 아니라 여러 요소들 간에 유기적으로 연결되었거나 함께 결합되어 응고된 것으로 보았다. 조직문화는 갖가지 문화의 개체들이 그저 독립적으로 모여있는 것이 아닌, 총체적이며 통일적이다. 둘째, 조직문화는 행동의 일정한 유형이기에 순간적이거나 우연한 것이 아니라 지속적이고 안정적이고 일관적인 특성이 있다. 한두 번 있다가 혹은 독특하게 발생했다가 없어지는 형태들은 문화가 될 수 없고 일정 기간 동안 계속되는 형태만을 지칭한다. 그래서 조직문화는 다른 문화처럼 갑작스러운 변화는 없고, 변화하더라도 서서히 변화하는 것이 일반적이다.

조직문화는 다음과 같은 기능을 수행한다(김진영, 2007; 서종수, 2014; Robbins, 1989; Schein, 1983; Smircich, 1983).

첫째, 조직문화는 조직구성원에게 정체의식 및 소속의식을 전달해 준다. 조직문화는 구성원 각 개인의 마음과 의식 속에 존재하며, 대부분의 구성원들에 의해 공유되고 분담되는 것이다. 따라서 조직원 간 서로 공감대가 형성되어 정소속감을 갖게 된다. 조직문화는 서로 공유되어야 하고 상호교류를 할 수 있어야 한다. 따라서 일부계층이나 영향력이 있는 사람들만의 것이라면 조직문화라 할 수 없다.

둘째, 조직문화는 구성원들이 자기의 개인이익보다 큰 무엇에 헌신하는 것을 도와준다. 즉, 몰입을 촉진시키고 헌신하도록 한다. 즉, 조직문화는 전략적인 조직개발 프로그램의 일환으로, 구성원이 공통으로 생각하는 사고, 가치관, 행동패턴을 조직목표에 일치시키려는 노력의 일환으로 볼 수도 있다.

셋째, 조직문화는 구성원 개개인의 여러 행동요소 중 어떤 것은 권장하고 어떤 것은 억제하고 힘을 발휘한다. 셰인(Schein, 1983)은 조직문화를 조직구성원의 가치와 사고방식으로 행동을 지배하는 근본요소라고 하였다. 즉, 종사자들의 태도와 행동에 의미를 부여하고 그것을 조절하는 역할을 하는 것이다. 따라서 조직문화는 조직 내에서 수용되는 행위를 안내하고, 형성시키는 작용을 한다.

넷째, 조직문화는 다른 조직과의 구분을 가능하게 하는 경계 기능을 한다. 각 조직이 가지는 독특성으로 인하여 한 조직과 다른 조직들과의 구분을 가능하게 한다. 따라서 조직문화는 조직체계의 안정성을 증진시켜 준다.

다섯째, 구성원의 이직의도를 예방할 수 있다. 앞서 살펴본 바와 같이 조직문화는 소속감, 공동체의식을 유발하여 조직에 몰입하게 함으로써, 구성원의 이직을 예방하도록 기능한다.

여섯째, 조직의 성과를 향상시킨다. 특정 상황이나 특정 조직에 유용한 유일한 조직문화는 존재하지 않으나, 환경변화에 탄력적으로 적응하는 조직문화를 개발, 관리함으로써 조직의 성과를 향상시킬 수 있다. 효율적인 조직의 운영과 사업성과를 달성하기 위해서는 적절한 조직문화의 창출과 효과적인 관리가 중요하다.

조직문화가 언제나 긍정적 기능만을 수행하는 것은 아니다. 조직문화는 역기능 역시 존재한다. 첫째, 조직문화는 오랫동안 지속되어 왔기 때문에 항상성이 있어, 조직의 변화에 저항한다. 즉, 기존의 문화를 유지하려는 특성이 있다. 따라서 조직혁신이 필요한 상황에서 강한 조직문화는 장벽으로 작용하게 된다.

둘째, 획일성을 강조하게 된다. 조직문화는 동조하는, 적응하는 조직구성원은 남아있게 하지만 그렇지 않은 조직구성원은 이탈하게 만드는 기능이 있다. 따라서 조직을 유사한 특성을 가진, 조직문화에 부합하는 사람들만 존재하도록 함으로써 획일화된 특성을 갖도록 한다. 오늘날과 같이 다양성이 존중받고 또 요구되는 사회에서 너무 강한 조직문화는 획일성을 강조한다는 점에서 바람직하지 못할 수 있다.

셋째, 조직의 변화에 저항하는 특성, 획일성을 강조하는 특성은 조직에 부담으로 존재하게 된다.

4. 조직문화의 유형

조직문화를 설명하는 여러 관점과 이론이 존재하듯이, 조직문화의 유형 역시 다양하게 논의된다. 조직문화의 유형을 구분하는 것은 조직문화 유형에 대한 가치 판단을 하기 위해서라기보다는 조직문화를 중심으로 조직의 여러 문제를 연계시켜 고찰하려 할 때 편의상 조직문화유형을 구분하는 것이 유용하기 때문이다(이덕로, 2018).

해리슨(Harrison, 1972)은 조직문화의 특성이 조직의 이념적 지향에 달려 있다고 보았으며, 조직문화를 권력지향문화, 역할지향문화, 과업지향문화, 인간지향문화로 유형화하였다. 오우치(Ouchi, 1981)는 거래비용의 관점에서 거래교환을 처리하는 방법을 기준으로 주장하며, 조직문화의 유형을 시장문화, 관료제문화, 클랜(clan)문화로 분류하였다. 이와 유사하게 존스(Jones, 1983)는 사회집단의 구성원들 사이의 교환이나 거래를 통제하기 위해서 발전된 제도적 장치 내에서 조직문화가 생성된다고 보고, 상이한 재산권의 구조는 상이한 조직문화를 형성시킬 수 있다고 주장하며, 조직문화의 유형을 생산문화, 관료적 문화,

전문적 문화 재산권의 구조로 분류하였다.

이 외에도 딜과 케네디(Deal & Kennedy, 1982)는 위험의 정도와 결과에 대한 환류와 속도에 따라 과정문화, 저위험 · 급환류(work hard/ play hard) 문화, 고위험 · 완환류(bet-your-company) 문화, 고위험 · 급환류(tough-guy macho) 문화 등으로, 왈라크(Wallach, 1983)는 개인의 동기유발 요인에 따라 혁신적 문화, 지원적 문화, 관료적 문화 등으로 구분하였다. 퀸과 맥그래스(Quinn & McGrath, 1985)는 환경에 대한 확실성의 인지도와 반응속도에 따라, 세티아와 글리노우(Sethia & Glinow, 1985)는 구성원 자체에 대한 배려와 구성원의 실적에 대한 관심 정도에 따라 조직문화를 다양하게 유형화하였다. 이를 정리하면 〈표 8-2〉와 같다.

〈표 8-2〉 조직문화의 유형

연구자	유형분류	분류 차원
Harrison(1972)	① 권력지향문화 ② 역할지향문화 ③ 과업지향문화 ④ 인간지향문화	이념적 지향
Handy(1978)	① 클럽문화 ② 역할문화 ③ 과업문화 ④ 실존문화	
Ouchi(1981)	① 시장문화 ② 관료제문화 ③ 클랜문화	거래비용의 관점 및 재산권의 구조
Jones(1983)	① 생산문화 ② 관류적 문화 ③ 전문적 문화 재산권의 구조	
Deal & Kennedy(1982)	① 과정문화 ② 저위험 · 급환류문화 ③ 고위험 · 완환류문화 ④ 고위험 · 급환류문화	위험의 정도와 결과에 대한 환류와 속도
Wallach(1983)	① 혁신적 문화 ② 지원적 문화 ③ 관료적 문화	개인의 동기유발요인
Sethia & Von Glinow (1985)	① 냉담문화 ② 배려문화 ③ 엄격문화 ④ 통합문화	구성원에 대한 배려와 구성원의 실적에 대한 관심
Quinn & McGrath(1985)	① 합리문화 ② 개발문화 ③ 합의문화 ④ 위계문화	환경에 대한 확실성의 인지도와 반응속도
Ernest(1985)	① 상호작용문화 ② 통합적 문화 ③ 체계적 문화 ④ 기업가적 문화	행동차원과 인간차원

Kets de Vries & Miller(1986)	① 편집병적 문화 ② 회피문화 ③ 카리스마적 문화 ④ 관료적 문화 ⑤ 정치적 문화	최고경영자가 오랫동안 지녀온 심리적 성향
서인덕(1986)	① 합리적 문화 ② 진취적 문화 ③ 친화적 문화 ④ 보전적 문화	조직구성원의 행동특성과 현실지각
Wiener(1988)	① 기능·전통문화 ② 기능·카리스마문화 ③ 우월·전통문화 ④ 우월·카리스마문화	가치관의 초점과 원천
Hampden & Turner(1993)	① 갈등·악순환형 조직문화 ② 조화·활성화형 조직문화	일방적 가치추구 및 시너지적 가치추구
Denison(1997)	① 적응성문화 ② 사명문화 ③ 몰입문화 ④ 일관성문화	준거의 초점과 변화추구 정도
Cameron & Quinn(1999)	① 클랜문화 ② 애드호크문화 ③ 시장문화 ④ 위계문화	신축성-안정성 차원과 내부지향-외부지향 차원

출처 : 최성욱(2001), 김성수(2008)의 내용을 재구성.

이처럼 조직문화는 분류차원에 따라 매우 다양하게 유형화될 수 있다. 그러나 각각의 유형은 각기 독립적으로 개발되어 왔으며, 기존의 조직문화에 대한 선행연구들은 조직문화의 실체를 동태적으로 분석하지 못하고 일반적인 사회문화 차원의 추상적인 접근이 많았다고 할 수 있다(김호정, 2002).

카메론과 퀸(Cameron & Quinn, 1999, 최성욱, 2001 재인용)은 원래 기존에 각기 독립적으로 개발되어 있던 모형들을 하나의 프레임워크 아래 통합시키려는 메타이론으로서 경쟁가치모형(CVM : Competing Values Model)을 제시하며, 이를 규명하기 위한 분석 틀로 변용, 사용하고 있다. 퀸과 로보(Quinn & Rohrbaugh, 1983)는 캠벨(Campbell, 1977)이 작성한 39개의 조직효과성 지표를 근거로 두 가지 축을 추출하였다. 수직축으로는 융통성과 재량, 역동성을 강조하는 집단과 안정성과 질서, 통제를 강조하는 집단으로 분류하였으며, 또한 수평축으로는 내부지향과 통합, 단합을 강조하는 집락과 외부지향, 차별, 경쟁을 강조하는 집단으로 분류하였다. 이렇게 신축지향적이고 재량적이냐 혹은 통제지향적이고 안정지향적이냐에 따른 수직축과, 내부지향적이고 통합적이냐, 외부지향적이고 차별적이냐에 따른 수평축을 통하여 4개의 집단을 추출하였다. 그런데 양 축의 형태가 서로 상반되는 가치가 놓여있다고 하여 이를 경쟁가치모형이라 부르게 되었다(김호정, 2002).

본래 경쟁가치모형은 조직효과성 분석 모형에 기초를 이루는 가치요소의 차이를 규명하기 위해 개발되었으나, 퀸과 킴벌리(Quinn & Kimberly, 1984)에 의해 조직문화 연구에 적용되어 조직문화의 유형을 정의하고 특성을 해석하기 위한 도구로 활용되어 왔다. 융통성지향적이고 재량중심적인 그리고 통제지향적이고 안정지향적인 수직축과, 내부지향적이고 통합중심적인 그리고 외부지향적이고 차별중심적인 수평축을 기준으로 조직문화를 분류하면 【그림 8-4】와 같이 합의문화, 개발문화, 위계문화, 합리문화 등 네 가지 조직문화 유형을 도출할 수 있다.

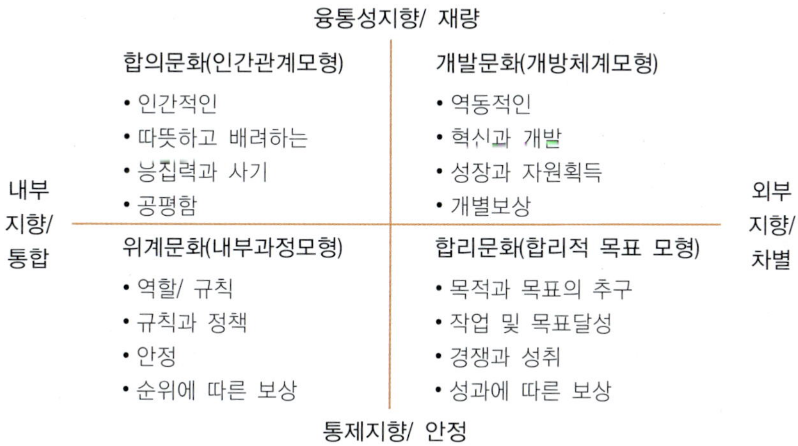

【그림 8-4】 경쟁가치 조직문화

출처 : Bradley, L., & Parker, R.(2004). Organisational Culture in the Public Sector. Report for the Institute of Public Administration Australia, p. 6.

경쟁가치 조직문화에 대해 구체적으로 살펴보면 다음과 같다.

첫째, 합의문화는 융통성지향적인 특징과 재량을 강조하며, 내부지향적이며 통합을 강조한다. 무엇보다 인간관계에 많은 관심을 기울이며, 조직구성원 간의 응집성과 사기, 신뢰, 인화, 간결 및 팀워크 등을 통한 인적자원개발을 목적으로 한다(Parker & Bradley, 2000). 조직구성원들의 참여, 팀워크, 충성, 사기 등을 통해 나타나는 높은 수준의 참여는 조직에 대한 관심을 증대시키고, 참여와 관심은 책임감과 자긍심을 향상시키면서 주인의식을 갖게 한다. 주인의식을 가지면 자율적 업무수행능력도 향상되고 단순한 종사자 이상의 높은 관여를 보임으로써 조직과 목표에 대한 몰입이 강화된다(Denison & Mishra, 1995; Denison, 1997; 임채숙, 2009). 둘째, 개발문화는 융통성지향적이며 재량을 강조하고, 외부지향적이며, 차별을 강조한다. 조직의 변화와 유연성을 강조하며, 조직이 당면하고 있는 외부환경에의 적응능력에 중점을 준다(Zammuto & Krakower, 1991). 즉, 외부환경에 대한 적응과 혁신, 창의성의 강조와 모험, 유연성의 발휘, 준비를 통하여 성장하며 외부환경으로부터의 자원획득을 목적으로 한다. 조직구성원들이 하고 싶은 일을 도전과 창조정신 하에서 조직의 최대 지원을 받으면서, 자율적으로 수행할 수 있으므로, 조직과의 일체감을 촉진시킨다(한주희 · 황원일 · 박석구, 1997). 셋째, 위계문화의 경우 통제지향적이며 안정을 추구하고, 내부지향적이며 통합을 강조한다. 위계문화는 내부과정 모형이라고도 하며, 공식적인 명령과 규칙, 집권적 통제와 안정지향을 강조하는 관료제의 가치와 규범을 반영한다(Zammuto & Krakower, 1991). 이 문화에서는 구성원들은 소극적이고 모험을 기피하여 창의성이 떨어진다. 다시 말해 통제를 강조함으로써 종사자들의 동기부여와 열정은 약화되고 직무에 대한 매력은 감소하므로 구성원들의 직무만족도는 높아지기 곤란하다(임채숙, 2009). 넷째, 합리문화의 경우 통제지향적이며, 안정을 추구하고, 외부지향적이며, 차별을 강조한다. 합리문화는 합리적 목적모형이라고도 하며 조직의 성과목표 달성과 과업수행에 있어서 생산성, 능률성을 통한 경쟁력 확보를 강조한다. 합리문화는 목표와 성취를 강조하고 경쟁을 장려하지만 인간적 배려와 인간관계를 기본으로 하는 직무만족에는 소홀해질 수 있다. 따라서 구성원들은 조직에 대한 방어적 태도와 개인적 행동을 취하게 된다(한주희 외, 1997).

앞서 제시한 경쟁가치모형에 근거한 네 가지 조직문화 유형은 상호배타적이며 양립이 불가능한 것처럼 보이나, 같은 조직 내에서도 다른 문화적 가치들이 공존하며, 네 가지 조직문화 유형 간의 균형이 조직효과성에 바람직하다는 사실을 경험적으로 제시하고 있다(Parker & Bradley, 2000).

5. 조직문화의 영향

조직문화는 조직구성원의 사고와 행동양식을 지배하기 때문에 바람직한 조직문화인 경우 구성원들이 즐겁게 일하면서 조직성과를 증진시킬 수 있는 반면, 병리적인 조직문화에서는 구성원들의 이직이 잦고 조직성과가 낮아진다(김영미 · 조상미, 2011). 이처럼 조직문화는 종사자와 조직에게 모두 영향을 미친다. 따라서 사회복지행정가는 조직문화가 조직과 조직구성원에게 미치는 영향을 알고, 이를 체계적으로 형성하고 관리할 수 있어야 한다. 조직문화의 영향력을 종사자와 조직으로 나누어 살펴본 선행연구 결과를 살펴보면 다음과 같다.

1) 조직문화와 사회복지사

(1) 조직문화와 이직의도

박길태(2014)는 전라북도 사회복지기관에 종사하는 사회복지종사자를 대상으로, 조직문화와 이직의도의 관계를 살펴보았다. 조직문화를 위계, 개발, 집단문화로 살펴보았는데, 그 결과 위계문화는 이직의도와 정적 상관관계를 나타냈으며, 개발문화와 집단문화는 부적 상관관계를 나타냈다. 하은하 등(2015)의 연구에서 합의(집단)문화는 이직의도에 부적 영향을 미치는 것으로 나타났다.

(2) 조직문화와 전문성

서종수와 조희금(2017)은 가족복지조직을 대상으로 조직문화와 전문성의 관계를 살펴보았다. 조직문화를 합의(집단), 개발, 서열, 합리, 규정문화의 다섯 가지[3]로 나누어 살펴보았으며, 전문성은 사업실천능력, 사업행정능력, 일반행정능력으로 나누어 살펴보았다. 합의(집단)문화는 사업실천능력 및 사업행정능력과 정적 상관관계를 가지는 것으로 나타났으며, 개발문화는 사업실천능

3) 요인분석 결과 위계문화는 다시 서열문화와 규정문화로 분류되는 것으로 나타났다.

력, 사업행정능력, 일반행정능력과 정적 상관관계를 나타냈다. 서열문화는 전문성과 유의미한 관계가 나타나지 않았으며, 합리문화는 사업실천능력, 사업행정, 일반행정능력과 정적 상관관계를 가진 것으로 나타났으며, 규정문화는 사업실천능력과 일반행정능력과 정적 상관관계를 나타냈다. 이와 유사하게 장애인복지관 종사자를 대상으로 한 오재원(2012)의 연구결과 종사자의 전문성에 개발문화, 합의(집단)문화, 합리문화는 정적 상관관계를 나타냈다.

(3) 조직문화와 직무만족 및 소진

홍원표, 이선미와 박예림(2022)의 연구에서 합의(집단)문화와 개발문화는 직무만족도에 정적 영향을 미치는 것으로 나타났다. 김영춘(2010)의 연구 결과 집단문화와 발전(개발)문화는 직무만족에 정적 영향을 미치는 것으로 나타났다. 주리애(2010)의 연구에서 합의(관계)적 문화와 개발(혁신)적 문화는 직무만족에 정적 영향을 미치는 것으로 나타났다.

조상미 등(2020)의 연구에서 합의(집단)문화와 개발문화는 직무소진에 부적 영향을, 합리문화는 정적 영향을 미치는 것으로 나타났다. 심선경(2018)의 연구에서 위계(과업)문화, 합의(관계)문화, 개발문화로 나누어 소진과의 관계에 대해 살펴본 결과 위계(과업)문화는 소진에 정적 영향을 미치는 것으로 나타났으며, 합의(관계)문화는 소진에 부적 영향을 미치는 것으로 나타났다.

2) 조직문화와 사회복지조직의 조직효과성

전북지역 복지관 종사자를 대상으로 한 이미영과 강영숙(2018)의 연구에서 합의(집단)문화와 개발문화는 조직효과성에 정적 영향을 미치는 것으로 나타났다. 김영춘(2010)의 연구 결과 집단문화와 발전(개발)문화는 조직효과성에 정적 영향을 미치는 것으로 나타났다. 정동엽(2010)은 노인복지지설의 조직문화를 개발(혁신)지향, 합의(관계)지향, 합리(과업)지향, 위계지향으로 나누어 조직몰입과의 관계를 살펴본 결과, 개발(혁신)지향, 합의(관계)지향 문화는 조직몰입에 정적 영향을 미치는 것으로 나타났다. 또한 합의(집단)문화, 개발문화, 위계문화는 조직효과성의 하위 요인인 경영성과에 정적 영향을 미치는 것으로 나타났으며, 합의(집단)문화와 개발문화는 조직효과성의 하위 요인인 조직몰입에 정적 영향을 미치는 것으로 나타났다.

주리애(2010)의 연구에서 관계적 문화와 혁신적 문화는 조직몰입과 업무성과에 정적 영향을 미치는 것으로 나타났다. 진영란과 이광순(2015)은 노인요양시설 종사자를 대상으로, 조직문화를 개발(혁신)지향, 합의(관계)지향, 합리(과업)지향, 위계지향으로 나누어 조직몰입과의 관계를 살펴본 결과, 혁신지향, 관계지향문화는 조직몰입에 정적 영향을 미치는 것으로 나타났다.

이처럼 조직문화는 사회복지사의 이직의도, 전문성, 그리고 직무만족 등에 영향을 미친다. 뿐만 아니라 조직문화는 조직만족, 조직효과성 및 성과 등 조직 차원에도 영향을 미친다. 따라서 사회복지행정가는 조직문화가 종사자와 조직에 미치는 영향력을 이해하고, 조직문화를 체계적으로 형성, 관리할 수 있어야 한다.

09 CHAPTER

인적자원 관리

1. 인사관리의 개념
2. 인사계획과 직무관리
3. 인적자원의 확보관리
4. 슈퍼비전
5. 소 진

CHAPTER

09 인적자원 관리

사회복지행정에서 인적자원 관리란 클라이언트에게 질 높은 복지서비스를 효율적으로 공급하기 위하여 조직이 필요로 하는 인력을 조달, 유지, 개발, 활용하는 활동을 계획하고 통제하는 관리활동의 체계라고 할 수 있다(이재규 · 김성규 · 권중생, 1996 : 3). 사회복지에서 제공되는 서비스의 많은 수는 규정된 규칙이나 절차에 의해서 이루어지기보다는 현장을 담당하는 조직구성원들의 능력이나 판단에 의존하는 경우가 많아 구성원들의 인적자원 관리는 결국 사회복지서비스의 질을 결정하는 중요한 요소로 기능한다는 점(강용구 외, 2007 : 141)에서 인적자원 관리의 중요성은 여러 차례 강조한다 해도 지나침이 없을 것이다.

1. 인사관리의 개념

1) 인사관리의 의의

인사관리는 사회복지조직뿐만 아니라 공공부문 등 모든 공 · 사 조직에서 관심을 가져야 할 매우 중요한 관리과정 중의 하나이다. 모든 조직은 조직구성원에 의해 관리 · 운영될 뿐만 아니라 모든 재화와 서비스는 해당 조직구성원인 직원 또는 종업원에 의해 직접 생산되고 전달된다. 따라서 인사관리활동은 조직의 생존 · 유지 · 발전에 직접적으로 매우 중요한 영향을 미친다. 흔히 정부를 비롯한 공공부문에서의 인사관리활동을 인사행정, 기업을 비롯한 민간부문에서의 인사관리활동을 인사관리로 구분하는데, 이러한 구분은 편의상의 구분일 뿐 절대적 구분을 의미하는 것은 아니다.

영리를 목적으로 하는 기업에서는 인사관리의 주요 과업에 대해 이윤을 극대화시키기 위하여 조직구성원(종업원, 직원)의 효율적 · 합리적 활용과 관리를 주 대상으로 하는 경영활동으로서 종업원의 확보, 종업원의 활용과정, 노사간의 조정 등으로 구분하고 있다. 이러한 인사관리활동을 다시 세분하면, ① 채용 · 배치와 승진 관리, ② 직무평가와 인사고과, ③ 교육훈련 관리, ④ 취업관리, ⑤ 임금(보상) 관리, ⑥ 복지후생 관리, ⑦ 징계와 해고 관리 등으로 분류하고 있으며, 인적자원 관리활동까지 포함하면 ⑧ 인간관계 관리, ⑨ 노사관계 관리, ⑩ 행동과학 등을 대상으로 하고 있다.

2) 인사관리의 기본 목표와 주요 원칙

인사관리의 기본 목표는 개인의 능력 발전, 공정한 성과 관리, 조직에 대한 충성심 제고, 조직의 신축성 확대 등을 통하여 조직을 유지하고 성장시키고 궁극적으로 조직의 목표를 성취하거나 극대화시키는 것이다. 우수한 인적자원의 확보와 유지 · 개발활동을 통하여 조직의 경쟁력을 확보하고, 조직을 유지 · 성장시켜서 조직의 생산성과 능률성을 제고하는 것이 인사관리의 궁극적 목적이다. 이러한 인사관리 목적을 달성하기 위하여 인사관리활동을 주도하는 기본적 기준을 인사관리의 원칙이라고 하며, 이를 정리하면 다음과 같다(김성수, 1998).

- 첫째, 전인주의 원칙이다. 조직구성원은 해당 조직의 생산수단으로서의 일면을 가지고 있으나, 동시에 인간 개인으로서의 욕구기대와 목표 등을 가지고 있다. 또한 조직구성원은 고용의 안정, 양호한 작업환경이나 인간관계, 복리후생시설 등의 환경에 대한 욕구와 더불어 일하는 보람, 성취감, 책임감 등의 자기실현욕구를 가지고 있다. 따라서 이와 같은 다원적 · 인간적 욕구를 종합적으로 다룸으로써 구성원의 동기를 높이는 인사관리의 원칙이 전인주의 원칙이다.

- 둘째, 공정의 원칙이다. 인사문제는 정실(情實)을 배제하고 공정성과 공평성을 기하는 것이 무엇보다 중요하다. 즉, 학연, 혈연, 지연 등과 족벌, 친족 등에 이끌리는 정실주의적 인사관행의 배제가 인사관리의 기본 원칙이다.
- 셋째, 업적 및 능력주의 원칙이다. 조직 내의 모든 구성원은 승진, 승급, 성과배분 등 보수제도에 많은 관심과 민감한 반응을 나타내고 있다. 연공서열주의가 아니라 구성된 개개인의 노력과 성과가 적절하게 반영되는 업적주의나 능력주의 등 실적주의 원칙에 따라 운용되는 인사관리활동은 무엇보다도 중요하다.
- 넷째, 정보공개주의 원칙이다. 조직구성원의 협동적 의욕을 고취시키기 위해서는 조직경영에 관한 정보에 대하여 비밀주의가 아닌 공개주의를 취해야 한다.
- 다섯째, 참가주의 원칙이다. 현대 모든 조직의 구성원은 단순한 생산수단이 아니며 또한 단순한 명령실행자도 아니다. 조직구성원 스스로 문제해결능력을 가지고 있다는 인식하에 의사결정과정에 조직구성원을 참여시킴으로써 책임감과 능력 발휘를 극대화시킬 수 있을 것이다.

3) 인사관리의 특성

인사관리는 그 기본 개념에서도 언급한 것처럼 인적자원, 즉 인간(노동력)을 대상으로 하기 때문에 나타나는 다음과 같은 특성이 있다(박경규, 2006).

- 첫째, 인사관리의 주체와 객체는 인간이다. 인사관리의 주체는 경영자이며 객체는 조직구성원(직원)이다. 경영자와 직원 모두 인간이므로 인사관리의 주체와 객체는 모두 인간이다.
- 둘째, 자원의 특성에서 관리의 객체(대상)인 인적자원은 통합적 일반상품 거래 주체는 상품의 주인인 인간이며, 객체는 상품 자체로 분리되어 있으나, 인적자원의 거래에서는 거래의 주체는 전인적인 인간이고 객체 역시 노동력(인간)이며 이 둘은 분리될 수 없다.

- 셋째, 인사관리는 노동시장의 메커니즘에 따라 노동력의 수요와 공급을 연결 조정한다. 이러한 메커니즘에서 흔히 파악할 수 있는 노동시장의 특성은 사회적 중요성, 노동의 소진성, 노동단위의 불명료성, 단일가격의 부재성, 시장정보의 불완전성, 노동이동의 제약성, 노동시장의 다원성(직종별, 산업별, 숙련도별, 지역별, 성별, 연령별) 등을 의미한다.
- 넷째, 인사관리는 주체와 객체가 모두 인간이므로 사회문화적 환경과 전통을 고려해야 한다. 즉, 개방적 시스템으로서 기업을 가정하면, 종업원은 기업구성원이면서 사회구성원이므로 그들이 공통적으로 영향받고 있는 사회문화적 환경 및 전통과 조화를 이루는 방향으로 행동양식을 조정할 필요가 있다.

4) 사회복지조직에서 인사관리의 중요성

사회복지행정에서의 인사관리란 사회복지기관이나 복지시설 등 사회복지조직에서 해당 조직의 목적과 프로그램 목표를 효과적·효율적으로 달성하기 위하여 사회복지사를 비롯한 사회복지조직 구성원의 능력을 최대한으로 활용하기 위한 모든 인사관리활동을 의미한다. 따라서 사회복지조직에서의 인사관리활동에서 가장 중요한 부문은 구성원(직원)의 채용, 직원의 능력 개발, 직원의 유지, 동기부여, 슈퍼비전 등이라고 할 수 있다. 사회복지조직은 다양한 사회문제를 해결하여 사회구성원의 사회적 욕구를 충족시켜 궁극적으로 인간의 존엄성을 실현하기 위한 조직이다. 따라서 사회적으로 취약한 계층의 욕구를 충족시켜 주거나 사회문제에 보다 노출되어 있는 사람을 주 대상으로 하고 있다.

즉, 사회복지조직은 사람을 대상으로 하는 조직으로서 사회복지사에 의한 서비스 제공을 담당하는 조직이기 때문에 인간관계를 중시하며 따라서 인사관리활동은 매우 중요하다. 또한 사회복지사업은 미리 정해진 규칙이나 절차 등에 의해 실천되는 것이 아니라 사회복지사와 사회복지행정가의 재량과 전문적 활동에 의해 실천되며, 궁극적 목적은 모든 인간의 존엄성을 실현하는 것이기 때문에 인사관리활동은 더욱 중시된다. 그런데 사회복지행정은 일반 행정이나 일반기업과는 달리 수평적이고 비공식적인 성격이 강하므로 인사행정이나 일반기업의 인사관리와는 일부 차별화가 요구된다.

2. 인사계획과 직무관리

인사계획이란 기관의 목적 달성을 위하여 어떤 능력을 갖춘 인력이 얼마나 필요한지, 또 언제 충원할 것인지 등 인사 충원에 관한 전반적 계획을 의미한다. 인사 충원계획에서 필수 활동은 직무분석, 직무기술서, 직무명세서 작성이다. 또한 조직이나 조직전력의 변화가 일어나면 이를 뒷받침하는 일의 내용, 즉 직무도 변화하면서 인사관리활동이 수반된다. 인사관리를 필요로 하는 이러한 직무관리는 기업경영활동과 인사관리활동의 기초가 되는 것으로서 직무분석, 직무평가, 직무설계 등으로 구성된다.

1) 직무분석

(1) 직무분석의 개념

직무분석(job analysis)은 직무의 내용과 직무담당자의 자격요건을 분석하는 과정이며, 그 결과로 직무기술서와 직무명세서가 작성된다. 조직의 성과는 인간과 직무의 함수로 구성된다. 인간을 구조적으로 이해하기 위해서는 요건분석이 필요하고, 직무를 조직적으로 이해하기 위해서는 업무분석이 요구된다. 따라서 직무분석이란 분석적 방법에 의하여 직무내용에 대한 정보를 조직적으로 수집하고 기록하는 것이라고 정의한다. 직무분석과 관련된 용어를 정리하면 다음과 같다.

- **과업**(task) : 독립된 목적으로 수행되는 작업활동으로서 명확히 식별 가능한 정신적·육체적 일의 단위

- **직위**(position) : 개인에게 할당된 한 개 이상의 과업으로 구성되며, 구성원 수와 동일
- **직무**(job) : 목적, 범위, 과업내용, 숙련도, 작업방법 등이 유사한 직위의 집단이며, 한 개 이상의 직위로 구성
- **직군**(job family) : 유사한 직원의 특성을 요구하거나 유사한 과업을 내포하고 있는 두 개 이상의 직무집단
- **직업**(occupation) : 여러 조직에서 일정하게 나타나는 유사한 집단을 통칭하는 것
- **직업군**(occupation family) : 유사한 속성을 가진 직업들로 이루어진 집단이며, 기술직, 작업직, 사무직, 교육직 등으로 분류

이상에서 정리한 것 중에서 직업 및 직업군을 제외한 모든 것, 즉 과업, 직위, 직무, 직군은 일반적으로 직무분석에 의해서 결정된다.

(2) 직무분석의 목적

직무분석은 인사관리 합리화에 필요한 기초 작업이지만 인사관리 전반의 합리화에 유용한 유일 만능의 수단이 아니다. 이러한 관점에서 직무분석이 인사관리의 각 분야와 어떤 관계가 있는지를 검토하면 다음과 같다(박경규, 2006).

- 첫째, 조직운영을 계획적이고 능률적으로 수행하기 위하여 일의 분량, 범위, 책임 및 통제 · 감독 관계를 명확히 파악하는 데 도움이 되는 직무분석은 조직합리화의 기초작업이 된다.
- 둘째, 직무분석 결과는 채용, 배치, 이동, 승진 등의 기준을 작성하는 기초가 된다.
- 셋째, 직무분석에 의해 업무 흐름을 파악하고 업무단위의 내용을 표준화하여 사무처리 방법을 통일할 수 있으므로 업무개선의 기초를 마련할 수 있다.
- 넷째, 인사고과를 합리적으로 하려면 종업원의 인간적 평가보다 담당직무의 수행 정도를 평가해야 하므로 직무분석은 인사고과의 기초작업이다.

- 다섯째, 직무분석의 결과는 훈련 및 개발의 기준이 되며, 직원의 업무지식 및 숙련의 과부족 상황을 판정하는 기준이 된다.
- 여섯째, 직무분석은 '동일노동, 동일임금의 원칙'에 입각하여 직무의 상대적 가치에 따라 보상액을 결정하는 직무급을 도입하기 위한 기초작업이다.
- 일곱째, 직무분석은 인사담당, 안전관리, 정원 산정, 작업환경 개선 등에 필요한 정보를 제공한다.

(3) 직무기술서와 직무명세서의 작성

직무분석은 예비단계와 실시단계를 거쳐 직무기술서와 직무명세서를 작성하는 과정으로 이루어진다.

예비단계에서는 우선 분석목적을 결정하고 주관부서를 설정하며 분석자를 선정한 다음 조직 내의 협력체계를 확립하여 직무에 관한 예비조사를 실시하는 단계를 의미한다. 예비조사에 의해서 직무의 분석상태나 개략적 내용을 파악해 두는 것으로서 예비조사의 내용과 자료에는 조직기능도표, 직무조사표, 개인별 업무분담표, 단위업무처리과정표, 직무단위의 구분 등을 포함한다.

한편 실시단계는 직무분석의 핵심부분이 되는 단계로서 필요한 정보의 목록을 직무분석표로 작성하고, 이것을 토대로 정보를 수집, 분석, 정리하고, 그 결과에 따라 직무기술서와 직무명세서를 작성한다.

- 첫째, 직무분석표는 업무분석사항과 요건분석사항으로 대별된다. 업무분석사항은 수행하는 업무에 대한 5W1H, 즉 직무담당자(Who), 목적(Why), 개요(What), 근무시간(When), 작업장소(Where), 작업방법 및 자세(How) 등을 포함한다. 요건분석사항은 직무요건, 책임, 의무, 정신적 조건, 육체적 조건, 환경조건 등을 포함한다.
- 둘째, 직무정보를 수집하는 데 있어서 그 방법은 관찰법, 면접법, 질문조사법, 체험법, 실험법, 업무일지법, 그리고 이러한 방법을 결합시켜서 사용하는 종합법 등이 있다. 어떤 한 가지 방법에 의존하는 것보다 결합하

여 사용함으로써 정확하고 효과적인 결과를 얻을 수 있다. 직무분석을 실시할 때 주의하여야 하는 사항 중의 하나는 자신의 직무를 난이도가 높은 것으로 가장하는 종업원이 있다는 것이다. 자신의 자존심을 높이고 임금과 승진 등에서 유리한 입장에 서기 위해서 때로는 그런 주장을 한다.

- 셋째, 직무정보의 분석작업에서는 각 직무의 내용, 책임 및 권한, 신체동작과 정신활동, 작업조건, 자격요건 등을 항목별로 분석하여 일목요연하게 정리한다.

이와 같은 직무분석의 결과에 의해 직무기술서(job description)와 직무명세서(job specification)를 작성한다. 우선 직무기술서는 직무분석의 결과를 개선・보완한 후에 정리한 요점을 기술한 문서이며, 실행할 과업에만 국한될 필요가 없고 이상적 측면에서 작성된다. 직무기술서의 내용은 직무명칭, 위치, 직무개요, 자격요건, 의무, 기계, 도구, 장비, 원료감독 및 피감독, 작업조건, 작업환경(위험) 등을 포함하며, 직무내용과 직무요건에 거의 비중을 균등하게 두고 기술한다. 직무명세서는 직무기술서의 내용 중에서 직무내용보다 직무요건, 특히 인적 요건(직원의 행동, 기능, 능력, 지식)에 중점을 두고 작성된다. 그 내용은 교육, 경험, 판단 및 창의력, 육체적 노력, 숙련, 책임, 의사소통기술, 정서적 특성, 능력수준 등을 포함하며, 현실적 측면에서 초점을 두고, 고용, 교육훈련, 조직설계, 임금관리, 안전관리, 작업방법 개선 등에 사용할 수 있도록 되어 있다.

2) 직무평가

(1) 직무평가의 개념

직무평가(job evaluation)는 특정 조직 내에 산재하고 있는 개별적 직무를 전체 조직 내의 다른 직무와 연관시키는 종합적 기법이다. 직무평가란 경영 내부에서 각 직무의 상대적 가치를 결정하는 방법이므로 직무를 취급하는 것이지 인간을 취급하는 것은 아니다.

그러므로 직무평가는 직무분석에 의해 작성된 직무기술서 또는 직무명세서를 기초로 하여 기업이나 기타 조직에 있어서 각 직무의 중요성, 곤란도, 위험도 등을 평가하여 다른 직무와 비교함으로써 직무의 상대적 가치를 결정하는 체계적 방법이다.

(2) 직무평가의 목적과 방법

직무평가의 1차적 목적은 직무의 상대적 가치에 따라서 기업 내부의 임금격차를 결정하는 데 있다. 그보다 더 넓은 의미에서 보면, 그 목적은 기업 내의 임금체계나 구조를 확립하고 인사관리 전반의 합리화를 기하는 데 있다. 직무평가의 구체적 목적은 다음과 같다.

- 첫째, 질적 측면에서의 직무의 상대적 가치와 그 유용성을 결정하는 자료를 제공한다.
- 둘째, 노사 간에 타당성을 인정할 수 있는 임금격차를 줄 수 있기 때문에 직원의 근로의욕을 증진시켜 노사협력체계를 확립할 수 있게 한다.
- 셋째, 조직의 직계제도 확립과 직무급 및 직무제도를 확립하기 위한 자료를 제공한다.
- 넷째, 노동시장에서 노동자를 유인할 수 있는 우월한 임금체계를 수립하는 자료를 제공한다.
- 다섯째, 단체교섭에 유용한 자료를 제공한다.

한편 직무를 평가하기 위한 방법은 여러 가지가 있으나 가장 일반적으로 알려진 방법은 서열법, 분류법, 점수법, 요소비교법 등이 있다. 서열법과 분류법은 전반적이고 포괄적이며 비양적인 평가방법이지만, 요소비교법과 점수법은 분석적이고 과학적이며 양적인 방법이다. 또한 서열법과 요소비교법은 직무와 직무를 비교하여 계열적으로 평가하는 것이지만, 분류법과 점수법은 직무와 기준을 비교하여 계급적으로 평가하는 것이다.

3) 직무설계

(1) 직무설계의 의의

직무설계란 조직적·기술적·인간적 욕구를 충족시키기 위하여 필요한 직무의 내용과 방법 그리고 그들의 관계를 구체화하는 것이다. 직무설계란 경영효율의 유지 내지 개선을 도모하면서 직무의 내용이 종업원 개개인의 능력 및 희망과 가능하면 일치하도록 작업환경 및 근로조건을 조직화하는 것이라고 할 수 있다. 따라서 직무설계란 직무분석에 의하여 각 직무의 내용과 성격을 파악한 다음 그것에 영향을 미치는 조직적·기술적·인간적 요소를 규명하여 종업원의 직무만족과 조직의 생산성 향상을 위한 작업방법을 결정하는 절차라고 할 수 있다. 따라서 직무설계는 개별 작업자 또는 작업자 집단이 수행해야 할 직무의 내용과 수행방법을 결정짓는 것이다.

근래 들어서 인사관리의 새로운 패러다임으로 '직무중심의 인사관리'가 정착되어야 한다는 주장이 다양하게 제기되고 있다. 이는 직무가 잘못 설계됨으로써 조직이 부담해야 하는 비용이 가중되거나, 종업원이 직무로부터 박탈감, 권태감, 스트레스를 많이 받음으로써 결국 조직의 유효성이 저하되는 모순과 현실을 반영하는 것이다. 노동을 통한 구성원의 공동체 의식 형성과 자아실현, 성장, 발전이 함께 조화롭게 이루어질 수 있도록 직무가 설계될 때 각각의 구성원은 소외감을 느끼지 않을 것이다.

따라서 직무설계는 노동의 합리화와 인간화를 동시에 조화 있게 통합시킴으로써 조직은 기술 축적과 생산성 향상을, 그리고 구성원은 보다 나은 처우와 근로생활의 보람을 느낄 수 있을 것이다. 결국 어느 조직이 직무를 보다 효율적으로 설계 혹은 재설계하는가의 여부는 어느 조직이 경쟁력을 더욱 가질 수 있는가의 문제와 직결된다고 할 수 있다.

(2) 직무설계의 목적

직무설계의 목적은 다음과 같다.

- 첫째, 적정하고 공정한 보상을 위해서이다.
- 둘째, 안전하고 건전한 작업환경의 조성에 목적이 있을 수 있다. 현대 조직의 구성원은 과거보다는 안전하고 건전한 작업환경에서 일하기를 원한다. 또 이러한 환경조건하에서 근로자에게 일하는 보람을 부여할 수 있기 때문이다.
- 셋째, 인간능력의 이용과 개발기회를 활용하기 위한 목적이다. 사용자 측은 근로자의 승진기회 제공에 대한 합리적이고 효과적인 경력계획의 수립과 개발에 노력해야 한다. 또한 기업구성원 간의 상호작용과 인간관계는 직장생활의 질(QWL : Quality of Working Life)의 중요한 영역이 된다. 따라서 구성원으로 하여금 그 조직 내에서 만족스러운 일체감과 자아존중을 경험하게 하여 작업조직 내에서 공동체 의식을 고무시킬 필요가 있다.
- 넷째, 작업조직의 제도화를 위한 목적도 있다. 근로자는 경영자의 일방적 의사결정에 의해 행동에 제약을 받아왔다. 그러므로 사용자 측의 임의적 행동으로부터 근로자를 보호하기 위하여 작업장에서의 관리의 제도화가 요구된다.

3. 인적자원의 확보관리

1) 모 집

모집은 선발을 전제로 하여 양질의 인력을 조직으로 유인하는 과정이다. 즉, 조직의 유능한 인재를 선발하는 것이며, 선발을 전제로 하여 실질적 인력을 조직으로 유인하는 과정이라고 할 수 있다. 사회복지조직에서도 모집이란 사회복지실천 활동에 적합한 지원자를 해당 직위에 임용하기 위해 전문적 능력과 기술을 보유하거나 우호적 인간관계를 맺을 수 있는 우수한 인력을 유치하는 과정을 의미한다. 전문성 여부는 지원자가 받은 교육이나 훈련 및 경험 그리고 개인적 의욕과 의지에서 비롯되며, 클라이언트나 다른 직원과 우호적 인간관계를 형성할 수 있는 자질 여부는 개인의 성격 또는 경험과 교육 및 훈련 등 개개인의 경력과 개인적 소신과 의지에서 비롯된다고 볼 수 있다. 한편 선발은 조직에 가장 적합한 사람만을 추려내는 '소극적(negative)' 임용활동이라고 할 수 있는 데 반하여, 모집은 지원자를 많이 유인할 목적으로 수행된다는 의미에서 '적극적(positive)' 임용활동이라고 할 수 있다.

모집과정은 선발을 전제로 신규채용 희망자에게 채용에 대한 정보를 제공하여 좀 더 유능한 인재들이 지원하도록 유도하는 과정이다. 모집의 목적은 전문적으로 유능할 뿐만 아니라 클라이언트나 다른 직원들과 원만한 대인관계를 가진 능력 있는 직원을 고용하려는 데 있다. 아무리 전문직으로 유능하더라도 다른 사람과 같이 어울려 지낼 수 없다면 조직, 즉 사회복지 기관이나 단체에 도움을 주지 못한다.

직원의 모집은 내적 모집과 외적 모집으로 나눌 수 있다. 내적 모집은 조직 내부로부터 충원시키고자 하는 일과 관련하여 역량이 있는 사람을 찾아보는 방식으로, 보직의 변경이나 이동을 통해 충원하는 방식이다. 이 경우 잘 알고 있는 이들이 충원된다는 점에서 유용할 뿐만 아니라 상대적으로 조직의 업무 절차 등에 대한 이해도가 높다는 점에서 장점이 있다. 외적 모집은 조직의 외부로부터 인력을 찾아보는 접근방식으로 새로운 시각 등을 접할 수 있다는 점에서 장점이 있다.

직원을 모집하기 위해서는 지원자들이 모집내용을 알 수 있도록 해야 하는데 일간지, 사회복지신문, 사회복지 관련 각종 월간 및 계간지 등 각종 매스미디어를 활용하거나, 대학의 사회복지학과와 같은 사회복지교육기관에 공문을 발송하여 추천을 의뢰하는 방법도 있다. 또한 최근에는 인터넷을 통한 홍보가 증가하고 있는데, 특히 사회복지사협회나 사회복지시설정보시스템 등에서는 별도의 채용공고 게시판을 운영 중이므로 이를 활용하여 홍보할 수 있다. 모집공고를 통해 지원한 지원자들을 확보한 뒤에 다음과 같은 여러 가지 방법을 통해 이들에 대한 정보를 얻는 것이 조직 차원에서도 중요하게 여겨진다.

- **이력서**: 지원자의 교육적 배경이나 자격, 직업경력과 근무연한, 나이, 성별, 혼인관계 등과 같은 기본적인 인적 사항을 파악할 수 있다. 다만, 최근에는 업무수행과 관련없는 성별, 연령, 혼인관계 등의 경우 파악하지 않고, 순수하게 역량 중심으로 채용하고자 하는 블라인드(blind) 채용이 늘고 있다.
- **추천서**: 지원자의 성격이나 태도, 능력, 과거 활동사항들에 대한 제3자의 평가정보를 구할 수 있다. 대개의 경우 이것은 참고자료 이상의 가치를 갖기 힘들지만, 기관이 신뢰할 수 있는 추천인에 의한 것은 특별한 의미를 가질 수도 있다. 대학시절 지도교수의 추천서 등이 좋은 예가 될 수 있다.
- **시험**: 지원자가 지원한 직무에 필요로 하는 소질과 기술 등에 대한 정보를 얻는 데 가장 유리한 방법이라 할 수 있다. 그러한 소질과 기술 등을 평가하기 위해서는 어떤 유형의 시험방법과 내용들을 기술할지에 대한 문제들이 어려움으로 작용하고 있다.
- **자격증**: 적절한 시험방법이 없는 경우에는 관련 직무에 필요한 자격증으로 판단할 수 있다. 일종의 시험적인 성격을 띠는데, 해당 기관이 직접 시험을 실시하지 않고 자격증을 운영하는 기관의 테스트 결과를 인정하는 것이다. 자격증은 사회복지사와 같이 중앙행정기관의 장(주무부장관)이 관련 법령에 따라 신설하여 관리 운영하는 자격인 국가자격이 있으며, 수화통역사와 같이 법인이 관리/ 운영하며, 민간자격 등록관리 기관에 등록한 자격 중 우수한 자격을 자격정책심의회의 심의를 거쳐 공인자격, 놀이심리상담사와 같이 민간자격관리자가 민간자격을 신설하여 관리・운영하는 경우 등록관리기관에 등록하는 민간자격이 있다.
- **인터뷰**: 종합적인 정보를 얻기 위한 방법으로 가장 많이 쓰이고 있으며,

직무와 관련된 질문들이 직접적인 시험이라면 상식이나 가치와 관련된 질문들은 간접적인 시험으로 간주되고 있다. 지원자들로부터 가장 유용한 정보를 산출할 수 있으면서도 편견이 개입되기 쉽다.

- **검사** : 직원 채용에 있어서 각종 검사 등을 활용할 수 있다. 가장 대표적으로 신체검사를 할 수 있으며, 사회복지기관이나 단체 등은 공무원채용 신체검사 규정을 준용하고 있다. 이 외에도 필요에 따라 각종 인지능력검사나 성격검사, 직업 능력검사, 약물검사 등을 실시할 수 있다.

2) 선발관리

선발활동은 모집활동을 통해 획득한 지원자를 대상으로 미래에 수행할 직무에 가장 적합한 지원자를 식별하는 것으로서 이 과정을 통하여 임용 여부가 결정되기 때문에 인력확보활동의 핵심을 이루고 있다.

선발은 기본적인 지원사 중에서 우수한 인재를 식별하는 것으로서 최적의 인적자원을 특정 직무에 일치시키는 과정이며, 직무를 효과적으로 수행할 수 있는 최적의 인적 요건과 최적의 적성 및 전문성을 소지한 사람에게 해당 조직구성원의 자격을 부여하는 행위이다. 선발은 모집활동을 통해 지원한 인적자원 중에서 직무요건에 가장 적합한 자원을 합리적 방법으로 선택하는 소극적 임용활동과정이다.

사회복지조직에서의 선발활동에서 가장 중요한 것은 해당 복지조직의 요구와 기대 및 지원자의 요구와 기대이다. 지원자의 요구와 기대를 파악하기 위해서는 지원자가 이전에 근무했던 조직으로부터 정보를 입수하거나 바로 졸업하는 학생의 경우 출신학교로부터 일정한 정보를 입수할 수 있다.

(1) 선발 시의 고려사항

일반적으로 기업 등 각 조직에서의 선발과정에서는 다음과 같은 사항을 고려해야 한다.

- 첫째, 직무담당자에게 요구되는 자격요건을 직무별로 명확히 설정하고 그 요건을 충족시킬 것으로 예상되는 인적자원을 선발한다.
- 둘째, 해당 조직의 독특한 정신과 전통, 조직구성원의 기질과 기풍 등을 고려한다.
- 셋째, 임용단계에서는 과거의 경력과 경험, 현재의 능력과 인격검사 등에 기초하여 미래의 잠재적 능력을 정확하게 예측하여야 한다.
- 넷째, 평소에 이상적 직원의 요건을 파악해 두어야 한다. 즉, 너무나 우수한 사원이 항상 적합한 것은 아니라는 것을 인식해야 한다.
- 다섯째, 임용과 수습에 소요되는 비용과 손실에 대해 평가하여 적정한 인원을 선발하고 선발방법의 개선에 의해 연수기간을 단축해야 한다.
- 여섯째, 모집과 선발에 관한 법률, 즉 근로기준법과 직업안정법, 「남녀고용평등과 일·가정 양립 지원에 관한 법률」 등에 규정된 사항에 유의하여야 한다.

(2) 선발도구

합리적 선발방법(도구)이 되기 위해서는 우선 신뢰성과 타당성이 있어야 한다. 이때 신뢰성이란 측정치의 안정성이나 일관성을 의미하는 것으로서 측정치가 편차를 보이지 않고 동일한 대상에 대하여 그 결과들이 일치하는 정도를 말한다. 타당성은 측정 목적의 적합성 정도로서 시험이 측정하고자 하는 내용 또는 대상을 정확히 검정하는 정도를 의미하며, 이러한 타당성은 기준치(직무성과)와 예측치(시험성적)의 관계에 의해 파악된다. 조직구성원의 선발에 사용되는 일반적 방법(도구)은 시험과 면접 등의 방식이 있다(박경규, 2006).

- 첫째, 시험은 지원자에 관한 상황정보를 얻는 중요한 선발도구이며, 지능검사, 적성검사, 성취도 검사, 인격검사 등이 있다. 이러한 검사는 직무분석에 기초를 두어야 하며, 시험은 신뢰성 및 타당성이 있어야 하고, 선발결정의 유일한 기준이 아니라 부가적 선발수단으로 간주되어야 한다. 그

리고 그 결과를 상호 비교할 수 있도록 통제되고 표준화되어야 하며, 질문사항은 지원자의 능력에 적합해야 하며, 가급적 사생활을 침해하는 내용이나 도구는 배제되어야 한다.

- 둘째, 일반적으로 지적 조건은 필기시험 위주로 평가되면서 면접이 보조적 평가수단이 되며, 신체적 조건도 신체검사 위주로 평가되면서 면접은 보조적 평가수단이 된다. 그러나 인격적 조건은 필기시험보다 면접에 더 큰 비중을 두고 평가된다. 그러므로 면접은 인물과 언행을 관찰하여 인격적 조건을 중심으로 지적 조건과 신체적 조건을 종합적으로 평가하기 위한 수단이 된다. 면접의 종류는 여러 가지로 분류되지만, 심층면접(in-depth interview), 정형면접(patterned interview), 비정형면접(unpatterned interview), 스트레스 면접, 패널면접, 집단면접 등이 있다.

3) 훈련 및 개발 관리

(1) 훈련과 개발의 개념

훈련과 개발은 조직구성원이 직무를 효과적으로 행할 수 있도록 하기 위하여 조직구성원의 지식, 기능, 태도 등에 대하여 적극적 변화를 시도하는 것이며, 이들이 조직이나 작업환경에서 비교적 장기적으로 유지되도록 하는 것이다. 현대 조직에서 훈련과 개발은 필요불가결한 인사관리활동으로서 그 비중이 매우 강조되고 있다. 이러한 훈련과 개발은 교육, 개발, 훈련, 학습 등을 포함하는 의미로 사용되고 있다. 훈련과 개발의 개념은 다음과 같이 비교될 수 있다(김성수, 1998).

- 첫째, 목적 또는 이유에서 개발은 보편적 지식을 습득시켜 다양한 역할을 함양하기 위하여 전반적 지식을 습득하도록 하는 것이며, 훈련은 특유의 목표를 달성하기 위하여 특수한 직무와 관련된 지식을 습득하도록 하는 것이다.
- 둘째, 기대되는 결과에서 개발은 보편적 지식을 습득시켜 다양한 결과를

기대하지만, 훈련은 특정한 직무지식을 습득시켜 제한적이고 특수한 결과를 기대한다.

- 셋째, 중점 측면에서 개발은 주체적 인간 형성을 위해 정신적 측면에 더 중점을 두며, 훈련은 외부적 요인의 작용에 의해 인간의 능력을 보강하는 것으로 개발에 비하여 육체적 측면에 더 중점을 둔다.
- 넷째, 내용에서 개발은 상대적으로 이론적·개념적 내용을 위주로 하지만, 훈련은 기술적·기계적 작업을 위주로 한다.
- 다섯째, 기간과 대상에서 개발은 장기적이고 관리층을 주요 대상으로 하지만, 훈련은 단기적이고 비관리층을 주요 대상으로 한다. 개발은 원래 경영자 양성을 위한 것이나 근래에는 모든 조직구성원은 지위고하에 관계없이 개발이 가능하다고 인식되고 있다.

한편 훈련과 개발이 효과적으로 이루어지기 위하여 다음과 같은 원리가 적용되어야 한다. 이 원리들은 일반적 학습의 원리가 기업의 훈련과 개발에 응용된 것들이다.

- 첫째, 직무수행의 결과를 수정·보완하기 위하여 적시에 설명적·구체적으로 명백하게 통제할 수 있는 피드백이 있어야 한다.
- 둘째, 훈련에서 학습된 요소와 원칙이 직무에 적용될 수 있도록 교육대상자에게 적합한 훈련과 개발의 내용이 설계되어야 한다.
- 셋째, 훈련과 개발의 결과로 어떤 행동이 형성·수정·유지되도록 하기 위하여 행동을 강화시켜야 한다.

(2) 교육훈련의 의의와 목적

조직에서의 교육훈련은 조직구성원의 능력을 직접적으로 향상시키는 활동이다. 이 교육훈련은 인력 개발을 위한 하나의 도구로서 교육은 주로 이해력과 지적 활동을 활성화시킴으로써 지식 및 기능을 습득하는 과정을 의미한다. 반면 훈련은 주로 반복적 연습을 통하여 지식 및 기능을 습득하는 과정으로 이해할 수 있다. 이러한 교육훈련은 기술변화, 노동시장의 구조변화, 종업원의 욕구변화 등에서 비롯된다고 볼 수 있다. 교육훈련의 목적은 기업적 측면에서 보면 조직의 효율성과 효과성을 도모하는 것이며, 조직구성원의 입장에서 보면 사기를 제고하며, 역량을 강화하기 위한 것이라고 할 수 있다.

직원의 교육훈련 방법은 OJT, OFFJT를 비롯하여, 멘토시스템, 강의, 회의, 토의, 계속교육, 사례발표, 역할 연기 등의 다양한 방법이 사용되고 있다. 특히 신입지원의 교육훈련에서는 직장 내 교육(OJT : On the Job Training)과 멘토시스템(mentor system) 등의 방식이 많이 활용된다. OJT란 신입직원이 현재 부여받은 직무를 그대로 수행하면서 조직의 상사 내지는 선배동료로부터 제반 교과내용을 학습하는 과정을 의미한다. OJT의 장점은 우선 훈련이 추상적이지 않고 바로 실무와 연결되어 매우 구체적이며, 교육훈련 대상자와 상사·동료 간의 이해 및 협동정신을 제고시킨다. 뿐만 아니라 교육훈련 대상자의 개인별 능력에 따라 훈련의 진도를 조정하기가 용이하다. 단점으로는 교육훈련 실시사의 교습능력이 부족한 경우 학습효과가 제한적이며, 한 번에 다수의 직원을 교육훈련시킬 수 없다는 것이다. 또한 기술변화가 빠른 기업에서는 새로운 기술을 상사·선배·동료 자신들도 모르기 때문에 교육훈련의 범위에 한계가 있다.

한편 멘토란 '후진(mentee : 멘토의 지원을 받는 자)에게 역할모델을 제공할 뿐만 아니라 도전적 직무 부여, 상담 및 조직에 대한 지식 제공 등을 통하여 그의 대인관계 개발 및 경력관리에 도움을 주는 자'를 의미한다. 조직에서 신입직원과 멘토관계가 형성되었을 때 조직사회와 관련한 기능은 세 가지로 구분한다.

우선 멘토가 수행하는 기능 중 가장 먼저 나타나는 단계는 '지도활동(teaching)'이다. 이 단계에서 신입직원은 조직에 적응하는 데 필요한 정보인 기존 구성원의 인적 사항, 조직 내 권력구조 및 조직의 일반적 풍토, 그리고 조직에서 갖추어야 할 기본 자세, 예의 바른 태도 등을 교육받게 된다. 또한 멘토는 신입직원이 수행하는 직무에 대한 지식, 수행요령, 그리고 기존 조직구성원과의 직무 관련 협동양식 등에 대해서도 구체적 정보를 제공한다. 둘째 단계는 멘토의 신입직원에 대한 '심리적 상담 및 개인적 지원활동'이다. 즉, 신입직원이 조직에서 겪는 어려운 일에 대해 멘토는 이를 지원하고, 신입직원의 직무범위 밖의 사항인 개인생활 내지는 가정생활에 대해서도 조직과 관련하여 조언 또는 지원을 한다. 셋째 단계는 '조직적 개입활동'이다. 즉, 신입직원을 조직의 다른 구성원이 인정할 수 있도록 여건을 조성하고 실행한다. 멘토시스템은 신입직원에게만 국한되는 것이 아니라 신입직원의 조직 및 직무에의 적응단계를 넘어 조직에서 성장(경력 개발 및 승진)까지 포괄하고 있다.

직장 외 교육(OffJT : Off the Job Training)은 전문가를 초청하여 직무현장이 아닌 외부에서 교육을 실시하는 것으로, OJT와는 달리 실습이 없고, 외부에서 진행하기 때문에 시간적으로 융통성이 없으며, 일처리의 원리와 일반 지식을 교육하는 데 적합한 방식이라 할 수 있다. 강의는 직원 개발을 위한 가장 일반적 방법으로 일정한 장소에 직원을 모아놓고 전문적인 지식과 기술 그리고 태도를 전달하는 방법이라 할 수 있다. 그러나 최근에는 과학기술의 발달 등으로 인하여 온라인상에서 실시간 또는 비실시간으로 교육이 이루어질 수 있으므로, 반드시 한 장소에 모일 필요가 없으며 또한 같은 시간에 강의를 들을 필요는 없다. 회의는 어떤 주제에 관한 논의나 토의가 이루어지는 모임을 말한다. 회의가 효과적이기 위해서는 서로 간에 의견 교환이 자유롭게 이루어져야 하며, 이를 위해서는 사전에 어느 정도 지식을 가지고 있는 것이 효율적이다. 토의는 한 주제에 대해서 소수의 사람이 주제 발표를 하면 다른 사람들이 이에 대해 토론을 하는 방법이다. 토론의 유형으로 포럼(forum), 패널(panal), 심포지엄(symposium), 대담(dialogue) 등이 있다. 계속교육은 학교 교육이 끝난 사회복지사들을 대상으로 전문성을 유지하고 향상시키기 위해 필요한 교육을 계속 하는 것을 말한다. 사례발표는 흔히 사례연구로, 사례를 제시하고 토의를 통해 문제를 해결하는 방법이다. 역할 연기는 실제 연기를 실시하고 이에 대해 평가하고 설명하는 것을 말한다.

4) 인사이동 관리

(1) 인사이동 관리의 의의

인사이동 관리는 조직구성원이 한 직무를 그만두고 다른 직무를 수행하도록 조치하는 것이다. 이러한 인사이동 관리는 수평적 측면과 수직적 측면으로 구분할 수 있는데, 수평적 이동관리는 배치관리이며, 수직적 이동관리는 승진관리이다. 이러한 인사이동의 목적은 첫째, 후계자를 양성하여 차세대의 각 직능, 각 계급의 적격자를 계속적으로 공급하는 태세를 갖추기 위함이며, 둘째, 적재적소의 배치를 실현하여 인적 능력을 효과적으로 활용하는 데 있으며, 셋째, 승진욕구를 자극하여 높은 도덕적 가치를 형성하고자 함이며, 넷째, 동일 직위에의 정착화를 배제하고 조직구성원의 근무의욕을 쇄신하는 데 있다.

(2) 배치관리

배치관리에는 신규채용자가 연수 혹은 수습기간이 끝난 후 특정한 직무에 배치하는 것과 조직개편이나 구조조정 과정에서 필요에 따라 실시되는 배치전환이 있다. 또한 병결자, 휴직자, 일시 휴직자, 재고용자 등을 재배치하는 경우, 승진, 승격, 강등 등 능력의 변화나 신장에 따라 종업원을 보다 고도의 직무에 배치하는 경우, 강등으로 인한 배치전환 등 다양한 배치전환의 형태가 있다.

① 배치전환의 목적

배치전환은 급여수준이나 지위, 위신, 소요 기능 및 책임 면에서 종전의 직무와 별다른 차이가 없는 직무로 수평적 측면에서 인사이동이 이루어지는 것을 의미한다. 이러한 배치전환의 주요 목적은 다음과 같다(서도원 외, 2004).

- 첫째, 직무요건의 변동에 따라 조직구성원을 적응시키고, 각 기능의 적격자를 양성한다.
- 둘째, 부적절한 배치를 시정하고 적재적소의 배치를 실현하여 종업원의

능력을 활용한다.

- 셋째, 새로운 직무를 수행할 기회를 제공하여 종업원을 단조로운 작업으로부터 해방시키고 개인의 능력을 발전시킨다. 동일 직위에 정체되지 않도록 하여 좋지 않은 타성을 제거하고 새로운 활력을 발전시킨다.
- 넷째, 조직구성원 상호 간의 마찰이나 부서 간의 갈등을 줄인다. 또 교대근무에서 계획적 교대제도가 없는 경우에 배치전환에 의해 작업여건을 공평하도록 한다.
- 다섯째, 노동수요가 감소되고 있는 직종으로부터 노동수요가 증가되고 있는 직종 내 지원이 발생한 직종으로 남는 인력을 재배치시킴으로써 선임권을 보호하고 조직의 안정성을 도모한다.

② 배치전환의 기준과 원칙

조직구성원 재배치 과정에서 실제로 고려되는 기준은 직속상관의 개인적 판단, 배치전환될 부서장의 희망, 직무분석 및 인사고과의 결과, 동료 및 부하의 평판, 종업원 본인의 희망, 연고지 등이 복합적으로 작용한다. 물론 배치전환은 직무분석과 인사고과(人事考課)를 기준으로 실시하는 것이 가장 합리적일 것이며, 여기에 조직구성원 본인의 희망과 상하종횡의 평판도 고려하는 것이 바람직할 것이다. 배치전환은 정당한 이유와 일정한 기준하에서 이루어져야 하며, 이로 인해 조직구성원의 근로조건이 저하되지 않아야 한다. 아울러 배치전환에서는 다음과 같은 원칙이 적용될 수 있을 것이다.

- **적재적소(適材適所)주의**: 직무요건과 구성원의 능력, 태도, 기능, 적성 등이 가장 적합하도록 배치전환을 실시해야 조직의 성과를 증대시킬 수 있다. 인사배치에 있어서 적재적소주의가 실천되면, 조직구성원 개개인의 적성을 살려 잠재능력을 발휘시킬 수 있으며, 개성을 존중하는 것이 되어 인간존중의 이념이 이루어지며, 동기유발을 하게 됨으로써 일하는 보람을 얻게 해서 창조력을 발휘하게 하여 조직의 목표를 달성함은 물론 극대화시킬 수 있다.

- **인재육성주의**: 조직구성원의 능력을 소모시키면서 사용하는 방법보다 조직구성원의 능력을 개발하면서 사용하는 방법이 성취동기를 유발하고, 장기적으로 조직의 유효성을 증대시키는 데 기여하게 된다.
- **균형주의**: 조직구성원 개인과 직무의 적재적소를 고려할 뿐만 아니라 직장 전체와 개인의 조화를 고려해야 한다.

(3) 승진관리

① 승진의 의의와 중요성

승진(promotion)은 수직적 이동의 형태로서 하위의 직급·직위계층에서 상위의 직급·직위계층으로의 상승을 의미하는 이동의 한 형태이다. 즉, 승진은 보다 큰 직책·직위 또는 지위의 상승, 보다 고도의 필요기능 그리고 승급을 포함하는 보다 유리한 직무로의 상승이동이다. 승진은 승급보다 대규모적이고 포괄적이다. 승급은 동일한 자격단위 내에서 기능수준이 높은 직무로 옮기는 소규모 승진이며, 또한 승진은 자격제도 하에서 실시되는 승격과 구분된다.

조직구성원이 조직생활에서 개인적으로 가지는 2대 관심사는 신분과 보수이다. 그중에서 신분은 승진을 통해서 성취된다. 즉, 직원은 직장을 통하여 자기 성장과 발전의 기회를 가지려고 하므로 승진기회에 대한 관심은 무엇보다도 중요하다.

따라서 승진은 첫째, 조직에서 개인목표와 조직목표를 합치시켜 주는 역할을 하며, 둘째, 승진은 유효한 의사소통수단이 되며, 조직에서 중요하게 생각하는 가치기준은 승진기준에 구체적으로 나타난다. 셋째, 합리적 승진기준 및 승진제도를 통하여 인사정체 현상을 해결할 수 있으며, 넷째, 공평성 원리에 바탕을 두는 승진은 인재를 육성하고, 작업능률과 근로의욕을 향상시키고 인간관계를 개선하는 데 기여한다.

이와 같이 승진은 조직구성원에게 작업동기를 부여하는 데 있어서 신분관리적 차원의 중요한 관리방안이다.

② 승진의 결정요소

승진의 결정요소는 능력 및 실적 평가, 연공요소 평가, 승진시험, 기타 요소 등으로 대별할 수 있다.

- 첫째, 능력 및 실적 평가는 인사고과를 통하여 이루어지며, 기업목표 달성에 공헌하는 직무수행능력을 기술적 능력, 인간적 능력, 개념적 능력 등으로 구분하여 조직계층에 적합한 능력 평가를 통해 실시한다. 즉, 업적 평가, 협의의 능력 평가, 성격 평가, 근무태도 평가 등으로 구분하여 복합적 평가기준을 설정하는 것이 바람직하며, 업종, 직종, 직급에 따라 그 비중이 달라져야 한다.
- 둘째, 연공요소 평가는 학력, 승진에 소요되는 최저근속연수, 승진 대상 직위에 소요되는 지식과 능력, 숙련이 기대되는 특정 직위에 일정한 기간을 재직한 경력, 채용과정 등을 고려한다.
- 셋째, 승진시험은 구술시험, 실시시험, 면접시험, 심리검사 등의 다양한 시험과정과 검사를 종합적으로 사용해야 한다. 그리고 승진시험을 계획할 때에는 대상 직위, 시험방법 및 내용, 자격요건과 응시범위를 신중하게 결정해야 한다.
- 넷째, 앞서 논의한 것 외에 승진의 결정요소는 교육(연수) 결과, 추천서, 최고경영진에 있는 후원자의 역할 등이 작용할 수 있다.

이와 같은 승진의 결정요소는 상대적 비중이나 우선순위는 조직의 요구나 정책에 따라 다르게 적용될 수밖에 없다. 인사관리의 기본 목표를 고려하면 가장 중요한 승진의 결정요소는 능력 평가와 실적 평가가 될 것이며, 연공적 요소도 조직에 따라 상당한 정도로 반영되어야 할 것이다. 승진시험 결과나 기타 요소도 직종이나 직급에 따라 어느 정도 비중을 달리하면서 반영되어야 한다.

4. 슈퍼비전

사회복지조직의 핵심활동은 사회복지사와 클라이언트 간의 직접적 접촉활동을 통해서 이루어지고 있다. 따라서 사회복지사의 전문성과 우호적 인간관계 형성능력은 해당 조직의 목표 달성을 위해 매우 중요한 역할을 한다. 사회복지조직의 구성원, 즉 사회복지사를 비롯한 복지조직의 종사자는 서비스를 효과적으로 생산하여 클라이언트에게 전달해야 하는데, 이러한 목적을 달성하도록 지원하고 격려하는 활동이 슈퍼비전이며, 이는 인사관리의 주요 기능 중의 하나라고 볼 수 있다(김치영 · 최영민, 2006).

1) 슈퍼비전의 의의

슈퍼비전(supervision)은 라틴어의 'super(영 over)'와 'videre(영 watch)'의 합성어로서 그대로 정의하면, 다른 사람이 하는 일에 대한 상급자와 하급자와의 관계에서 상급자가 책임을 갖고 지켜보는 감독자(overseer)라고 해석할 수 있다. 사회복지실천현장에서는 슈퍼비전을 직원능력을 발전 · 향상시키는 데 기여할 수 있는 하나의 교육적 · 행정적 과정으로서 책임 있는 지위에 있는 자가 그 직무에 관한 지식이나 기능을 유효하게 이용하여 직접 지휘하에 있는 직원에게 직무에 관한 지도를 행하는 것으로서, 사회복지조직에서 직원이 서비스를 효과적이고 효율적으로 전달하기 위하여 지식과 기술을 잘 사용할 수 있도록 도움을 주는 활동을 의미한다. 즉, 슈퍼비전이란 사회복지실천현장에서 활동하고 있는 종사자나 직원 또는 실습생이 우호적 인간관계를 형성하고, 전문성과 능력을 발휘할 수 있도록 교육 · 훈련 · 지도 · 원조 · 지지 · 격려 · 촉진하는 활동을 의미한다.

슈퍼비전의 업무를 담당하는 사람, 즉 슈퍼비전을 제공하는 사람을 슈퍼바이저(supervisor)라고 하며, 슈퍼비전을 제공받는 사람을 슈퍼바이지(supervisee)라고 한다. 사회복지기관에서 슈퍼바이저는 각 부서의 업무를 총괄하는 책임자(중간관리자)로서 부서 구성원의 효과적 서비스 공급을 지도 · 감독하며, 아울러 기관 내 다른 부서 및 기관관리자를 연결하는 역할을 담당하는 사람이다. 슈퍼바이저는 사회복지사의 업무활동을 지도・감독하는 역할을 맡은 사람으로서 슈퍼비전에 대한 이론적 공부를 하고, 슈퍼비전 기술을 습득하며, 슈퍼비전 경험을 쌓아야 한다. 나아가 슈퍼바이지가 역량을 펼칠 수 있도록 역할모델(role model)이 되어주어야 한다. 따라서 좋은 슈퍼바이저가 되기 위해서는 전문지식을 구비해야 하며, 실천기술과 경험, 개방적 접근의 허용, 헌신적 사명감, 솔직한 태도, 감사와 칭찬의 태도 등을 갖추어야 한다.

2) 슈퍼비전의 목적 또는 기능

슈퍼비전의 목적은 사회복지사의 전문지식과 기술의 향상을 도모하고, 기관의 규정과 절차에 서비스를 제공하는 것이다. 그리고 사회복지사의 개별 욕구에 관심을 두며, 사회복지사의 동기와 사기를 진작시키며 불만족과 좌절을 해결함으로써 업무만족을 높이는 것이다. 과거에는 슈퍼비전의 개념을 지도・감독으로 해석하여 지시하고 명령하고 감독하는 활동으로 이해하였지만, 최근에는 슈퍼비전을 상호 간 전문지식을 전달하고 공유하는 상호작용 과정으로서의 원조와 지지, 격려와 촉진의 성격으로 이해하고 있다. 궁극적으로 슈퍼비전은 슈퍼바이저와 슈퍼바이지인 하급 사회복지사의 상호작용을 통하여 하급 사회복지사의 능력을 개발하는 데 그 목적이 있다.

슈퍼비전에는 여러 기능이 있지만 주로 교육적 기능, 행정적 기능, 지지적(업무촉진적) 기능 등 세 가지 기능이 가장 중요하게 거론되고 있다(Skidmore, 1990).

(1) 교육적 기능

슈퍼비전의 핵심은 일선 사회복지사의 지식과 기술의 향상이며, 일선 사회복지사를 비롯한 조직구성원에게 가르쳐 주는 것, 즉 교육의 기능을 주요 기능 중의 하나로 하고 있다. 교육적 기능은 슈퍼바이지로 하여금 전문직업적 태도를 확립하고, 전문지식과 기술을 이해하고 학습하는 것을 목표로 하고 있다. 슈퍼바이저는 기관의 기본 가치, 임무 및 목적에 대한 교육과 함께 다양한 서비스 실천이론 모델에 대한 교육을 통해 사회복지사의 문제해결과 실천기술향상을 도모한다. 교육내용에 포함되어야 할 주요 내용은 사회복지 철학과 역사 및 기관의 정책, 사회복지 지식과 기술, 자기인식, 기관 내의 가용자원, 서비스의 우선순위와 시간관리를 포함하고 있다(Waterson, 1973).

(2) 행정적 기능

슈퍼바이저는 일선 사회복지사 등 조직구성원에게 지시하고 지도하며, 직무의 질과 양에 있어서 기관의 규정과 절차에 맞는 서비스를 제공하게 하기 위하여 기관관리자와 사회복지사의 의사소통을 촉진하는 역할과 함께 전반적 기관활동에 대한 조정과 통제의 임무를 수행한다. 이러한 행정기능에는 의사소통체계 연결, 직무수행의 책임성, 사업 프로그램 평가, 사례의 배당 및 업무분담, 정서적 지지, 각 조직구성원의 경험이용에 관한 것이 포함되고 있다.

(3) 지지적 기능

슈퍼비전의 교육기능과 행정기능과는 달리 지지적 기능은 사회복지사의 개별적 욕구에 관심을 가진다. 슈퍼바이저는 일선 사회복지사가 사회복지서비스 전달업무에 있어서 맡겨진 일을 스스로 노력하여 잘 감당할 수 있도록 장애요소나 방해요소를 제거해 주고, 용기를 주고 지지해 주는 역할, 즉 업무촉진자의 기능을 수행한다. 이러한 과정을 통해 사회복지사의 동기와 사기를 진작시키며 불만족과 좌절을 해결함으로써 업무만족을 높이는 데 초점을 둔다.

3) 슈퍼바이저의 자격과 역할

효과적인 슈퍼비전을 수행하기 위해서 슈퍼바이저는 다음과 같은 자격을 갖추어야 한다(Skidmore, 1990). 첫째, 전문직에 대한 충분한 지식과 종합적 지식을 갖추어야 하고, 둘째, 사회복지사의 일반적 실천에 대한 능력과 실천방법에 대한 충분한 능력을 갖추고 있어야 하며, 셋째, 일선 사회복지사가 쉽게 접근하여 질문하고 지도를 받을 수 있도록 접근이 용이해야 하고, 넷째, 슈퍼바이저는 해당 기관과 일선 사회복지사, 조직구성원 등과 자신 간의 제반 관계에 대하여 진실하고 지속적인 관심을 가지고 적극적 동기부여를 통하여 슈퍼바이지의 지식과 기술을 향상시키는 데 도움을 주어야 한다. 다섯째, 슈퍼바이저는 일선 사회복지사가 제기한 문제의 해결방법을 모르거나 제시할 수 없을 때에는 자신의 입장을 솔직히 밝힐 수 있는 진솔성이 있어야 하며, 감사와 격려, 그리고 칭찬의 태도를 가지고 일선 사회복지사의 동기를 유발하고 전문직업적 발전을 도모해야 한다.

4) 슈퍼비전의 기본 원칙과 주요 내용

효과적으로 슈퍼비전을 언명하기 위해서는 다음과 같은 다섯 가지 원칙을 제시할 수 있다(Skidmore, 1990; 김치영・최용민, 2006).

- **교육** : 슈퍼바이저는 그 기관과 서비스에 대한 올바른 지식, 원칙, 기술을 체현한 뒤에 일선 사회복지사에게 제시하고 자율적으로 업무를 처리하도록 전달해야 한다.
- **자율적 목적 설정** : 슈퍼바이저는 사회복지사로 하여금 슈퍼바이저가 언명한 지식과 원칙, 범위 내에서 자신의 목적과 목표를 설정하게 하여 자신을 스스로 관리할 수 있도록 해야 한다.
- **이용성과 참여** : 슈퍼바이저는 일상적 가르침과 학습경험을 제공하는 것 이외에 슈퍼비전에 대하여 항상 준비하고, 필요한 경우 일선 사회복지사를 도울 수 있는 시간을 마련하여야 한다.
- **개방성** : 슈퍼바이저는 사회복지사의 원칙과 규칙을 정하여 필요시 사회복지사가 도움을 요청할 수 있도록 하여야 한다. 즉, 일선 사회복지사가 도움이 필요할 경우 언제든지 슈퍼바이저에게 접촉하여 도움을 받을 수 있도록 하여야 한다.

- **평가와 책임성** : 사회복지사가 슈퍼바이저에게 자신의 활동에 대하여 책임 있는 설명을 하고 함께 상의하여 장래의 목표를 설정할 수 있도록 하여야 한다. 즉, 슈퍼바이저는 사회복지사의 업무 전반에 대하여 정기적 평가기회를 가지고 자기 평가와 타인 평가를 받을 수 있도록 하여야 한다.

슈퍼비전의 주요 내용은 ① 과업 배분과 수행을 위한 개인과 집단의 목표 설정, ② 공동의사결정사항 수행, ③ 집단과정 지도(주제설정 포함), ④ 기획업무 및 사례관리, ⑤ 의사소통망 개발, ⑥ 직무성과 평가, ⑦ 동기부여, ⑧ 사례 컨설테이션 및 전문직업적 지지, ⑨ 팀 구성, ⑩ 사회복지사와 클라이언트의 대변, ⑪ 갈등관리, ⑫ 직원과 클라이언트의 관심사를 수렴하여 관계의 변화 추진 등으로 구성되어 있다. 이러한 주요 내용에 대한 교육적 효과를 높이기 위해 역할연기, 전개학습(development exercise), 시뮬레이션(simulation) 등이 주로 사용되고 있다.

한편 이러한 슈퍼비전은 관여사 형태, 상황관찰 여부, 형식구비 여부, 기술수준, 목표설정 여부, 장소여건 등의 기준에 따라 다양한 모형으로 구분하여 다음과 같이 제시하고 있다(김치영 · 최용민, 2006).

코울세드(Coulshed, 1990)는 개인 슈퍼비전(individual supervision), 집단 슈퍼비전(group supervision), 공식적 슈퍼비전(formal supervision), 비공식적 슈퍼비전(informal supervision), 직접 슈퍼비전(direct supervision), 간접 슈퍼비전(indirect supervision) 등으로 구분하였다.

스키드모어(Skidmore, 1990)는 동료 슈퍼비전(peer supervision), 목표관리 슈퍼비전(supervision by objectives), 집단 슈퍼비전(group supervision), 이동식 슈퍼비전(supervision on wheel), 과업 슈퍼비전(task supervision), 적응 슈퍼비전(adaptive supervision), 직접관찰 슈퍼비전(live supervision) 등으로 구분하고 있다.

왓슨(Watson, 1970)은 개인교습모형(tutorial model), 사례 컨설테이션(case consultation), 슈퍼비전 집단(supervisory group), 동료집단 슈퍼비전(peer group supervision), 동료 2인 슈퍼비전(tandem supervision), 팀 슈퍼비전(team supervision) 등 여섯 가지 유형으로 구분하였다.

5. 소 진[1]

소진이라는 개념은 1960년 그레이엄 그린(Graham Greene)이 쓴 『소진사례(A Burnt Out Case)』의 건축가 주인공이 소진으로 고통받는 것을 묘사한 소설에서 유래한 것으로, 1974년 프루덴버거(Freudenberger)가 헤이트 애시버리(Haight-Ashbury)에 있는 정신건강센터(Alternative Health care Setting)에서 일하는 동안 자신을 포함한 치료자들이 뚜렷한 이유 없이 의욕을 잃기 시작하고, 환자들에게 냉정해지는 정서적 및 신체적 탈진현상을 보이는 것을 표현하기 위하여 사용하였다(Jennifer, 2006).

소진은 머슬랙(Maslach)이 Burnout Inventory(MBI)를 개발하면서 일반화되었으며, 머슬랙(Maslach, 1976)은 소진을 사람들과의 관계에서 계속적이고 반복적으로 받게 되는 정신적 압박의 결과로 정의하였다. 프루덴버거(Freudenberger, 1974)는 소진을 비현실적이고 과도한 업무요구로 심리적·사회적 및 신체적 문제를 도와주는 인간서비스(human Service) 계통의 전문직 종사자들에게 나타나는 신체적·정서적·정신적 탈진 상태라 하였으며, 체르니스(Cherniss, 1980)는 소진을 자기업무에 대한 흥미, 열정, 로열티 등의 상실을 의미한다고 하였다. 그리어와 웨더레드(Greer & Wethered, 1984)는 소진이 역할스트레스에 대한 반작용으로 발생하게 되며, 주로 봉사전문직에서 발생하는 현상이라 하였으며, 피인스와 아론슨(Pines & Aronson, 1988)은 소진을 개인에 대한 강한 감성적 요구가 장기화되어 발생하는 육체적·감성적·정신적 고갈상태라 하였다. 프루덴버거(Freudenberger)는 번아웃을 휴먼서비스 종사자에게만 나타나는 현상으로 간주하였기 때문에 그렇게 믿어져 왔으나, 이후 모든 유형의 직업 등에서 나타날 수 있다고 밝혀졌다(Schaufeli, et al., 2009).

1) 이 내용은 서종수·조희금(2015)의 비영리기관 종사자의 소진이 조직효과성에 미치는 영향을 수정, 보완한 것이다.

1) 소진의 요인

머슬랙(Maslach, 1981)은 소진을 정서적 탈진(emotional exhaustion), 클라이언트에 대한 비인간화(depersonalization), 개인적 성취감의 결여(lack of personal accomplishment)의 세 가지 요소로 구분하였다. 소진의 첫 번째 요소인 정서적 탈진은 육체적·심리적 탈진과는 다른 개념의 정서적 자원의 고갈을 의미한다(Enzmann, 1994). 즉, 정서적 탈진은 타인과의 과도한 접촉으로 자신의 정서적 자원이 고갈된 상태로, 정서적 자원의 고갈로 인하여 직무에 대한 열정의 저하, 피로와 상실감이 나타나게 된다(Maslach, 2001). 두 번째 요소인 비인간화는 서비스를 제공받는 사람에 대한 부정적이거나 냉소적인 태도의 발달을 말한다. 즉, 비인간화는 서비스를 제공하거나 또는 돌보는 데 있어서 질에 문제가 생길 정도로 과도하게 거리를 두는 것(Bakker, Schaufeli, Sixma, Bosveld, & Van Dierendonck, 2000)을 말하며, 타인 및 동료들을 물건으로 취급하는 등의 현상이 나타나게 된다. 인간서비스 직종에서는 대상자, 즉 서비스 이용자는 자신과 조직의 존재 이유가 됨에도 불구하고 부정적인 태도를 갖게 되는 것이다(Schaufeli & Enzmann, 1998). 세 번째 요소인 성취감 결여는 자신이 한 일을 부정적으로 평가하는 경향을 의미하며, 이는 낮은 자기효능감과 연결된다(Schaufeli & Buunk, 1996). 성취감이 결여될 경우 일에 더 이상 의미 있는 기여를 하지 못한다고 여기며, 원하는 것을 더 이상 성취할 수 없다고 생각하게 된다. 이로 인하여 종사자는 사기저하, 이직, 생산성의 감소, 무능력한 대응 등의 행동들을 나타나게 된다(Maslach, 2003). 세계보건기구(WHO)에서는 번아웃을 국제질병분류 제11차 개정판에 포함(ICD-11)시켰다.

2) 소진의 발생

소진은 다양한 원인에 의해 발생할 수 있다. 사회복지사 개인의 특성과 같은 개별 요인이나 업무량이나 조직문화와 같은 조직 요인 그리고 업무 보상과 관련하여 법과 정책 등과 관련한 정책 요인에 의해서도 발생할 수 있다. 이를 간단히 정리하면 다음과 같다. 첫째, 과거 부정적 실패를 경험했거나 업무에 대한 외부 강화요인 부족 혹은 업무에 대한 피드백 부족이나 부정적 비판 그리고 업무상의 어려움과 같은 직업적 효능감의 위기로 인하여 소진이 발생할 수 있다(Llorens & Salanova, 2011). 이같은 직업적 효능감의 위기는 낮은 성취감으로 이어지며, 시간이 지남에 따라 정서적 피로를 유발하게 되며, 냉소주의나 비인간화를 유발할 수 있다. 둘째, 보상의 부족이다. 즉, 자신의 노력이나 기여와 보상 사이에 형평성의 문제가 발생할 때 소진이 발생할 수 있다(Schaufeli, et al., 2011). 이는 조직구조적 차원이나 혹은 법과 정책과 같은 거시적 차원의 문제에 의한 영향도 있다. 셋째, 업무에서 발생할 수 있는 스트레스나 위기에 대한 대응전략이나 능력의 부족으로 인하여 소진이 발생할 수 있으며, 피로나 스트레스에 대한 회복이 불충분할 때 육체적·정신적 고갈상태가 촉발되어 소진이 발생할 수 있다. 특히 이는 개인적 차원에서는 스트레스에 취약한 개인적 특성의 문제나 혹은 과도한 업무로 인한 조직이나 정책의 문제, 이 둘 모두의 문제일 수 있다. 넷째, 정서적 전염으로 인해 소진이 발생할 수 있다. 사회적 상호작용을 통해 발달되는 공유된 신념과 감정이 있기 때문에 조직구성원 사이에 누군가 소진이 발생한 경우 다른 구성원에게서도 소진이 발생할 수 있다(Llorens & Salanova, 2011).

3) 소진의 과정 및 영향

소진은 점진적인 스트레스로 인한 감정자원의 감소는 일에 대한 의욕을 감소시킬 뿐만 아니라 일을 수행함에 있어서 부적응적 태도를 야기시킨다(Schaufeli & Enzmann, 1998). 구체적으로 신체적 측면에서 수면장애, 식욕변화(식욕부진), 두통이나 근육통과 같은 문제가 발생하기도 하며, 정서적 측면에서는 동기가 부족해지며, 자기의심, 실패, 외로움 등 전반적으로 불만족스러운 느낌을 경험한다. 신체적 측면에서는 분리되려고 하거나 맡은바 책임을 다하지 않고, 업무와 관련된 분노들이 나타난다.

2000년 네덜란드왕립의학협회에서 발간된 스트레스와 관련된 장애를 치료하기 위한 임상지침서에 따르면 스트레스와 관련된 장애를 세 가지로 구분하는데, 소진을 제일 마지막 단계로 두고 있다(Van der Klink & Van Dijk, 2003). 이는 소진을 단순한 피로, 그리고 신경쇠약과 같은 일시적인 작업기능의 손실을 넘은 장기적인 작업기능의 손실로 심각하게 바라보고 있는 것이다. 즉, 소진은 단순하거나 경미한 차원의 스트레스가 아니라, 심각한 차원의 스트레스로서 조직의 효율성 감소와 종사자의 이직, 사기저하, 낮은 수준의 서비스, 생산성 저하와 결근 그리고 동료와의 갈등과 같은 일과 연결된 문제들을 야기(Levert, Lucas, & Ortlepp, 2000)하는 심각한 문제라 할 수 있다.

소진은 다음의 몇 가지 단계를 거치며 발전하게 된다. 첫째, 열성(enthusiasm)의 단계이다. 이 단계는 종종 허니문(honeymoon)단계라고 부르기도 하는데, 결혼 후 신혼여행을 떠나는 것처럼 일을 시작하면서 일에 대해 희망과 비현실적인 긍정적 기대를 갖고 많은 시간과 노력을 투입하기 때문이다. 특히 사회복지와 같은 휴먼서비스 직에 종사하는 사람들은 대부분 타인을 돕고자 하는 의도에서 일을 시작하는 경우가 많으며, 도와주는 사람이 되고 싶은 욕망을 갖게 된다. 따라서 이 단계의 종사자들은 자신의 욕구나 요구를 무시한 채, 직업에 대해 지나친 몰입과 헌신을 다하며, 때때로 클라이언트와 과잉 동일시를 하기도 한다.

둘째, 침체(stagnation)단계이다. 이 단계는 스트레스가 시작된(onset of stress) 상태로, 열성이 폭발한 후 희망을 상실한, 빠진 상태라 할 수 있다. 따라서 이 시기는 열성단계에서는 문제시되지 않았던 보수, 근무시간이나 근무환경 등과 같은 요인들에 대해 문제를 제기하고, 신경을 쓰는 단계이다. 침체단계에서는 이 직업을 계속 유지하기는 하지만, 이전 단계보다 생산성이 떨어지고 작업을 수행하는 데 더 많은 시간이 소요된다.

셋째, 좌절(frustration)단계이다. 이 단계에서는 만성 스트레스(chronic stress) 상태로, 일 자체의 가치에 대한 의문을 품고 또한 자신이 하고자 하는 것을 하지 못하게 되는 단계이다. 사회복지와 같은 휴먼서비스 직종은 대부분 사회정의나 인류애의 실현과 같은 높은 이상을 위해 노력하지만, 이러한 이상은 상당히 추상적이고 모호하며 개개인의 노력만으로 도달하기가 어려운 경우가 많다. 따라서 긍정적인 변화나 노력을 의심하게 되며, 무력감을 보일 뿐만 아니라, 냉소적으로 반응하게 된다. 따라서 클라이언트를 피하거나 혹은 피로나 두통 등의 불편감을 호소하게 된다. 좌절단계에서는 크게 세 가지 반응의 형태로 나타나는데, ① 좌절을 부정적 에너지의 원천으로 사용하거나, ② 긍정적 에너지의 원천으로 사용하거나, ③ 상황으로부터 도피해 버리는 형태로 나타날 수 있다.

넷째, 무관심(apathy)의 단계이다. 무관심은 클라이언트로부터의 정서적 이탈을 의미한다. 즉, 자신을 좌절로부터 방어하기 위해 무관심하고 냉담해지는 것이다. 또한 사회적으로 고립(초연)되기도 하는데, 직장 동료와 점심을 같이 먹거나 하는 일상적 상호작용을 하지 않는 것이다.

4) 소진의 해결방안

소진을 발생시키는 원인은 다양한 요인이 있다. 소진을 예방하고 적절하게 대응하기 위해서는 다음과 같은 사항을 고려할 필요가 있다(이명신, 2004; 박경권 외, 2013; 박미정 · 박정령, 2022).

첫째, 개인적 차원에서 사회복지사의 역량을 강화하고 자기효능감을 증진시키기 위한 다양한 방안을 강구하는 것이다. 즉, 개인의 역량 강화를 위하여 다양한 교육 훈련의 기회를 제공함으로써 대응을 강화하는 것이다.

둘째, 스트레스에 대한 대응 방안이나 스트레스를 해소하기 위한 프로그램을 제공하는 것이다. 영리조직에서는 근로자지원 프로그램(EAP : Employee Assistance Program)의 일환으로 상담지원 프로그램을 운영하고 있다. 따라서 이러한 상담지원 프로그램이나 코칭 프로그램 등을 도입하기 위한 방안들을 고려할 수 있다.

셋째, 조직구조 및 절차의 변경이다. 즉, 스트레스를 유발하는 구조적 · 절차적 요인을 변경함으로써, 소진을 예방할 수 있다. 이는 직접적인 물리적 환경의 개선을 포함하여, 문화적 환경의 개선과 업무에 있어서 자율성과 통제권을 위임, 확대하는 것이 포함된다.

넷째, 업무 모호성의 감소가 요구된다. 이명신(2004)은 사회복지사들의 소진을 예방하기 위해 무엇보다 업무를 명확히 하고 업무 과정을 감소시킬 수 있는 방안이 요구되며, 이를 위해 기관 내 명확한 업무규정의 마련이 필요하다고 하였다.

다섯째, 조직 내 갈등을 해소할 수 있도록 갈등해결기술 및 타협중재기술 훈련 프로그램을 제공할 필요가 있다.

여섯째, 과도한 업무 부담을 낮추는 것이 요구된다. 사회복지사 대 클라이언트의 비율을 낮추어 줄 필요가 있다.

일곱째, 시간관리와 같은 프로그램 등을 통하여 효과적인 과업기획 및 수행이 이루어지도록 한다.

여덟째, 개방적, 수평적 의사소통의 경로를 마련하는 것이 요구된다.

아홉째, 소진을 해결하기 위해 적극적인 슈퍼비전이 요구된다. 지에츠와 엘리히(Zietz & Erlich, 1984)는 직무소진과 직무만족을 교차하여, 직무만족이 낮고 소진이 높은 유형의 경우 슈퍼바이저가 적극적인 관심을 가지고 개입해야 한다고 하였다.

10 CHAPTER

사회복지 재정 및 정보관리

1. 사회복지 재정관리
2. 정보관리

CHAPTER 10

사회복지 재정 및 정보관리

1. 사회복지 재정관리

1) 재정관리의 개념 및 특성

(1) 재정관리의 개념

재정관리(financial management)는 조직의 특성에 따라 재무행정(public financial management)이라는 용어로 사용되기도 한다. 일반적으로 재정관리는 영리조직에 흔히 사용되는 용어이며, 재무행정은 공공성을 가지거나 혹은 비영리성을 가지는 조직에서 흔히 사용되는 용어이다. 본 장에서는 이러한 구분을 하지 않고 재정관리로 사용하고자 한다.

재정관리는 조직이 목표달성을 위해 필요한 재정자원을 합리적이고 계획적으로 동원하고 배분하고 효율적으로 사용하고 관리하는 과정을 의미한다(이기영 외, 2009). 즉, 재정관리는 한정된 자원을 효율적으로 사용함으로써, 클라이언트의 복지를 증진하는 것이 궁극적인 목적이라 할 수 있다. 사회복지조직과 같은 비영리조직에서 재정은 예산, 기부금신청, 급여, 세금, 여비 등을 비롯하여, 기관의 근본적인 활동과 각 프로그램의 실행까지 영향을 미친다(이기영 외, 2009). 실제 서종수(2014)의 연구에서 재정자원은 사업 질, 사업 양, 사업효율성과 정적 상관관계를 가지는 것으로 나타나 재정자원은 사업의 성과와 높은 관련성이 있다고 할 수 있다. 따라서 재정관리를 통하여 한정된 자원을 효율적으로 배분, 사용하기 위한 노력이 요구된다. 우리나라는 사회복지사업법 제23조 제4항에 근거한 보건복지부의 '사회복지법인 및 사회복지시설 재무・회계 규칙'에 따라 사회복지법인 등의 재무・회계에 관한 사항을 예산, 결산, 회계,

감사의 영역으로 재정관리의 범위를 지정하고 있다.

재정관리의 출발은 예산의 편성과 책정에 있다. 예산은 특정 기간 동안 특정 목표를 성취하는 데 수반되는 수입과 지출에 관한 예상 계획으로, 관리자는 조직의 목적을 달성하는 도구로서 예산과정의 필요한 자질을 갖추어야 하며 이를 갖추지 못하면 관리자는 예산에 종속될 위험성이 있다(한신애 외, 2018).

(2) 재정관리의 특성

사회복지조직은 외부 자원의 의존성이 높으며, 따라서 안정적인 재원의 확보와 합리적인 재정관리가 요구된다. 사회복지조직의 재정관리 특징은 다음과 같다(김경우 외, 2013; 신민정 외, 2015; Hasenfeld, 1992).

첫째, 사회복지조직은 재원의 지속적인 조달을 직접적으로 통제하는 데 어려움이 있다. 사회복지조직이 수행하는 사업들은 법적으로 위임된 서비스라 할지라도 재정할당 정도를 스스로 결정할 수 없고, 입법 기관에서 정해주어야 한다. 또한 영리조직과 달리 소비자에게 접근할 수 있는 통로가 제한되어 있으며, 실제 이러한 준비 자체가 미흡하다.

둘째, 사회복지조직은 매우 다양한 재원을 가지고 있다. 가장 기본적으로 정부의 보조금, 재단 및 법인의 지원금, 개별기부금, 후원금 등을 비롯하여 서비스 요금, 대여료 등과 같은 수익사업에 의한 이용료, 기타 특별행사나 기증, 투자 등의 수입 등을 통해 재원을 마련할 수 있다. 이러한 각각의 유형들은 사회복지조직의 특성에 따라 중요성의 비중이 달라진다.

셋째, 다양한 원천으로부터 재원을 확보하기 위해 특별한 업무를 수행한다. 즉, 사업제안서(proposal)를 쓰거나, 계약을 체결하거나, 후원금을 개발하거나 혹은 클라이언트에게 요금을 지불하도록 할 수 있다. 또한 기부금품을 모집하거나 신청받고, 특별행사를 조직화하는 등의 다양한 재원확보 전략을 추진할 수 있다.

(3) 사회복지재정의 유형

① 정부보조금

보조금은 국가 외의 자가 수행하는 사무 또는 사업에 대하여 국가가 이를 조성하거나 재정상의 원조를 하기 위하여 교부하는 보조금, 부담금, 그 밖에 상당한 반대급부를 받지 아니하고 교부하는 급부금으로서 대통령령으로 정하는 것을 말한다. 사회복지사업의 주체는 정부와 지방자치단체이지만, 수많은 복지사업을 정부와 지방자치단체가 모두 다 직접 수행할 수 없기 때문에 민간의 전문가에게 그 역할을 위임하였고, 이때 서비스를 대신 행하여 주는 대가로 지불하는 것이 보조금이다. 보조금은 다른 재원보다 사업내용의 제한, 보고, 재량권, 사후감사 등 효과성과 책임성의 측면에서 상당한 외적 통제가 이루어진다(황성철 외, 2021).

정부가 국고보조금을 지원하는 방법은 크게 범주별(항목별) 보조금, 기능별(포괄)보조금, 특별보조금의 형태가 있다.

② 바우처

바우처는 정부가 수요자에게 카드나 쿠폰을 발급하여 공급자를 선택하도록 하는 방식이다. 공급자가 수요자로부터 받은 카드나 쿠폰을 정부에 제시하면 정부가 그 비용을 지원하는 방식이다.

③ 민간재정

민간재정에는 일반 기부금, 후원금, 기부금, 특별행사를 위한 모금, 서비스 이용료, 사업수익(임대료, 이자수입 등) 등이 있으며, 이 외에 사회복지공동모금회 지원금 등도 있다.

2) 예산의 개념 및 필요성

(1) 예산의 개념

예산은 가죽주머니, 작은 가방이나 자루를 뜻하는 고대 프랑스어 bougette에서 유래되었으며(Online Etymology Dictionary, 2023), 영국에서 재무장관이 국회에서 예산을 설명할 서류들을 넣고 다니는 가방의 의미로 사용되었다가 오늘날 독립된 개념으로 사용되고 있다(행정안전부 지방자치인재개발원, 2022).

예산은 조직의 목표를 화폐가치로 표시한 것으로, 이를 통해 조직의 목표달성을 위한 제반 활동을 표시하며, 동시에 활동에 대한 평가기준으로 활용되어 감시장치가 되기도 한다(박경권 외, 2013).

(2) 예산관리 필요성

사회복지조직에서는 재정관리의 문제를 소홀히 여기거나, 이를 사회복지전문직의 지식이나 기술에 해당하지 않는 것으로 여기는 경향이 있었다. 그러나 예산관리를 실천하지 않는다면 예기치 못한 비용이 필요할 때 대응할 수 없으며, 사업의 확장이 어려울 수 있다. 또한 사업의 성실한 이행이 어렵고 사업성과를 증명할 수 어렵기 때문에 다양한 이해관계자들에게 조직필요의 당위성 증명이나 후원금 모집 등의 어려움에 처할 수 있다. 최악의 경우에는 조직의 운영이 어려워짐으로 인하여 종국에는 조직이 해체될 수 있다.

따라서 예산관리를 통하여 예기치 못한 긴급한 상황에 대비하여 자금을 따로 마련(예비비)하도록 하여 별도의 자금을 전용할 필요가 없도록 할 수 있다. 특히 영리조직에서는 투자자 유치의 효과가 있다. 예산을 통하여 투자자는 투자에 대한 확신을 할 수 있다. 물론 비영리조직에서도 확실한 예산관리를 통하여, 후원자를 개발할 수 있다. 또한 예산을 통하여 사업의 목표를 설정할 수 있다. 영리조직의 경우 얼마나 많은 매출을 올릴 것인지 예상할 수 있으며, 비영리조직의 사업이 얼마나 이루어질지를 예상할 수 있다.

예산관리를 통하여 조직은 재무목표를 달성할 수 있다. 재무목표가 달성된다는 것은 조직이 정상적으로 운영되었으며, 이를 계속하거나 필요에 따라 확장할 필요가 있음을 의미한다. 예산은 수입과 지출을 잘 파악할 수 있기 때문에, 다양한 이해관계자는 목표 달성을 확인할 수 있다.

(3) 예산의 원칙

예산의 수립과 집행에 있어 다음과 같은 원칙을 준수해야 한다(Smith, 1945; 곽미정 외, 2017; 신민정 외, 2015).

① **공개의 원칙** : 예산의 편성, 심의, 집행과정의 주요 단계는 공개되어야 한다.

② **명료성의 원칙** : 예산은 모든 국민이 이해할 수 있도록 작성되어야 한다.

③ **포괄성의 원칙** : 예산은 총계주의 원칙에 따라 모든 세입·세출을 포괄해야 하며, 정부의 모든 활동을 나타내야 한다.

④ **예산통일성의 원칙** : 모든 세입은 하나의 일반기금으로 납부되고 여기서 모든 세출이 나와야 한다. 이 원칙은 세입과 세출 간에 특별한 직접적인 관계가 있는 경우 등을 제외하고는 특정한 세출과 세입이 직결되는 것을 금지한다.

⑤ **명세성의 원칙** : 예산수지는 구체적·명세적으로 제시되어야 하며, 특별한 경우 외에는 예산의 이용, 전용은 금지되어야 한다.

⑥ **사전승인의 원칙** : 예산은 사전에 의회의 심의, 의결을 받아야 한다.

⑦ **정기성의 원칙** : 지출권한을 일정 기간에 한하여 부여하여야 한다. 이 기간이 끝날 때까지 사용되지 않은 예산은 효력을 상실하든지 금액과 용도를 정하여 의회의 재의결을 받아야 한다.

⑧ **정확성의 원칙** : 예산의 추계는 가능한 한 정확해야 하며, 세출을 과다하게 적산하거나, 세입의 과소추계에 의한 은폐된 재원이 존재해서는 안 된다.

⑨ **단일성의 원칙** : 가능한 한 예산은 단일하게 편성되어야 한다. 복수의 예

산은 전체적인 조망에 있어 혼란을 야기하기 때문이다.

⑩ **한정성의 원칙** : 정해진 목적을 위해 예산은 정해진 금액을 정해진 기간 내에 사용해야 한다.

⑪ **연례성의 원칙** : 예산은 단년주의에 의해 회계연도 단위로 작성되어야 한다.

3) 예산의 종류[1]

예산은 일반회계예산과 특별회계예산으로 구분할 수 있다. 일반회계는 사회복지조직의 건전한 운영을 목적으로 대상자 및 직원의 복지 증진을 위하여 운영되는 회계라 할 수 있으며, 이념에 있어 공공성에 역점을 두고 있다(신민정 외, 2015). 일반회계예산은 대부분의 예산을 의미한다. 반면 특별회계는 특정사업의 운영이나 특정 세입으로 특정 세출을 충당하기 위한 것으로 일반회계와 구분되어 경리되는 예산을 말한다.

일반적으로 예산의 종류는 본예산, 수정예산, 추가경정예산 등으로 구분될 수 있다. 또한 예산 불성립 시 집행에 따라 잠정예산, 가예산, 준예산 등으로 구분될 수 있다.

본예산은 연간예산으로서 맨 처음 편성하여 의회에 제출되는 예산으로 당초예산이라고도 한다. 사회복지법인의 경우 법인의 대표이사 및 시설의 장은 예산을 편성하여 각각 법인 이사회의 의결 및 사회복지사업법 제36조에 따른 운영위원회 또는 영유아보육법 제25조에 따른 어린이집운영위원회에의 보고를 거쳐 확정한다. 또한 법인의 대표이사 및 시설의 장은 제1항에 따라 확정한 예산을 매 회계연도 개시 5일 전까지 관할 시장・군수・구청장에게 제출하여야 한다(사회복지법인 및 사회복지시설 재무・회계 규칙 제10조).

수정예산은 예산안을 의회에 제출한 후 의회의 의결 전에 부득이한 사유로 그 내용의 일부를 수정하고자 할 때 제출하는 예산이다(지방자치법 제127조 제4항). 의결 후에 예산을 변경하는 추가경정예산과는 의결 전이라는 점에서 구별된다.

1) 행정안전부 지방자치인재개발원(2022). 2022 공통교재 지방예산 실무, pp. 56-59의 내용을 인용, 수정, 보완하였다.

추가경정예산은 예산성립 후에 생긴 사유로 인하여 이미 성립된 예산에 변경을 가할 필요가 있을 때 편성하는 예산을 말한다(지방자치법 제130조, 지방재정법 제45조). 일반적으로 예산이 부족한 경우 예비비로 충당하지만 그 부족액의 규모가 큰 경우는 추가예산을 편성할 수밖에 없다. 사회복지법인의 경우 법인의 대표이사 및 시설의 장은 예산성립 후에 생긴 사유로 인하여 이미 성립된 예산에 변경을 가할 필요가 있을 때에는 추가경정예산을 편성·확정할 수 있다. 법인의 대표이사 및 시설의 장은 추가경정예산이 확정된 날로부터 7일 이내에 이를 시장·군수·구청장에게 제출하여야 한다(사회복지법인 및 사회복지시설 재무·회계 규칙 제13조).

회계연도 개시까지 예산이 국회 의결을 받지 못하는 경우 예산을 집행하는데 이때 예산을 잠정예산, 가예산, 준예산이라 한다.

잠정예산은 새로운 회계연도가 개시될 때까지 예산안이 의결되지 못한 경우 일정 기간(최초 4~5개월) 동안 예산의 집행을 허용하는 것으로, 반드시 사전에 의회의 의결을 필요로 한다는 점에서 준예산과 구별된다. 미국, 영국, 일본 등의 국가가 채택하고 있다.

가예산은 잠정예산과 같으나 기간이 보통 1개월분의 집행에 대한 의회의 의결을 필요로 한다는 점에서 차이가 있다. 프랑스에서 채택하고 있으며, 한국도 제1공화국 시기에 경험이 있다.

준예산은 전년도 예산에 준하여 지출할 수 있도록 한 것으로, 의회의 의결을 필요로 하지 않는다. 현재 한국과 독일 등의 국가에서 채택하고 있다. 사회복지법인의 경우 회계연도 개시 전까지 법인 및 시설의 예산이 성립되지 아니한 때에는 법인의 대표이사 및 시설의 장은 시장·군수·구청장에게 그 사유를 보고하고 예산이 성립될 때까지 임·직원의 보수, 법인 및 시설운영에 직접 사용되는 필수적인 경비, 법령상 지급의무가 있는 경비를 전년도 예산에 준하여 집행할 수 있다(사회복지법인 및 사회복지시설 재무·회계 규칙 제12조).

4) 예산의 기능

정부의 예산은 다음과 같은 기능을 한다(유 훈, 2003). 첫째, 정치적 기능이다. 예산은 정치적 욕구와 재정적 가능성 간의 타협점을 표시한 것이기도 하다. 타협점이 어느 액수에서 결정되는가는 민주정부의 체제에 있어서 정치적 의미를 갖는 결정 또는 계획에 의하여 규정된다.

둘째, 법적 기능이다. 예산은 법률이 아니지만, 입법부에 의한 행정부의 재정권 부여의 형식이라 할 수 있다. 따라서 세출예산을 지출하기 위해서는 반드시 이것을 지원하기 위한 재원이 있음을 전제로 해야 한다.

셋째, 경제적 기능이다. 예산은 국가 경제와 관련하여 경제 안정 기능, 경제 성장의 촉진 기능, 소득재분배 기능, 자원 최적분배 기능, 사회정책 수행 기능 등을 수행한다.

넷째, 행정적 기능이다. 예산은 행정부가 가용자원을 효과적으로 동원하여 국가 발전을 위한 각종 사업 계획을 뒷받침하기 위해 가능한 한 최대한의 경제성, 효율성을 고려하면서 이를 관리하는 기능을 한다.

사회복지조직의 예산도 그 내용과 범주 면에서 차이가 있으나 정부의 예산과 유사한 기능을 한다. 사회복지조직은 다양한 사업에 예산을 배분하게 된다. 특히 사회환경의 변화에 따라 그 예산의 내용이 상당히 달라지게 된다. 예를 들어, 20여 년 전만 하더라도 다문화 관련 예산 비용은 존재하지 않았으나 오늘날 대부분의 사회복지조직에서는 다문화와 관련된 예산을 배정한다. 이처럼 예산을 배분하는 것은 결국 정치적 결정이므로 정치적 기능이 존재한다고 볼 수 있다. 또한 사회복지조직은 국가의 보조금에 의해 운영되므로 그 세입과 세출에 있어서 별도의 법적 근거가 있으며 이를 근거하여 집행해야 한다. 이러한 점에서 사회복지조직의 예산은 법적 기능이 있다고 볼 수 있다. 다음으로 사회복지조직은 경제적 기능이 있다. 그 내용과 영향력의 범주는 상이하지만, 자원의 수직적 재분배를 통하여 소득 재분배의 기능을 수행할 뿐만 아니라, 자활 등의 사업을 통하여 경제적 자립, 성장의 기능을 촉진하기도 한다. 마지막으로 사회복지조직은 결국 예산을 통해 조직과 사업을 운영하므로 행정적 기능을 수행한다고 볼 수 있다.

5) 재정관리과정

(1) 예산편성 절차

입법부는 예산을 검토 시 세출예산에서 예상되는 결과를 식별, 예산을 승인한다. 예산 집행 중 관리자는 연중 성과를 모니터링할 수 있도록 한다. 보고 시 재무정보와 함께 보고서 및 연례보고서나 기타 자료를 활용하여 계획대비 성과보고를 한다. 공식적인 모니터링 및 검토, 그리고 평가 프로세스를 실시한다. 재무 및 성과 감사를 실시한다. 전략기획 및 예산준비 계획, 정책 및 전략을 고려하여 거시 재정체계를 설정하고 예산협상에 정보를 제공한다.

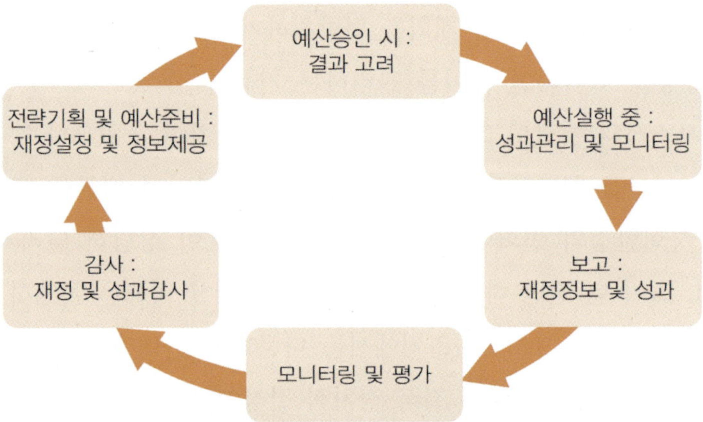

| 그림 10-1 | 예산관리 주기에서 성과정보의 잠재적 사용

출처 : The World Bank(2010). Results, Performance Budgeting and Trust in Government, p. 16.

지방정부에서는 예산을 편성할 때 다음[2]과 같은 점을 고려하도록 하고 있다. 사회복지조직에도 그대로 적용이 가능하므로 함께 살펴보고자 한다.

첫째, 예산의 편성과정과 절차가 적절히 이루어지고 있는가? 예산형식과 내

2) 행정안전부 지방자치인재개발원(2022). 2022 공통교재 지방예산 실무, pp. 87-88의 내용을 인용, 수정 보완하였다.

용이 예산과목체제를 유지하고 있는지 여부 및 지역주민의 참여와 전문가 등의 의견이 수렴되어 있는지, 예산편성과정의 법정시한이 지켜지고 있는지 등을 고려해야 한다.

둘째, 주민의 수요가 반영되고 있는가? 사회복지조직은 주민이 무엇을 가장 바라고 있는가? 하는 주민수요를 파악하여 이를 예산에 반영시키도록 노력하여야 한다. 최근 주민수요는 단년도에 처리할 수 없는 것이 많기 때문에, 1년에 한하여 예산을 편성하는 방법을 지양하여 장기적이고도 종합적인 계획에 근거하여 다양한 행정수요를 계획적으로 예산에 반영하도록 하여야 한다.

셋째, 재정건전성을 유지하고 있는가? 사회복지서비스를 전달하기 위하여 다양한 재원을 확보하려는 노력은 중요하지만, 확보할 수 있는 재원의 범위를 넘어 예산을 편성할 수는 없다. 따라서 제한된 재원을 효율적으로 사용하기 위한 노력이 요구된다.

넷째, 조직의 재정에 관한 전망을 충분히 반영하고 있는가? 재정에 관한 전망은 단순한 1회계연도 간의 전망이 중요한 것이 아니라, 장기적인 투자 및 전략적 재정운용 관점에서 장기적이고 치밀한 전망이 중요하다. 특히 사회복지조직을 둘러싼 환경을 파악·분석하여 예산편성에 활용하는 것도 필요하다.

사회복지조직의 경우 시·군·구에서 법인 또는 시설에 특히 필요하다고 인정하는 사항에 관해 예산편성지침이 회계연도 개시 2개월 전까지 통보되면, 법인은 법인 산하 시설의 예산편성지침을 회계연도 개시 1개월 전까지 결정하게 된다. 이에 근거하여 회계연도 개시 전까지 회계별 예산(법인회계, 시설회계, 수익사업회계)을 편성하게 된다. 예산안이 편성 완료되면 시설회계 예산안을 시설 운영위원회에 보고한다. 이후 법인의 회계별 예산(법인회계, 시설회계, 수익사업회계)안에 대한 이사회 의결, 예산안을 확정하게 된다. 확정된 예산안을 시장·군수·구청장에게 회계연도 개시 5일 전까지 제출해야 한다. 이후 법인과 시설의 회계별 세입·세출 명세서를 예산안 제출 20일 이내 시·군·구, 법인, 시설의 게시판과 인터넷 홈페이지에 20일 이상 공고해야 한다.

이를 도표로 제시하면 다음 【그림 10-2】와 같다.

주요 내용	주 체	일 정
시·군·구에서 법인 또는 시설에 특히 필요하다고 인정하는 사항에 관해 예산편성지침 통보 가능	법인 또는 시설 소재지 관할 시장·군수·구청장	회계연도 개시 2개월 전까지
법인은 법인과 법인 산하 시설의 예산편성지침을 결정	법인 대표이사	회계연도 개시 1개월 전까지
회계별 예산(법인회계, 시설회계, 수익사업회계) 편성	법인 대표이사 및 시설의 장	회계연도 개시 전까지
시설회계 예산안에 대한 시설 운영위원회 보고 ※ 법인이 설치·운영하는 시설의 경우에도 시설회계는 법인이사회 의결 전 시설 운영위원회에 보고 필요 ※ 법인회계 및 수익사업회계에 대해서는 불필요	시설의 장	예산안 편성 완료 시
법인의 회계별 예산(법인회계, 시설회계, 수익사업회계)안에 대한 이사회 의결, 예산안 확정 ※ 법인이 설치·운영하는 시설의 시설회계도 포함 ※ 법인이 아닌 경우에는 시설 운영위원회 보고로 예산안이 확정됨	법인 이사회	예산안 편성 완료 시
확정된 예산안을 시장·군수·구청장에 제출 ※ 법인은 법인의 회계별 예산(법인회계, 시설회계, 수익사업회계)을 법인 소재지를 관할하는 시장·군수·구청장에 제출하고, 시설의 장(법인이 운영하는 시설도 포함)은 해당 시설의 시설회계를 시설소재지 관할 시장·군수·구청장에 제출	법인 대표이사 및 시설의 장	회계연도 개시 5일 전까지
법인과 시설의 회계별 세입·세출 명세서를 시·군·구, 법인, 시설의 게시판과 인터넷 홈페이지에 20일 이상 공고 ※ 「사회복지사업법」 제6조의2 제2항에 따른 정보시스템에 게재하거나 「영유아보육법」 제49조의2 제2항에 따른 공시로 갈음 가능	시장·군수·구청장, 법인 대표이사, 시설의 장	예산안 제출 20일 이내

【그림 10-2】 예산편성절차

출처 : 보건복지부(2025). 2025 사회복지시설 관리안내, pp. 124-125.

예산안을 편성하면서 예산의 조정이 요구되는데, 예산조정 시 활용할 수 있는 질문들은 다음과 같다.

〈표 10-1〉 예산조정의 요령

단 계	예산조정의 요령 및 유의사항
1단계	① 예산요구서에 제시된 계수의 산출근거가 정확한가? ② 불필요한 경비가 포함되어 있는가? ③ 의무적 경비 등에서 누락된 것은 없는가? ④ 법령 등에 반하거나 해석상 오류는 없는가?
2단계	⑤ 예산편성 관련 규정(예산편성운영기준 등)에서 정한 경비는 준수되었는가? ⑥ 사업비에서 기본운영계획 등의 사업이 반영되고 있으며 그 실시순위는 타당한가? ⑦ 그 사업의 긴급성은 어떠한가? ⑧ 주민의 요망도는 어느 정도인가? ⑨ 경제적 합리성은 어떠한가? ⑩ 향후의 행정에 어떠한 영향을 미칠 것인가?
3단계	⑪ 세입과 세출의 균형을 맞추기 위해 예산요구액을 조징

출처 : 행정안전부 지방자치인재개발원(2022). 2022 공통교재 지방예산 실무, p. 83.

예산 진행이 완료되면 결산 보고를 하여야 한다. 결산이란 회계연도 종료 후 예산의 집행 결과를 확정하여 수입과 지출의 실적을 명백히 하고, 그 결과를 보고·심사·승인받는 절차를 말한다. 따라서 결산보고서는 회계연도 종료 후 예산·기금 집행결과와 재무상태를 정리·확정해 일정한 형식의 결산보고서로 작성하여 상급기관(기재부/감사원/국회 등)에 제출하는 공식 절차 및 문서를 의미한다. 사회복지조직에서 결산보고서는 세입·세출결산서 등을 포함한 결산보고서를 작성하고, 법령이 정한 첨부서류(재무상태표, 수지계산서, 후원금 보고 등)를 갖추어 제출·공고하는 행정·회계 절차라 할 수 있다. 결산보고서에 첨부하여야 할 서류는 세입·세출결산서, 과목전용조서, 예비비사용조서, 재무상태표, 수지계산서, 현금 및 예금명세서, 유가증권명세서, 미수금명세서, 재고자산명세서, 그 밖의 유동자산명세서(유동자산 외의 유동자산), 고정자산(토지, 건물, 차량운반구, 비품, 전화가입권)명세서, 부채명세서(차입금, 미지급금 포함), 각종 충당금명세서, 기본재산수입명세서(법인만 해당), 사업수입명세서, 정부보조금명세서, 후원금 수입명세 및 사용결과보고서(전산파일 포함), 후원금 전용계좌의 입출금내역, 인건비명세서, 사업비명세서, 그 밖의 비용명세서(인건비 및 사업비를 제외한 비용), 감사보고서, 법인세 신고서(수익사업이 있는 경우만 해당함)이다.

주요 내용	주 체	일 정
법인회계와 시설회계의 세입·세출 결산보고서 작성	법인 대표이사 및 시설의 장	출납 완료 시
↓		
결산보고서의 시설 운영위원회 보고 ※ 법인이 설치·운영하는 시설의 경우에도 시설회계는 법인 이사회 의결 전 시설 운영위원회에 보고 필요 ※ 법인회계 및 수익사업회계에 대해서는 불필요	시설의 장	결산보고서 작성 후
↓		
결산보고서의 법인 이사회 의결 ※ 법인이 설치·운영하는 시설의 시설회계도 포함 ※ 법인이 아닌 경우에는 시설 운영위원회 보고로 결산보고서 확정	법인 대표이사	결산보고서 작성 후
↓		
확정된 결산보고서를 시장·군수·구청장에 제출 ※ 법인은 법인회계, 시설회계, 수익사업회계 결산을 법인 소재지를 관할하는 시장·군수·구청장에 제출하고, 시설의 장(법인이 운영하는 시설도 포함)은 해당 시설의 시설회계 결산을 시설 소재지 관할 시장·군수·구청장에 제출	법인 대표이상 및 시설의 장	다음 연도 3월 31일까지
↓		
법인과 시설의 세입·세출 결산서를 시·군·구, 법인, 시설의 게시판과 인터넷 홈페이지에 20일 이상 공고 ※ 「사회복지사업법」 제6조의2 제2항에 따른 정보시스템에 게재하거나 「영유아보육법」 제49조의2 제2항에 따른 공시로 갈음 가능	시장·군수·구청장, 법인 대표이사, 시설의 장	결산보고서 제출 20일 이내

| 그림 10-3 | 결산절차

출처 : 보건복지부(2025). 2025 사회복지시설 관리안내, p. 131.

6) 예산모형

(1) 품목별 예산(line-item budgeting)

품목별 예산은 예산을 항목별로 분류하는 매우 단순하고 간단한 방법으로, 2008년 이전까지 활용되었던 주요 방법이다. 품목별 예산은 개별 지출항목을 나열하여 예산을 계상하는 방식을 취하고 있으며, 따라서 점증식 예산이 주로 편성된다. 즉, 지난해 예산 및 지출내역을 기반으로 그 예산을 일부 수정하는 방식으로 적용된다.

품목별 예산은 세입과 세출로 구분된다. 세입 항목은 입소자부담금수입, 사업수입, 과년도수입, 보조금 수입, 후원금수입, 차입금, 전입금, 이월금, 잡수입 등으로 구분한다. 세출항목은 사무비(인건비, 업무추진비, 운영비), 재산조성비(시설비), 사업비, 전출금, 과년도지출, 상황금, 잡지출, 예비비 및 기타 등으로 구분한다.

품목별 예산은 예산을 사용하고 파악하는 방법을 이해하고 해석하기 위해 별도의 훈련이 요구되지 않으며, 예산 책정 및 활용이 쉽다. 상당히 직관적이기 때문에 따라서 관리자(의사결정자)는 예산을 쉽게 책정할 수 있으며, 이해관계자들의 경우도 예산을 손쉽게 이해할 수 있다. 또한 단일 항목이 예산을 초과하는지 미달하는지 쉽게 확인할 수 있다. 이러한 이유로 예산심의나 회계감사 등이 상당히 용이하다.

그러나 품목별 예산의 경우 예산 배정의 맥락을 이해할 수 없다. 예를 들어, 작년에 기반하여 올해 회의비를 더 많이 지출할 수 있으나, 그 이유가 무엇인지 설명할 수 없다. 따라서 예산증대나 정당성 부여의 근거가 희박하다. 또한 품목별 예산은 입법부 중심의 행정부 예산 통제 제도로, 행정부의 자유재량권이 억제되는 문제점이 있다. 즉, 작년의 예산에 기반하므로 다양한 창의적 사업을 수행하기보다 기존의 사업을 답습하는 형태로 기능하게 된다. 결과나 목표달성에 대한 고려가 부족하고 프로그램의 내용을 알기 어렵다(박경권 외, 2013). 업무의 측정단위 결정이 어려울 수 있어 계량화가 어려운 사업의 수행 시에 품목별 예산을 적용하기는 쉽지 않다.

〈표 10-2〉 품목별 예산 중 사업비 세출 예

단위 : 천 원

과목			예산액			
관	항	목	전년도	당해년도	증감액	증감비율 (%)
사업비	일반사업비	연구개발비	3,000	3,500	△ 500	△ 16.7%
		평생교육지원비	2,000	2,200	△ 200	△ 10.0%
		성인문해교육비	2,000	1,800	▼ 200	▼ 10.0%
		정보화사업비	1,500	2,000	△ 500	△ 33.3%
		상담사업비	3,000	3,500	△ 500	△ 16.7%
	일반사업비 소계		11,500	13,000	△ 1,500	△ 13.0
	사업비 소계		11,500	13,000	△ 1,500	△ 13.0

(2) 성과주의 예산(performance budgeting)

성과주의 예산 혹은 성과기반 예산(performance-based budgeting or performance-informed budgeting)은 성과정보를 활용하여 예산의 사용과 성과를 연계함으로써 지출의 효율성과 사업의 효과성을 높이는 것을 목표로 한다. 즉, 성과주의 예산은 결과를 위한 관리(MFR : Managing-For-Results)라고 하는 광범위한 개선의 일부로, 내부 체계 및 과정보다 결과에 더 많은 집중을 하고 있다. MFR은 효율성과 효과성을 개선하기 위해 공식적인 성과정보를 사용하는 것으로, 달성하고자 하는 결과 그에 사용된 활동 및 자원과의 관계에 대한 명확성을 의미한다.

The World Bank(2010)에서는 성과를 강화하기 위한 방향으로 의사결정하기 위해 예산관리주기의 단계에서 성과정보를 활용해야 한다고 하였다. The World Bank(2010)는 성과예산을 의사결정을 기준으로 빡빡한지(tight), 느슨한지(loose), 그리고 예산편성과정의 제도화 정도에 따라 제도화(institutionalized)되어 있는지, 변통적(ad-hoc)인지에 따라 총 네 가지로 구분하였다. 직접/ 공식기반 성과예산책정은 서비스를 특정할 수 있고, 수요를 예측할 수 있으며 유사한 서비스를 제공하는 공급자가 많으며, 필수 서비스에 큰 지장을 주지 않을 때 사용할 수 있다. 예로 바우처나 교육 및 보건서비스 시스템 등이 있다. 성과정보예산은 예산의 편성과정에서 성과목표와 과거 성과정보를 고려해야 하지만, 이것이 예산 편성의 유일한 지배적 요소는 아니다. 기회주의 예산은 특정 프로그램을 평가하는 데 사용하며, 현재 진행 중인 프로그램이 프로젝트를 평가할 때 성과정보를 기회주의적으로 사용한다. 보고형성과 예산은 행위자에게 높은 수준의 사회적 책임을 부과하는 환경에서 발견되며, 예산 행위자가 자신의 이익을 추구하기보다 사회의 이익을 추구하기 위해 자발적으로 행동한다고 추정한다.

〈표 10-3〉 성과주의 예산의 유형[3]

구 분		의사결정과의 연계	
		빡빡함	느슨함
예산 결정 제도화	제도화	직접/ 공식기반 성과예산 (Direct/ formula-based performance budgeting)	성과정보 예산 (Performance-informed budgeting)
	변통적	기회주의적 예산 (Opportunistic budgeting)	보고형 성과예산 (Presentational budgeting)

성과주의 예산은 사업의 성과와 효율성을 강조하는 만큼, 성과주의 예산의 활용은 단위원가×업무량=예산액으로 표시하는 예산이다. 업무측정 단위나 혹은 성과를 산출하는 산출단위에 따른 성과주의 예산은 기관의 사업과 목적을 이해하기 쉽다. 따라서 자금분배를 합리적으로 할 수 있었으며, 프로그램별로 통제가 가능하다는 장점이 있다(박경권, 2013). 또한 사업별, 활동별로 예산이 운영되어 사업의 내용을 지역주민에게 이해시키는 데 큰 도움을 주어 기관홍보에 기여할 수 있다(한신애 외, 2018). 더불어 사업성과 달성 여부에 대한 책임만 질 뿐 지출 대상에 따른 책임을 지지 않으므로 행정부의 재량이 확대되어 신축성 있는 운영이 가능하다(한신애 외, 2018).

다만, 원가계산이 어려울 수 있으며, 계량화가 어려운 사업에는 부적절하다. 또한 품목별 예산에 비해 입법부의 통제가 어렵다는 단점이 있다. 따라서 성

3) OECD는 성과예산을 크게 직접 성과예산, 보고형 성과예산, 성과정보예산의 세 가지로 분류하였다.

과주의 예산을 활용하기 위해서는 예산문화서와 회계시스템이 프로그램 친화적이어야 하며, 프로그램별 지출이 예산대비 초과되지 않도록 연중 프로그램 지출을 모니터링할 수 있도록 IT 통합 시스템이 마련되어야 한다(Robinson, 1980). 뿐만 아니라 사회복지사업이나 활동을 단위별로 구분하여 재료비, 노무비 등으로 원가를 계산하는 것은 상당히 곤란하며, 목표의 설정, 대안탐색, 최적 대안의 선택과정을 따르지 않기 때문에 합리적 자원배분에는 크게 기여하지 못한다(한신애 외, 2018).

(3) 기획예산(planning budgeting)

기획예산의 대표적인 유형으로 PPBS(Planning-Programming-Budgeting System)가 있다. PPBS는 1960년대 중반 미국의 RAND사가 만든 접근방법으로 기획, 프로그래밍 및 예산책정을 하나의 시스템으로 통합하려는 접근방법이다. 즉, 기획예산은 조직의 장기적 발전이나 사업계획하에 각 연도별 목표달성을 위해 예산을 조직목표에 통합시켜 작성하는 예산의 유형을 말한다. PPBS를 위해서는 목표와 목표를 달성하기 위한 다양한 프로그램에 대한 심도 있는 분석을 위한 분석담당이 있어야 하며, 관리자가 주요 결정을 내리기 위해 다년간의 계획 및 프로그램 과정과 데이터가 요구된다(Carey & Shipley, 1973).

품목별 예산이 투입(input) 위주인 반면, 성과주의 예산은 다양한 산출(output)을 다룰 수 있다. 산출은 제품(재화 또는 서비스)이고, 특정 프로그램의 파생물(즉, 계산된 프로그램 노력의 결과)이며, 프로그램의 결과 지표로 제시할 수 있는 제품, 명시적인 목표의 충족 등이라 할 수 있다(Carey & Shipley, 1973).

기획예산은 기획, 프로그래밍, 예산책정의 순서로 진행된다. 기획은 조직의 장기적 목표를 정의하고, 그러한 목표를 달성하기 위한 일련의 서비스가 도출되는 과정을 말한다. 프로그래밍은 관리 단계를 정의하고 목표를 달성하기 위해 작업을 수행하는 것을 의미한다. 이 단계에서는 해당 기간 동안 인적자원, 자본(투자) 및 연구와 관련된 자원이 결정된다. 예산 책정은 프로그램의 연간 부분이 재정적 제약을 고려하여 연간 예산으로 변환되는 단계이다. 아이디어는 각 책임 수준에서 내려진 결정을 준비, 구현 및 통제하는 일관된 방법을 행정부 내에서 자발적이고 점진적으로 채택하는 것이다.

성과주의 예산은 산출(output)중심인 반면, 기획예산은 결과(outcome)중심이다. 기획예산은 사업목표와 이를 달성하기 위한 사업예산의 관계를 명확히 제시하여 사업계획과 예산수립 간 발생할 수 있는 괴리를 방지할 수 있다(곽미정 외, 2017). 또한 조직목표를 보다 정확하게 파악할 수 있으며, 여러 목표 가운데 가장 긴급한 것을 선택할 수 있고, 조직의 통합적 운영이 편리하다(황성철 외, 2021).

그러나 비용/ 편익분석을 위해 필요한 자료가 너무 방대하여 자료 분석을 위해 많은 비용이 추가로 발생할 수 있으며, 사회복지기관과 같이 명백하게 합의된 목적이나 목표의 설정이 어려운 경우에는 활용하기 어려운 단점이 있다(곽미정 외, 2017). 또한 결과에만 치중하여 과정을 무시하고 권력과 의사결정이 중앙집권화될 위험성이 있다(곽미정 외, 2017). 이 외에도 직접 비용이 아닌 간접비 배분의 어려움과 같은 문제가 있다(황성철 외, 2021).

(4) 영기준예산(zero-based budgeting)

영기준예산은 전년도 예산을 전혀 고려하지 않고, 매년 새로이 제로베이스(zero base)에서 예산안을 마련하는 방식이다. 전통적인 예산 편성 방식은 새로운 지출만을 고려하여 예산을 증감하는 반면, 영기준예산은 0부터 시작하여 기존의 반복지출에 대한 정당성과 새로운 지출을 함께 고려하는 것이다. 즉, 전년도 예산보다 높거나 혹은 낮거나를 고려하지 않고, 매년 새로이 프로그램의 정당성을 평가하고, 우선순위를 정하고 이를 근거로 예산을 배정하는 것이다.

영기준예산은 예산 전략과 프로그램의 쇄신에 기여할 수 있으며, 재정운영과 자금분배에 탄력성을 기할 수 있다는 장점이 있다(박경권 외, 2013). 또한 하의상달의 촉진으로 사업의 효과성을 향상시킬 수 있다(황성철 외, 2021).

그러나 정치적 · 심리적 요인을 무시하며, 장기계획에 의해 프로그램의 수행이 곤란하다(박경권 외, 2013). 또한 다른 예산안보다 예산 책정방법이 훨씬 더 복잡하기 때문에 이를 적용하기 위해서는 하급관리자에서 최고관리자에 이르기까지 많은 시간과 노력을 할애해야 한다(한신애 외, 2018). 그리고 실제적으로 점증식과 다를 바 없이 실행되는 문제들이 있다(김영종, 2019).

7) 회계 및 감사

(1) 회계관리

① 회계의 개념

회계(accounting)는 금전거래 등 어떤 조직체의 재정적 활동과 수지에 관한 사실 확인과 그 결과를 해석하는 여러 가지 사건들의 관점에서 본 기록과 분류 및 요약의 기술이다(박경권 외, 2013). 회계는 목적에 따라 재무회계와 관리회계로 나눌 수 있다(신복기 외, 2021). 재무회계(financial accounting)는 내부 및 외부 이해관계자의 경제적 의사결정에 유용하도록 일정 기간 동안의 수입과 지출사항을 측정보고하는 것이다. 즉, 외부 이해관계자들에 대한 재무회계 보고로, 재무상태와 재무성과를 알리는 것이다. 따라서 재무제표를 어떻게 작성하고 해석하는지가 주요한 내용이다. 반면 관리회계(management accounting)는 내부 관리자가 행정적 의사결정을 내리는 데 필요하도록 재정관례 자료를 정리하는 것으로 예산단위의 비용을 계산하여 예산의 실행성과를 분석하는 것을 주요 내용으로 한다.

〈표 10-4〉 재무회계와 관리회계의 비교

구 분	재무회계	관리회계
정보이용자	주로 외부 이해관계자	내부 관리자(의사결정자)
목 적	재무제표 작성	경영자에게 정보제공
정보내용	재무 상태, 경영성과, 현금흐름의 변동	관리적 의사결정과 통제에 유용한 정보 모두
거래성격	과거의 거래	현재, 미래상황에 대한 예측
작성기준	회계원칙	내부규정(의사결정에 필요한 합리성)
보고대상범위	조직 전체	부문(제품, 서비스, 활동)

출처 : 박경권 외(2013). 비영리조직의 이해, p. 382.

비영리조직회계에서 실제로 재무회계와 관리회계의 영역이 명확하게 구분되지는 않는다(박경권 외, 2013). 왜냐하면 비영리조직회계의 특징인 예산회계는 재무회계와 관리회계의 양측면을 모두 가지고 있기 때문이다(심재영, 2005).

사회복지법인 및 시설의 재무회계는 사회복지법인 및 사회복지시설 재무·회계 규칙에 근거하여 이루어져야 하며, 규칙에서는 법인의 업무 전반에 관한 회계, 시설의 운영에 관한 회계, 법인이 수행하는 수익사업에 관한 회계로 구분하고 있다. 회계의 방법은 단식부기로 하지만, 법인회계 및 수익사업회계의 경우 필요에 따라 복식부기를 할 수 있다.

② 회계의 기본 원칙과 기준

법인 및 시설의 재무·회계는 그 설립목적에 따라 건전하게 운영되어야 한다(재무·회계 규칙 제2조). 또한 법인 및 시설의 재무 및 회계 처리에 관하여 다른 법령에 특별한 규정이 있는 경우를 제외하고는 재무·회계 규칙이 정하는 바에 따라야 한다(재무·회계 규칙 제2조의2).

또한 회계연도란 예산의 유효기간을 말하며, 법인 및 시설의 경우 정부의 회계연도(1. 1.~12. 31)를 따른다. 회계연도의 귀속은 법인 및 시설의 수입·지출의 발생과 자산·부채의 증감과 변동에 관하여는 그 원인이 되는 사실이 발생한 날을 기준으로 하여 소속연도를 구분한다. 다만, 그 사실이 발생한 날을 정할 수 없는 경우에는 그 사실을 확인한 날을 기준으로 하여 소속연도를 구분한다. 원칙적으로 현금(예금 포함)의 영수일 및 지출일을 기준으로 회계연도를 구분한다. 사회복지시설의 세입·세출의 출납에 관한 사무는 회계연도가 끝나는 날까지 완결하여야 한다. 12월 31일을 출납기한이라 한다(재무·회계 규칙 제5조).

③ **회계의 구분**(재무·회계 규칙 제6조)

사회복지의 경우 법인회계, 시설회계, 수익사업회계로 구분하여 관리한다.

- **법인회계** : 법인의 업무전반에 관한 회계
- **시설회계** : 사회복지시설 운영에 관한 회계

- **수익사업회계** : 법인이 운영하는 수익사업회계는 법인 및 시설이 운영하는 사회복지사업에 충당할 목적으로 사업적으로 운영되는 회계를 말하며, 이 경우 수익사업 운영에 관한 관계부처의 사업승인이 선행되어야 한다. 또한 부가가치세법상 과세사업자인 경우 관할 세무서에서 고유번호증이 아닌 사업자등록증을 발급받아야 한다.

(2) 감사

1982년 감사위원회가 창설된 이후 점점 더 정교한 감사 시스템이 개발되었으며 오늘날 사회, 정치, 경제적 요인이 결합하여 더 큰 책임성과 투명성에 대한 요구가 나타남에 따라 감사는 더욱 중요해지고 있다(Munro, 2004). 감사(auditing)는 관리자가 만든 재무 결과를 대중에게 법적으로 확인해 주는 것으로, 보통 회계사가 담당하지만 외부기관에 맡길 수도 있다(박경권 외, 2013).

감사의 목적은 공공서비스 개선의 원동력이 되는 것이 주요 목적이며, 사회복지실천에서 감사를 가능하게 하는 프로세스의 도입은 효율성에 대한 평가 개발에는 매우 건설적으로 기능할 수 있다(Munro, 2004). 그러나 감사나 감사 시스템은 오히려 정치 및 관리, 통제력의 증가로 인해 전문적 지식이나 기술의 적용을 제한하게 할 위험성이 있다(Munro, 2004). 왜냐하면 사회복지는 인간의 딜레마와 문제를 해결하는 데 필요한 독특한 지식과 기술에 기반을 두고 있기 때문이다(Munro, 2004).

그러나 사회복지실천에서 감사가 도입되어야 하는 이유, 즉 더 큰 책임성과 투명성에 대한 요구가 나타난 사회적 맥락을 함께 살펴보아야 한다. 굳이 1970년대 복지국가의 위기를 이야기하지 않더라도 지금 당장 조금만 둘러본다면 사회복지법인(시설) 가족형·조직형 비리 시설이나 보조금의 불법 사용, 수익사업 수익금 불법 운영, 횡령 등의 문제를 손쉽게 발견할 수 있기 때문이다. 사회복지조직은 국가의 보조를 받기 때문에 조직활동의 성과와 재무, 회계의 공개의무가 있다. 험프리(Humphrey, 2002)는 복지전문가에 대한 신뢰도는 점차 감소하고 있으며 이들이 의무를 다하고 있는지 확인하는 공식적인 방법이 요구되며, 감사는 이러한 문제의 해결책이라 하였다.

새로운 공공관리의 일부로 개발된 감사에는 두 가지 중요한 특징이 있다(Munro, 2004). 첫째는 관행 자체를 직접 조사하기보다 내부 통제 시스템을 감사하는 데 초점을 맞추는 간접적 견제가 중심이 되고 있다. 조직 전체에 대한 직접 조사보다 내부 통제시스템을 평가한다면 비용과 시간을 아낄 수 있기 때문이다. 둘째는 재무감사에서 공공서비스가 효과적으로 제공되었는지 여부를 평가하는 것으로 감사의 영역이 넓어지고 있다.

법인이나 (지방)정부에서 감사팀을 보내 감사하는 경우도 있으며, 감사팀은 회계장부를 주로 감사하지만 필요시 다른 자료를 열람할 수 있다(박경권 외, 2013). 특히 회계부정이나 불법행위 그 밖의 부당행위가 발견되거나, 그 밖의 부정한 방법으로 보조금을 받은 경우, 사업목적 외의 용도로 보조금을 사용한 경우, 명령을 위반한 경우, 감사가 시장, 군수, 구청장에게 보고한 경우 시・도지사 또는 시장・군수・구청장은 법인 및 시설에 대해 회계감사를 실시할 수 있다.

법인의 감사는 당해 법인과 시설에 대해 매년 1회 이상 감사를 실시해야 하며, 법인의 대표이사는 시설의 장과 수입원 및 지출원이 사망하거나 경질된 때에는 그 관장에 속하는 수입, 지출, 재산, 물품 및 현금 등의 관리상황을 감사로 하여금 감사하게 하여야 한다. 또한 감사를 실시할 때에는 전임자가 참관해야 하며, 전임자가 참관할 수 없으면 관계 직원 중에서 전임자의 전임자나 법인의 대표이사가 지정한 사람이 참관해야 한다. 또한 감사를 한 때는 감사보고서를 작성하여 당해법인의 이사회에 보고하여야 하며, 재산상황 또는 업무집행에 관하여 부정 또는 불비한 점이 발견된 때에는 시장・군수・구청장에게 보고하여야 한다.

감사는 반드시 회계가 종료된 후에 실시해야 하며, 회계의 종료란 회계연도의 모든 재무가 종료되었음을 뜻한다. 사회복지법인 및 시설의 회계연도는 정부의 회계연도에 따른다.

감사는 목적에 따라 규정준수(순응) 회계감사와 운영 회계감사로 나누어 볼 수 있으며, 주체에 따라 내부회계감사와 외부회계감사로 나누어 볼 수 있다. 또한 대상 조직에 따라 정부기관에 대한 감사, 법인에 대한 감사, 사회복지조직에 대한 감사 등으로 나누어 볼 수 있다. 본 장에서는 목적에 따른 감사와 주체에 다른 감사만 간단히 살펴보고자 한다. 규정준수(순응) 회계감사(compliance audit)는 흔히 재정감사(financial audit)라고 부르기도 하며, 말 그대로 기관의 재정이 규정, 즉 적절한 회계절차에 따라 시행되고 있는지를 평가하는 것으로, 주로 항목별로 올바르게 사용되는지를 확인하는 것이다. 그러나 규정을 강조하는 경우 오히려 경직될 위험성이 높으며, 규정에 순응하여 운영하더라도 사업의 성과 평가에서 효과성이나 효율성이 낮게 나올 위험성이 있다. 즉, 규정준수(순응) 회계감사의 경우 규정에 순응했는지만 확인하고, 실제 업무가 효과적이고 효율적으로 운영되었는지에는 관심을 두지 않는다.

운영 회계감사(operational audit)는 목표를 달성하였는지 또는 예산비용과 관련하여 그 산출물이 어느 정도인지를 평가하는 것을 말한다. 사업의 효과성이나 효율성을 고려하지 않는 규정준수(순응) 회계감사의 약점을 보완한 감사이지만, 실제 목표달성 여부를 평가하기 위해서는 이와 관련된 전문적 지식과 기술에 대한 정보를 가지고 있어야 한다. 따라서 단순히 회계전문가의 노력만으로 운영 회계감사를 평가하기에는 한계가 있다. 운영 회계감사는 규정준수(순응) 회계감사보다 더 많은 지식과 기술을 필요로 한다.

내부감사는 조직의 내부인에 의해 행해지는 감사이며, 내부 상황을 잘 알고 있어 정확한 감사를 할 수 있다는 장점이 있다. 반면 감사자가 조직 내부에 있기 때문에 조직구성원이나 이해관계자의 영향에서 자유롭지 못하다는 한계점이 있다. 외부감사는 조직외부의 독립된 회계기관이나 정부의 업무감독 기관 등에서 이루어지는 감사이다. 감사자가 조직 외부에 있기 때문에 객관적이고 공정하게 감사할 수 있으나. 조직의 내부 상황을 잘 알지 못하는 경우에는 감사가 피상적 수준에서 그칠 수 있다.

8) 후원금의 관리

(1) 후원금의 영수증 발급(재무 · 회계 규칙 제41조의4)

법인의 대표이사와 시설의 장은 후원금을 받은 때에는 소득세법 시행규칙 및 법인세법 시행규칙에 따라 기부금영수증 서식에 따라 후원금 영수증을 발급하여야 하며, 영수증 발급목록을 별도의 장부로 작성 · 비치하여야 한다. 법인의 대표이사와 시설의 장은 금융기관 또는 체신관서의 계좌입금을 통하여 후원금을 받은 때에는 법인명의의 후원금전용계좌나 시설의 명칭이 부기된 시설장 명의의 계좌를 사용하여야 한다. 이 경우 후원자가 영수증 발급을 원하는 경우를 제외하고는 영수증의 교부를 생략할 수 있다.

(2) 후원금의 수입 및 사용내용 통보(재무 · 회계 규칙 제41조의5)

법인의 대표이사와 시설의 장은 연 1회 이상 해당 후원금의 수입 및 사용내용을 후원금을 낸 법인 · 단체 또는 개인에게 통보하여야 한다. 이 경우 법인이 발행하는 정기간행물 또는 홍보지 등을 이용하여 일괄 통보할 수 있다.

(3) 후원금의 수입 · 사용결과 보고 및 공개(재무 · 회계 규칙 제41조의6)

법인의 대표이사와 시설의 장은 결산보고서를 제출할 때에 후원금수입 및 사용결과보고서(전산파일을 포함한다)를 관할 시장 · 군수 · 구청장에게 제출하여야 한다. 시장 · 군수 · 구청장은 제출받은 후원금수입 및 사용결과보고서를 제출받은 날부터 20일 이내에 인터넷 등을 통하여 3개월 동안 공개하여야 하며, 법인의 대표이사 및 시설의 장은 해당 법인 및 시설의 게시판과 인터넷 홈페이지에 같은 기간 동안 공개하여야 한다. 다만, 후원자의 성명은 공개하지 아니한다.

(4) 후원금의 용도 외 사용금지(재무 · 회계 규칙 제41조의7)

법인의 대표이사와 시설의 장은 후원금을 후원자가 지정한 사용용도 외의 용도로 사용하지 못한다. 후원금의 수입 및 지출은 예산의 편성 및 확정절차에 따라 세입·세출예산에 편성하여 사용하여야 한다.

2. 정보관리

1) 정보관리의 개념

정보란 사물이나 어떤 상황에 대한 새로운 소식이나 자료를 말하며, 정보관리(information management)란 이러한 정보를 체계적이고 조직적으로 관리하는 것을 의미한다. 즉, 정보관리는 조직의 효과성과 관련된 가치가 있는 정보를 체계적이고 조직적으로 수집, 처리, 전달 및 저장하는 과정을 말한다. 1980년대 이후 휴먼서비스 조직은 고객의 활동에 대한 정보를 기록하고 처리하기 위한 정보시스템(IS : Information System)을 사용했으며, 1990년대 이후 사회복지사업에서 정보시스템 사용에 대한 연구들이 증가함에 따라 정보시스템이 기관의 운영, 그리고 프로그램의 추가나 의사결정을 지원하는 등 그 유용성을 발견하게 되었다(Seniutis, et al., 2021).

2017년 '이코노미스트' 지는 특집 기사를 통해 세계에서 가장 영향력 있는 자원으로 데이터(data)를 꼽았다. 데이터의 중요성이 높아지면서 인간 삶에 있어 중요한 자원으로 그 역할을 하고 있는 것이다. 이러한 정보의 중요성으로 인하여 데이터경제(Data Economy)라는 신조어도 탄생하였다. IDC에 따르면 전세계 데이터 양은 매년 30%씩 증가해 2025년에는 163ZB(제타바이트)에 이를 것이라 하였는데(연합뉴스, 2017. 7. 15), 1ZB는 1조 1천억 GB(기가바이트)를 말한다. 이처럼 오늘날 정보는 폭발적으로 증가하고 있으며, 유비쿼터스 환경(ubiquitous environment)의 구축으로 인하여 정보는 오늘날 중요한 도구이자 자원으로 자리잡고 있다.

한국의 복지조직들은 대부분 사회복지시설정보시스템(W4C : Welfare for Citizen)을 활용하여, 정보관리를 비롯한 업무를 처리하고 있다. 사회복지사업법 제6조의2(사회복지시설 업무의 전자화), 사회복지법인 및 사회복지시설 재무·회계 규칙 제6조의2(정보통신매체에 의한 재무 ·회계처리) 등에서 사회복지의 정보화 처리를 명시하고 있다.

(1) 사회복지조직에서 정보화 및 정보관리의 필요성

정보화란 정보를 생산·유통 또는 활용하여 사회 각 분야의 활동을 가능하게 하거나 그러한 활동의 효율화를 도모하는 것을 말한다(국가정보화기본법 제3조). 즉, 기존에 생산된 자료들을 정보로 변환하여 처리, 보관하는 것을 말한다. 복지조직이 오래되면 오래될수록 관련 정보는 그만큼 누적될 수밖에 없으며, 그러한 정보를 보관 처리하기 위해서 많은 인적·물적 자원이 요구될 수밖에 없다. 이러한 인적·물적 자원의 낭비를 예방하기 위하여 사회복지조직에서 정보를 전산화하는 정보처리 작업이 요구된다. 이를 간단히 정보화라 할 수 있으며, 이를 체계적으로 관리할 수 있어야 한다. 사회복지조직에서 정보화 및 정보관리의 필요성은 다음과 같다(권육상 외, 2012; 박종팔 외, 2020).

첫째, 정보화 및 정보관리는 조직의 업무효율성을 증대시키기 때문이다. 사회복지의 수요가 증가할수록 업무량은 늘어나며, 이에 따라 서비스 제공은 지연될 수밖에 없다. 정보화를 통하여 정보 처리시간을 단축시킴으로써 업무의 효율성을 높일 수 있다. 둘째, 정보화 및 정보관리는 사회복지서비스의 효과성을 증대시킨다. 정보화 과정을 통하여, 클라이언트에 대한 신속한 정보를 파악할 수 있을 뿐만 아니라, 자원의 중복제공이나 누락을 방지할 수 있다. 또한 바르카와 치르치르(Barca & Chirchir, 2014)는 클라이언트의 자원중복 예방뿐 아니라 데이터 수집활동과 같은 중복된 활동을 예방할 수 있다고 보았다. 셋째, 정보화 및 정보관리를 통하여 의사소통과 업무관리 감독방식의 변화로 효율성을 높일 수 있다. 특히 전자결재시스템을 통하여 시간과 장소에 구애받지 않고 긴급한 상황을 즉시 처리할 수 있을 뿐만 아니라 전산상에서 업무에 대한 슈퍼비전 및 피드백이 가능하다. 이러한 점을 고려할 때 정보화는 업무처리 방식의 변화로 효율성을 향상시킬 수 있다. 나아가 이는 위기상황에서 긴급한 대응을 가능하게 한다. 넷째, 정보화 및 정보관리를 통하여 사회복지의 정확성, 객관성, 타당을 확보할 수 있다. 정보화 및 정보관리를 통하여 복지서비스의 정확성을 향상시킬 뿐만 아니라, 교차검증을 통한 객관성과 타당성을 확보할 수 있다. 빌라로보스 등(Villalobos, et al., 2010)은 정보관리체계가 책임성, 감사 및 투명성 향상에 도움이 된다고 하였다. 바르카와 치르치르(2014)는 프로그램 정보를 더 쉽게 공유하고 비교할 수 있기 때문에 투명성과 책임성이 증가한다고 하였다. 다섯째, 정보화 및 정보관리를 통하여 서비스 간 연계가 가능하다. 정보화 및 정보관리의 과정을 거치지 않더라도, 타 조직과의 연계 및 협력이 가능하지만 정보화 및 정보관리의 과정을 통해서 이를 훨씬 더 수월하게 시행할 수 있다.

이 외에도 바르카와 치르치르(2014)는 응답성과 포용성이 증가하였으며, 객관적이고 비교 가능한 정보를 통하여 자원배분에 대한 공정한 접근이 이루어진다고 보고하였다. 이처럼 정보화 및 정보관리를 통하여 정보를 축적할 수 있으며, 이러한 정보의 축적은 조직의 효율성과 효과성을 도모하며, 나아가 성과를 평가하고 책임의 투명성을 높이는 데 기여한다. 하지만 조직의 통제가 증가하고 정보관리의 계층적·위계적 접근성의 문제로 인하여 클라이언트나 실무자의 요구에 응답하기보다는 통제와 권한 유지를 위해 사용되기도 하는 문제점이 있다(Fith, 2014; Wastell, 2010). 길링엄(Gillingham, 2013)에 따르면 정보관리를 통하여 서비스를 개선하고자 하는 궁극적 목적이 아닌, 자금지원기관을 만족시키려는 바람과 성과 측정에 대한 압력 증가로 인하여 정보를 수정하거나, 데이터 수집 도구의 표준에 맞게 조정하는 등의 경향도 나타났다. 그리고 길링엄(Gillingham, 2015)은 정보관리체계가 조직구성원의 활동을 통제하기 위한 관리자의 도구로 활용되는 윤리적 문제의 발생에 대해 이야기하였다.

이 외에도 세니우티스 등(Seniutis, et al., 2021)은 아동복지전문가와 관리자 그리고 클라이언트의 상호작용에 정보시스템이 미치는 영향에 대해 탐색한 결과, 부정확하거나 누락된 정보를 확인하는 데 많은 시간이 소요된다고 하였다. 또한 일선 사회복지사 들은 문서 작업을 다시 전산에 입력해야 하므로 업무량이 증가, 이로 인하여 대면작업에 소홀해진다고 하였다. 또한 광범위한 자료를 입력한다고 하더라도, 이에 대한 검색시스템이 적절하게 갖추어져 있지 않거나 혹은 입력하는 코드의 부족으로 정보가 불충분하게 입력되는 문제들도 나타났다. 특히 정보의 입력과정에서 전문가로서 사회복지사의 인과적·추론적 지식을 활용한 정보보다는 사실에 기반한 정보를 입력하게 하며, 이는 전문성과 창의성 개발을 위협할 수 있다고 하였다. 또한 이러한 정보관리체계가 접속과부하로 인하여 느리게 작동하거나, 혹은 오류가 발생하는 문제점들도 있다.

특히 온라인 전산화 업무의 경우 시스템체계가 오류가 일어나는 경우 심각한 문제가 발생할 수 있다. 실제 2022년 보건복지부 산하 한국사회보장정보원에서 기존 복지 시스템을 2022년 9월 신규 시스템인 차세대 사회보장정보시스템 행복e음으로 교체하면서 일어난 오류로 인해 일선 지방자치단체 및 사회복지기관 관련 기관들의 업무가 마비된 일이 있었다. 이는 단순한 업무 마비가 아니라, 수급자의 선정이 이루어지지 않거나, 사회보장급여가 지급되지 않음으로 인하여 클라이언트의 생계를 위협한다는 점에서 심각한 사건이라 할 수 있다.

2) 정보관리의 추진원칙

정보화 시스템, 즉 정보관리의 체계적 도입을 위해서는 다양한 요인들이 마련되어야 한다. 예를 들어, 정치적 의지, 기술개발, 유연한 (업데이트)시스템, 간편성, 담당인력의 배치, 중앙집중식 관리와 분권식 관리의 행정구조 설립, 재정확보, 책임 등이 요구된다(Browne, 2014). 바르카와 치르치르(2014)는 정치적 의지를 정보관리체계 구축에 가장 핵심적 요인이라 하였다. 그리고 여전히 많은 사람들은 종이기반시스템이 훨씬 더 효과적이고, 편리하다고 믿고 있기 때문에 고객의 정보를 쉽게 업데이트 하고 수정하고 입력된 정보에 기반하여 필요한 자료를 도출할 수 있는 체계적인 기술의 개발이 요구된다. 그리고 유연한 (업데이트)시스템을 구축하는 것이 요구된다. 기본적으로 시스템은 사용자의 요구에 맞게 구성되어야 하며, 필요에 따라 수정될 수 있어야 한다. 이러한 유연한 (업데이트)시스템의 도입은 주인의식을 조성(Barca & Chirchir, 2014)하여 정보관리체계의 목적달성에 기여할 수 있다. 또한 사용에 편리해야 하며, 데이터 베이스를 관리하는 직원의 역량이 중요하므로 담당인력이 배치, 이를 관리하고 구성원에 대한 지속적인 교육이 이루어져야 한다. 또한 정보와 관련된 전체 설계 및 지침은 중앙집권화를 하지만, 이를 활용 수집하는 것은 지방자치단체 수준에서 가장 잘 이루어질 수 있으므로(Barca & Chirchir, 2014), 중앙집중식 관리와 분권식 관리의 행정구조가 설립될 필요가 있다. 또한 재정의 확보는 정보체계 구축에 핵심이므로 이에 대한 재정을 확보할 수 있어야 한다. 마지막으로 공정성과 정확성을 보장하기 위하여 책임성 확보 등이 고려되어야 한다. 전산화 과정에서 다양한 문제들이 나날 수 있기 때문에 수요자 중심의 정보화, 온라인과 오프라인상에서 사회복지서비스의 연계, 개인정보의 비밀유지, 사회복지서비스 영역별 정보화 연계, 정보접근성 강화과 같은 기본원칙을 준수해야 한다(정윤수 외, 2013; 전해황 외, 2016; 김나리 외, 2022). 이를 간단히 살펴보면 다음과 같다.

(1) 수요자 중심의 정보화

클라이언트의 입장에서 온라인상에서 제공받을 수 있는 서비스의 종류나 내용, 신청방법 등을 쉽게 확인할 수 있도록 프로그램이 고안되어야 한다. 수요자는 서비스 공급자, 클라이언트, 일반시민이나 행정 및 정책 담당자 등이 모두 포함된다. 사업친화적인 정보시스템을 구축함으로써 사회복지와 관련된 필요한 서비스를 체계적으로 수집, 생산, 저장하여 서비스의 질적 향상에 기여할 수 있다. 세니우티스 등(Seniutis, et al., 2021)은 (특히 신임 사회복지사들에게) 정보관리시스템이 어떻게 작동하는지 이해하고 배우는 데 시간이 걸리는 문제를 제기하였다. 따라서 손쉬운 인터페이스를 개발할 필요가 있다. 실제 세니우티스 등(Seniutis, et al., 2021)의 연구에서 전문가들은 컴퓨터 작업과 같은 간접실천의 희망 할당량은 30.0% 정도였으나 실제 44.3%로 나타났으며, 상담, 사례회의와 같은 직접실천의 희망 할당량은 48.7%였으나 실제 39.3%로 나타났다. 정보관리시스템은 이처럼 오히려 간접 실천을 강화하며, 추가 과업을 발생시킬 위험성이 있다. 또한 정보관리체계의 개발에 체계설계자, 정보관리체계제공자(회사), 실무자, 기타 참여자 간의 협업이 부족하여, 특히 실무자의 관점보다 고위 관리자의 관점을 넣는 경향이 있어, 실제 운영상에 문제가 있다고 하였다. 클라이언트는 쉽게 자신이 받을 수 있는 서비스를 확인할 수 있어야 하고 공급자는 정보의 입력관계를 체계적으로 유지할 수 있어야 한다. 이를 위하여 정보관리시스템의 개발과정에서부터 일선 실무자들이 관여하여 개발하는 것이 요구된다.

(2) 온라인과 오프라인상에서 사회복지서비스의 연계

다양한 복지조직들은 홈페이지를 비롯하여 인스타그램, 페이스북, 트위터 등 다양한 온라인 접근경로를 개발하고 있다. 그러나 사회복지서비스의 특성상 온라인서비스의 한계가 반드시 존재하므로, 오프라인으로 연계해야 할 필요성이 대두된다. 사회복지에서 현물서비스의 전달은 여전히 중요한 영역이며, 빈곤을 온라인 상담 서비스만으로는 해결할 수는 없다. 따라서 오프라인과의 연계는 필수적이라 할 수 있다. 따라서 온라인과 오프라인 영역에서 정보화가 적절하게 활용되어 연계되어야 한다.

(3) 개인정보의 비밀유지

사회복지조직에서는 복지서비스를 제공하기 위하여 개인의 다양한 민감정보를 수집하고, 서비스 제공을 위한 정보를 산출하기도 한다. 클라이언트에 대한 정보나 프로그램 내용 등이 전자화되면서, 내・외부적 이유로 클라이언트의 개인정보와 신상기록 등이 공개될 위험성이 높아진다. 특히 민감한 정보들이 공개될 경우 클라이언트에게 상처를 줄 수 있으며, 사회적으로도 큰 문제가 발생할 수 있다.

그러나 사회복지의 주요 대상자인 사회취약계층은 대부분 정보취약계층으로, 개인정보가 유출되더라도 이를 인지조차 하지 못하는 경우도 많고 대처능력이 부족해 표면상 드러나지 않은 피해는 곧 이들에 대한 인권침해와도 연결될 수 있는 잠재적 위험성이 있다(정영철, 2016). 실제 아동자립지원단의 아동자립지원통합관리시스템이 해킹되어 양육시설 아동정보가 유출된 사건들이 발생하기도 하였다. 이 외에도 인터넷 정보유출은 아니지만 실제 노숙인 시설에서 사망자의 예금을 빼돌린 사례가 발생하기도 하였다. 따라서 개인정보를 보호할 수 있는 안전장치를 구축하는 것이 필요하다.

(4) 사회복지서비스 영역별 정보화 연계

클라이언트는 다양하고 복합적인 문제나 욕구를 가지고 있으며, 따라서 여러기관의 도움을 받아야 할 필요성이 있다. 따라서 다양한 사회복지 분야의 네트워크 구축이 필요하며 더 나아가 타 부처와의 긴밀한 협조체계를 구축하고 정보를 공유할 필요성이 있다. 이를 위해서는 각 기관 간 서류나 업무양식 또는 업무와 관련된 각종 코드가 표준화되어야 한다.

(5) 정보접근성 강화

사회복지 클라이언트는 일반적으로 사회적 취약계층인 경우가 많으며, 이들은 정보의 접근성이 상대적으로 취약할 가능성이 높다. 특히 저학력, 고연령, 장애를 가진 그 취약성이 더욱 심각하다. 과학기술정보통신부와 한국지능정보사회진흥원(2022)의 2021 디지털 정보격차 실태조사에 따르면 컴퓨터, 모바일 기기 보유 및 인터넷 사용 가능 여부를 측정하는 '접근', 기기의 기본 이용 능력을 측정하는 '역량', 기기의 양적 · 질적 활용 정도를 측정하는 '활용' 지표를 고려한 결과 매년 그 수준은 향상되고 있으나 장애인, 고령층, 저소득층, 농어민은 취약한 것으로 나타났다. 일반 국민의 평균 디지털 정보화 수준을 100으로 했을 때 장애인은 2021년 기준 활용수준은 81.5, 역량수준은 74.9, 접근수준은 95.6으로 나타났으며 고령층은 활용 72.3, 역량 53.9, 접근 93.1 수준으로 나타났다. 즉, 실제 기기를 보유하여 접근 가능성을 갖추었으나 실제 역량을 갖추지 못하여 제대로 활용하지 못하는 것으로 나타났다. 이는 디지털 소외, 서비스에 대한 정보가 부족을 야기하며 이로 인한 부당한 차별을 받을 수 있다. 따라서 취약계층의 접근성을 강화하기 위한 다양한 방안을 고려해야 한다. 기본적으로 정보화 교육을 통한 정보검색 역량을 강화할 필요가 있으며, 이용하기 쉬운 직관적인 인터페이스를 구축하고, 정보관리체계를 활용할 수 있는 장비의 지원 등도 요구된다.

3) 정보관리체계의 과정

정보관리체계의 역사적 발달과정과 정보기술의 발달과정에 따라 정보관리체계의 유형을 구분할 수 있으며, 그 유형은 다음과 같다. 첫째, 자료처리 시스템(data processing system)이다. 자료처리 시스템은 사회복지조직에서 반복적으로 이루어지는 사무업무를 처리하도록 하는 기능을 말한다. 자료처리 시스템의 기원은 펀치카드 시스템으로 1801년 재카드(Joseph-Marie Jacquard)에 의해 개발되었고, 이후 1833년 배비지(Charles Babbage)는 펀치카드를 통한 정보해석 분석엔진을 개발하였다. 정보체계(information system)는 기본적으로 데이터, 즉 자료처리에 기반을 두고 있다. 자료처리시스템은 자료처리는 비교적 단순하고 반복적인 업무에서 발생하는 자료의 양이 증가함에 따라 그 필요성이 증가하였다.

둘째, 정보관리시스템(management information system)이다. 정보관리시스템은 효과적이고 효율적인 조직관리를 위해 기본적인 정보처리를 전산화된 업무환경에서 하는 것으로, 조직경영에 필요한 형태의 자료를 수집하고 배포할 수 있는 기능을 말한다. 관리자, 직원 및 고객의 요구를 충족시키기 위해 다양한 정보 시스템을 관리, 정보 시스템을 혁신적인 방법으로 설계, 구현 및 사용함으로써 회사의 효과와 효율성을 높일 수 있다.

셋째, 지식기반시스템(knowledge-based system)이다. 지식기반시스템은 다양한 정보의 축적을 기반으로, 클라이언트의 케어 및 서비스 기획, 그리고 서비스 제공자의 지식기반 관리 및 국가기관의 감독, 평가, 운영 및 통계자료 산출 등에 활용하는 것이다. 축적된 정보를 기반으로 적절한 수의 인력을 확보하거나 서비스의 필요성을 예측하고, 서비스의 효과성을 측정할 수 있다. 사회복지조직에서 지식기반응용 프로그램은 아직 실험단계에 있다.

넷째, 의사결정지원시스템(decision support system)이다. 의사결정시스템은 전문가가 복잡한 의사결정을 보다 쉽게 할 수 있도록 지원하기 위해 고안된 것으로 효과성과 의사결정의 특성을 탐구하는 것을 초점을 두고 있다.

다섯째, 업무수행지원체계(performance support system)이다. 업무수행지원체계는 현장에서 업무수행능력을 향상시키기 위해 개발된 통합정보제공시스템이다.

4) 사회보장정보시스템[4)]

(1) 행복e음

행복e음은 각종 사회복지 급여 및 서비스 지원 대상자의 자격과 이력에 관한 정보를 통합 관리하고, 지방자치단체의 복지업무 처리를 지원하기 위해 기존 시·군·구별 새올행정시스템의 31개 업무 지원시스템 중 복지분야를 분리하여 개인별 가구별 DB로 중앙에 통합 구축한 정보시스템이다.

행복e음을 통하여 복지대상자 선정·사후관리를 위해 소득·재산자료 및 서비스 이력정보를 연계하여 지방자치단체에 제공함으로써 수급자 선정의 정확성 제고 및 담당 공무원의 업무수행의 편의성을 제고할 수 있다.

4) 사회보장정보시스템의 주요 내용은 사회보장정보원 홈페이지 자료를 수정, 보완한 것이다.

| 그림 10-4 | 사회보장정보시스템 운영효과

출처 : 사회보장정보원 홈페이지(http://www.ssis.or.kr).

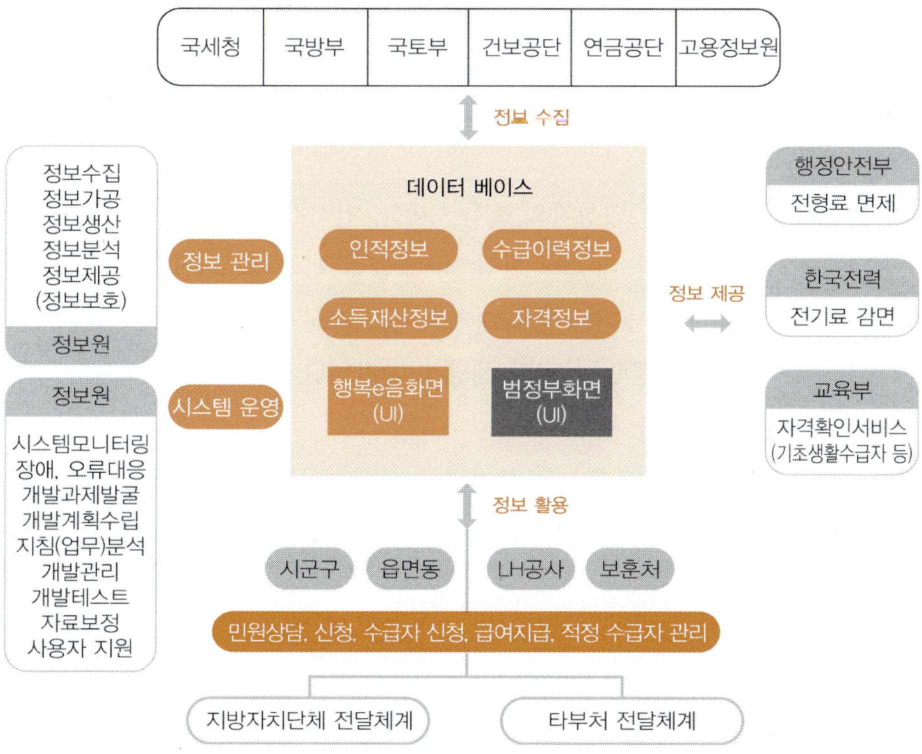

| 그림 10-5 | 사회보장정보시스템 구성도

출처 : 사회보장정보원 홈페이지(http://www.ssis.or.kr).

(2) 범정부 시스템

사회보장정보시스템(범정부)은 각 부처 및 정보 보유기관에서 제공하고 있는 복지사업정보와 지원 대상자의 자격 정보, 수급 이력 정보를 통합・관리하는 시스템으로 복지 업무 담당자는 관리 정보를 기반으로 민원대응, 업무처리, 복지사업설계 등 효율적 복지 행정 업무를 수행하고, 복지 대상자에게 꼭 필요한 복지서비스를 맞춤형으로 제공할 수 있도록 지원하기 위한 시스템이다.

주요 서비스는 다음과 같다.

- **복지알림이** : 중앙부처 및 지방자치단체 복지사업의 서비스 대상, 서비스 내용, 신청 절차 등을 각 부처 및 지방자치단체[범정부포털, www.wish.go.kr (행정망)], 일반국민(복지로, www.bokjiro.go.kr)에 제공
- **복지지킴이** : 복지 대상자의 중복이나 부적정한 복지서비스 수급을 사전에 방지하고, 사후 중단할 수 있도록 지원하기 위해 변동・부적정・중복 관리
- **업무처리지원** : 복지 대상자의 소득・재산, 인적자료, 수급이력 정보를 연계하여 정확한 복지 대상자 선정 및 효율적 복지 업무처리를 지원
- **서비스의뢰** : 각 부처(기관)에서 복지서비스를 신청하기 위하여 방문한 민원인에게 중앙부처뿐만 아니라 해당 지방자치단체의 각종 복지서비스 안내 및 서비스의뢰를 지원
- **자격・수급이력통합 DB** : 각 부처별로 분산・운영되던 복지서비스 정보(복지서비스 대상자 및 자격・수급이력 정보)를 연계하여 통합 관리

범정부 시스템의 운영효과는 다음과 같다.

- **수요자 중심의 맞춤형 복지서비스 제공** : 복지・보건・일자리・교육・돌봄・주거 등 각 부처 및 지방자치단체 복지서비스를 수요자의 생애주기별, 욕구별 맞춤형으로 제공
- **각 부처 복지 행정업무의 효율화** : 복지서비스 신청 서류의 간소화 및 소득

· 재산조사의 자동화로 복지 행정업무의 효율화 및 복지 대상자 선정의 정확성 향상

- **정확한 복지 대상자 선정 및 복지 재정 누수 방지** : 중복 수급 여부, 사망 등 변동정보를 관리하고 각 부처에 주기적으로 제공함으로써 정확한 복지 대상자 선정을 지원하고, 복지 재정의 누수를 방지

범정부 시스템 구성도는 다음과 같다.

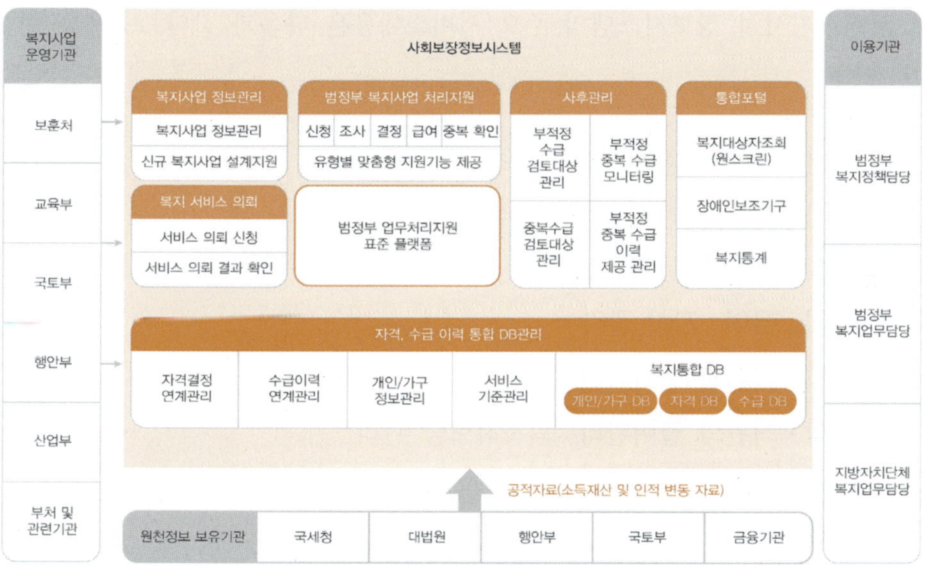

| 그림 10-6 | 범정부 시스템 구성도

출처 : 사회보장정보원 홈페이지(http://www.ssis.or.kr).

(3) 사회서비스 정보시스템

사회서비스 정보시스템은 사회복지시설 업무의 표준화, 투명화 및 사회복지업무의 전자화를 위한 사회복지시설 통합업무관리시스템이다. 구축된 데이터를 기반으로 효과적인 사회복지 정책수립 지원과 대국민 시설이용 편의성 증대에 목적이 있다.

사회복지시설 정보시스템 운영을 통해 기대할 수 있는 효과를 사회복지시설, 시·군·구 공무원, 보건복지부, 일반 국민으로 나누어 살펴보면 다음과 같다.

사회복지시설은 업무의 표준화 및 업무 감소, 전산시스템 유지보수 비용 절감, 시 · 군 · 구 행정기관 제출 서류 온라인 접수 등의 효과가 있다. 시 · 군 · 구 공무원은 소관 복지시설 자원의 효과적 · 체계적 관리 기능, 중복작업 최소화로 업무 감소, 행정업무 간소화 및 효율성 증대 효과가 있다. 보건복지부는 효과적인 정책수립 기반 확립, 시설현황 파악 및 자동화 통계 지원의 효과가 있다. 일반 국민은 시설이용을 위한 편의성 증대, 투명성 확보를 통한 신뢰 구축의 효과가 있다.

사회복지시설 정보시스템의 주요 서비스내용은 다음과 같다.

① 회계

- 전표의 입 · 출력, 검색, 보고서 출력
- 거래내역 관리(지출결의서, 수입결의서 등)
- 예산 관리 및 예산실적/ 잔액 관리

② 인사 · 급여 · 자산 관리

- 임 · 직원의 인사관리/ 근태관리
- 임 · 직원의 급여관리/ 퇴직적립금 관리
- 비품 · 소모품 등 자산관리

③ 세무

- 원천세 관리
- 사업소득, 기타소득 관리
- 각종 세무자료 출력 지원

④ 후원관리

- 후원자 등록, 후원금 입력, 영수증 발행 등
- 후원자 및 결연자 정보 관리
- 후원금 입금/ 지급 관리 및 CMS

⑤ 이력

- 서비스종별 서비스 이력관리 기능

- 생활자(이용자) 등록, 검색, 입·퇴소의 정보 관리 등
- 대상자관리, 상담관리, 일지관리, 프로그램관리, 급식관리 등의 상세정보 관리

⑥ 시·군·구 보고

- 사회복지시설 소관 시·군·구로 문서 보고
- 사회복지시설 보조금 교부금 신청 및 정산보고, 정기/ 수시 보고
- 예산서, 추경예산서 작성 및 세입세출 결산 보고 등

| 그림 10-7 | 사회복지시설 정보시스템 구성도

출처 : 사회보장정보원 홈페이지(http://www.ssis.or.kr).

11 CHAPTER

조직효과성과 사회복지시설 평가

1. 조직효과성
2. 사회복지시설 평가

CHAPTER 11

조직효과성과 사회복지시설 평가

1. 조직효과성

1) 조직효과성의 개념

조직효과성(organizational effectiveness)은 사회복지영역에서 그리 익숙한 개념은 아니다. 허먼과 렌츠(Herman & Renz, 1999)는 조직효과성과 관련된 연구에서, 지금까지와 마찬가지로 앞으로도 조직효과성과 관련된 연구는 미진할 것이라 예상했다. 또한 조직효과성과 관련된 연구들은 각자 다른 효과모델을 기반으로 하여 결과의 축적이나 통합을 어렵게 할 것이라 하였다. 이러한 예상처럼 실제로 아직까지 조직효과성과 관련하여 어떠한 통합적 논의를 이루어 내고 있지 못하고 있다. 비영리, 특히 사회복지와 관련된 영역에서 조직효과성에 대한 연구는 점차 이루어지고 있으나 아직 다른 영역에 비해 상당히 미진한 상황이라 할 수 있다. 우리에게는 조직효과성보다 사업성과가 훨씬 익숙한 개념이라 할 수 있다. 실제 최재열(1998)은 조직효과성을 조직의 관점에서 설정된 목표의 달성 정도를 의미한다고 보았으며 따라서 성과(performance)나 생산성(productivity)과 병행해서 사용된다고 하였다. 그러나 사업성과는 조직효과성을 구성하는 하나의 하위 요인으로, 조직효과성이 사업성과보다 더 큰 개념이라 할 수 있다. 우리나라에서 사회복지조직에 대한 연구는 1980년대부터 시작되었으며, 1998년 사회복지시설 평가제도가 도입되면서 본격화되었다(박지혜 · 박은주 · 조상미, 2009).

조직효과성은 조직관리라는 실천적인 분야의 핵심적인 주제로서, 조직을 진단할 때 조직효과성을 기본적 기준으로 제시(민 진, 2003)할 만큼, 조직분석의 근본적인 질문(Hall, 1980)이라 할 수 있다. 그러나 조직효과성은 조직의 성격과 목적 그리고 영역에 따라 다르게 정의되고 있으며, 조직효과성이 엄밀하게 무엇을 의미하는지에 대해서는 보편적인 합의가 이루어지지 않고 있다(Robbins, 1990). 이에 대해 허먼과 렌츠(Herman & Renz, 1999)는 조직효과성에 대한 학문적 역사는 길고 구불구불한 역사가 있다고 하였다. 그럼에도 조직효과성은 공적 자금의 정당화(Forbes, 1998; Sarstedt & Schloderer, 2010; Thomson, 2011) 및 조직의 사회적 정당성을 확보하기 위한 수단(Campbell, 1977)이 되기 때문에 매우 중요하다. 특히 머레이(Murray, 2005)는 오늘날 조직효과성(과 효율성)을 강조하는 이러한 경향이 공공부문에 점점 더 강해지고 있는데, 이는 소위 책무성 운동(accountability movement)과 연결되어 나타난다고 주장하였다. 조직의 효과성, 즉 조직효과성에 대한 외부의 압력, 그리고 관리자, 이사회 등의 내부 구성원들도 이와 관련된 정보의 요구, 압력을 행사하고 있으며 따라서 이러한 압력들은 비영리조직이 더욱 효과적이도록 유도하며, 동시에 실무자들과 연구자들이 성과(측정)에 관심을 갖도록 하고 있다(Verschuere & Sutkens, 2020).

사회복지조직과 같은 비영리조직의 효과성에 대한 측정 및 평가는 지난 20여 년 동안 주요 논쟁거리였다(Willems, et al., 2014). 조직효과성의 개념을 살펴보면 사전 정의된 목표에 도달하기 위해 내부과정과 외부사업의 조합을 통해 조직의 투입과 산출물이 균형을 이루는 정도(Willems, et al., 2014), 조직의 목표달성 정도(Etzioni, 1961), 혹은 장기적·단기적 목표의 달성 정도(Robbins, 1990)라 할 수 있다. 바나드(Barnard, 1938)는 조직의 협동적 목표달성 수준을 효과성으로 보았고, 조직 내 활동의 합리성이나 조직구성원의 만족도는 능률적으로 파악하였으며, 조직효과성을 조직과 조직의 환경과의 균형모델에 의해 설명하였다. 페닝스(Pennings, 1975)는 조직체와 환경과의 적합성으로 조직효과성을 파악, 사회의 시스템으로서의 조직이 그의 수단과 자원을 오용함이 없고 사회구성원에 대한 부당한 강압을 하지 않으면서 조직의 목표를 달성하는 것이라 하였다. 강정대(1995)는 조직의 객관적 목적의 효율적 달성 정도로 보았으며, 민진(2003)은 체제로서 조직의 능력을 활용하여 조직의 합의된 목표(혹은 기능)를 달성한 정도라 하였다. 마일스(Miles, 1980)는 조직효과성에 대한 개념과 결정요인, 평가기준에는 일치되거나 합의된 견해가 없어 조직효과성의 정글이라고 부르기도 하였다. 이처럼 학자들은 조직효과성을 대부분 목표의 달성 정도라 이해하고 있다. 실제 조직효과성을 정의하고 평가하는 데 가장 분명하고, 빈번한 접근 방식은 목표를 달성하였는가 등이다. 다만, 여기서 중요한 점은 조직은 목표가 있고, 목표를 발견할 수 있으며, 추상적 목표를 객관적 측정 상태로 변환할 수 있으며, 이러한 측정과 관련된 데이터를 적시에 적절한 방법으로 수집, 처리 및 적용할 때 가능하다는 것이다(Herman & Renz, 1999).

그러나 이러한 상황은 가능하지 않을 수 있다. 비영리기관에서 제공하는 서비스의 경우 대부분 효과를 확실하고 타당하게 측정할 수 있는 표준척도의 부재로 인하여 서비스 결과에 대한 논란의 여지(김영춘, 2011)가 있으며 효과가 금방 가시적으로 나타나지 않는 경우도 있기 때문에 서비스 성과 측정에 어려움이 따른다. 따라서 다프트(Daft, 2007)는 조직이 각기 다양한 활동을 동시에 수행하고, 다양한 목적을 추구하고 또한 많은 결과를 만들어 내므로 조직효과성의 측정은 매우 어려운 일이라 하였다.

조직효과성의 개념과 측정에 있어서 다프트(Daft, 2007), 허먼과 렌츠(Herman & Renz, 1999)는 조직효과성은 다차원적이며, 결코 단일 측정으로 축소될 수 없다고 하였다. 즉, 조직효과성은 복수의 기준으로 측정되어야 하며, 조직의 특성에 따라 측정기준이 달라져야 하고, 마지막으로 수단과 결과를 모두 고려해야 한다고 보았다. 카메론(Cameron, 1978) 역시 조직 효과성은 다차원적인 영역이기 때문에 단일 모델로 측정할 수 없으므로 모든 변수를 고려해야 한다고 하였다. 최재열(1998)도 조직효과성을 단일 기준으로만 측정하는 것은 완전치 못하고 부적합하며, 특히 조직을 둘러싼 이해관계자 입장에서는 그 평가가 달라질 수 있으므로 여러 기준을 동시에 고려해야 한다고 보았다. 실제 조직효과성 기준을 선택하기 전에 모든 상황적 요인을 고려하는 것이 필수적이며, 국가 간, 심지어 국가 내에서도 문화의 다양성으로 인해 한 요소가 한 곳에서는 작동할 수 있지만 다른 곳에서는 실패할 수 있다.

캠벨(Campbell, 1977)은 조직의 효과성 개념 측정에 사용되는 변수들로 목표달성, 생산성, 이윤, 질(quality), 성장, 이직률, 직무만족, 동기부여, 사기, 통제, 갈등과 일체감, 유연성 적응성, 기획과 목표설정, 목표 동의, 조직목표의 내부화, 역할과 규범의 일체성, 관리적 인간관계기술, 관리적 직무기술, 정보관리와 의사소통, 준비성, 환경의 이용, 외부인의 평가, 안정성, 인적자원, 참여와 공유, 훈련과 개발의 강조, 성취중시 정도 등 30가지를 소개하였다. 조직효과성의 측정에 있어 합리적 목표 모델에 따르면 효율성과 생산성, 인간관계모델에서는 사기와 응집성, 직원만족도를 제시하고 있으며, 개발시스템모델에서는 자원의 수입과 유연성을 제시, 다양한 이해관계자 모델에서는 이해관계자의 만족이 조직효과성의 기준이다(서종수 · 조희금, 2014). 따라서 서종수와 조희금(2014)은 조직효과성을 평가하기 위해서는 사기와 응집력, 안정성, 통제, 자원수입, 유연성, 이해관계자 만족과 같은 다양한 개념이 제시되고 있으며, 조직효과성을 측정, 정의하기 위해서는 이 같은 개념들이 복합적으로 고려되이야 한다고 지적하였다.

2) 조직효과성의 접근방법

(1) 목표달성 접근방법

목표달성 접근방법은 조직효과성을 평가하는 가장 오래되고 널리 사용되는 평가 방식이다. 목표달성 접근방법은 프라이스(Price, 1968)에 의해 더욱 구체화되었으며, 조직에서 정의된 목표나 목적을 달성하는 것이 효과적이라고 본다. 즉, 목표달성 접근법은 조직의 목표를 달성하기 위해 존재하며, 성취도는 효과성 정도를 나타낸다. 조직이 목적을 달성하는 것은 당연히 합리적인 것으로 여겨지며, 따라서 목표달성 접근방법은 목적성, 합리성 및 성취를 반영한다. 조직이 목표를 얼마나 잘 식별하고 또한 조직이 얼마나 목표를 잘 달성했는지 평가하는 것을 말한다. 일반적인 영리조직은 수익에 초점을 맞추고 있다.

조직효과성을 측정하기 위해 조직목표에 대해 다음과 같은 목표가 전제되어야 한다(최재열, 1998; 변상우 · 박형근, 2019). 첫째, 조직은 궁극적인 목표를 가지고 있어야 한다. 둘째, 목표는 잘 이해될 수 있도록 그 내용을 명확히 밝히고 규정해야 한다. 셋째, 목표는 관리가 가능할 수 있을 정도로 적은 수의 목표여야 한다. 넷째, 목표는 조직 내의 전반적 합의와 의견 일치를 바탕으로 설정되어야 한다. 다섯째, 목표를 향해 이루어지는 일련의 활동들이 측정 가능해야 한다. 또한 목표를 향한 진행상황은 측정이 가능해야 하며 시간 제한이 있어야 한다.

이러한 목표달성 접근방법은 목표에 의한 관리(MBO)와 유사하다고 볼 수 있다. 목표달성 접근방법에 의한 조직효과성에 대한 평가가 이루어지기 위해서는 다음의 과정이 이루어져야 한다(최재열, 1998). 우선 구체적이며 검증 가능한 측정 목표가 설정되어야 하며, 목표가 달성될 수 있는 조건이 명시되어야 한다. 또한 각 목표의 충족성 정도가 명시되고, 업무 수행 정도를 측정하여 설정된 목표와 비교, 문제점을 발견하여 피드백하는 과정으로 이루어진다.

목표달성 접근법의 한계는 다음과 같다. 첫째, 목표달성 접근법은 조직의 인간적 특성이나 이러한 목표를 달성하기 위한 노력에 영향을 미치는 외부 영향을 고려하지 않는다는 것이다. 즉, 기본적으로 조직이 환경으로부터 자율성을 가지고 통제할 수 있는 폐쇄적 시스템을 가지고 있다고 보는 것이다. 특히 로빈슨(Robbins, 1990)은 조직의 정치적 또는 권력 통제 특성과 조직이 목표를 선택하는 방법을 고려하지 않는다고 비판하였다. 왜냐하면 조직의 의사결정자와 조직의 이해관계가 항상 일치하는 것은 아니며, 조직과 관계없이 관리자는 개인적 욕망이나 이기심으로 인하여 자신의 영향력을 늘리려고 하기 때문이다. 또한 조직은 폐쇄적이기보다 외부환경과 상호연결되어 있다.

둘째, 조직의 목표가 실질적으로 추구하는 목표가 아닐 수 있다(변상우 · 박형근, 2019). 예를 들어, 오늘날 많은 기업들은 글로벌 시대 초우량 기업으로 도약과 같은 경영이념이나 목표를 지향하고 있으나, 이를 달성하기 위한 구체적인 목표가 드러나 있지 않기 때문에 조직효과성을 측정할 수 없다.

셋째, 조직의 목표는 다양하며, 또한 대상(주주, 경영진, 관리자, 환경, 부서 등)

에 따라서도 각기 다른 목표를 가질 수 있다. 따라서 누구의 목표를 적용할지 선택하는 것에 대해 어려움이 존재할 수밖에 없다. 예를 들어, 재무적 목표와 연구개발의 목표가 서로 다르기 때문에 어떤 것을 우선시할 것인가를 결정하는 것은 쉽지 않다. 또한 목표는 일반적으로 시간이 지남에 따라 변화, 진화할 수 있다는 점에서도 그 어려움이 있다.

넷째, 조직의 목표는 장・단기적 목표가 있다(변상우・박형근, 2019). 그런데 장기목표를 달성하는 데 도움이 되는 활동들이 단기 목표달성에 방해를 주는 경우가 생길 수도 있다. 따라서 어떤 목표를 우선시하는가를 결정하기는 쉽지 않다.

다섯째, 목표달성모델에 조직을 위해 따라야 할 과정에 대해서는 나타나 있지 않다는 것이다.

(2) 시스템 접근방법(systems approach)

시스템 접근방법은 투입과 변환, 그리고 산출로 이어지는 하나의 시스템으로 보고 있다. 따라서 조직이 효과적인가는 조직을 구성하는 다양한 요소들을 전반적으로 포괄하여, 조직효과성을 평가하려는 접근방법이다. 즉, 조직은 하나의 체계로서 다양한 하위체계를 가진다. 또한 환경과 상호작용하는 체계로서 외부환경과의 상호작용을 강조한다. 따라서 조직은 단일한 목표가 아닌 기능이나 부서에 따른 다양한 목표를 가질 수 있으며, 외부 환경과의 관계를 고려해야 하며 또한 하위 체계 간의 자원을 적정하게 배분하는 것에 초점을 두고 있다.

시스템 접근방법은 다음과 같은 가정을 전제한다(최재열, 1998). 첫째, 조직은 상호 관련된 하위 부분들로 구성되어있으며, 이들 중 어느 한 부문이라도 제대로 활동하지 못하며 이는 조직의 활동에 영향을 미친다. 둘째, 조직이 효과적이기 위해서는 환경에 대한 명확한 인식과 성공적인 상호작용이 요구된다. 셋째, 조직이 유지되기 위해서는 소비해버린 자원의 계속적인 보충이 이루어져야 한다.

정리하면 시스템 접근방법은 목표달성 접근방법과 달리 조직의 지속적인 생존을 보장하는 데 필요한 수단에 초점을 둔다. 자원을 획득하고 내부적으로 사회적 조직으로 유지하며, 또한 외부환경과 성공적으로 상호작용하는 조직의 능력을 강조한다. 즉, 목표달성 접근법이 목적을 달성했는가에만 초점을 맞추는 데 반하여, 목표가 달성되는 방식에 초점을 두고 있다. 또한 환경변화에 대한 탄력성, 투입물을 산출로 변화시키는 과정의 효율성, 내부 의사소통의 정확성, 내부 구성원 간 갈등 정도, 구성원의 직무만족 등을 고려한 점이 목표접근방법과 다르다(최재열, 1998).

시스템 접근방법의 장점은 단기적으로 생존을 좋아보이게 만드는 의사결정을 내릴 가능성이 적다. 즉, 즉각적 결과에 집착하여 졸속적 의사결정을 하기보다는 조직의 장기적 존속과 번영을 위한 의사결정을 할 수 있도록 돕는다. 또한 조직활동 간의 상호의존성에 대한 인식을 증대시켜 줌으로써 이를 조화시켜 나갈 수 있는 체계적 안목을 형성할 수 있다. 또한 최종목표가 매우 모호하거나 측정할 수 없는 경우에도 적용이 가능하다는 장점이 있다. 반면 시스템 접근방법은 조직효과성보다는 효과성을 달성하는 데 필요한 수단에 초점을 맞추는 경향이 있다. 뿐만 아니라 시스템 접근방법은 복잡하고 어렵다. 즉, 조직이 충족시켜야 할 기능적 요건, 그리고 하위체계에 대한 자원의 분배, 환경과의 상호작용 등에 대한 접근과 활동에 대한 측정 등이 쉽지 않다.

(3) 전략적 지지자 관점과 이해관계자 관점
(strategic constituencies perspective and stakeholder approach)

전략적 지지자 관점은 조직효과성이 조직에 대한 영향력이나 권력을 가진 지지자들을 만족시키는 것에 초점을 두는 관점이다(Schermerhorn, et al., 2004). 이 접근방법은 조직의 다양한 중요그룹 또는 구성요소가 조직에 요구하는 환경 내에 존재한다고 보고, 이들을 만족시키는 데 조직이 얼마나 성공적이었는가를 기반으로 조직효과성을 평가한다. 따라서 피드백을 강조하는 경향이 있다. 피드백을 통해 조직은 전략적 지지자들의 요구와 기대를 얼마나 잘 충족시켰는지 확인할 수 있다. 전략적 지지자 관점은 환경, 즉 어떤 지지자의 훈원이나 지원을 받아야 하는지 알고 있다면, 목표의 우선순위를 변경시켜 나갈 수 있다는 장점이 있다(최재열, 1998). 그러나 광범위한 환경으로부터 전략적 환경요소를 구별해 내기 어렵다는 단점이 있다(최재열, 1998).

이해관계자 관점은 전략적 지지자의 중요성뿐만 아니라, 조직의 존재나 방향에 영향을 미칠 수 있는 정치적 권한이 없는 사람들의 중요성도 인식한다는 점에서 전략적 지지자 관점과 차이가 있다. 이해관계자 관점은 공식적으로 압력단체로 기능하지 않더라도 조직의 영향을 받을 수 있으므로, 의사결정 시 고려해야 한다.

전략적 지지자 관점은 전략적 지지자를 식별하는 것이 쉽지 않다는 점, 특히 환경이 변화함에 따라 어제의 중요 지지자들이 오늘의 중요 지지자가 아닐 수 있으며, 오늘의 중요 지지자가 아니더라도 내일의 중요 지지자가 될 수도 있다는 단점이 있다. 따라서 관리자는 무엇보다 전략적 지지자들의 우선순위를 매겨서 이에 대한 욕구를 충족시킬 필요가 있다.

(4) 내부과정 접근(internal process approach)

내부과정 접근은 말 그대로 조직 내부에 초점을 맞추며 외부환경을 고려하지 않는다. 따라서 조직효과성을 위하여 조직의 내부적 요소, 즉 직원의 만족도, 사기 유지, 갈등 최소화 등에 초점을 맞춘다. 조직이 높은 효과성을 갖기 위해서는 조직 내 하위 부서 간 서로 유기적으로 기능해야 하며, 따라서 톱니바퀴가 돌아가듯 맞물려서 일처리가 이루어져야 한다. 따라서 조직, 팀으로서의 정신과 조직에 대한 충성도 등을 관심을 가질 수밖에 없다.

내부과정 접근은 제조와 관련된 부서의 성과를 측정하는 데 유용하다. 내부과정 접근을 통하여 제조의 효율성을 달성할 수 있다. 그러나 외부환경을 고려하지 않기 때문에 그 결과가 불완전할 수 있다.

(5) 경쟁가치 접근(competing values model)

경쟁가치 접근은 조직은 다양한 가치가 존재할 수 있으며, 따라서 이러한 가치에 기반하여 여러 가지 상충되는 목표가 존재한다고 본다. 따라서 가치 간 경쟁으로 인하여 완전한 의견 일치는 이루어 낼 수 없다. 따라서 조직효과성은 평가자가 조직의 성과로 가치 있다고 생각하는 것이 무엇인가에 따라 조직효과성의 평가기준을 선택하는 것에 따라 달라진다(변상우 · 박형근, 2019).

퀸과 로보(Quinn & Rohrbaugh, 1981)는 경쟁가치 프레임워크를 통하여 조직효과성을 구성하는 세 가지 차원(또는 가치)을 제시하였다. 첫째는 조직의 구조화 정도이다. 한쪽은 높은 유연성, 그리고 다른 한쪽에서는 높은 차원의 통제가 위치한다. 둘째는 초점이다. 즉, 구성원의 복지와 발전 그리고 조직의 복지와 발전 중 어디에 초점을 두는가이다. 셋째는 수단(과정)과 목적(결과) 중 무엇을 중심으로 할 것인가에 대한 내용이다.

조직의 구조가 통제적인지 유연한지, 그리고 초점이 조직 내부인지 외부인지에 따라서 총 네 개의 영역으로 구분된다. 이에 따라 인간관계 모형은 인적자원의 가치 및 개발에 초점을 두며, 개방시스템 모형은 자원의 획득과 성장에 초점을 둔다. 내부과정 모형은 안정성과 균형 유지에 초점을 두며, 합리적 목표 모형은 생산성, 능률에 초점을 둔다. 경쟁가치 모형은 조직효과성을 측정하고자 할 때 어떤 모형을 선택하고, 각 모형에 따라 수단과 목표 기준으로 무엇을 적용할 것인가에 대한 기본적인 정보를 제공해 줄 수 있다(변상우 · 박형근, 2019).

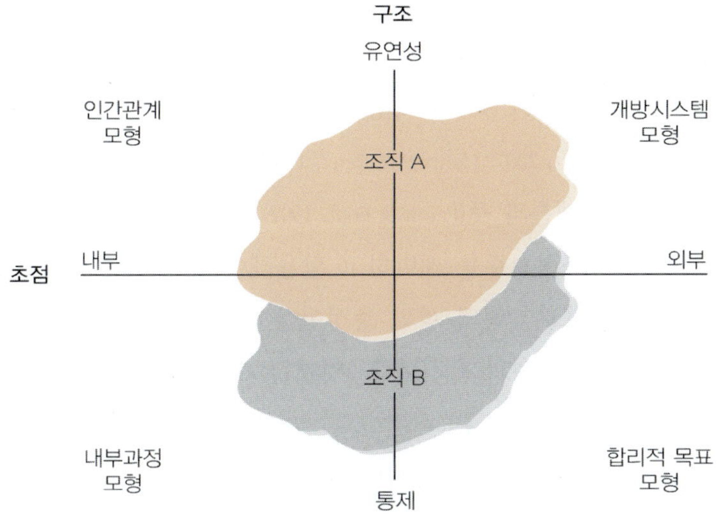

| 그림 11-1 | 조직효과성 평가

출처 : Richard(2003). Organization Theory and Design, p. 73.

조직 A는 조직은 현재의 생산성보다 인간관계를 강조하며, 환경에 적응하는 것에 관심을 두고 있다. 또한 조직의 안정성보다는 환경에의 적응에 초점을 두고 있다. 즉, 조직 A는 틈새시장을 찾고, 외부환경에 적응하여 자리를 잡는 데 관심을 가진 젊은 조직이라 할 수 있다.

조직 B는 생산과 이익, 안정성에 초점을 두는 어느 정도 자리를 잡은 사업(established business)을 가진 조직이라 할 수 있다. 즉, 조직 B는 유연성이나 인적자원의 개발보다 기존 고객의 가치를 극대화하기를 원하는 안정지향적인 대기업(large company)이라 할 수 있다. 조직 A와 조직 B는 서로 추구하는 가치가 다른 것으로 어느 조직이 더 낫다고 평가하기는 어렵다.

경쟁가치 모델은 효과성에 대한 다양한 개념을 하나의 관점으로 통합하였으며, 서로 상반되는 가치가 존재하는지를 보여준다는 점에서 의의가 있다. 즉, 여러 상이한 조직상황에서 다양한 가치 기준을 적용하여 조직효과성의 기준이 적합한가를 확인할 수 있다는 점에서 의의가 있다. 그러나 실증적으로 뒷받침하지 못한다는 점, 그리고 네 가지 모형이 실제로 명확하게 구분될 수 있는지 불명확하다는 단점이 있다(변상우 · 박형근, 2019).

3) 조직효과성의 측정

앞서 살펴본 바와 같이 조직효과성의 개념과 측정에 있어서 단일 측정으로 축소될 수 없으며(Daft, 2007; Herman & Renz, 1999), 다양한 복합적 요인을 고려해야 한다고 하였다. 패튼과 풋(Paton & Foot, 1997)은 비영리조직의 효과성 측정을 위하여 다섯 가지 측정범주를 개발하고 활용해야 한다고 주장하였다. 첫째는 조직의 활동 또는 프로그램의 성과 측정이다. 둘째는 자원의 대체 사용을 고려한 프로그램의 현재 성과 측정이다. 셋째는 재정 및 관리 건전성 측정이다. 넷째는 조직역량의 개선 또는 쇠퇴이다. 다섯째는 조직발전계획(organizational development initiatives)의 영향 측정이다.

일련의 선행연구(서종수 · 조희금, 2014a; 2014b)에서 조직효과성을 측정하기 위하여 사업성과, 직무만족, 조직몰입 등의 하위요인을 활용하는 것으로 나타났다. 본 장에서는 사업성과를 중심으로 살펴보고자 한다.

(1) 사업성과

사업성과를 이해하기 위해서는 사업과 성과에 대한 용어 정의가 필요하다. 사업은 조직의 목적을 달성하기 위한 중요한 도구 및 방법으로, 해리와 도날(Harry & Donal, 1973, 김명수 · 공병천, 2013 재인용)은 사업을 서비스를 제공하기 위해 취해지는 일단의 활동으로 정의하였으며, 해븐스(Havens, 1981, 김명수 · 공병천, 2013 재인용)는 사업을 공통의 목표를 달성하기 위해 취해지는 일단의 활동이라 하였다. 사업은 다음과 같은 공통적 특성이 있다(김명수 · 공병천, 2013). 첫째, 사업은 하나의 활동이거나 일단의 활동으로, 실제로 이루어진 활동이라는 점이다. 둘째, 사업은 어떤 특정한 목표를 지향한다는 점이다.

사업은 특정한 목표가 있으며, 그 같은 목표를 달성하기 위한 구체적인 활동이라는 측면에서 매우 다양한 분류되거나 구성될 수 있다. 일반적으로 기업의 성과는 순이익(net income), 투자이익(ROI : Return On Investment), 매출액(sales revenue) 등의 재무적 측정치로 표시하며, 손익분기(break-even)를 기준으로 성과를 평가할 수 있다(심재영, 2013). 순이익은 개인 또는 단체의 수입에서 매출원가, 지출비용, 감가상각, 할부상환액, 이자, 회계 기간 중 세금을 제외한 것을 의미한다. 즉, 모든 비용과 손실을 뺀 차액을 의미한다. 투자이익은 투자한 자본에 대한 수익 또는 손실의 비율을 말한다. 매출액은 일정 기간 동안 기업의 주된 영업활동으로부터 얻는 영업수익액을 말한다. 손익분기는 총비용과 총소득이 동일하게 된 때를 말하므로, 이익과 손실을 나누는 구분점이 된다. 이처럼 영리조직은 이러한 지표들을 기반으로 조직의 성과를 평가할 수 있다. 그러나 비영리조직은 조직의 운영목적이 순이익의 획득에 있는 것이 아니므로, 순이익 등과 같은 포괄적인 성과측정치가 없으며, 있더라도 이를 통해 사업성과를 측정할 수 없다.

성과(performance)는 매우 중요할 뿐만 아니라 정의되기 어려운 매우 모호한 개념들 중 하나이다(박해육 · 주재복, 2009). 성과에 대한 정의가 어려운 이유는 이해관계자들이 성과의 어떤 요소들이 가장 중요한지에 대해 동의하지 않고 있기 때문이며, 수많은 학자들은 조직의 성과를 정의하거나 측정하는 최선의 방법을 개발하는 데 중점을 두고 있기 때문이다. 연구의 확대는 불행하게도 이 분야에 대해 너무나 많은 모델을 제시하고 있고, 종종 갈등적인 모델을 제시하고 있다. 그 이유는 종합적으로 공공조직과 비영리조직의 성과 측정과 평가를 하기 위한 가장 중요한 설명적 요인은 무엇인가에 대한 지식적 기반이 명확하지 않기 때문(Brewer & Selden, 2000, 박해육 · 주재복, 2009 재인용)이다.

서머매터와 시겔(Summermatter & Siegel, 2009)은 성과에 대한 개념정의를 위하여 선행연구들을 참조하여 투입, 산출량, 산출, 결과, 효율성, 효과성, 비율의 추가유형, 질, 요구, 이해관계자 측면, 가치와 윤리적 측면 차원으로 정리하였다. 이 같은 성과의 요소에 따른 용어 및 개념은 다음 〈표 11-1〉과 같다.

〈표 11-1〉 사업성과의 요소에 따른 용어 및 개념

요 소	용어 및 개념
투입(Input)	비용 예산, 비용, 수익, 지출, 경제, 자원
과정(Throughput)	프로세스, 생산 프로세스, 조직 프로세스, 활동, 능력, 작업, 작업의 양, 작업, 활동이나 능력의 수준, 기능 특성
산출(Output)	생산 과정의 결과 끝, 출력, 서비스의 양과 질
결과(Outcome)	효과, 영향, 이익, 공공 가치, 성과
효율성(Efficiency)	생산에 따른 노력량, 투입대비 산출, 기술효율성, 비용단위당 산출, 상대적 효율
효과성(Effectiveness)	산출의 측정, 비용대비 산출량
질(Quality)	활동의 질, 산출의 질, 목적에 부합하거나, 적합성, 신뢰성, 시간준수
요구(Requirements)	목표, 달성, 목적, 기준, 적시성, 선언, 수준
이해관계자 측면 (Stakeholder-related aspects)	최근 소비경험을 바탕으로 한 상품이나 서비스의 다양한 기능이나 요소들에 대한 소비자의 평가, 투자자와 행위자와의 신뢰와 만족, 소비자 만족

출처 : Summermatter & Siegel(2009). Defining Performance in Public Management : Variations over time and space, p. 6 재구성.

이 같은 다양한 성과의 차원 분류는 비판의 여지가 있지만, 다양하고 많은 항목들 가운데 어떤 요인들이 첫째 차원으로 분류되는가는 중요하다. 서머매터와 시겔(Summermatter & Siegel, 2009)의 연구에 따르면 1988년 이후 출판된 성과의 개념을 포함하는 266개의 논문을 대상으로 분석한 결과, 성과의 첫 번째 차원으로 결과(outcome)가 68%, 산출(output)이 66%로서 가장 빈번하게 많이 언급되었다. 반면 가치 및 윤리는 17%로 다양한 차원 중 가장 낮게 나타났다.

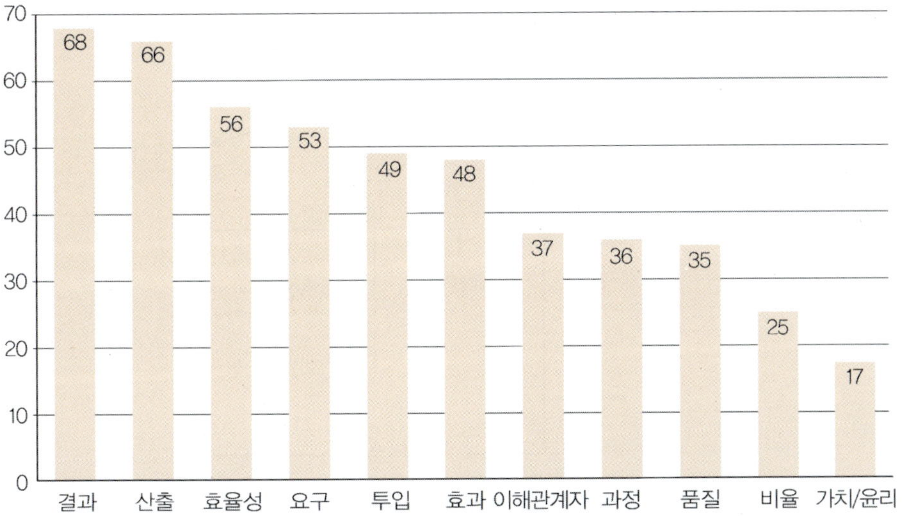

❙그림 11-2❙ 사업성과의 다양한 차원에 대한 연구

출처 : Summermatter, L., & Siegel, J. P.(2009). Defining Performance in Public Management. Paper for IRSPM XXIII, Copenhagen, 6-8, 6.

❙그림 11-2❙에서 볼 수 있듯이 성과라는 개념은 단순히 한 가지 개념적 요소로 정의될 수 없으며, 매우 다양한 요소에 의해서 정의된다. 시대에 따라서 성과의 요소나 관점도 점점 바뀌고 있으며, 1990년대 이후 공공부문 및 비영리부문의 성과관리는 전통적인 투입중심의 관리에서 산출(output)과 결과(outcome) 중심의 관리로 전환되고 있다. 성과의 차원으로서 산출과 결과, 효율성과 효과성 등을 좀 더 구체적으로 살펴보기 위하여 도식화하면 ❙그림 11-3❙과 같이 협의의 성과 개념과 광의의 성과 개념으로 구분할 수 있다(여성가족부, 2011). 협의의 성과는 투입과 활동을 통하여 나타나는 산출과 결과만을 의미하고 광의의 성과는 투입부터 결과까지의 전체 과정에서 나타난 결과를 모두 포괄하는 용어로 사용되기도 한다(여성가족부, 2011).

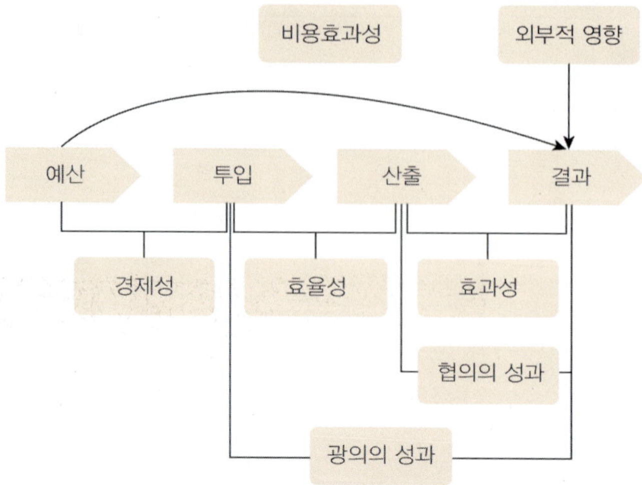

| 그림 11-3 | 성과의 개념

출처 : 여성가족부(2011). 가족정책 성과평가 및 가족정책 과제 개발, p. 17.

사업과 성과, 성과의 차원으로서 산출과 결과를 통합하여 사업성과를 정의해 보면 다양한 자원의 투입이 산출에 이르는 과정 동안 행해진 과정 및 활동 등이 효율적이었는가, 산출된 결과가 효과적으로 목적을 달성했는가에 대한 것이 바로 사업성과라 할 수 있다.

(2) 서비스의 질

앞서 살펴본 바와 같이 사업성과를 측정하기 위한 요인으로 투입, 과정, 산출, 결과, 효율성, 효과성, 질, 요구응대, 이해관계자 측면과 같은 복합적 요인이 활용될 수 있다. 서종수(2014)는 사업성과를 평가하기 위하여 서비스 수준, 양, 사업효율성 등을 제시하였다. 사업의 양은 사업에 따른 프로그램의 수, 참여자 수 등을 의미하며, 사업효율성은 자원투입 대비 산출이라는 측면에서 상대적으로 객관적 지표로 이해할 수 있다. 그러나 서비스 수준은 서비스의 질과 이용자 만족이라는 주관적 지표에 해당한다고 볼 수 있다. 사업성과를 파악하기 위하여 서비스의 질을 중심적으로 파악해 보고자 한다.

케트너(Kettner, 1999)는 서비스 질이란 총체적인 품질관리의 기본개념으로 비영리조직, 특히 사회복지조직의 생존을 좌우하는 중요한 지표라 하였다. 그러나 사회복지조직의 서비스나 사업은 기존의 산업제품과 같이 만지거나 볼 수 있는 것이 아닌, 사람을 대상으로 하는 무형적 행위의 성과이며, 따라서 서비스의 질을 평가하기는 쉽지 않다. 이로 인해 서비스 질은 객관적인 기준보다는 주로 주관적인 기준에 해당하는 소비자에 의해 '지각된 서비스 질'의 의미로 정의되는 경우가 많다(Gronroos, 1984).

파라슈라만(Parasuraman, 1985)은 서비스 질을 서비스의 우수성(excellence)에 대한 서비스 이용자의 전반적이며 장기적인 태도나 판단이라고 정의하였다. 레티넨과 레티넨(Lehtinen & Lehtinen, 1982)의 경우 서비스 질을 서비스 제공자와 이용자 간의 상호작용과정에서 생성되는 것이라고 정의하였다. 코틀러 등(Kotler, et al., 2002)은 질을 명시적 또는 암시적 요구를 충족시키는 능력과 관련된 제품 또는 서비스의 기능 및 특성의 총체성이라 하였다. 질은 고객과의 관계를 만들고 유지하기 위한 중요한 전제조건이며, 장기적 관점에서는 조직 간 경쟁우위를 달성하는 데 영향을 미치는 요인이다.

헤이우드 파머(Haywood-Farmer, 1988)는 질을 3P라고 하여 질을 구성하는 요소를 첫째, 물리적 시설(Physical facilities), 과정(Processes), 절차(Procedures), 둘째, 직원의 행동, 셋째, 직원의 전문적 판단으로 제시하였다. 헤이우드(1988)는 높은 질은 이 세 가지 요소의 균형 잡힌 혼합이 이루어져야 한다고 보았다.

손영환(2013)은 서비스의 질과 관련하여 선행연구들을 탐색하며, 다음과 같이 제시하였다. 첫째, 서비스의 질은 클라이언트의 지각과 관련된 고객지향적 개념이다. 둘째, 서비스의 질은 태도와 유사한 개념이다. 셋째, 서비스 질은 서비스의 결과뿐 아니라, 서비스가 제공되는 과정까지 고려되는 개념이다. 넷째, 서비스의 질은 구매 전에 미리 평가할 수 있는 탐색적 품질이라기보다는 상품의 구매나 소비 과정에서 평가하는 경험적 품질의 특성이 강하다. 다섯째, 서비스의 질은 기대와 수행의 비교에 의해 결정된다.

서비스의 질과 관련하여 파라슈라만, 제이트말, 베리(Parasuraman, Zeithml, & Berry, 1998)는 지각된 서비스 품질을 유형성, 신뢰성, 반응성, 확신 및 공감의 다섯 가지 차원으로 식별하고 분류하였다.

첫째, **유형성**(Tangibility) : 서비스 접점과 관련된 물리적 특성을 의미한다. 여기에는 개체(예 물리적 시설과 장비)와 주제(예 직원의 외모)로 표현되는 물리적 환경이 포함된다.

둘째, **신뢰성**(Reliablity) : 약속된 서비스를 신뢰성 있고 정확하게 수행할 수 있는 조직의 능력을 말한다.

셋째. **응답/대응성**(Responsiveness) : 빠르고 신속한 서비스를 제공하여 고객을 지원하려는 조직의 의지를 말한다. 민감하고 개방적이며 수용적이고 고객 요청과 문제를 효율적으로 처리하는 것이 수반된다.

넷째, **보증/확신성**(Assurance) : 이용자에게 신뢰를 주는 다양한 기능(조직의 구체적이고 보장된 서비스, 직원의 지식과 예의) 및 직원의 신뢰할 수 있는 행동을 말한다.

다섯째, **공감**(Empathy) : 이용자에게 개별화된 서비스를 제공하려는 서비스 회사의 준비, 이해, 연민 및 진정한 관심을 말한다.

2. 사회복지시설 평가

사회복지행정의 주요 과업은 앞서 살펴본 바와 같이 'POSDCoRBE'로 개념화할 수 있다. 즉, 평가(evaluating)는 사회복지행정의 주요 내용이라 할 수 있다. 행정은 프로그램에 관한 의사결정을 목적으로 사회과학적 방법을 활용하여 프로그램의 수행과정과 결과를 측정하는 일련의 절차라 할 수 있다(Rutman, 1984).

로시와 프리맨(Rossi & Freeman, 1993)은 평가를 사회개입 프로그램의 개념화 및 설계, 실행, 유용성을 사정하는 사회조사 절차의 체계적인 적용으로 정의하였다. 또한 평가조사의 유형을 분석적 평가, 모니터링 평가, 효과성 평가로 구분하였다. 분석적 평가조사는 사회적 개입방법에 대한 개념화와 설계를 위주로 하는 평가, 프로그램 실행(혹은 기관운영)에 대한 모니터링을 하는 모니터링 평가, 그리고 효과성·효율성을 사정하는 결과평가로서 효과성(효율성) 평가를 말한다.

우리나라에서는 1990년대 후반 당시 국가적 경제위기하에 사회복지 분야에 대한 관심과 재정지원의 중요성이 대두되었고, 사회복지서비스 공급의 양적 팽창이 이루어졌다. 이와 동시에 확대된 사회복지 재원 사용의 효과성 및 서비스의 양과 질을 제고하고, 시설의 운영을 효율적으로 개선하기 위한 방안으로 평가의 필요성과 당위성이 제기되었으며, 1998년 사회복지사업법 개정(사회복지사업법 제43조의2, 사회복지사업법 시행규칙 제27조의2)을 통해 사회복지시설 평가가 제도화되었다. 1999년 장애인복지관, 정신요양시설을 대상으로 시작된 사회복지시설 평가는 3년 주기로 진행되고 있다. 현재 우리나라에서 이루어지고 있는 사회복지시설 평가는 로시와 프리맨(Rossi & Freeman, 1993)의 평가유형 중 모니터링 평가방법에 해당한다고 볼 수 있다. 즉, 현재 복지서비스를 분석하거나 효과성에 초점을 맞추기보다는 운영과정을 평가하는 목적이 더 크다고 볼 수 있다(김승권, 2003).

1) 사회복지시설 평가의 목적

사회복지시설평가의 목적은 다음과 같다(중앙사회서비스원 홈페이지).

- 사회복지시설에 대한 평가를 통하여 사회복지시설의 운영 효율화 및 서비스의 질을 제고함으로써 사회복지시설 이용자·생활자에 대한 사회복지서비스의 질 향상 도모
- 합리적 평가지표와 평가체계의 개발을 통한 사회복지시설에 대한 객관적인 평가틀 마련
- 전국적으로 사회복지시설 평가를 통하여 사회복지시설 운영 수준에 대한 지역별·시설종별 차이를 파악하고, 이의 개선을 위한 사회복지시설 운영 수준의 균형화 대책 마련을 위한 기초 자료 확보
- 사회복지 수요 증대에 따른 사회복지시설 운영 상태에 대한 정보 제공으로 사회복지시설에 대한 국민의 선택권 확대 및 보장

- 국민들에게 직접 복지서비스를 제공하는 사회복지시설의 기능 강화를 통해 사회안전망을 강화하고 시설 운영의 선진화를 통하여 국민의 복지수준 향상에 기여

2) 사회복지시설 평가의 역사

사회복지시설평가는 각 기수별 시행기관과 지표 개발의 방향이 상이하다. 이를 간단히 살펴보면 다음과 같다. 1999년부터 2001년까지 이루어진 1기는 개별시설 평가지표 개발이 주요 목적이었으며, 보건사회연구원에서 시행하였다. 2002년부터 2004년까지 이루어진 2기는 1기 평가 시 개발하지 못한 일부 평가지표 추가 개발을 목적으로 하였으며, 2003년까지는 한국보건사회연구원이, 2004년부터는 한국사회복지협의회에서 시행하였다. 2005년부터 2007년까지 이루어진 3기는 사회복지 현장을 반영한 평가지표 완성도 제고 및 영역별 지표 확대 개발을 목적으로 하였으며, 한국사회복지협의회에서 시행하였다. 2008년부터 2010년까지 이루어진 4기는 이용자, 생활인의 인권지표 강화 및 사회복지시설 서비스 최소 기준안 반영을 목적으로 하였으며, 한국사회복지협의회에서 시행하였다. 2011년부터 2013년까지 이루어진 5기는 전체 공통지표, 생활시설 공통지표, 이용시설 공통지표 구분 개발을 목적으로 하였으며, 한국사회복지협의회에서 시행하였다. 2014년부터 2016년까지 이루어진 6기는 평가지표 간소화, 현장의 평가부담 완화, 평가의 실효성 제고 중심으로 보완 및 개선을 목적으로 하였으며, 한국사회복지협의회에서 시행하였다. 2017년부터 2019년까지 이루어진 7기는 공통지표 축소, 이용자 중심 소규모 시설 평가지표 개발을 목적으로 하였으며 한국사회보장정보원에서 시행하였다. 2020년부터 2022년까지 이루어진 8기는 객관적이고 합리적인 평가지표 개발, 평가결과 환류체계 강화를 목적으로 2021년까지는 한국사회보장정보원이, 2022년부터는 중앙사회서비스원에서 시행하였다. 2023년부터 실시되고 있는 9기는 성과지표 중심의 지표고도화, 정성평가의 시험적 운영, 서비스 품질관리 강화를 목적으로 중앙사회서비스원에서 실시하고 있다.

3) 사회복지시설 평가 절차

사회복지시설 평가는 3년을 주기로 이루어지므로, 보통 3년간의 실적에 대한 평가가 이루어진다. 평가는 크게 자체평가와 현장평가로 이루어진다. 자체평가는 평가대상 시설에서 사회서비스정보시스템(희망이음)을 통해 자체적으로 진행하며, 현장평가는 현장평가팀(학계, 공무원, 현장전문가로 구성)이 직접 해당 시설에 방문하여 진행한다.

절 차	내 용	역 할
자체평가	• 사회복지시설정보시스템을 통한 해당 시설의 자체평가서 입력(완료)	해당평가
현장평가	• 현장평가 7일 전 일정 통보(현장평가위원 → 시설) • 해당 시설 방문하여 현장평가 실시	평가위원
이의신청 확인 및 1차 결과분석	• 현장평가 이의신청 접수(현장평가일 기준 7일 이내) 및 확인 • 평가팀별, 지역별 평가결과 편차 등 분석	중앙사회서비스원
확인평가 및 결과확정	• 확인평가 대상 선정 • 해당 시설 확인평가 실시	중앙사회서비스원
평가 종료	• 확인평가 결과 취합 및 평가결과 확정 • 평가결과 보고서 작성	중앙사회서비스원

그림 11-4 사회복지시설 평가 절차

출처 : 중앙사회서비스원 홈페이지(https://kcpass.or.kr).

4) 사회복지시설 평가지표

사회복지시설은 각 유형별 별도의 평가지표가 개발되어 있다. 세부적인 지표들은 중앙사회서비스원 누리집－정보마당－자료실－시설평가에서 확인할 수 있다. 본 절에서는 사회복지관 평가 지침에 대해서 간단히 살펴보고자 한다.

사회복지관의 평가지표는 크게 시설 및 환경, 재정 및 조직운영, 프로그램 및 서비스(사례관리, 서비스 제공, 조직화사업), 이용자의 권리, 시설운영 전반으로 구성되어 있다. 기존에는 지역사회와의 관계 지표(외부자원개발, 봉사자 관리, 후원금 개발 및 관리)가 있었으나 항목을 이동 또는 삭제하면서, 지역사회와의 관계 지표는 삭제되었다.

특징적인 부분으로는 사회복지 패러다임 변화에 따라 시설 운영 효율화 및 서비스 질 제고를 위해 2024년부터 영역별 이용자(생활인)평가를 시범도입하는 것이다. 이에 따라 시설 및 환경, 프로그램 및 서비스, 이용자(생활인)권리 지표에 따라 이용시설의 경우 10명 이상의 시설의 경우 최소 5명 이상, 10명 미만의 시설은 최소 3명 이상을 측정하도록 하고 있다. 생활시설의 경우 10명 이상 시설의 경우 최소 5명 이상, 5~10명 미만 시설의 경우 최소 3명 이상, 5명 미만 시설의 경우 최소 2명 이상 측정하도록 하고 있다.

〈표 11-2〉 사회복지관 평가지표

평가영역	지표내용
시설 및 환경	시설이용의 안전성, 편리성, 쾌적성
재정 및 조직운영	후원금, 사업비, 직원충원율, 직원근속률, 직원교육 활동비 및 내·외부교육 참여시간, 외부자원 개발, 직원채용의 공정성, 시설장 및 최고중간관리자(부장)의 전문성, 직원교육, 직원복지, 직원의 인권 및 안전보장, 사회복지관 직원의 급여(보수)수준 향상을 위한 노력
프로그램 및 서비스	사례관리 실행체계, 사례관리 인력의 전문성, 사례관리 수행의 전문성, 사례관리 협력 연계
	프로그램 기획의 전문성, 프로그램 수행과정, 프로그램 평가
	지역조직화 실행체계, 지역조직화 수행의 전문성, 지역사회 네트워크

이용자의 권리	비밀보장, 학대예방 및 인권보장, 고충처리, 이용자의 자기결정권
시설운영 전반	시설운영의 전반적 수준, 서비스 질적 수준, 자체평가의 정확성, 시설의 정보화 수준

출처 : 중앙사회서비스원(2022). 2024년도 사회복지시설평가-사회복지관 평가지침, pp. 5-6.

이러한 평가를 실시 후 A, B, C, D, F등급으로 나누게 된다. 지표영역별 C등급 이하가 하나라도 있는 시설은 역량강화 교육 대상이고, 전체 종합결과가 평균 D, F등급일 경우 맞춤형 컨설팅 대상이다. 맞춤형 컨설팅 종료 1년 후에는 사후컨설팅을 제공하고 있다(중앙사회서비스원, 2023).

역량강화 교육은 지표영역별 C등급 이하가 하나라도 있는 시설을 대상으로 진행된다. 외부 전문가, 학계 및 현장 전문가를 통해 각 지표 영역별 교육이 진행되고, 이는 실무자 역량 향상 및 시설 자체 운영개선을 유도하는 기회가 된다. 맞춤형 컨설팅은 전체 종합결과가 평균 D, F등급인 시설을 대상으로 진행된다. 품질관리위원이 대상시설을 방문하여 시설 운영 전반에 대한 개선을 지원하고, 시설상황과 수요에 따라 전문가를 초빙하여 전문 분야에 대한 자문에 응한다. 사후컨설팅은 전년도 맞춤형 컨설팅(방문)을 참여한 시설을 대상으로 진행된다. 전년도 맞춤형 컨설팅(방문) 시 제시된 개선사항의 이행 및 유지 여부를 확인하고, 차년도 평가지표에 대해 점검하고 자문에 응한다.

5) 사회복지시설 평가의 과제

과거 사회복지시설 평가와 관련하여 제시되었던 문제점들은 점차 개선되어 가고 있다. 예를 들어, 김승권(2004)과 박세경(2004)은 사회복지시설 평가와 관련하여 평가전담기구의 설치 및 평가예산의 확보, 우수한 시설에 대한 인센티브 제공, 평가 열등시설의 개선을 위한 적극적 지원이 필요하다고 하였다. 이와 관련하여 사회복지시설 평가를 위한 전담기구인 중앙사회서비스원이 설치되었으며 평가와 관련한 법적 근거(사회서비스 지원 및 사회서비스원 설립·운영에 관한 법률 제32조)를 마련하였다. 또한 평가 후 결과를 기반으로 권역 및 도시 규모별 상위 5% 내외는 우수시설, 전기평가 대비 개선점수 전국 상위 3% 내외는 개선시설로 선정 인센티브가 제공된다. 뿐만 아니라 등급이 낮은 시설의 경우는 역량강화 교육, 맞춤형 컨설팅, 그리고 사후 컨설팅 등이 제공되고 있다.

이처럼 지속적인 개선과 발전에도 사회복지시설 평가와 관련하여 개선되거나 발전되어야 할 많은 과제들이 있다. 이를 간단히 살펴보면 다음과 같다.

첫째, 평가위원의 전문성과 신뢰성을 높이기 위한 다양한 방안 마련이 요구된다(박세경, 2004). 평가과정상의 문제나 피평가시설의 반발이 평가체계 자체에도 있을 수 있지만 그것을 심사하는 평가인력의 공정성이나 객관성이 훼손되어 신뢰성을 잃는 경우도 많기 때문이다. 특히 평가위원 구성의 대부분이 사회복지현장 경험이 전혀 없는 사회복지학 교수와 공무원에 편중되는 문제가 발생되어 평가 참여에 대한 불만이 상당히 많으며, 또한 평가자 간의 편차가 심해 평가결과에 대한 불신도 존재한다(송민석, 2015). 따라서 평가위원에 대한 인증 제도를 마련하고, 인력 풀(pool)을 준비하는 것이 바람직하다.

둘째, 이용자 및 그 보호자의 참여보장 확대가 요구된다. 이용자의 만족(customer satisfaction)은 사업의 효과성의 주요 근거이자, 궁극적인 평가운영의 목적이라 할 수 있다. 따라서 현재 이용자 평가를 도입하였으나, 이를 좀 더 체계화할 필요가 있으며 이용자 만족과 관련하여 지속적인 확대가 요구된다.

셋째, 평가인증제의 도입이다. 가령 보육시설의 경우 어린이집 평가인증이라는 제도를 운영하고 있다. 아이들이 안전하고 건강하게 지낼 수 있는 보육서비스의 질적 수준을 높이기 위해 어린이집에 대하여 국가가 인증을 부여하는 제도인 것이다. 현재 복지시설의 경우 각 평가를 통해 등급을 산출하는 등의 방안을 도입하고 있으나, 이용자들이 이러한 평가지표에 세세히 관심을 갖기는 어렵다. 또한 평가를 통해 서열화시키기 보다는 어린이집 평가인증제처럼 최소한 기준을 통과하여 운영하는 시설에 대해서 국가가 인증을 부여하는 방식은 시설 운영 및 서비스 품질 향상에 지속적으로 기여할 수 있으며, 고객중심의 제도로서 이용자의 정보 접근성과 선택권을 확장시켜 주는 효과, 또한 평가 대상인 기관들의 순응성을 높일 수 있는 방안이 될 수 있다(김형모, 2011).

넷째, 시설의 프로그램과 서비스의 품질을 평가하여 품질 개선을 유도하는 역할을 할 필요가 있다(오윤섭 외, 2018). 현행 시설 평가는 말 그대로 시설 평가에 초점을 두고 있으며, 실제 이용자의 욕구에 초점화를 두거나 프로그램의 질적 차원의 평가는 다소 미비한 편이다. 따라서 서비스의 질과 효과성 측면에 초점을 둔 평가지표의 개발과 적용이 요구된다.

12

CHAPTER

지역사회 자원관리

1. 자원봉사 관리
2. 자원봉사조정자의 이해
3. 자원봉사자에 대한 조정
4. 물적 자원 관리

CHAPTER

12 지역사회 자원관리

1. 자원봉사 관리

1) 자원봉사의 개념

자원봉사는 영어로 volunteer로, 라틴어의 voluntas(자유의지)에서 유래된 용어이다. Volunteer의 사전적 의미는 독지가, 지원병, 무상 봉사자, 자발적인, '~를 자진해서 한다' 등으로 표현되고 있다.

우리나라에서는 자원봉사에 관련된 용어를 몇 가지로 사용하고 있다. 한국여성개발원에서는 '자원활동'이라고 쓰고 있다. 자원봉사는 '봉사'라는 말 때문에 자선 혹은 구제라는 의미가 있고 가진 자가 일방적으로 베푸는 소극적인 뉘앙스를 풍긴다고 파악하여, '우리가 살고 있는 지역사회의 공동체를 위해 참여한다'는 보다 폭넓고 적극적인 의미를 지닌 자원활동으로 사용하고 있다. 그러나 자원활동이라는 용어에는 자원봉사의 특성 가운데 하나인 공익성을 찾을 수가 없는 단점이 있다.

김영호(1997 : 41-43) 교수는 '자원복지활동원'으로 쓰고 있다. 자원봉사의 '봉사'라는 용어 속에는 종교적인 섬김과 경제적 이해관계의 서비스, 유교적 상하관계에서의 시종이나 복종, 여유 있는 자의 자선적이고 시혜적 행위 등과 같은 의미가 강하므로 볼런티어리즘 정신에 적합한 '자원복지'로 사용할 것을 제안하고 있다.

그러나 앞에서 들고 있는 이유들이 용어를 바꾸어야 할 만큼 설득력 있는 것으로 생각되지 않으며, 바꾼다 하여도 자원복지라는 단어는 기존의 민간복지와 그 의미가 겹치기 때문에 적절하지 않은 것으로 생각된다. 사회복지는 공공부문과 민간부문으로 나눌 수 있고, 또한 민간부문은 비영리부문과 영리부문으로 나눌 수 있다. 자원복지는 민간부문, 즉 비영리부문과 영리부문 모두를 포함하는 의미로 받아들여지므로, 자원봉사의 비영리부문만의 의미와 혼동을 초래할 수 있으므로 부적절하다.

YMCA나 YWCA와 같은 사회교육기관에서는 '자원지도자'로, 대한적십자사에서는 '봉사자' 혹은 '봉사원'으로, 그 외의 여러 기관에서는 '자원봉사자'로 쓰고 있으며, 영어인 'volunteer'로 사용하는 곳도 있다.

각기 용어를 다르게 사용하는 데는 이유가 있겠지만, 여기서는 보편적으로 사용하는 '자원봉사' 혹은 '자원봉사자'로 쓰기로 한다. 자원봉사를 둘러싼 개념들에 대한 올바른 이해의 한계가 있는 것은 사실이지만, 이를 극복하기 위해 새로운 용어를 마련하는 것보다는 기존의 용어를 사용하면서 그 용어의 정립을 위해 노력하는 것이 현실적이라 하겠다.

2) 자원봉사의 정의

자원봉사 혹은 자원봉사자란, 한국사회복지협의회에서는 '자원봉사활동이란 사회문제의 예방 및 해결 또는 국가의 공익사업을 수행하고 있는 공사의 공식조직에 자발적으로 참여하여 영리적 보상을 받지 않고서도 인간존중의 정신과 민주주의 원칙에 입각하여 낯선 타인들을 상대로 필요한 서비스를 제공함으로써 사회의 공동선을 고용시킴과 동시에 이타심의 구현을 통해 자기실현을 성취하고자 하는 활동'으로 규정하고 있다.

일본 현대사회복지사전(仲村優一, 1985 : 420)에서는 자원봉사활동을 '자유로운 의지에 의한 자발성에 기반을 둔 실천행위 그 자체이고, 복지사회를 만들어 가기 위해 적극적으로 노력하는 의도적이고 계획적인 일상활동'으로 보았다.

미국 사회사업백과사전(NASW, 1977 : 1582)에서는 '자원봉사자란 개인, 집단, 지역사회에서 발생하는 여러 가지 사회문제를 예방하고 통제하며, 혹은 개선하는 일에 종사하고 있는 공사의 여러 조직체에 대하여 주어진 여러 가지 참여활동에 대한 가치에 상응하는 보수 없이 자발적으로 참여하는 개인'으로 정의하고 있다.

트렉커(Trecker)는 '자원봉사자란 지역사회의 복지 향상에 관여하는 사회기관에서 무보수로 자발적인 노력을 하는 사람'으로 정의하고 있다.

이상과 같이 자원봉사활동의 정의는 다양하게 언급되고 있지만, 활동범위의 차이를 제외하면 대부분의 정의는 자발성과 복지성(공익성), 무보수성의 공통점을 가지고 있다.

따라서 자원봉사자는 '공익증진활동에 자발적으로 반대급부 없이 참여하는 사람'이라고 할 수 있다.

(1) 자발성

자원봉사는 타의에 의해 강제로 하는 활동이 아니라 자신이 생각하고 판단하여 스스로 행동하는 것이다. 자발성은 자신이 결정한 것에 대하여 책임감을 가지게 하고, 자신이 선택한 것에 대하여 능동적이고 적극적으로 임하게 하는 원동력이 된다. 따라서 자발성은 자원봉사의 생명과 같은 것이다.

학교에서 자원봉사를 교과목으로 설정하여 강제로 활동하게 하거나, 대학에서 교양필수로 자원봉사 과목을 설정하여 모든 학생이 반드시 자원봉사에 참여하게 하거나, 기업에서 강제성이 수반된 자원봉사는 '사회봉사 내지는 강제봉사'이지 자원봉사는 아니다. 그러나 학생의 경우 한 인간이 자신이 살고 있는 공동체의 이익 증진을 위해 어떻게 공헌하면서 살아야 하는지를 가르치는 복지교육 또는 봉사학습의 의미는 있다고 볼 수 있다.

또한 자발성은 자원봉사자 스스로 활동을 그만둘 수 있다는 의미도 포함하고 있다. 이것은 자원봉사의 특성임과 동시에 한계이다. 언제든지 그만둘 수 있는 자발성이 자원봉사자에게 있다고 해서 자원봉사가 무책임한 활동으로 전개되어도 좋다는 의미는 아니다. 자원봉사는 개인의 자발성에 기초를 두고 있지만, 공익 증진 영역에 기여하는 활동이므로 사회적 책임성을 가지고 있다. 따라서 약속한 활동에 대한 실천은 반드시 이루어져야 한다.

(2) 공익성

사람이 자발적으로 하는 모든 활동을 자원봉사라고 하지는 않는다. 자신의 이익이나 일시적 감상, 취미활동, 특정인의 이익 등을 위한 활동은 자원봉사라고 할 수 없다. 불특정 다수인의 복지 증진에 기여하는 영역의 활동이어야 자원봉사인 것이다.

지역에 있는 개인이나 단체로부터 자원봉사를 해주도록 요청받았을 경우, 혹은 자신이 소속된 모임에서 자원봉사를 하고자 할 때, 자원봉사 일감 여부를 판단하는 기준이 바로 공익성이다.

어떤 청소년 단체의 자원봉사 캠프에서 중학생이 동네 세탁소에서 세탁물을 배달한 것이나, 대학생이 자원봉사 과목 이수를 위해 여름방학 동안 고향 형님댁 과수원에서 일을 도와준 것이나, 장기간 여행하는 집의 강아지 먹이를 주는 일 등은 공익성이 없기 때문에 자원봉사가 아니다.

(3) 무보수성

자원봉사는 자신이 한 활동에 대하여 정신적인 보상과 만족 외에 물질적인 보상이나 대가를 바라지 않는 것이다. 자발성과 공익성의 요건을 충족시킨 활동이라도 그 활동에 상응하는 금전적 대가를 지급받으면 이미 자원봉사의 영역을 벗어나는 것이다. 의사의 진료나 변호사의 법률상담이 무료로 이루어질 때 자원봉사가 될 수 있다.

최근에는 자원봉사자에게 실비를 지급해야 한다는 주장이 있으나 이것은 자원봉사의 기본 정신에 어긋나는 것이다. 외국에서도 자원봉사의 유급화로 지칭되는 paid-volunteer나 arbeiteer(아르바이트와 볼런티어의 합성어)라는 용어가 사용되고 있으나 이들은 순수한 자원봉사자가 아니다.

그러나 일정 기간 동안 전적으로 자원봉사를 하는 이들에게는 활동에 필요한 기본적인 비용을 지불하는 것은 필요할 것이다. 또한 자원봉사활동 과정에서 필요한 경비나 교통비, 식비 등의 활동비를 지급하는 것은 금전적 보상이라고 볼 수 없다.

이상의 특징은 자원봉사를 하려는 사람이라면 누구든지 활동을 하기 전에 반드시 확인해 보아야 한다. 이러한 기준을 바탕으로 자원봉사 여부가 분명하게 구분되는 활동도 있지만 그렇지 못한 경우도 있다. 예를 들면, 병원에서 소독한 거즈를 접는 활동, 선거에서 특정 후보를 지지하는 활동, 시위에 참여하는 활동 등은 과연 자원봉사일까? 자발성과 무보수성은 쉽게 파악할 수 있겠지만 공익성은 그렇게 간단하지 않다.

2. 자원봉사조정자의 이해

1) 자원봉사조정자의 정의와 필요성

(1) 자원봉사조정자의 정의

자원봉사자가 되려는 사람과 자원봉사자를 요청하는 사람(기관)에게 적절하게 대응하여 자원봉사활동이 성공적으로 이루어지도록 하는 사람을 '자원봉사조정자(volunteer coordinator)'라고 한다. 조정자를 지칭하는 용어로 다음의 몇 가지가 있다.

한국사회복지협의회와 한국여성개발원에서는 '관리자(자원활동센터 관리자)'로 쓰고 있고, 일부 기관에서는 '담당자' 혹은 '전문가'로 사용하고 있다.

'관리'라는 단어 속에는 '통솔하고 감독한다'는 의미와 '소유와 같은 강력한 영향권 안에 있다'는 의미가 내포되어 있다. 조정자는 자원봉사조정기관의 관리자와 동일인일 수도 있지만 다를 수도 있다. 따라서 의미의 혼란을 초래할 수 있기 때문에 적절하지 않다.

'담당자'라는 용어는 쓰임새에 따라 다소 의미가 달라진다. 즉, 자원봉사조정기관의 담당자와 자원봉사활용기관의 담당자는 그 의미와 역할이 다르다. 여기서 의미하는 조정자는 전자를 지칭하는 것이므로 의미의 혼란을 피하기 위해서 구분하여 사용하는 편이 좋을 것이다.

'조정(coordinate)'이라는 의미 속에는 '조정, 연결한다'는 의미와 '동등하게 한다'는 의미가 내포되어 있다. 자원봉사자와 자원봉사-요청자-양자를 대등한 관계로 적절하게 연결·조화시켜 나가는 것이 조정의 기본이다. '조정'과 '동등' 이 두 의미를 내포하고 있는 단어를 발견하기 어렵기 때문에 여기서는 '자원봉사조정자'로 쓰기로 한다.

(2) 자원봉사조정자의 필요성

자원봉사가 성공적으로 이루어지기 위해서는 조정자가 필요하다. 성공적인 자원봉사란 다음과 같은 몇 가지 질문에 긍정적인 대답을 할 수 있어야 한다.

- 자원봉사가 계속되고 있는가?
- 당면한 욕구는 충족되고 있는가?
- 자원봉사에 대하여 자원봉사자도 클라이언트(활용기관)도 쌍방이 만족하고 있는가?
- 당면한 욕구 충족을 넘어서 근본적인 상황 개선을 위해 자원봉사자와 클라이언트 간의 협동관계가 형성되고 있는가?

자원봉사에 있어서 해결해야 할 문제점 중에 하나가 활동의 단명화이다. 그 원인은 다양한데, 자원봉사자의 이사, 취업, 가정사정의 변화 등 자원봉사자 측면의 변동과 클라이언트 측면의 변동, 자원봉사자와 클라이언트 혹은 담당 직원과의 관계에 문제가 생기거나 활동과정 가운데서 생겨나는 어려움(재정, 기술, 지식 등), 오해, 편견, 갈등 등의 활동관계 측면의 변동에 기인한다.

활동의 단명화에 가장 크게 영향을 미치는 것이 활동관계의 변화이다. 이러한 영역은 조정자가 있었다면 상당 부분 해소될 수 있는 것이다. 그러나 현실적으로는 활동의 단명화에 대한 책임을 대부분 자원봉사자의 책임감 부족으로 돌리고 있는 실정이다.

자원봉사는 자원봉사를 하려는 사람의 욕구 충족과 자원봉사를 요청하는 클라이언트의 욕구 충족이 이루어져야 한다. 최근 자원봉사를 하려는 지원자가 크게 증가하고 있으나 우리 사회복지계는 학생들이 자원봉사활동을 하려는 욕구에 적절하게 대응하지 못하고 있다. 자원봉사자를 모집하는 일은 쉬워졌지만 이들에 대한 교육·훈련, 적절한 배치, 실시, 평가, 사후관리 등은 소홀한 실정이다. 단순히 입시 점수를 따기 위해 자원봉사에 참여하는 학생들이 있어서 자칫 클라이언트가 점수 획득의 도구로 전락될 위험에 대한 우려가 나오고 있다.

또한 자원봉사자를 활용하는 클라이언트나 기관의 자원봉사자 활용욕구도 적절하게 충족되어야 하는데 현실은 그렇지 못한 경우가 있다. 자원봉사자에게 장애인에 대한 편견을 바로잡기 위해 자원봉사를 요청한 기관장은 '시간만 채우고 아무 생각 없이 되돌아가는 학생들을 볼 때 섭섭함을 느낀다'고 말하고 있다. 이상과 같은 문제점은 조정자가 있었다면 상당 부분 해결할 수 있을 것이다.

더 나아가 자원봉사자가 클라이언트와 자원봉사자 간의 활동으로 끝나지 않고, 유사한 어려움을 가지고 있는 클라이언트 상호 간의 협력을 위해서도, 클라이언트와 자원봉사자가 힘을 모아 제도의 변혁을 가져올 수 있도록 '과제의 사회화'를 위한 조정자의 존재가 필요하다(巡静一, 1996 : 5-11).

3. 자원봉사자에 대한 조정

일반적으로 자원봉사 조정은 자원봉사자와 자원봉사활동을 조정·감독·지지·인도함으로써 자원봉사활동의 본래의 목적을 실현해 가는 전문적인 활동이라고 정의할 수 있다. 자원봉사활동의 조정과정은 과학적이고 전문적인 접근을 시도하고 계획하는 것이 필요하다. 자원봉사에 있어서 프로그램의 성공과 실패를 좌우하는 가장 중요한 요소는 조정의 문제이다. 조정과정이 제대로 행해지지 못할 경우 자원봉사자를 효과적으로 활용할 수 없을 뿐 아니라 자원봉사자를 활용하는 기관의 욕구도 자원봉사자의 기대도 충족시킬 수 없다. 자원봉사 프로그램의 조정과정은 지역사회에 변화를 가져오는 데 기여할 수 있어야 하며, 자원봉사자를 모집하고 유지하는 데는 특수한 민감성과 기술 그리고 인적 관리능력을 필요로 한다. 효과적인 자원봉사 조정을 위해 기획하고 준비하고 조직하여 보다 체계적이고 과학적인 조정과정을 도입하여 자원봉사자의 소속기관에 대한 만족도 및 지속성에 긍정적인 역할을 할 뿐 아니라, 지역주민들에게 제공하는 서비스 질의 향상에 크게 기여할 수 있는 자원봉사자의 효과적인 활용방안이 적극 강구되어야 한다. 이를 위한 자원봉사 조정을 8단계로 나누어 제시하고자 한다.

1) 제1단계 : 자원봉사 프로그램 개발과 기획

자원봉사 프로그램 개발은 구체적인 활동을 실행하는 데 필요한 자원봉사 프로그램 기획에서 자원봉사자의 모집·교육·지도·평가 등 일련의 과정을 개발하는 활동이다. 다양한 인간복지 분야의 조직 및 기관들의 자원봉사 프로그램은 다른 사람들을 돕기 위해 자신들의 재능, 기술, 그리고 시간을 바치기 원하는 자원봉사자들을 유지 및 보존하는 데 결정적인 역할을 할 뿐 아니라, 그들이 다른 사람들에게 자원봉사의 가치를 전달하는 계기를 마련해 줄 수 있다.

기획은 자원봉사 프로그램의 개발과 실제적 운영에 가장 기본이 되는 기능이다. 이 과정에서 고려해야 할 중요한 점은 프로그램이 실행 가능하게 계획되어야 하는 실행 가능성, 프로그램의 실행결과가 현실적이고 긍정적인 결과로 산출할 수 있는 실용성, 프로그램의 주관기관이나 조직이 제안된 프로그램을 진행할 만한 준비성, 프로그램이 객관적 사실에 의한 합리성을 충족해야 한다.

2) 제2단계 : 업무설계와 업무설명서

(1) 업무설계

업무설계는 업무기획 또는 업무디자인이라고도 한다. 업무기획은 자원봉사자에게 의미와 만족을 부여하고 클라이언트에게 질 높은 서비스를 제공하는 것을 목적으로 자원봉사자가 하게 될 업무를 세부적으로 계획하고 설명하는 과정이며, 업무의 구조적 · 사회적 측면과 그 업무가 구성원에게 미치는 영향을 모두 포함하는 의도적이고 신중한 계획을 의미한다.

업무설계에 있어서 핵심적 요소는 이들 업무와 조직의 사명 사이의 관계를 결정하는 것이다. 자원봉사자의 업무는 조직 및 기관이라는 직무의 일부분으로 짜여져야 한다. 즉, 조직의 다른 업무와 맞아 들어가야 한다.

업무설계서에 들어가야 할 몇 가지 확실한 요인들은 첫째, 자원봉사자를 활용해서 어떤 일을 수행하느냐에 대한 구체적이고 상세한 답변이 있어야 한다. 둘째, 왜 이 일을 수행하는 것이 중요하며, 왜 유급직원보다 자원봉사자에 의해 수행되어야 하는가에 대한 답변을 해야 한다.

기관의 입장에서는 지역사회 주민 참여의 필요성과 클라이언트를 위한 서비스의 확장 등의 의미가 있으며, 자원봉사자들에게 새로운 기술 습득의 기회 제공, 복지서비스 제공에 참여할 기회, 의미 있는 사회적 상호작용을 경험할 기회 제공 등의 의미가 있다(Fietcher, 1987).

(2) 업무설명서

자원봉사자의 업무설명서는 업무설계서의 내용을 보다 구체화하고 명확하게 하여 각자의 기능과 역할분담을 정하는 것을 의미한다. 업무설명서는 자원봉사자가 수행할 업무의 책임, 업무를 수행할 자원봉사자의 자격조건, 감독과 책임의 체계, 그리고 업무의 업적을 평가하는 방법에 대하여 기술한다. 또한 업무설명서에는 직위와 자원봉사활동 시간과 기간에 대한 설명이 포함되어 있어 자원봉사자들이 그 프로그램에 참여할 것인지를 결정하는 데 정보를 제공하게 되어 모집과 배치에 있어 중요한 도구가 된다. 즉, 업무설명서에 동의하고 배치된 자원봉사자에 대해서는 그 성과를 측정하고 평가하기도 용이하며, 자원봉사조정자는 그 업무가 자원봉사자에게 적합한지, 자원봉사자에게 어떤 지도와 교육이 필요한지 판단할 수 있다.

업무설명서는 자원봉사자를 모집하기 전에 마련되어야 하며, 필요에 따라 수정되어야 한다(유성호, 1997). 업무설명서는 직무명칭, 목적과 목표, 책임, 자격, 활동 시간 및 장소, 지도감독자, 혜택, 훈련과 감독, 평가, 준수사항, 해고조건 등의 요소로 이루어져 있다.

3) 제3단계 : 자원봉사자 모집

(1) 자원봉사자 모집

자원봉사 프로그램이 개발되고 자원봉사자를 위한 업무분장이 완성되면 자원봉사자를 모집해야 한다. 자원봉사자 모집이란, 지역사회의 문제를 효과적으로 해결하기 위하여 잠재되어 있는 유용한 인적자원을 끌어내는 활동이다. 이는 무엇인가를 돕고자 하는 자원봉사와 업무에 도움을 필요로 하는 기관 혹은 수혜자의 욕구가 만나는 과정이다. 즉, 자원봉사를 하고자 하는 사람들에게 동기를 부여하고, 기관이나 시설에서 제공하는 일거리와 만나도록 주선하는 것이라고 할 수 있다(박태영, 2000).

① 동기화된 자원봉사자 만들기

'자원봉사활동은 자발성의 특성이 있으므로 자발적으로 참여하는 것이지 누군가로부터 재촉받는 것이 아니다'라는 생각에서 벗어나야 한다. '활동할 수 없는 이유'를 말하는 사람이나 동기가 부족한 사람에게는 그 대책이나 계기를 만들어 주어야 한다.

② 일상생활과 직무와 연계한 자원봉사자 유인

'자원봉사활동은 여가활동의 일환이므로 본업과 연결시키지 않는 것이 좋다'라는 사고에서 벗어나야 한다. 직업을 가지고 있는 사람들은 나름대로의 전문성과 경험을 가지고 있다. 직업에서 벗어나 다른 영역에서 자원봉사활동을 하게 되는 경우 경쟁력이 없고 활동의 효과도 그다지 크지 않다. 가급적이면 본인의 직업과 관련시켜서, 전문성이나 경험, 기술을 통한 자원봉사활동에 관심을 갖도록 해야 한다.

(2) 모집활동

최상의 모집도구는 탁월한 자원봉사 프로그램과 자원봉사자에게 의미 있는 업무내용이다. 모집은 신중하게 계획되어야 하고 자원봉사자를 모집할 수 있는 최상의 장소가 결정되어야 하며, 모집활동 시기, 그들의 참여에 동기부여를 할 수 있는 메시지 준비, 그리고 그들이 등록할 수 있는 가장 쉬운 방법 등을 준비해야 한다.

(3) 자원봉사자 모집을 위한 홍보전략

자원봉사자를 모집하기 위해서는 홍보전략이 필요하다. 자원봉사자를 모집하기 위한 홍보전략을 제시해 보면 다음 표와 같다.

〈표 12-1〉 자원봉사자 모집을 위한 홍보전략 5단계

단 계	내 용
1단계 : 모집대상 결정	자원봉사 프로그램을 효과적으로 수행하기 위한 기술과 필요한 사람에 대한 분석
2단계 : 홍보수단 결정	알맞은 홍보방법을 선택하기 위한 홍보매체의 특성 파악 대중매체, 캠페인, 교육, 캠프, 일대일 모집 등
3단계 : 홍보메시지 결정	모집대상에 대한 분석을 바탕으로 업무계획서에 나온 내용을 바탕으로 작성
4단계 : 모집활동 수행	모집대상별 특성 파악 및 대상에 맞는 예산 수립
5단계 : 평가	모집홍보의 결과를 측정하고 평가 수행

4) 제4단계 : 자원봉사자 선발과 면접 및 배치

(1) 자원봉사자의 선발

선발은 자원봉사 지원자 중에서 현재의 환경적인 상황들을 고려하여 선발기준에 부합되는 사람을 선택하는 과정이다. 프로그램에 적합한 자원봉사자를 선발하기 위해서는 효과적인 업무성과를 얻기 위해서 요구되는 자원봉사자의 특성에 관한 내용이 업무분장에 잘 기술되어 있어야 한다. 자원봉사자를 선발할 때 자원봉사자의 현재 또는 과거의 직업, 적성, 연령, 성별, 종교, 학력수준 등의 요소가 충분히 고려되어야 한다.

잠재적인 자원봉사자를 선발하지 않는 경우는 다음과 같다(신승연, 2004).

- 기관 내에 그 지원자에게 적합한 업무가 없는 경우
- 지원자가 기관이 충족시켜 줄 수 없는 기대를 가지고 있는 경우
- 기관과 지원자의 철학이 다른 경우
- 지원자가 기관의 요구사항(신분점검, 근무시간, 훈련이수)에 동의하지 않는 경우

(2) 면접

자원봉사자와의 면접은 이중적 초점을 가진다. 첫째, 기간에 배치를 하기 위하여 자원봉사자에 관해서 알아야 할 사실들, 둘째, 자원봉사자 자신이 기관이 자신에게 적합한가를 결정하기 위해 기관에 대해서 알고 있는 것들을 포함한다(N. I. Macduff, 1987 : 94).

자원봉사자와의 면접에서 질문할 사항을 요약하면 다음과 같다.

① 왜 이 업무에 흥미를 갖는가?
② 해당 분야에 과거 경험이 있는가?
③ 특정 업무에서 얻으려는 것이 무엇인가?
④ 이 기관의 업무에 어떻게 기여할 수 있는가?

⑤ 자신의 취미와 관심사는 무엇인가?
⑥ 자원봉사업무에 6개월 또는 1년 동안 책임 있게 봉사할 수 있는가?
⑦ 기관, 클라이언트, 그리고 업무에 대해 알고 싶은 것은 무엇인가?
⑧ 현재 자신의 생활에 자원봉사업무가 여전히 적합한가?

(3) 자원봉사자 배치

자원봉사자들의 기대, 능력, 기관의 욕구를 고려하여 적절한 업무에 배정하는 것이 필요하다. 배치란 자원봉사자의 기술과 재능을 자원봉사 수요처에 특별한 요구와 연결시키는 것으로, 적절한 배치는 어떤 자원봉사에 있어서도 가장 중요한 열쇠가 된다. 신규 자원봉사자를 배치할 때는 가능하면 기존에 활동하고 있는 자원봉사자와 함께하는 자리를 만들어 공감대를 형성할 수 있는 기회를 만들고, 활동에 대한 다양한 정보를 얻을 수 있도록 한다. 배치는 자원봉사지원자가 처음 자원봉사를 시작하기 전에 한 번 이루어지는 것이 아닌, 자원봉사자들이 더 좋은 발달단계로 옮겨갈 수 있도록 수시로 이루어져야 하는 중요한 활동이다.

자원봉사자의 업무배치에 있어서 고려할 사항은 다음과 같다.

① 자원봉사수요기관의 조건이다. 자원봉사자를 필요로 하는 기관에서 요구하는 업무 내용과 조건, 기관에 대한 기본적인 이해, 이전 또는 기존의 자원봉사자 활동 현황들을 고려해야 한다.
② 자원봉사활동 집단 또는 조직에 대한 조건이다. 자원봉사자들이 개별로 활동하는 것이 아니라 팀으로 활동할 경우 활동을 함께할 집단이나 조직에 대한 충분한 정보를 제공하여야 한다.
③ 자원봉사자의 조건이다. 자원봉사자가 희망하는 활동내용은 물론 희망 시간대, 자원봉사자의 속성, 의식 등을 고려해야 한다.

5) 제5단계 : 자원봉사자의 교육과 훈련

자원봉사자는 배정받은 일정한 업무를 수행하기 위해 지속적으로 교육 및 훈련을 받아야 한다. 교육 및 훈련이란 어떤 직무 혹은 가치에 대한 개념과 태도 및 소양을 형성하도록 하거나, 나아가 그것을 수행할 지식과 기술능력을 함양하도록 하여 목적하는 바에 따라 교육대상자의 개발을 돕는 것을 말한다. 마찬가지로 자원봉사 교육 및 훈련은 자원봉사활동에 참여하도록 동기를 부여하거나 참여하고 있는 사람들이 자원봉사활동을 효과적으로 수행해 낼 수 있도록 하기 위한 과정이다. 해당 업무가 요구하는 데 따라서 훈련이 '단기간에 이루어질 것인가, 장기간에 이루어질 것인가', '단순하게 진행될 것인가, 복잡하게 진행될 것인가'가 좌우된다. 훈련은 중요하며 이는 자원봉사자들의 권리라고 볼 수 있다.

6) 제6단계 : 사후관리

자원봉사 사후관리의 클라이언트 측면과 자원봉사자 측면, 그리고 이들 양자 간의 상호관계 측면에서 필요성을 살펴보면, 첫째, 변화하는 클라이언트의 욕구에 적절히 대응하기 위해서이다. 둘째, 자원봉사자는 활동을 하는 가운데서 많은 어려움에 부딪힐 수도 있기 때문이다. 셋째, 자원봉사는 클라이언트와 자원봉사자 각자의 욕구 충족으로 끝나는 것이 아니라, 상호 간의 원만한 협동관계를 유지하게 하고, 더 나아가 제도의 변혁으로 이어지도록 하기 위해서 사후관리가 필요하다.

7) 제7단계 : 인정과 보상

인정과 보상은 근래에 와서 자원봉사 상황에서 매우 공개적으로 다루어지고 있기 때문에, 자원봉사자 입장에서는 기대 또는 이득으로 표현되기도 한다. 그러나 조심해야 할 사항은 인정과 보상에 경제적 의미가 전제가 되어야 한다는 주장은 옳지 않다는 것이다. 실제로 대부분의 자원봉사자들은 자신들의 활동의 대가로서 경제적 보상이 아닌, 사회적 기여나 자아개발을 도모함으로써 사회심리적 보상을 선호하고 있는 것으로 나타나고 있다. 인정은 시작할 때나 끝날 때에만 하는 것이 아니라 지속적이어야 하며, 인정은 정확한 체계를 따라야 하지만, 동시에 융통성 있게 개별성을 가지고 이루어져야 한다. 인정과 보상은 자원봉사활동의 유인책이지만 사회적으로 자원봉사활동에 대한 중요성을 높이는 결과를 가져온다. 인정하는 방법으로는 증명서, 상패, 자원봉사자 핀, 배지 등을 제공하는 방법이나 저녁식사, 다과회 등으로 이루어질 수 있고, 보상은 자원봉사활동 가족사진 제공, 지역 기업이 제공한 할인, 식사쿠폰 제공, 기관의 안내판에 사진 게시 등의 방법이 있다.

8) 제8단계 : 평가

활동의 평가는 목표대로 잘 진행되는지 여부를 파악하여 프로그램의 확대, 지속, 축소 등의 정책을 결정하고, 재원제공자에게 재원의 효율적인 사용을 객관적인 자료를 통하여 알릴 수 있으며, 자원봉사자와 조정자 및 관련자의 사기를 진작시키기 위해 필요한 것이다.

평가시기는 활동 개시 직후, 활동 중, 활동 종료 시 등 상황에 따라 프로그램 평가에 적합한 시기를 선택하여야 할 것이다. 평가주체는 내부평가자와 외부평가자로 구분할 수 있으며, 평가유형에는 활동의 과정과 절차가 얼마나 합리적으로 이루어졌는지를 평가하는 과정평가와 활동을 통하여 달성하고자 한 목표를 잘 달성했는지를 알아보는 결과평가, 활동을 통하여 일어난 모든 변화를 측정하는 영향평가가 있다. 평가방법은 설문지나 간담회, 개인적인 접촉, 작품 등을 통하여 측정해 낼 수 있으며, 설문지를 이용하는 것이 일반적인 방법이다.

4. 물적 자원 관리

하나의 가정이 원활하게 기능하기 위해서는 가족구성원들에 대한 관리도 중요하지만, 먹고 사는 데 들어가는 가정의 경제 관리도 매우 중요하다. 기관도 마찬가지라고 할 수 있다. 기관에서 아무리 인적자원 관리를 잘 한다고 할지라도 만약 기관 운영에 필요한 예산 확보가 어렵고 지출이 많아 재정상 여러 문제가 발생한다면 기관 운영은 어려움에 처하게 된다. 특히 사회복지기관은 비영리조직으로서 자원에 대한 외부의존도가 높기 때문에 재정자원 관리는 특히 중요하다. 따라서 사회복지기관의 관리자는 물적 자원을 좀 더 안정적으로 확보하고 효과적으로 관리하는 방법을 익히고 실행해야 한다. 일반적으로 사회복지기관의 물적 자원은 정부보조금, 프로그램 지원금, 기부금, 이용료 등으로 구성되어 있다. 이 장에서는 사회복지기관의 재정 확보에 대해서 알아보겠다.

1) 정부보조금

정부보조금은 공공기관 재원의 기본이다. 국회는 조세를 고려하여 자금을 할당한다. 이 돈은 기관의 운영과 기관이 제공하는 서비스에 사용된다. 공공기관이든 민간기관이든, 중앙 및 지방자치단체와 지역사회기관 간의 서비스 계약 또는 보조금을 획득하는 것은 재원의 주요한 출처가 되기 때문에, 주 기관에 주어지는 정부지출금의 성격과 규모는 민간 서비스 조직의 지대한 관심사이다. 재원 총액은 전년도 예산에 의해 결정되며, 대부분의 예산은 사전에 결정된다(Wildavsky, 1974). 따라서 최근의 경제동향이나 주요 사회문제, 정치적인 지지세력과 압력집단의 유무, 행정가의 능력 등은 이미 결정된 예산 외의 분야에서만 영향을 발휘할 뿐이다.

정부보조금은 지속적이고 안정적이라는 장점은 있지만 지출활동에 있어서 관리·감독을 받으며 사용영역이 제한되어 있다는 단점이 있다.

2) 프로그램 지원금

프로그램 지원금은 민간 재단뿐만 아니라 지방정부, 중앙정부로부터도 가능하다. 특히 이 지원금은 공모를 통해서 경쟁적으로 이루어지고 전문가와 지원 주체기관의 심사를 통해서 결정되는 경우가 대부분이기 때문에 정부 및 공공기관에서 예산을 통하여 보조금을 할당하는 프로그램이 요구하는 조건들보다 세부항목을 더 자세하고 명확하게 기술해야 한다. 따라서 성공적인 프로그램 지원금 획득을 위해서는 다양한 재원의 출처에 대한 구체적인 지식과 고도의 프로그램 설계기술이 필요하다.

재원을 얻기 위해서는 신중한 고려와 신중한 의사결정이 필요하다. 지원기관이 정한 프로그램 설계기준이나 대상 지원 목적 등에 맞추기 위해 프로그램을 수정하거나 지원기관에 적합하게 목표 자체를 변경해야 할 경우도 있다. 그렇다면 과연 기관의 목표와 프로그램을 수정할 의사가 있는가? 이 지원금은 얼마나 중요한가? 지원금을 얻고 프로그램 계약을 성공적으로 이끈 조직이 감당해야 할 제약은 존재하는가? 그러나 이러한 점들을 고려하기 이전에 어느 곳에 재원이 있는지 파악하는 것이 무엇보다 중요하다.

3) 기부금

자금의 셋째 기제는 기부금에 관한 것이다. 기부금은 개인이나 조직으로부터 나온 사적인 기여를 말한다. 레이건 행정부 시절 정부는 복지 프로그램에 필요한 비용 삭감을 보충하기 위해 기부금을 계획했다. 실제로 비공식적인 기부금은 전체 사회복지 자금의 한 부분에 해당한다. 기부금의 범위는 소액 기부에서 투자관리자가 필요할 만큼 많은 억만장자의 유증까지 다양하다. 사회복지행정은 특별한 자금을 모으기 위해 시도하는 행사, 전화, 가정방문, 전산망을 이용한 기부자 목록, 그리고 법인의 특별 청구까지 다양하다. 모금 캠페인은 시간과 돈의 측면에서 보면 지극히 비용이 많이 들기 때문에 실제 활동에 들어가기 전에 가능하면 기부금에 대한 현실적인 추산이 필요하다.

따라서 오늘날 많은 사회복지기관에서는 융통성이 높고 많은 양의 재원을 확보할 수 있는 기금 모금에 적극적인 노력을 기울이고 있다. 그러나 기금 모금이 쉬운 일은 아니다. 사회 변화패턴과 사람들이 행동패턴이나 심리 상태를 활용한 다양한 전략을 구사하고 한 번의 기부로 끝나지 않도록 지속적인 노력을 기울여야 하는 일이다.

최근 기부금에 대한 세제혜택이 증가함에 따라 재원확보의 책임과 능력은 사회복지기관의 과제가 되고 있다. 우선 사회복지조직들은 조직 운영의 투명성, 신뢰성, 책임성을 확보하고 조직활동을 위해 지지적인 제도적 환경을 조성하는 것이 가장 중요한 과제이다. 즉, 이사회와 위원회의 민주적이고 개방적인 운영에서 재정의 운영 및 기타 부문에 이르기까지 투명성을 위한 다각적이고 자발적인 능력을 수행하여 좀 더 발전적인 모금문화가 형성될 수 있도록 기여해야 할 것이다(강철희, 1999).

4) 서비스 이용료

이용료에 많이 의존하는 기관들은 또한 상환할 수 없는 간접 서비스의 이용을 피하려는 경향이 있다. 그리고 사무실 중심의 서비스를 선호하고 가정이나 지역사회 내에서 클라이언트와 접촉하기를 꺼리는 경향이 있다. 특히 후자의 경우 그 결과는 매우 중요한 영향을 미치는데, 왜냐하면 다양한 분야(정신건강, 아동복지 등)에서 가정방문 또는 현장접근을 통한 서비스는 사무실에서의 개입보다 훨씬 월등한 결과를 가져오기 때문이다.

서비스 이용료는 누군가가 제공되는 서비스에 돈을 지불한다는 가정에 기초하고 있다. 클라이언트는 전체 비용을 지불할 수도 있고 이용료 변동비율이나 공동지불과 같은 절차를 통해 일부분만을 지불할 수도 있다. 서비스 이용료를 결정하는 데 필요한 예산을 계산하는 것은 예산유형에 의해 좌우된다. 예산은 흔히 직접비용과 간접비용으로 구성된다. 직접비용은 직원과의 전화, 방문 및 프로그램 등 직접적으로 관련된 모든 요소를 포함한다. 간접비용은 부기, 기관의 보험, 그리고 법적 이용료 등을 포함하는데, 이 모두는 기관에서 프로그램을 지원하는 데 사용된다. 이러한 간접비용 중 일부분은 개별 프로그램을 지원한다. 직접비용과 간접비용의 구별은 특별한 산정방법에 따른다. 전체 비용에 기초하여 산정한 서비스 이용료는 그것만으로도 프로그램을 지속적으로 유지할 수 있다. 하지만 전체 비용 중 일부만을 고려하여 서비스 이용료를 산정할 경우, 프로그램을 유지하기 위해서는 다른 모금행사 등으로 재원을 확충해야 할 것이다.

이용료의 경우, 실제 많은 사회복지기관에서 받고 있지만 여전히 사회복지기관 이용자들에게 이용료를 부과하는 것이 정당한지에 대한 논의는 계속되고 있고, 또 일부에서는 사회복지기관이 영리를 추구하는 조직처럼 변해가고 있다는 비난을 받기도 한다.

13 CHAPTER

사회복지마케팅과 홍보

1. 마케팅의 개념과 필요성
2. 홍보의 개념과 필요성

CHAPTER

13 사회복지마케팅과 홍보

1. 마케팅의 개념과 필요성

1) 마케팅의 개념

마케팅(marketing)은 일반적으로 개인과 집단이 다른 사람들과의 제품과 가치의 창조와 교환을 통하여 자신들이 필요로 하고 원하는 것을 획득하는 사회적 및 경영 관리적 과정이라 할 수 있다(Kotler, 1991). 미국 마케팅협회(https://www.ama.org)에서는 마케팅을 고객, 파트너 및 사회전체에 가치가 있는 제품을 만들고, 알리며, 전달하고, 교환하기 위한 활동, 기관의 기능 및 과정으로 보았다.

일반적으로 마케팅은 단순히 판매하는 것으로 인식되지만, 마케팅은 단지 판매뿐만 아니라 조직의 목표를 달성하기 위하여 표적시장에서 자발적인 가치의 교환이 이루어지도록 만들어진 프로그램의 분석, 기획, 집행, 통제 과정을 포함한다(Kotler, 1985).

교환은 크게 상업적 교환, 정부적 교환, NPO 교환으로 구분할 수 있다. 상업적 교환은 판매자와 구매자 간의 제품 및 서비스와 돈의 교환을 의미하고, 정부적 교환은 정부, 공무원과 시민과의 서비스와 세금의 교환을 말하며, NPO 교환은 NPO와 후원자 간의 만족감과 기부금, 봉사의 교환을 의미한다(오세영, 2022).

마케팅은 산업혁명 이후 상품의 공급이 소비자들의 수요를 초과하면서 부터 그 필요성이 대두되었다(최정규, 2005). 즉, 이전까지 상품은 주문에 의해 생산이 이루어졌으나, 산업혁명 이후 대량생산이 가능해짐에 따라 기본적 욕구를 충족시킬 수 있는 수준보다 많은 상품이 생산, 공급되기 시작했고 이에 따라 수요, 요구를 자극할 필요성이 생기게 된 것이다(최정규, 2005). 즉, 욕구(need)에 의한 상품의 필요성을 넘어, 그것을 원하고(want), 갈망하게(desire) 만들어 상품을 구매하도록 하는 것이다. 이에 따라 상품의 실질적이고 물질적인 효용가치뿐만 아니라 상품을 통한 심리적 가치에도 초점을 두게 되었다. 특히 사회복지의 경우 자원의 제공자와 이용자가 다르다는 점에서, 특히 심리적 가치의 충족은 몹시 중요한 요인이라 할 수 있다. 소비자의 입장에서 물품을 구매함으로써 그 효용가치를 누림으로써 만족감을 느낄 수 있으나, 사회복지조직에 후원함으로써 어떤 물품을 얻는 것이 아니기 때문이다. 따라서 소비자들은 후원을 함으로써 그들이 가진 심리적 욕구를 충족시켜 줄 필요성이 있다. 이는 판매의 차원이 아니라 마케팅의 차원이라 할 수 있다.

마케팅의 경우 일반적으로 판매와 혼동되는 경우가 있다. 그러나 판매는 제품의 판매를 통해 수익을 극대화하는 반면, 마케팅은 고객의 욕구를 충족함으로써 수익을 얻고자 한다는 점에서 차이가 있다. 또한 판매의 경우 누가, 왜 구매하는지에 대해서 거의 관심을 갖지 않는 반면, 마케팅은 고객의 욕구에서 출발한다는 점에서 차이가 있다. 코틀러와 레비(Kotler & Lavy, 1969)는 책을 제품으로서 책으로 이해하는 것이 아니라 정보로 이해한다고 보았다. 마케팅과 판매의 차이점을 정리하면 다음 표와 같다.

〈표 13-1〉 판매와 마케팅

구 분	판 매	마케팅
출발점	공장	시장
초 점	기존제품 → 수익극대화	고객의 욕구 충족
수단 및 방법	판매와 촉진 개인적 상호작용(personal interactions)	통합된 마케팅 개인적이지 않은 방법(impersonal approach)
거 래	판매시점에서 종료	소비자 만족으로 종료
목 표	매출증대를 통한 이윤창출 단기 프로세스(목표)	고객만족을 통한 이윤창출 장기적이고 지속적 프로세스(성과)

2) 비영리조직의 마케팅

비영리조직의 마케팅은 조직의 목적 달성을 위해 고객(클라이언트, 가족, 후원자, 자원봉사자 등)관리, 서비스의 개발, 전달, 비용, 홍보, 자금확보 등에 있어서 영리조직의 마케팅 기법을 도입하여 다변화하는 사회적 환경에 부응하여 경쟁력을 확보하는 활동이라 할 수 있다(박경권 외, 2013). 즉, 비영리조직의 마케팅은 조직의 미션을 알리고, 기부금을 모집하고, 자원봉사자를 모집하기 위해 활용하는 방법을 의미한다. 따라서 로고, 슬로건이나 카피를 작성하기도 하며 미디어를 활용한 마케팅을 실시할 수 있다.

영리조직의 경우 고객의 욕구에 대해 고려하지만 이는 실제 제품이나 서비스에 한정된다. 그러나 비영리조직은 사람의 삶에 직접적 영향을 미치는 사회적 요구에 대해서 고려한다. 비영리조직은 사회적 가치를 창출하고, 사람들이 능동적이고 기능적인 역할을 수행할 수 있도록 기회를 촉진하고, 이러한 사회적 요구를 충족시키는 것에 관심을 가진다.

아일디즈 등(Ayyildiz, et al., 2017)은 비영리조직은 일반적으로 마케팅이 필요 없다고 생각하는데, 그 이유는 자원을 낭비하는 것이라 생각하기 때문이며, 따라서 이러한 생각은 비영리조직의 마케팅 활동에 부정적 영향을 미쳤다고 보았다. 코틀러와 레비(Kotler & Lavy, 1969)는 영리조직은 환경의 변화와 성과에 대해 지속적인 정보를 수집하는 데 반해, 비영리조직은 시장에서 어떤 일이 일어나고 있는지에 대한 중요한 정보를 습득하는 데 느슨하다고 보았다. 코틀러(Kotler, 1982)는 사회복지조직과 같은 비영리조직이 마케팅활동을 하는 것은 전문직 윤리문제를 비롯하여, 욕구 파악과 같은 과정에서 사생활을 침해하게 되는 문제도 있으며, 마케팅 자체가 대중과 표적시장을 조작할 수 있는 문제, 그리고 공공서비스를 창출하는 기관이 마케팅에 예산을 투입하는 것은 자원낭비라는 비판이 제기되었다고 하였다. 그러나 아일디즈 등(Ayyildiz, et al., 2017)은 오늘날 비영리조직에서 마케팅은 필요하다고 보았다. 우선, 전통적인 세금이나 인도적 지원(기부금)에서 얻는 재원 자체가 감소하기 때문이며, 다음으로 소비자의 만족도나 참여가 감소하기 때문이다. 또한 PO와 NPO 모두에 대한 경쟁이 심화되고 있으며, 더불어 급속한 기술변화가 일어나고 있기 때문에 마케팅이 필요하다고 보았다.

코틀러와 레비(Kotler & Lavy, 1969)는 마케팅 개념을 비영리조직에 최초로 적용하였으며, 「마케팅 개념의 확대(Broadening the concept of marketing)」라는 논문에서 마케팅은 더 이상 기업에만 국한되는 기능이 아니며, 마케팅은 비영리조직에도 유효하며, 따라서 모든 조직이 마케팅을 이해할 필요가 있다고 하였다. 1985년 미국마케팅협회에서도 상품으로서의 재화와 서비스로 한정하던 것에, 아이디어를 추가하였다. 이처럼 모든 조직에 있어서 마케팅은 필요하다고 할 수 있다.

사회복지조직을 포함하여 다양한 비영리단체들은 오래전부터 마케팅을 실시해 왔다(이기영 외, 2009). 예를 들어, 시설소개 안내 팸플릿이나 프로그램 홍보자료를 지역사회에 배포하였으며, 후원금 확보를 위한 바자회를 비롯하여, 자원조달과 조직 이미지 개선을 위한 다양한 노력을 실시해 왔기 때문이다(기영 외, 2009).

사회복지조직의 마케팅 목적은 다음과 같다(정익준, 1999; 이기영 외, 2009). 첫째, 개인의 발전을 도모하기 위해서이다. 둘째, 사회적 아이디어를 제시하고 설득하기 위해서이다. 셋째, 새로운 정보와 실천을 전파하기 위해서이다. 넷째, 행동의 변화를 유도하기 위해서이다.

사회복지조직과 같은 비영리조직에 마케팅이 적극적으로 활용된 것은 1960년대 이후 사회, 정치, 경제적 변화로 인한 문제에 봉착하게 되면서부터이다. 사회복지영역에서 마케팅이 발전하게 된 배경은 다음과 같다(Venable, et al., 2005; 고재욱 외, 2013; 김익균 외, 2011).

첫째, 비영리조직에 대한 정부의 지원금이 대폭 감소되면서 재정위기를 타개하기 위해 비영리조직들이 민간기부를 통해 재정 증대를 꾀하기 위해 마케팅을 시도하게 되었다. 사회복지조직은 목표를 달성하기 위해 필요한 재정을 확보해야 하며, 재정확보의 방안으로서 마케팅이 고려되기 시작하였다.

둘째, 비영리조직의 증가속도를 기부 증가속도가 따라잡지 못함으로써, 증가된 비영리조직 간의 경쟁을 마케팅을 통해 해결하고자 하였다. 특히 비영리부문의 수가 급증하면서 한정된 재정을 두고 경쟁이 치열해짐에 따라 모금효과를 극대화하기 위한 노력이 확대됨에 따라 다양한 마케팅 전략이 활용되었다. 특히 오늘날 사회복지는 영리조직에서도 사회복지서비스가 제공되고 있으며 이에 따라 서비스 제공조직 간에 경쟁이 심화되고 있다. 이에 따라 사회복지조직은 경쟁우위를 확보하기 위하여 이전보다 마케팅을 더욱 강조하게 된 것이다.

셋째, 개인기부자들이 비영리부문을 하나의 대규모 비즈니스 영역으로 인식하게 됨에 따라, 비영리조직에서도 효과성, 책임성 있는 운영을 기대하게 되었다. 또한 사회복지조직은 정부의 보조금이나 지역사회의 기부금 등으로 운영이 이루어지므로 목표의 달성과 동시에, 서비스의 제공과 운영에 있어 효율성과 효과성을 달성해야 할 책무성이 있다. 따라서 이러한 책임성의 측면에서 마케팅이 요구되었다.

넷째, 서비스 이용자의 선택권 확대 및 고객중심의 서비스 제공 요구의 증가와 관련이 있다. 과거와 달리 오늘날은 전문가 중심의 욕구 사정이 아닌 클라이언트 중심의 욕구사정이 이루어지고 있으며, 과거보다 소비자권리, 주권의식이 확대되고 있다. 또한 서비스의 공급은 공급자 중심에서 이용자 중심으로 사회복지의 패러다임이 변화되고 있으며, 이에 따라 마케팅이 더욱 필요하게 되었다.

다섯째, 사회복지조직에서 마케팅은 사회복지서비스의 개발을 위한 것으로, 사회복지조직의 환경은 빠르게 변화하고 있다. 따라서 이러한 환경에 대한 분석과 더불어 대처할 수 있는 서비스의 개발이 요구되며, 이러한 측면에서 마케팅이 필요하게 되었다.

이 같은 필요성에도 불구하고, 기본적으로 사회복지조직과 같은 비영리조직은 기본적으로 마케팅과 관련된 예산 자체가 적기 때문에, 이를 알리는 데 어려움이 있다. 따라서 사회복지조직은 미션을 잘 정리하여, 설득력 있는 스토리텔링을 작성할 필요가 있다. 또한 사회복지조직의 경우 광범위한 지역사회 주민을 대상으로 하기 때문에 대상에 맞는 다양한 접근방법에 대한 전략을 갖추어야 한다. 일반적인 상품의 경우에는 주요 고객이 정해져 있기 때문에 그들의 취향이나 욕구를 파악하게 마케팅전략을 수립하게 되지만, 사회복지조직은 특정 대상이 아닌 광범위한 지역 주민을 대상으로 하기 때문에 다양한 접근 전략을 갖추어야 한다. 예를 들어, 노인을 대상으로 한 홍보에는 SNS와 같은 접근보다는 인쇄된 홍보자료가 훨씬 효과적인 반면, 청소년 층의 경우 SNS와 같은 접근방법이 인쇄자료보다는 훨씬 더 효과적이기 때문이다.

특히 최근에는 틱톡에서 비영리단체와 파트너십을 맺어서, TikTok for Good을 지원하며 또한 #GivingSzn 해시태그 홍보를 제시하고 있다. 이러한 해시태그는 15억 회 이상의 조회수를 기록하였다. 또한 틱톡은 기부스티커를 추가하고 비영리 캠페인을 위한 매칭기부를 실시하였다. 인스타그램은 실시간 기부, 기부버튼, 인스타그램 피드 기금모금과 같은 인스타그램 기부로 기부모금을 더욱 쉽게 할 수 있도록 하였다.

3) 마케팅 믹스

효과적인 마케팅전략 개발을 위해 고려되는 요인을 흔히 마케팅 믹스(marketing mix)라고 한다. 즉, 고객에게 다가가려는 조직의 시도에 영향을 미치는 요인을 마케팅믹스라고 하는데, 이는 일반적으로 4P로 개념화되며, 제품(Product), 가격(Price), 유통(Place), 촉진(Promotion)을 말한다.

보든(Borden, 1964)이 수익성 있는 비즈니스 운영으로 이어질 수 있는 12개의 마케팅 요소를 식별하였으며, 이를 맥카시(McCarthy, 1960)가 4개의 프레임워크로 축소, 소개하였다. 제품, 가격, 유통, 촉진은 각각 다르게 개별적으로 접근할 수도 있으나, 실제 서로 의존적인 성격이 있으므로 통합적인 접근이 요구되기도 한다.

(1) 제품

제품(product)은 말 그대로 고객의 요구나 욕구를 충족시키기 위해 고안된 제품, 상품 그리고 서비스 등 종합적인 혜택(benefit)을 통틀어서 이르는 것이다. 코틀러와 레비(Kotler & Lavy, 1969)는 비누, 옷, 음식과 같은 물리적 제품과 관광, 보험, 상담, 헤어스타일과 관련된 서비스, 그리고 정치인 혹은 연예인과 같은 사람, 그리고 조직 단체, 아이디어를 말한다고 하였다. 즉, 제품은 어떤 형태로든 가능하다고 하였다. 제품은 기본적으로 고객의 욕구를 충족하는지(핵심혜택), 그리고 상품의 기본기능, 즉 고객이 상품을 통해 얻는 기본적인 혜택(일반혜택), 고객이 기대하는 추가기능(예상제품), 다른 경쟁 제품과의 차이점(확장/증강제품), 단기 그리고 장기적으로 향후 개발이나 변경사항, 즉 제품의 개선(잠재적 제품)과 같은 요인을 고려해야 한다. 사회복지조직에서는 기관의 이미지, 사업 내용, 사회적 공감대 형성이 가능한 상징물을 만들어 잠재적 후원자들의 공감을 얻어내야 한다(이성우, 2001).

일반적으로 영리조직의 제품은 대량생산의 특성을 가진다. 과거와 달리 다양화되고, 소량 생산하더라도 사회복지와 같은 비영리조직의 서비스에 비하면 대량 생산의 특성을 가진다. 사회복지의 실천은 기본적으로 개별화의 원리에 근거하고 있으며, 따라서 클라이언트 개개인의 욕구를 고려한 맞춤형 서비스를 제공하기 때문이다. 즉, 기본적으로 사회복지서비스는 개별적 서비스이며 따라서 상당히 다양한 특성이 있다.

또한 사회복지의 경우 마케팅의 대상은 클라이언트와 자원제공자이다. 따라서 일반 영리조직의 경우 소비자를 대상으로 마케팅이 이루어지지만 사회복지의 경우 클라이언트의 삶의 질 향상을 위해 더불어 후원자 및 후원금 개발을 위한 마케팅이 이루어져야 한다.

(2) 가격

가격(price)은 소비자가 지불할 의사가 있는 가격을 의미한다. 즉, 제품의 가치(value)를 수치화된 지표로 나타내는 것이다. 다만, 이때 가격은 단순한 화폐

가치 이상, 즉 구매자들이 지불하는 시간, 노력, 생활양식의 변화나 또 다른 기회비용이 포함된다.

일반적으로 너무 저렴한 제품은 사기처럼 보이거나 품질이 좋지 않을 수 있다. 반대로 너무 비싼 경우는 고객이 구매를 하지 않게 된다. 이처럼 가격은 제품의 소비에 영향을 미칠 뿐만 아니라, 가격은 브랜드에 대한 고객의 인식에 영향을 미친다. 사회복지사의 경우 국가에서 인정한 전문가임에도 불구하고, 사회복지라는 브랜드 자체가 자선사업에서 출발하다 보니 비전문적인 것으로 인식되고, 이에 따라 사회복지사의 권익신장에도 상당히 부정적 영향을 미쳤다고 볼 수 있다.

사회복지서비스의 경우 클라이언트의 지불능력에 근거하여 가격을 설정해야 한다. 따라서 대부분의 사회복지서비스의 가격은 무료이거나 최소한의 실비 차원을 받고 있다. 무료의 경우에는 최저한의 실비마저도 부담스러운 클라이언트를 위해서 그들이 사회복지에서 배제되지 않도록 하기 위해 이러한 가격을 설정하는 경우가 많다. 일부 실비를 받는 경우에는 사회복지서비스의 경우도 노쇼(no-show)의 문제가 있다. 따라서 이러한 노쇼문제를 예방하기 위한 목적과 더불어, 최소한의 이용료를 기관에 납부함으로써 서비스 이용자가 일방적 수혜나 시혜자가 아닌 소비자로서의 지위를 획득할 수 있기 때문이다.

이 외에 실제적인 후원을 하는 금액 외에도 그 절차나 과정이 복잡하다면 실제 후원을 포기하게 된다. 따라서 사회복지조직에서는 마케팅 전략을 세울 때 사회적 가격이 반드시 고려되어야 한다(이성우, 2001).

(3) 유통

유통(place)은 단순한 제품을 배치(장소)를 넘어, 제품이 표적 고객이 유용하게 이용할 수 있도록 이를 유통할 수 있어야 한다. 유통은 접근성을 의미한다고 볼 수 있다. 최근에는 오프라인 유통뿐만 아니라 온라인을 통한 유통도 이루어지고 있다. 따라서 홈페이지, 페이스북, 트위터, 인스타그램 등 다양한 접근성의 경로를 만들어 놓는 것이 유리하다고 볼 수 있다. 이 같은 유통과정이 형성되어야 촉진(promotion)이 수월해진다. 또한 물리적 관점에서 주차공간의 확보나, 교통접근성을 고려해야 한다. 더불어 일반적인 제품의 경우 진열대에 상품을 전시하고, 이를 통해 판매를 촉진해야 한다. 그러나 사회복지서비스는 생산과 동시에 소비되며 이를 전시하거나 저장하여 유통할 수 없다. 즉, 생산과 소비의 시간적, 공간적 동일성이라는 제약이 있다(신복기 외, 2019). 따라서 서비스를 유통할 때 이러한 특성을 고려해야 한다.

사회복지조직에서는 마케팅 시 후원자의 특성(학생, 기업체 등), 이용자에 따라 적절한 장소와 시간을 달리 활용하며 찾아가는 서비스를 제공하는 등 적극성을 보여야 한다(이성우, 2001). 예를 들어, 일하는 한부모를 대상으로 대낮에 프로그램을 진행한다면 참여할 사람이 없을 것이다. 따라서 찾아가는 서비스나 혹은 퇴근 후 시간대에 운영을 해야만 참여가 가능한 것이다. 또한 사회복지와 같은 비영리조직의 고객은 영리조직의 고객과 달리 자신을 위해 제품(서비스)을 적극적으로 찾아나서는 경우가 적다. 따라서 사회복지조직은 이러한 접근성의 문제를 해결하기 위하여 찾아가는 서비스를 적극적으로 제공해야 한다. 따라서 이동목욕탕, 이동헌혈, 이동도서관과 같은 클라이언트를 찾아가는 서비스를 자선냄비와 같은 후원자를 찾아가거나 접근성을 확보하기 위한 서비스들을 적극적으로 제공하는 것이다. 또한 영리조직은 여러 단계의 유통과정을 거치게 된다. 그러나 비영리조직은 영리기업처럼 중간유통이 없다는 특성이 있다. 특히 후원자 개발의 경우 직원 개개인이 하나의 상품이므로 정해진 장소 없이 세일즈맨의 역할을 해야 한다(이성우, 2001). 이러한 측면에서 직원을 대상으로 하는 내부마케팅의 필요성이 더욱 요구된다.

(4) 촉진

촉진(promotion)은 제품을 표적시장에 알리고 설득하기 위해 사용되는 수단을 말한다. 따라서 촉진에는 광고, 판촉, 홍보 등이 포함될 수 있다. 공급보다 수요가 압도적으로 많다면 복지서비스의 제공기관은 촉진활동을 하려고 하지 않을 것이다(신복기 외, 2019). 실제 한국사회에서 복지는 공급보다 수요가 높기 때문에, 적극적인 촉진활동을 하지는 않았다. 그러나 최근 바우처와 같은 제도의 도입에 따라 기관중심이 아닌 이용자 중심의 시스템이 구축됨에 따라 기관들이 고객에게 선택받을 수 있도록 적극적으로 움직이는 것은 기관의 생존과 직결된 중요한 문제가 되었다. 따라서 사회복지조직의 서비스는 권위 있는 기관으로부터 공인을 받은 점이라든지, 동일한 서비스의 내용과 질에도 가격이 저렴한지 등의 내용을 알려야 한다(김영종, 2019).

최근에는 이러한 4P에 힘(Power)을 합해 5P라고 부르기도 하지만(한경경제용어사전 http://dic.hankyung.com), 대중(Public)이라는 개념을 포함하기도 한다(Lauffer, 2008). 대중은 3P의 사람(People)과 유사한 의미를 가진다.

이보다는 3P가 추가되어 7P라고 부르는 것이 보편적이다. 3P는 학자들마다 다르게 정의하는데, 파인(Fine, 1992)은 3P로 생산자(Producer), 구매자(Purchaser), 조사(Probing)를 제시하였다. 즉, 마케팅을 하는 생산자와 마케팅의 대상인 구매자, 그리고 탐구과정인 조사가 마케팅에 고려되어야 한다는 것이다.

3P는 사람(People), 과정(Process), 물증(Physical evidence)이다. 사람은 고객이나 클라이언트와 상호작용하는 직원을 포함, 구매자에게 영향을 주는 모든 행위자를 말한다. 라우퍼(Lauffer, 2008)는 사람 대신 대중이라는 용어를 사용하였으며, 이를 투입대중(input public)과 과정대중(throughput public), 그리고 산출대중(output public)으로 구분하였다. 투입대중은 기관의 일차적 재원출처로 자원을 공급해 주는 사람, 후원자들을 의미하며 과정대중은 기관의 직원, 산출대중은 클라이언트를 말한다. 결국 사람은 모든 비즈니스의 핵심적 요소이며, 사람을 고용하고 유지하는 것은 조직의 성공에 핵심적 요인이라 할 수 있다. 따라서 투입대중, 과정대중, 산출대중을 모두 고려하면서 동시에 투입대중의 역할, 즉 기술과 특성을 고려한 업무의 분배와, 사업의 수행과정에 자신의 역할 및 위치 그리고 영향을 이해하고 이들이 조직에 몰입하고, 충성할 수 있도록 하는 것이 중요하다. 또한 필요에 따라 작업의 외부 아웃소싱이나 보조인력의 배치계획 등이 적절히 이루어져야 한다. 나아가 사회의 변화에 따라 사업의 변화를 이루어 내어야 하며, 따라서 어떤 기술이나 설비가 요구되며, 개발되어야

할 부분 각 업무의 분업화 등에 대한 장단기적 관점에서 체계적으로 고려되어야 한다.

과정은 고객에게 서비스를 제공하는 방법, 흐름을 나타내며 종종 모니터링을 포함하기도 한다. 각 과업에 따라 체계화된 과정이 있으며, 이러한 과정은 사업의 성과를 달성하기 위한 단계이자 절차이다. 따라서 과정의 절차를 마련하는 것은 비용을 최소화하고, 일상적 작업의 능률화의 도모, 최적의 상태를 유지함으로써 최고의 성과를 달성하기 위함이다. 특정 상품을 구매하기까지 대기시간이 과도하게 요구되는지, 질문에 따른 응답은 적절한 수준으로 빠르게 대응하는지 등 제품의 생산에서, 구매 그리고 소비자에게 전달되기까지의 모든 과정을 의미한다. 나아가 과정은 구매 및 판매 시설, 소비자의 요구를 충족시키기 위한 판매자의 신속한 대응, 제품 및 서비스에 대한 소비자 불만에 대한 민첩한 대응이 포함된다(Yarimoglu, 2014).

물증은 말 그대로 공간, 제품이 전달되고 조직과 고객이 접촉하는 환경과 상품에 대한 평가를 말한다. 물리적 증거에는 지원 환경(가구, 색상, 레이아웃, 소음 수준), 지원 상품, 공간, 위생 및 장비, 화장실, 주차장과 같은 지원 시설까지 포함된다(Kukanja, et al., 2016). 뿐만 아니라 유니폼이나 종업원의 태도 역시 포함된다. 물증과 관련하여 최근에는 온라인 시스템의 발달에 따라서 각종 포털에서 관련된 서비스나 제품에 대한 평가 등을 제시하는데, 이 역시 물증의 한 내용을 포함될 수 있다. 따라서 제품이나 서비스를 체험할 수 없더라도 구매나 이용경험이 있는 다른 사람들과 대화를 통하여 제품에 대한 정보를 획득할 수도 있다.

이 외에도 최근에는 4P 대신 4C의 개념이 대두되고 있다. 4C는 고객(Consumer), 구매비용(Cost), 의사소통(Communication), 편의성(Covenience)을 의미한다. 고객은 제품과 달리, 고객의 욕구나 고객의 가치에 초점을 둔다는 것을 의미하며 구매비용은 가격보다 더 큰 개념을 의미한다. 가격은 단순히 고객이 제품을 구매하기 위해 지불할 용의가 있는 금액인 반면, 비용은 제품의 생산에 들어가는 금액을 의미한다. 즉, 토지, 노동, 자본 및 가치, 기타 생산에 대한 모든 투입물 가치의 합을 의미한다. 의사소통은 판촉과 비교하여 일방적 의사소통이 아닌, 고객에게 다가가는, 그래서 고객에게 배우는 양방향 의사소통의 개념을 의미한다. 편의성은 고객이 얼마나 쉽게 제품을 소유하고 구매하는지를 의미한다.

4) 영리조직과 비영리조직의 마케팅 차이

사회복지조직과 같은 비영리조직의 마케팅은 영리마케팅의 연장 혹은 확대라는 개념 속에서 파악할 수도 있지만, 무형의 상품을 가지고 고객들에게 가치를 부여한다는 점에서 차이점이 있다(최정규, 2005). 이러한 차이점을 살펴보면 다음과 같다(남금란 · 최정규, 2005).

첫째, 영리기관은 소비자로 구성된 하나의 시장을 가지고 있으나, 비영리조직은 두 개 이상의 시장과 상호작용을 해야 한다. 하나는 이용자(client)로 구성된 시장이며, 다른 하나는 후원자들로 구성된 시장이다. 둘째, 비영리조직에서의 마케팅은 이윤추구보다 조직이 추구하는 목표의 효과적 달성에 초점을 둔다. 따라서 이윤추구라는 단일한 목표가 아닌 다양한 여러 개의 목표를 가지며, 목표가 모호한 경우가 많다. 따라서 마케팅을 위한 정보가 부족하거나, 마케팅 전략 계획이 기업보다 어려울 수 있다. 뿐만 아니라 필요에 따라 비용효과성이 낮음에도 불구하고 서비스를 제공해야 하는 경우도 발생한다. 셋째, 비영리 마케팅의 대상은 일반제품이라기보다는 무형의 서비스 특성을 가진다.

이와 유사하게 황성철 등(2003)은 영리조직의 서비스와 비교할 때 비영리조직의 서비스는 다음과 같은 점에서 차이가 있다고 하였다.

첫째, 불가촉성이다. 일반적인 상품은 오감을 통해 인지할 수 있으며 평가할 수 있다. 가령 신발을 사는 경우 시각을 통해 정보를 획득할 수 있고, 향수를 사는 경우 후각을 통해 정보를 획득할 수 있다. 따라서 제품 간의 비교가 가능하다. 즉, 직접 접할 수 있는 것이다. 그에 반해 사회복지와 같은 비영리

서비스는 대부분 불가촉성의 특성을 가지고 있다. 예를 들어, 사회복지사를 통해 제공되는 상담은 보이지도 않고, 냄새를 맡을 수도 없으며 따라서 만질 수도 없다.

둘째, 다양성과 복잡성이다. 일반적인 상품은 대량소비를 위해 대량생산되는 경우가 많기 때문에 다양성이 부족하다. 과거 소품종 대량생산에서 다품종 소량생산으로 시스템이 변화하였다고는 하지만, 사회복지조직에서 제공되는 서비스와 비교하였을 때 여전히 다양성이 떨어지며 단순화된 형태라 할 수 있다. 예를 들어, 사회복지사에 의해 인지치료적 접근의 상담이 실시된다고 할 때, 이 상담의 내용이나 진행은 클라이언트마다 다르게 진행될 수밖에 없다. 즉, 사회복지서비스들은 영리조직에 비해서 매우 다양한 특성이 있다. 뿐만 아니라 영리기업은 구매자와 소비자가 일치하기 때문에, 상대적으로 덜 복잡한 반면 사회복지조직은 서비스의 자원제공자, 구매자, 소비자가 각기 다르며 다양한 이해집단이 기능한다는 점에서 훨씬 복잡하다고 할 수 있다.

셋째, 생산과 소비의 동시성이다. 제품은 생산이 이루어지고 이후에 소비가 이루어진다. 공장에서 신발을 생산하고, 이것이 소매업체로 전달되어 판매가 이루어진다. 그에 반해 사회복지조직에서 제공하는 서비스들은 생산과 소비가 동시에 이루어진다. 예를 들어, 사회복지사가 클라이언트에게 제공하는 상담은 생산하는 그 즉시 바로 소비되어 사라진다.

넷째, 소멸성이다. 신발과 같은 제품은 전시를 하고, 보관할 수 있다. 그러나 사회복지사에 의해 제공되는 상담은 저장할 수 없다. 또한 신발이나 음식은 일반적으로 어느 정도 동일한 질이나 내용이 보장되지만, 사회복지서비스는 이전 서비스와 질이나 내용이 동일하다는 보장이 없다.

〈표 13-2〉 영리 마케팅과 비영리 마케팅의 차이점

구 분	비영리 마케팅	영리 마케팅
관심사	상품, 서비스뿐만 아니라 사람, 장소, 조직에 관심	대체로 상품과 서비스에 관심
특 징	조직을 둘러싼 내부 및 외부욕구 강조	조직의 내부욕구 강조

교 환	무형(지지, 노력, 시간 등)의 형태로도 이루어질 수 있음	화폐의 형태로 이루어짐
목 표	복합적	일반적으로 재정적인 것 (이익 극대화)
노력의 초점	목표시장의 태도와 행동을 변화시키기 위해 노력	목표시장이 원하는 필요와 욕구를 충족시키기 위해 노력
마케팅 대상	사회 전반적 이슈나 이념을 마케팅	아이디어를 수단으로 제품과 용역을 마케팅
이익/ 지불	이익은 수혜자, 후원자와 관련 없음	이익은 지불 여부와 관련
시장분할	시장분할이 기대되거나 요구됨	현재 또는 잠재적으로 가능성이 있는 시장분할을 위해 힘씀
고 객	두 고객 이상, 즉 수혜대상자와 후원자 시장을 가짐	단일 고객 시장이 존재
윤리성	높음	낮음
제품의 유통 및 소비	즉시생산 즉시소비	상품마다 다름
생산방식	상대적으로 표준화의 어려움, 서비스의 통제가 어려움	표준화 가능, 통제 가능

출처 : 박정임(1996), 황성철 외(2021) 재정리.

5) 마케팅 활동의 과정

마케팅 활동 과정에 대해 학자들마다 다소 상이하게 구분하고 있다. 이기영 등(2009)은 시장기회 분석, 표적시장 선정, 마케팅믹스 개발, 실행, 평가로 분류하였으며, 신복기 등(2019)은 시장기회 분석, 시장조사, 목표설정, 시장분화와 표적시장의 선정, 이용지원과 개발 프로그램의 수립, 마케팅 실행도구 설정, 마케팅 계획과 관리, 마케팅 평가로 구분하였다. 황성철 등(2021)은 기관환경 분석, 마케팅 조사, 마케팅 목표 설정, 시장 분석, 마케팅 도구 설정, 마케팅 실행, 마케팅 평가로 구분하였다. 그러나 일부 단계를 세분화하였을 뿐 큰 틀에서는 같은 맥락으로 제시하고 있다. 이를 정리하면 다음 표와 같다.

〈표 13-3〉 마케팅 활동의 과정

시장기회 분석			표적시장 선정	마케팅믹스 개발	실 행		평 가
시장기회 분석	시장조사	목표설정	시장세분화와 표적시장 선정	이용지원과 개발 프로그램의 수립	마케팅 실행도구 설정	마케팅 계획과 관리	마케팅 평가
기관환경 분석	마케팅 조사	목표설정	시장분석 - 시장세분화, 표적시장 선정, 시장 포지셔닝	마케팅도구 설정	마케팅 실행		마케팅 평가

(1) 시장기회 분석

사회복지조직이 지속해서 발전하기 위해서는 새로운 기회를 포착할 수 있어야 한다. 이를 위해서는 우선 마케팅 환경을 분석해야 한다. 마케팅 환경은 사회복지조직이 서비스를 계획하고 제공하는 등의 관리활동에 영향을 미칠 수 있는 모든 환경을 말한다.

조직의 내부 환경과 미시적 환경 그리고 거시적 환경에 대한 전체적 환경에 대한 분석이 이루어져야 한다. 즉, 조직 내 인적·물적 자원, 조직문화 등의 내부 환경을 비롯하여, 마케팅 활동에 직접적 관계를 하는 미시환경(경쟁사, 중계자, 고객, 대중 등)과 더 큰 사회적 요인인 거시적 환경(인구, 경제, 자연, 기술, 정치, 문화)에 대한 분석이 이루어져야 한다. 일반적으로 SWOT분석이 이루어진다. 즉, 마케팅 환경을 관찰하고 반응하며, 더 적극적이고, 능동적으로 마케팅 환경 요인에 영향을 미치기 위해 필요하다. 환경의 분석은 본 교재 제4장을 참조하길 바란다.

또한 환경분석이 완료된 후 자원분석이 이루어져야 한다. 자원은 인력, 자금, 시설, 시스템, 시장자산으로 분류되며, 주요 자원의 속성은 다음과 같다(황성철 외, 2021).

- **인력** : 충분한가? 숙련되어 있는가? 열심인가? 충실한가? 서비스지향적인가?
- **자금** : 충분한가? 융통성이 있는가?

- **시설** : 충분한가? 유연성이 있는가? 배치의 질은?
- **시스템** : 정보시스템의 질은? 계획 시스템의 질은? 통제시스템의 질은?
- **시장자산** : 고객기반은? 기부자 기반은? 관계기반은? 일반적 평가는?

또한 정확하고 충분한 자료를 얻기 위하여 마케팅 조사가 이루어질 수 있다. 시장조사는 잠재적 이용자와 그들이 원하는 바를 찾아내는 작업이다(신복기 외, 2019). 또한 황성철 등(2021)의 의사가 환자를 치료하는 과정에 비유하였다. 의사는 병의 증상을 파악하고 그 원인을 규명하기 위하여 다양한 진단방법을 도입한 다음, 수집된 자료를 토대로 적절한 처방과 절차를 내리는 절차를 거치는데, 마케팅 역시도 이러한 절차를 거치기 때문이다. 이와 같은 시장조사를 통하여 상품 및 서비스에 대한 욕구, 구매욕구, 상품, 구매의지에 대해 파악할 수 있다. 마케팅 초기단계에서 이루어지는 시장조사에서는 시장에 관해 최소한의 네 가지 점을 분명히 파악해야 한다(신복기 외, 2019; 황성철 외, 2021). 상품 및 서비스에 대한 욕구는 조직이 관심을 갖는 문제에 대해 관심을 가지고 있는가? 구매욕구는 우리 조직의 활동분야에 대한 후원에 관심이 있는가? 상품은 서비스이용, 후원을 위한 시간적, 금전적 상황이 되는가? 구매의지는 참여할 의사, 후원할 의지가 있는가?

다음으로 마케팅의 목표가 설정되어야 한다. 목표의 설정에 앞서 조직의 목적을 살펴보아야 한다. 왜냐하면 조직의 설립목적 외의 사업은 할 수 없기 때문이다. 사회복지실천에서도 잠재적 클라이언트가 조직으로 찾아왔을 때, 우리 조직에서 제공하는 서비스에 부합하는 욕구를 가진 경우에만 클라이언트가 되며 그 외의 경우에는 다른 기관으로 의뢰 및 연계를 하여야 하기 때문이다. 이처럼 조직의 마케팅을 위해서는 가장 우선적으로 조직의 사업과 그 목표를 설정해야 하며, 그러한 목표와 마케팅의 대상이 되는 사업은 조직의 설립목적 내에서 설정되어야 하기 때문이다.

(2) 표적시장 선정

표적시장의 선정단계에서 주요 과업을 STP라고 한다. STP는 Segmentaion(세분화), Targeting(선정), Positioning(포지셔닝)을 말한다. 시장성에 대한 분석을 통해, 시장성이 있다고 판단되면 그 다음은 시장세분화를 통한 표적시장의 선정이 요구된다. 시장세분화(market segmentation)는 일정한 기준에 의해 동질적인 세부시장으로 구분하는 과정이다(황성철 외, 2021). 십인십색(十人十色)이라는 말이 있다. 사람이 좋아하는 것이나 생각하는 바가 저마다 달라 가지 각색이라는 뜻이다. 오늘날 복지의 대상이 점차 확대되고, 또한 이용자의 인권 강조와 개별화, 맞춤형 서비스 등의 요구 증대에 따라 그들의 다양한 욕구를 모두 충족시키는 것은 불가능에 가깝다. 또한 이렇게 과도하게 개별화된 욕구들을 고려하여 접근하는 것은 이익달성을 불가능하게 만들기 때문에, 비슷한 고객 집단으로 분류하고 각 집단별로 차별적 접근을 시도하는 것이다. 세분시장으로 나누는 방법으로는 대량마케팅, 세분화 마케팅, 틈새시장, 미시적 마케팅 등이 있다(황성철 외, 2021). 따라서 시장세분화는 가장 기본적으로 인구사회학적 요인에 따라 구분한다. 즉, 나이, 성별, 직업, 교육수준, 종교, 인종 등을 비롯, 가족의 생활주기나, 지리적 변수 들을 고려하는 것이다.

다음으로 조직에서 제공할 수 있는 서비스를 가장 필요로 하고 이를 적극적으로 이용하거나 참여할 수 있는 고객을 대상으로 표적시장(target marketing)을 선정해야 한다. 표적시장은 기본적으로 장·단기적 수익성 관점에서 높은 매력을 가지고 있어야 하며, 다른 조직에 비해 높은 경쟁우위를 가져야 하고, 우리 조직과의 적합성이 높아야 한다. 뿐만 아니라 특정 세분시장에 진입하는 것이 조직의 사업목표 및 마케팅 목적과 일치하는지, 우리 조직이 특정 세분시장에서 성공하는 데 필요한 기술과 자원을 갖추고 있는지, 세분시장이 적절한 규모와 성장을 유지하고 있는지를 검토해야 한다(예종석 외, 1998; 황성철 외, 2021). 표적시장을 선정하는 데에는 단일구획집중화, 제품전문화, 시장전문화, 선별적 전문화, 전체시장 포괄 등의 방법을 활용할 수 있다(황성철 외, 2021).

표적시장이 선정된 후 시장포지셔닝을 해야 한다. 포지셔닝은 이용자, 조직구성원, 관리자 및 주변의 의식 내에 형성되어야 할 표상을 공식화하는 것으로(이기영 외, 2009), 고객들의 마음에 위치를 선점하는 것이다. 이러한 포지션은 마케팅 의사결정의 토대가 되기 때문에(이기영 외, 2009), 경쟁기업과 효과적으로 경쟁하기 위해 고객의 마음속에 자사의 제품이 경쟁사의 제품에 비하여 우월하다는 인식을 심어주는 활동을 의미한다. 이러한 활동을 통해 고객집단이 우리 조직의 서비스를 이용하고, 우리 조직에 후원을 하도록 하는 것이다. 포지셔닝 전략으로 제품속성에 따른 포지셔닝, 사용상황에 따른 포지셔닝, 제품사용자에 대한 포지셔닝, 경쟁제품에 따른 포지셔닝 등의 방법을 활용할 수 있다(권익현 외, 1999).

(3) 마케팅의 실행

마케팅의 실행이란 전략적 마케팅 목표 달성을 위해 마케팅 기획을 활동으로 옮기는 과정을 말한다. 이러한 실행에서는 적절한 도구를 설정하는 것이 중요하다. 즉, ARS와 같은 전통적 방법 외에, 대중매체 광고, DM 등의 방법들을 활용할 수 있는 것이다. 따라서 효과적인 방법들을 탐색한 후 마케팅 도구로서 활용할 수 있어야 한다.

마케팅의 실행과정에서 마케팅과정에 대한 통제 및 감시가 함께 이루어져야 한다. 마케팅 통제 및 감시는 마케팅 기능을 포괄적으로 점검하고 평가하는 것이다. 이러한 통제 및 감시를 통하여 발생원인에 대해 파악하고 이에 대한 대처 방안을 마련해야 한다. 뿐만 아니라 마케팅 관리과정 역시 중요하다. 한신애 등(2018)은 사회복지조직의 경우 후원자들의 지속적 관리 부족으로 매년 후원자 개발에 시간과 비용을 낭비하고 있다고 지적하며, 기존의 후원자들을 지속적으로 관리하는 것이 신규후원자를 늘리는 것보다 시간과 비용이 적게 들고 구전을 통해 후원자가 증가하는 효과가 있다고 하였다.

(4) 마케팅 평가

마케팅 평가는 마케팅 활동의 전 과정과 그러한 과정을 통해 얻은 성과를 분석하여 평가하는 과정을 의미한다. 조직의 존립과 발전을 위해서 우수한 마케팅 역량이 요구되므로, 마케팅 과정 및 성과에 대한 평가가 요구된다. 이러한 마케팅 평가를 통하여 외부 환경의 변화되는 욕구와 조직의 마케팅 능력의 한계를 알 수 있어 조직의 목적과 목표에도 영향을 미치게 되며(이기영 외, 2009), 마케팅 평가를 통하여 미비점을 보완, 지속적으로 마케팅 역량을 발전시켜 나갈 수 있는 방법을 탐색하고, 계기를 마련할 수 있다. 마케팅 평가는 종합적인 평가와 함께 새로운 조직 외부환경에 대한 분석으로 연계되는 과정으로, 마케팅 평가의 과정은 종료가 아닌 새로운 과정으로의 변환을 의미한다(김형식 외, 2002; 이기영 외, 2009).

마케팅 평가는 마케팅 활동 전반적 문제를 평가하는 포괄적 평가, 마케팅 외부환경, 내부 마케팅 시스템, 구체적 마케팅 활동 순으로 진단하여 마케팅 효율을 제고시키기 위한 장·단기적 방안을 제시하는 단계적 평가 등을 실시할 수 있다. 또한 마케팅부와의 별개의 조직 또는 외부기관에서 행해지는 객관적 평가, 그리고 정기적, 주기적 평가 등을 실시할 수 있다(신복기 외, 2019; 황성철 외, 2021).

6) 마케팅의 유형

마케팅을 위해 활용할 수 있는 기법은 다양하며, 특히 사회문화와 과학기술의 발달에 따라 새로운 마케팅 기법들이 개발되기도 한다. 전통적으로 다이렉트 마케팅, 고객관계관리 마케팅, 공익연계 마케팅, 데이터베이스 마케팅, 인터넷 마케팅, 사회마케팅, 크라우드 펀딩, ARS 모금 등의 방법이 사용된다. 이외에도 최근 들어 각광받는 다양한 마케팅 방법으로 인플루언서 마케팅, 바이럴 마케팅, 그린마케팅, 키워드 마케팅 등의 방법이 있다.

(1) 다이렉트 마케팅(DM : Direct Marketing)

다이렉트 마케팅은 우편을 통해 잠재적 고객을 포함, 기존의 고객의 정보를 확보하여, 중개인과 같은 제3자를 거치지 않고 고객에게 직접 상품과 관련된 정보를 전달하는 방법이다. 다이렉트 마케팅은 모든 사람에게 제공되는 것이 아니라, 수집된 정보를 기반으로 제품과 관련이 있거나 필요가 있다고 생각되는 사람들에게만 제공된다. 다이렉트 마케팅은 TV광고와 같은 고비용에 비해 상대적으로 적은 예산으로 운영이 가능하며, 오늘날 소셜미디어를 통해 점점 더 쉽게 정보를 획득하고, 서로 연결됨에 따라 상당히 효과적인 마케팅 방법으로 자리잡고 있다. 다이렉트 마케팅은 참여를 높이기 위해서 수신자의 이름 등을 기재하며 메시지를 개인화하여 시도하는 경우가 많다. 다이렉트 마케팅은 브로슈어, 카탈로그, 전단지, 뉴스레터, 엽서, 쿠폰, 이메일, 전화, 문자 등의 방법을 활용할 수 있다.

(2) 고객관계관리 마케팅(CRM : Customer Relationship Management marketing)

고객관계관리는 기업이 고객과 관련된 데이터를 관리하고 분석하는 데 사용하는 관행, 전략 및 기술을 의미한다. 따라서 고객관계관리 마케팅은 고객관계를 개선하고 유지하며, 이를 통해 조직의 성장(판매)을 촉진하는 것이다. CRM시스템을 통하여 고객의 정보, 구매내역이나 선호 및 우려사항에 대한 자세한 정보를 수집하여 활용할 수 있다. 오늘날 활용되는 지리적 위치기술 또는 위치기반서비스(geolocation technology, or location-based services)는 고객관계관리 마케팅에서 활용할 수 있는 정보 중의 하나라 할 수 있다. CRM을 통하여 맞춤서비스나 홍보를 제공함으로써 사업의 효과성을 도모하고, 모금효과를 극대화할 수 있다. CRM은 마케팅을 넘어, 판매(Sales CRM), 서비스(Service CRM), 협업(Collaborative CRM), 소규모 비즈니스(Small Business CRM)에 활용된다.

(3) 공익연계 마케팅(CM : Cause-related Marketing or Cause Marketing)

공익연계 마케팅은 대의(大義)명분 마케팅, 코즈마케팅이라고 불리기도 한다. 공익연계마케팅은 American Express가 주최한 1983년 자유의 여신상 복원을 위한 기금 마련 캠페인(National Art Marketing Project)이 시초라 할 수 있다. 공익연계마케팅은 기업이 사회적 이슈 및 비영리조직과 연계하여 사회공헌을 함으로써, 기업이 긍정적 이미지를 창출 대중의 소비를 촉진하고, 나아가 비영리조직은 재원을 확보함으로써 상호이익을 취하는 마케팅 방법이다. 즉, 공익연계마케팅은 기업이 추구하는 사익(私益)과 사회가 추구하는 공익(公益)을 동시에 추구한다.

대표적인 성공사례로 탐스슈즈의 One for One, 코카콜라의 북극곰 살리기 프로젝트가 있으며, 국내의 공익연계 마케팅 사례로 미네워터 바코드롭 마케팅이 있다. 반대로 실패 사례로 KFC의 Buckets for the cure 캠페인이 있으며 국내에서는 도미노 1/2 캠페인이 있다.

(4) 데이터베이스 마케팅(DM : Database Marketing)

데이터베이스 마케팅은 고객의 데이터를 활용하여 기존의 고객과 잠재고객에게 마케팅을 하는 방법을 말한다. 과거와 달리 정보통신 기술의 발달로 데이터의 누적과 활용이 더욱 용이해져 활용성이 더 높아지고 있다. 데이터베이스 마케팅은 신규고객의 확보로 활용될 수도 있지만, 일반적으로 기존의 고객의 경우 더 많은 데이터가 있으므로 더 효과가 높다고 할 수 있다.

데이터베이스 마케팅을 위해서는 연락 방법을 갖추어야 하며, 고객에게 접근할 수 있는 좋은 시간과 방법을 알고 있어야 한다. 또한 필요에 따라 이상적 고객을 바탕으로 유사해 보이는 개인을 타깃(target)으로 이를 활용할 수 있으며, 고객을 세분화하여 데이터베이스 마케팅을 실시할 수 있다. 데이터베이스 마케팅은 다이렉트 마케팅으로 볼 수 있으나, 다른 다이렉트 마케팅 방법과 달리 데이터베이스 마케팅은 개인수준(individual level)에서 운영된다는 점에 그 차이가 있다.

(5) 인터넷마케팅(Internet Marketing)

인터넷마케팅은 인터넷과 같은 온라인 도구나 디지털 수단을 통해 회사와 제품 그리고 서비스를 마케팅하는 방법이다. 따라서 이를 온라인 마케팅 혹은 디지털 마케팅이라고도 한다. 인터넷 마케팅은 가장 보편적으로 웹사이트, 이메일, 검색엔진, 온라인광고, 배너광고, 팟캐스팅, 소셜미디어의 게시물이나 블로그 기사 등을 통해 고객에게 정보를 전달하여 소비를 촉진하고 모금을 하는 방법을 말한다. 최근 들어 페이스북, 인스타그램, 틱톡, 유튜브와 같은 플랫폼을 활용한 인터넷 마케팅은 더욱 확대되고 있다.

(6) 사회마케팅(Social Marketing)

사회마케팅은 고객뿐만 아니라 사회(공중 보건, 안전, 환경보호, 지역사회)에 이익이 되는 고객 행동에 영향을 미치기 위한 가치를 창출, 전달하기 위해 마케팅의 원칙과 기술을 적용하는 과정을 말한다(kotler, Roberto, & Lee, 2008). 사회마케팅은 다섯 가지에 주목한다(Kotler & Lee, 2008). 첫째는 행동변화이다. 사회마케팅은 자신을 포함한 그룹의 지식을 넘어선 행동변화를 목적으로 한다. 둘째, 행동의 변화는 자발적이어야 한다. 이를 위해 고객의 이해와 공감달성을 목적으로 한다. 셋째는 마케팅의 원칙과 기법을 사용하는 것이다. 즉, 고객지향성을 반영해야 한다. 넷째, 고객의 선택 및 영향을 이해해야 한다. 다섯째, 마케팅 시 시장은 다양한 요구나 욕구를 가진 인구들로 구성된 것을 이해해야 한다. 따라서 표적 청중을 선택하고 이에 따른 영향을 미칠 수 있도록 해야 한다.

사회마케팅은 사회적 공익을 추구한다는 점에서 공익연계 마케팅과 유사하게 볼 수 있다. 그러나 공익연계 마케팅은 공익을 추구하지만 그것이 소비와 관련되어 있는 반면, 사회마케팅은 소비의 촉진과는 무관한 사회 전반적 공익을 위한 일종의 계몽활동이라는 점에서 차이가 있다. 즉, 사회마케팅은 일종의 공익광고의 일환으로 이해될 수 있다.

(7) 크라우드 펀딩(Crowd Funding)

크라우드 펀딩은 군중을 의미하는 crowd와 자금모금을 의미하는 funding이 결합된 것으로, 불특정 다수의 사람에게서 돈을 모으는 방법이다. 크라우드 펀딩을 통하여 조직은 자금을 조달할 가능성이 높아지며, 크라우드 펀딩 참여와 관련된 커뮤니티를 통하여 투자자와 신뢰관계를 형성할 수 있다. 최근 들어 SNS의 발달에 따라 크라우드 펀딩의 효과성은 높아지고 있다.

크라우드 펀딩은 일반적으로 네 가지로 구분된다. 첫째, 보상기반 크라우드 펀딩(Rewards-Based Crowd funding)이다. 이는 기여의 대가로 투자자에게 제품이나 서비스에 대한 지급과 같은 보상을 제공하는 형태이다. 둘째, 주식형 크라우드 펀딩(Equity-Based Crowd funding)이다. 기여의 대가로 투자자에게 소액의 지분을 받는 것이다. 셋째, 부채기반 크라우드 펀딩(Debt-Based Crowd funding)이다. 이는 정해진 기간 안에 투자자에게 자금을 상환하는 방식으로, 캠페인의 조건에 따라 기부금에 대한 이자를 받을 수도, 받지 못할 수도 있다. 넷째, 기부형 크라우드 펀딩(Donation-Based Crowd funding)이다. 투자자는 대가를 기대하지 않고, 후원금을 기부하는 것이다.

크라우드 펀딩의 대표적인 예로 네이버 해피빈, 텀블벅, 와디즈, 크라우디 등이 있다. 또한 사회복지공동모금회 홈페이지에서는 캠페인 메뉴에 별도의 크라우드 펀딩 카테고리를 운영하고 있다.

(8) ARS모금

ARS(Automatic Response System)는 고객이 전화를 걸면 자동을 일정 금액이 전화요금에 부과, 청구에서 합산되어 나오는 방식이다. 우리나라에 활성화되어 있는 모금 방식이다.

(9) 새로운 마케팅[1)]

- **인플루언서 마케팅**(Influencer Marketing) : 잠재적인 구매자에게 영향력을 행

1) 미국마케팅협회의 홈페이지 자료를 정리한 것이다.

사할 수 있는 개인(influencer)을 활용한 마케팅이다. 인플루언서가 기관이나 조직을 대신하여 소식을 전달, 마케팅하고 이에 대한 보상을 지급하는 방식이다. 일반적으로 제품을 SNS에 업로드, 노출하거나 혹은 유튜브 채널을 통한 홍보, 콜라보 영상 등을 올리는 형태로 이루어진다. 인플루언서 마케팅의 경우 SNS 이용률이 높은 10대에서 30대까지 그 파급력과 효과가 큰 방법이라 할 수 있다. 최근 들어 SNS 등의 활용 등이 고령층에게 확대됨에 따라 그 영향력은 더욱 확대되고 있다.

- **바이럴 마케팅**(Viral Marketing) : 사람들에게 광고메시지를 전달하도록 촉진하고 장려하는 마케팅이다. 한 사람에게서 다른 사람으로 전달되는 모습이 바이러스나 질병을 옮기는 과정과 같기 때문에 virus의 형용사형인 viral이라는 용어를 사용하여 마케팅을 결합시킨 용어이다. 입소문 마케팅(work of mouth marketin)과 유사하다. 최근에는 SNS 등을 통해 바이럴 마케팅이 더욱 확대되고 있다.
- **그린마케팅**(Green Marketing) : 환경적으로 안전하다고 판단되는 제품의 개발 및 홍보를 말한다.
- **키워드 마케팅**(Keyword Marketing) : 사용자가 검색에 사용하는 특정 키워드와 문구를 기반으로 사용자 앞에 메시지를 배치하는 작업을 말한다. 검색엔진 최적화에서 이 용어는 검색 결과 자체에서 최상단에 노출하도록 하는 방식을 말한다.
- **게릴라 마케팅**(Guerilla Marketing) : 최소한의 자원으로 최대의 결과를 얻기 위한 틀에 얽매이지 않고 창의적인 전략을 설명한다.
- **아웃바운드 마케팅**(Outbound Marketing) : TV, 라디오 및 디지털 디스플레이 광고와 같은 방법을 통해 고객과 접촉하는 마케팅 방식을 말한다.
- **인바운드 마케팅**(Inbound Marketing) : 마케터와 접촉하는 방식의 홍보로, 이메일, 이벤트와 같은 마케팅 방식을 말한다.
- **개인화 마케팅**(Personalized Marketing) : 과거의 데이터를 활용하여 개인화된 자료를 만들어 마케팅하는 전략을 의미한다.

2. 홍보의 개념과 필요성

1) 홍보의 개념

홍보는 Public Relations로 대중들과 관계 맺기를 의미한다. 여기서 말하는 대중들은 사회복지의 주요 이해관계자(stakeholders)뿐만 아닌 일반적인 지역사회 주민 모두를 포괄하는 개념이다. 흔히 홍보는 알리는 것을 의미한다고 생각하지만, 홍보는 단순히 알리는 것 이상, 즉 특정 목표를 가진 조직이 자신과 접촉하는 개인, 집단 그리고 지역사회와의 전체적인 관계를 호의적으로 유지하려는 활동과정을 의미한다(박경권 · 이종만 · 박한수, 2013).

미국PR협회(https://www.prsa.org)에 따르면 초기의 홍보는 말 그대로 홍보, 언론대행을 강조하였다면 오늘날의 홍보는 참여(engagement)와 관계의 구축(relationship building)이라는 개념이 강조된다고 하였다. 미국PR협회는 홍보를 다음과 같이 정의하고 있다. 홍보는 조직과 대중 사이에 상호이익이 되는 관계를 구축하기 위한 전략적 의사소통 과정이다.

홍보와 유사한 개념으로 선전(propaganda), 광고(advertising), 마케팅(marketing), 교화(indoctrination), 퍼블리시티(publicity), 판촉(promotion) 등의 개념이 있다. 선전의 경우 확실하지 않은 가치나 주장을 특정한 시기나 지역에 인간의 감정적인 면에 호소해서 많은 사람들을 설득하려는 노력을 의미한다. 광고, 퍼블리시티는 홍보의 한 수단이라 할 수 있다. 마케팅은 최근 홍보와 그 경계가 모호해지는 추세로, 엄밀히 구분하면 마케팅은 소비자라는 제한된 대상으로 한정한다는 점에서 홍보와 차이가 있다. 판촉은 마케팅의 한 요소라 할 수 있다. 이러한 홍보의 개념을 사회복지행정에 적용한다면, 사회복지조직에서의 홍보는 사회적 가치의 달성을 위하여 광범위한 사람들을 대상으로, 알리고, 설득하고, 관계를 맺는 과정으로 정의할 수 있을 것이다.

홍보는 주체, 대상, 목표 등에 따라 구분할 수 있다. 우선 주체에 따른 구분으로는 기업의 홍보, 정부나 행정홍보, 사회공공단체홍보 등으로 구분할 수 있다. 사회복지조직은 사회공공단체홍보에 해당한다.

홍보의 내용적 측면에 따라 CPR와 MPR로 구분할 수 있다. CPR(Corporate PR)은 일반대중을 대상으로 기업의 이미지나 위상을 높이는 것을 목적으로 하는 홍보라 할 수 있다. MPR(Marketing PR)의 경우 구체적인 제품이나 서비스를 대상으로 하는 홍보를 말한다. 최근에는 CPR과 MPR을 혼합하는 전략이 점차 보편화되고 있다.

주체에 따라서 조직을 기준으로 대내홍보와 대외홍보로 구분할 수 있으며, 범위를 좀 더 확장하여 국내홍보와 국제홍보 등으로도 구분할 수 있다. 대내홍보는 임원 및 이사를 비롯하여 직원, 자원봉사자 들을 대상으로 하는 홍보를 말하며, 대외홍보는 이해관계자를 비롯한 불특정 다수의 지역사회와 주민을 대상으로 한다.

이러한 홍보는 몇 가지 목적성을 가진다. 첫째, 소통이다. 홍보는 결국 지역사회와 상호작용하기 위함으로써 우리 기관과 기관의 사업을 알려야 하고, 또한 지역주민의 요구를 사업 및 기관운영에 반영해야 한다. 따라서 소통은 홍보의 가장 큰 목적이다. 둘째, 관심의 유도이다. 사회복지는 개인, 가족의 인간다운 삶의 보장, 삶의 질을 증진, 행복추구와 같은 목적을 가진다. 따라서 사회복지사업은 이러한 목적성을 달성하기 위한 내용들로 구성되며, 이러한 사업이나 서비스를 지역주민이 이용하지 않는다면 본래적 목적을 달성하기 어렵다. 따라서 지역주민들의 관심을 유도하고, 기관의 이용률을 높이며, 사업의 참여율을 높이도록 하는 것이 홍보의 중요한 목적이라 할 수 있다. 셋째, 정보제공이다. 사회복지사업은 지역주민의 삶에 긍정적 영향을 미치는 다양한 내용들을 사업이나 서비스를 변환시켜 전달하기도 하며, 유용한 정책정보 등에 대한 내용을 전달하기도 한다. 즉, 직접적인 서비스 제공을 통하여 주민의 삶의 질을 증진하기도 하지만, 간접적 차원에서 정보를 제공하기도 하며, 이러한 정보제공 역시 홍보의 중요한 목적이다. 넷째, 편견의 극복이다. 지역사회는 다양한 이익집단이 존재하며, 각 집단 간의 오해와 이해의 부족으로 인하여 갈등이 발생한다. 다양한 가족이 함께 살아가는 사회를 위하여 각 집단에 대한 고정관념과 편견 그리고 차별을 개선할 수 있는 자료를 제공, 혹은 교육함으로써 이러한 편견을 극복하는 것이 중요한 홍보의 목적이라 할 수 있다.

2) 홍보의 필요성

사회사업기관은 기금조성(fund rising)이나 서비스 또는 프로그램 안내, 독지가 또는 후원자의 개발, 사회복지사업에 대한 사회의 관심과 참여의 증진, 능력있는 인적자원의 확보 등을 위해 홍보의 필요성이 커지고 있다(배정미, 2001). 그러나 무엇보다 중요한 이유는 바로 조직의 정당성 확보이다. 아무리 뛰어난 성과를 가진 조직이라 하더라도, 이를 홍보하지 못한다면 사람들은 사회복지조직의 필요성을 이해하기 어려울 것이고 동시에 이에 대한 사회적 지원의 필요성에 대해 동의하기 어렵고 당연히 사회복지조직에 대한 승인이 이루어지기 어렵다. 따라서 사회복지조직에서 홍보는 너무 중요한 과업이라 할 수 있다.

그러나 현재 사회복지현장에서 홍보가 활성화되어 있다고 보기는 어렵다. 그 이유로는 우선 사회복지시설의 대내외 커뮤니케이션을 효율적으로 다룰 수 있는, PR에 대한 지식과 기술을 가진 사회복지사를 찾기가 매우 어렵기 때문이다(임연옥, 2000). 또한 사회복지조직의 홍보활동에 있어 재정부족의 문제가 있다(박경권 외, 2013). 즉, 홍보활동을 위한 재정이 확보되지 않아 홍보를 전담하는 직원을 고용할 형편이 안 되며, 또한 각종 매체를 활용하여 홍보를 할 수 있는 재원의 조달 문제 등도 있다. 실제 윤지연(2013)의 연구에서 홍보업무 담당부서 유무에 대한 조사에 '없다'고 응답한 비율이 72.8%로 나타났으며, 타 업무를 하지 않는 홍보업무 전담자가 홍보를 담당하는 곳은 2.0%에 불과한 것으로 나타났다.

그러나 사회복지조직에서 홍보는 다음과 같은 이유에서 필요하다(이기영 외, 2009).

- 계층의 다양화와 직업의 전문성으로 인하여, 개성, 취미, 의견, 라이프스타일 등 가치관과 이상도 다르기 때문에 이들의 다양한 사고를 파악하고 그들이 가지고 있는 인식적 공통 분모를 찾아서 소구하는 노력 없이는 폭넓은 지지를 얻어내는 것이 어렵다.
- 각종 소비자단체, 정당, 시민단체가 여론주도 세력이 되고 있어 이들을 대상으로 하는 홍보가 필요하다.
- 예측 가능한 상황의 발생과 본격화된 국제화 시대에 따라 사회적 문제에 대한 적절한 대응이 더욱 필요하게 되어 복지조직의 프로그램 활동에 대한 홍보가 필요하다.

3) 홍보매체

사회복지조직에서 홍보를 위해 활용할 수 있는 매체는 매우 다양하다. 매체는 크게 직접매체와 간접매체로 구분할 수 있다. 직접매체는 기관소식지, 팸플릿, 카탈로그, DM, PR 영화 및 비디오, 조직 견학, 광고, 이벤트(전시, 행사, 설명회 등)이 있고, 간접매체로는 신문, 잡지, TV 및 라디오를 비롯하여 제3미디어(유튜브 등 인터넷 매체) 등이 있다(이기영 외, 2009).

사회복지조직에서 가장 흔하게 사용하는 홍보매체로는 소식지 제작 및 발행, 홍보물(연하장, 기념품 등), 홍보현수막 게시 및 전광판 게시, 트위터, 카카오톡, 유튜브, 인스타그램 등을 통한 SNS 운영 및 홍보, 홈페이지 운영 등의 방법 등이 있다. 또한 각 지방자치단체마다 시정소식지 혹은 구정소식지를 정기적으로 발간하는데, 이 소식지 안에 복지조직의 사업 및 서비스를 홍보할 수도 있다.

과거와 달리 오늘날 SNS가 활성화됨에 따라 과거에 비해 홈페이지의 사용이 줄어들고 그 가치가 절감된 것처럼 보인다. 그러나 실제 SNS에서는 기관이나 사업의 전반적인 부분을 보여주기보다는 핵심적인 내용만을 전달하기에 유용하다. 즉, 결국 SNS는 지역주민의 흥미를 불러일으켜 궁극적으로는 홈페이지로 유입하도록 해야 하는 것이다. 이러한 관점에서 홈페이지는 지역주민과의 원활한 대화의 장, 상호작용이 일어나도록 구성, 운영해야 하며, 또한 시의성 있는 의미 있는 정보, 모든 기관과 사업에 대한 정보를 집약적으로 제공할 수 있도록 해야 한다.

참고문헌

강용구・김희성・배은영・양정하・오종희・유용식・주익수(2007). **사회복지행정론**. 경기 : 공동체.

고광신・김승훈・손연숙(2008). **사회복지행정론**. 서울 : 나눔의집.

고재욱・전선영・황선영・박성호・이용환(2013). **사회복지행정론**. 경기 : 정민사.

과학기술정보통신부・한국지능정보사회진흥원(2022). 2021 디지털 정보격차 실태조사.

곽미정・최창현・노상은・홍희석・정명희(2017). **사회복지행정론**. 경기 : 양성원.

국립국어원 표준국어대사전 https://stdict.korean.go.kr/main/main.do

권정호(2014). 조선조 위민정치와 복지사상의 탐색. **한국동양정치사상사연구**, 13(2), 81-120.

김나리・박재영・임종린(2022). **쉽게 배우는 사회복지행정론**. 경기 : 어가.

김동우・이태식(2007). 기업의 목표관리 특성 및 활성화 방안. **전문경영인연구**, 10(2), 101-132.

김병식・박용순・변보기・윤도현(2005). **사회복지행정론**. 서울 : 창지사.

김선수(2008). 조직문화유형이 구성원의 조직몰입과 조직시민행동에 미치는 영향. 조선대학교 대학원 박사학위논문.

김승권(2004). 사회복지시설평가제도의 발전과정과 개선방안. 2003년 사회복지시설평가 결과 및 정책과제. 보건복지포럼.

김양미(2012). 미국 사회복지정책의 경과와 특징. **민족연구**, 51, 125-150.

김영란(1998). 한국 지역사회복지관에서의 '총체적 품질경영'(TQM)의 적용가능성에 관한 시론. **사회복지리뷰**, 3(1), 121-144.

김영종(2019). **사회복지행정**(제4판). 서울 : 학지사.

김영춘(2010). 사회복지조직의 조직효과성 영향요인 연구. 원광대학교 대학원 박사학위논문.

김익균・이창수・이현기・이형진(2011). **사회복지행정론**. 경기 : 정민사.

김장호(1997). 미국의 근로자 복지제도. 한국노동연구원.

김형식・이영철・신준섭(2002). **사회복지행정론**. 서울 : 동인.

김희정(1999). 사회복지관 후원개발을 위한 홍보방안에 관한 연구. 서울신학대학교 사회복지대학원 석사학위논문.

남금란(1997). 민간사회복지분야의 모금개발을 위한 마케팅 전략 연구. 숭실대학교 대학원 석사학위논문.

도운섭(2005). 조직문화와 조직효과성과의 관계에 대한 연구경향 분석-행정학 분야를 중심으로-. **행정논총**, 43(3), 75-95.

미국PR협회 홈페이지 https://www.prsa.org

미국마케팅협회 홈페이지 https://www.ama.org

박경권 · 이종만 · 박한수(2013). **비영리조직의 이해**. 서울 : 도서출판 청람.

박경일 · 장중탁 · 이명현(2002). 사회복지기관의 TQM진단평가를 통한 단계별 수행방안에 관한 연구 - 부산광역시 지역사회복지관을 중심으로 -. **한국사회복지행정학**, 6, 33-63.

박길태(2014). 조직문화와 조직몰입이 사회복지종사자의 이직의도에 미치는 영향에 관한 연구. **인문사회과학연구**, 15(3), 291-318.

박동서(1972). **한국행정론**. 경기 : 법문사.

박보영(2005). 미군정 구호정책의 성격과 그 한계 : 1945~1948. **사회연구**, 9, 69-99.

박세경(2004). 사회복지관 평가결과 및 정책제언. 2003년 사회복지시설평가 결과 및 정책과제. 보건복지포럼.

박영강(2006). 지방정부의 목표관리제 시행경험과 시사점. **사회과학연구**, 22(2), 429-453.

박원우(2002). **M&A와 문화충돌 관리**. 서울 : 집문당.

박원우 · 성지영(2008). 조직문화와 성과의 관계. **勞使關係硏究**, 18, 83-135.

박정임(1996). 사회복지관의 후원자 개발 및 관리방안에 관한 연구. 서울여자대학교 대학원 석사학위논문.

박지혜 · 박은주 · 조상미(2009). 사회복지조직의 조직효과성 연구경향 분석. **한국사회복지학**, 61(1), 33-55.

박차상 · 이경철 · 오세영(2010). **사회복지행정론**. 서울 : 창지사.

배은영 · 류기덕 · 김남숙 · 조당호 · 조대흥 · 권도국(2010). **사회복지행정론**. 경기 : 공동체.

배정미(2001). 장애인복지관 홍보활동에 관한 연구 : 서울지역 장애인복지관홍보담당자와 이용자를 중심으로. 가톨릭대학교 대학원 석사학위논문.

백기복(1994). **조직행동연구**. 서울 : 법문사.

보건복지부(2025). 2025 사회복지시설 관리안내, p. 131.

보건복지부 · 한국사회복지협의회(2012). **2012 사회복지시설평가 Ⅰ**. 한국사회복지협의회 사회복지시설평가원.

서보준 · 김우호 · 이정미 · 전영록 · 최병태(2017). **사회복지행정론**. 경기 : 양성원.

서정재(2008). 조직문화와 리더십 유형의 적합성이 조직유효성에 미치는 영향에 관한 연구 : 공공부문 중간관리자를 중심으로. 한국기술교육대학교 산업대학원 석사학위논문.

서종수(2014). 가족사업기관의 조직특성 및 조직문화와 종사자 특성이 사업성과에 미치는 영향. 대구대학교 대학원 박사학위논문.

_____(2016). 조직몰입이 이직의도와 사업성과에 미치는 영향 : 부산지역 사회복지조직을 중심으로. **벤처창업연구**, 11(4), 215-225.

서종수 · 조희금(2014a). 가족상담자의 소진이 가족상담서비스 전달체계의 조직효과성에 미치는 영향. **다문화상담연구**, 4(1), 180-195.

_____________(2014b). 비영리기관 종사자의 소진이 조직효과성에 미치는 영향-건강가정지원센터와 다문화가족지원센터를 중심으로. 한국가족자원경영학회지, 19(4), 163-181.

_____________(2017). 가족복지조직의 조직문화가 건강가정사의 전문성에 미치는 영향. 한국가족자원경영학회지, 21(3), 1-21.

성규탁(1993). 사회복지행정론. 경기 : 법문사.

손영환(2013). 노인장기요양서비스 공급체계 특성이 서비스 질에 미치는 영향-충북지역 방문요양서비스를 중심으로-. 가톨릭대학교 사회복지대학원 석사학위논문.

송민석(2015). 사회복지시설 평가제도의 융합모형. 한국융합학회논문지, 6(5), 115-122.

시카고대학 도서관 Edith Abbott(1876-1957) : Social Service Administration https://www.lib.uchicago.edu/collex/exhibits/university-chicago-centennial-catalogues/university-chicago-faculty-centennial-view/edith-abbott-1876-1957-social-service-administration/

신복기 · 박경일 · 이명현(2010). 사회복지행정론. 경기 : 공동체.

_____________________(2013). 사회복지행정론. 경기 : 공동체.

심선경(2018). 감성지능과 조직문화가 노인복지관 사회복지사의 소진에 미치는 영향에 관한 연구. 한국과학예술융합학회, 34, 191-204.

심재영(2005). 비영리조직경영론. 서울 : 한국방송통신대학교출판부.

양승일(2014). 사회복지행정론. 경기 : 양서원.

엄기욱 · 김순규 · 배진희 · 오세영(2013). 사회복지개론. 서울 : 학지사.

연합뉴스(2017. 7. 15) [위클리 스마트] '데이터가 곧 자산'…1초에 56만GB 생성 https://www.yna.co.kr/view/AKR20170714114500017

예지숙(2021). 일제시기 사회사업 외곽단체의 설립과 활동-1920년대를 중심으로-. 인문학연구, 61, 289-316.

오세덕 · 이명재 · 강제상 · 임영제(2007). 행정관리론. 서울 : 대영문화사.

오세영(2022). 사회복지행정론. 서울 : 신정.

오윤섭 · 이아영 · 강지원 · 고경표(2018). 사회복지시설 평가제도 개선 방안 연구. 한국보건사회연구원.

오재원(2012). 장애인복지관 종사자의 조직문화 인식이 직무성과에 미치는 영향 : 자본의 매개효과 검증. 한국콘텐츠학회논문지, 12(10), 205-215.

우종모 · 김재호 · 조당호(2007). 사회복지행정론. 경기 : 양서원.

원석조(2014). 사회복지행정론. 경기 : 양서원.

______(2018). 사회복지개론. 경기 : 양서원.

유기현(2003). 조직행동론. 서울 : 무역경영사.

유필화 · 황규대 · 강금식 · 정홍주 · 장시영(2006). 디지털 시대의 경영학. 서울 : 박영사.

윤지연(2013). 사회복지시설 홍보활동과 활성화 방안에 관한 연구. 청주대학교 대학원 석사학위논문.

이규호 · 서종수(2022). 2022 다양한 가족 수용성 증진 지표 개발 연구최종보고서. 서울시가족센터.

이기영 · 조희금 · 조영희 · 송혜림 · 정지영 · 서지원(2009). **공공가정경영 : 비영리기관 운영관리에의 적용**. 서울 : 신정.

이덕로(2018). **조직행동론**. 경기 : 피앤씨미디어.

이명신(2004). 사회복지사의 소진과정(Burnout Process) 모델-직업관련 스트레스 요인, 직무스트레스와 전문직효능성에 의한 소진 경로분석-. **한국사회복지학, 56**(4), 5-34.

이미영 · 강영숙(2018). 사회복지조직의 조직문화와 조직효과성 관계에서 신뢰의 매개 효과에 관한 연구. **한국사회복지학회, 2018**.

이방현 · 이방원 · 양옥경(2012). 일제후기 한국 사회복지 활동에 대한 기초연구(1932-1945). 한국사회복지학회 학술대회 자료집.

이성우(2001). 사회복지기관의 마케팅전략 적용에 관한 연구. 단국대학교 행정법무대학원 석사학위논문.

이임정 · 김재붕(2011). **보보의 리더십**. 서울 : 도서출판 청람.

이재규 · 김성규 · 권중생(1996). **최신인적자원관리론**. 서울 : 문영사.

이종수(2009). **행정학사전**. 경기 : 대영문화사.

이학종(2004). **한국의 기업문화 : 한국기업의 문화적 특성과 기업문화개발**. 서울 : 박영사.

이혜원 · 이영환 · 정원오(1998). 한국과 일본의 미군정기 사회복지정책 비교연구-빈곤정책을 중심으로-. **한국사회복지학, 36**, 309-338.

이희태(2008). 사회복지관의 TQM 도입 효과 분석. **지방정부연구, 12**(2), 111-132.

임연옥(2000). 노인복지관 PR 활성화 방안을 위한 연구 : 우수PR구성요소. 이화여자대학교 대학원 석사학위논문.

임창희(1997). **조직행동**. 경기 : 학현사.

장동일(2010). **사회복지행정론**. 서울 : 동문사.

장인협 · 오정수(2001). **아동 · 청소년복지론**. 서울 : 서울대학교출판부.

장인협 · 이정호(2006). **사회복지행정론 이론과 실무**. 서울 : 서울대학교출판부.

전해황(2016). **사회복지행정론**. 경기 : 양서원.

정동엽(2010). 노인복지시설의 조직문화가 조직효과성에 미치는 영향 : 대구지역 장기요양기관을 중심으로. 대구가톨릭대학교 사회복지대학원 석사학위논문.

정무성 · 정진모(2001). **사회복지 프로그램 개발과 평가**. 경기 : 양서원.

정미나 · 원 일 · 민원홍 · 손선옥 · 박선환 · 이 찬(2020). 세종형 사회복지 프로그램 공모사업 모델 개발. 세종시복지재단.

정영철(2016). 사회복지시설 개인정보 보호관리 현황과 과제. 보건복지포럼.

정우열 · 손능수(2011). 한국 사회복지행정의 역사적 변천과정에 대한 연구 : 조선구호령 제정

이후의 구빈행정을 중심으로. **한국행정사학지, 22**, 201-226.
정익준(2005). **비영리마케팅**. 경기 : 형설출판사.
조상미 · 정희수 · 유수형 · 한예선(2020). 조직문화는 사회복지 종사자의 직무소진에 영향을 미치는가? - 리더-구성원 교환관계(LMX)의 조절효과를 중심으로. **한국사회복지행정학, 22**(4), 159-186.
주리애(2009). 노인복지시설의 조직문화와 조직유효성 관계에서 종사자 임파워먼트의 조절효과. 광주대학교 사회복지대학원 박사학위논문.
주영종(2010). 조직문화 연구에 대한 통합과 실증분석. 중앙대학교 대학원 박사학위논문.
중앙사회서비스원(2022). 2024년도 사회복지시설평가-사회복지관 평가지침-.
_______________(2023). 사회복지시설 평가를 위한 Q&A.
중앙사회서비스원 홈페이지 https://kcpass.or.kr
진영란 · 이광순(2015). 노인요양시설의 조직문화 유형과 조직몰입도 관련 요인. **한국콘텐츠학회논문지, 15**(11), 192-201.
천정웅 · 김용환 · 김승돈(2015). **사회복지행정론**. 서울 : 신정.
최성욱(2001). 조직문화의 이해와 연구논쟁점에 관한 고찰. **정부학연구, 7**(2), 142-171.
최성재 · 남기민(2005). **사회복지행정론**. 경기 : 나남출판
최일섭 · 류진석(1996). **지역사회복지론**. 서울 : 서울대학교출판부.
최재열(1998). **경영조직론**. 서울 : 세학사.
최정규(2005). 사회복지기관의 후원자개발 마케팅에 관한 연구. **경영과 정보연구, 16**, 117-137.
최창호 · 정세욱(1986). **행정학**. 경기 : 법문사.
최홍기(2009). 한국과 일본의 사회복지시설 평가체계 비교연구 : 3단계 모니터링 평가체계의 모색. 단국대학교 대학원 박사학위논문.
하은하 · 태동원 · 김근식 · 권민숙(2015). 사회복지기관 조직문화 유형이 사회복지사의 이직의도에 미치는 영향-코칭리더십의 조절효과-. **한국자치행정학회. 29**(1), 311-330.
한국사회복지행정학회 편(2003). **한국의 사회복지행정**. 경기 : 학현사.
행정안전부 지방자치인재개발원(2022). 2022 공통교재 지방예산 실무.
허만형(2004). **사회복지행정론**. 경기 : 법문사.
_____(2012). **사회복지행정론**. 서울 : 대영문화사.
홍봉수 · 임현진 · 장승전 · 황영희 · 임안나(2011). **사회복지행정론**. 경기 : 공동체.
홍원표 · 이선미 · 박예림(2022). 아동양육시설 종사자의 조직문화 지각이 직무만족도에 미치는 영향. **미래유아교육학회지, 29**(1), 1-24.
황성철 · 정무성 · 강철희 · 최재성(2005). **사회복지행정론**. 경기 : 학현사.
____________________________(2021). **사회복지행정론**(제4판). 경기 : 정민사.
西崎綠(2019). 냉전기 미국의 사회사업. **사회복지역사연구, 2**, 138-166.

Abbott, E.(1931). *Social Welfare and Professional Education.* Chicago : University of Chicago Press.

Anderson, B., & Camp, R.(1995). Current position and future development of benchmarking. *Time Magazine, 7*(5), 21.

Argyris, C.(1975). *Personality and Organization.* New York : Harper & Row, Publishers, Inc. at the first management level : The interference of the organizational culture. Revista de Administração.

Ayyildiz, H., Akmermer, B., & Akyüz, A. M.(2017). Marketing Approach for Non-Profit Organizations. In Vojko Potocan, Mustafa C. Ünğan, & Zlatko Nedelko(Eds.), *Handbook of Research on Managerial Solutions in Non-Profit Organizations.*

Bakker, A. B., Schaufeli, W. B., Sixma, H., Bosveld, W., & Van Dierendonck, D.(2000). Patient demands, lack of reciprocity, and burnout : A five-year longitudinal study among general practitioners. *Journal of Organizational Behavior, 21*, 425-441.

Barca, V., & Chirchir, R.(2014). Single registries and integrated MISs : De-mystifying data and information management concepts. DFAT, Commonwealth of Australia.

Barnard, C. I.(1949). *Organizations and Management.* Cambridge : Harvard University Press.

Bass, B. M.(1990). From Transactional to Transformational Leadership : Learning to Share the Vision. *Organizational Dynamics, 18*(3).

Blase, J.(1988). Dimensions of effective school leadership : The teacher's perspective. *American Educational Research Journal, 24*, 589-610.

Borden, N. H.(1964). The concept of the Marketing Mix. *Journal of Advertising Research*, June, 2-7.

Browne, E.(2014). Social Protection Management Information Systems(MIS). GSDRC Helpdesk Research Report. Birmingham : Governance and Social Development Resource Centre (GSDRC), University of Birmingham.

Cameron, K.(1978). Measuring organizational effectiveness in institutions of higher education. *Administrative Science Quarterly, 23*, 604-632.

Camp, Robert, C.(1989). *Benchmarking : The search for Industry Best Practice That Lead to superior Performance.* ASQC Quality Press, Wisconsin.

Carey, P. E., & Shipley, R. E.(1973). The Planning-Programming-Budgeting System. *Highway Research Circular, 145*, 19-32.

Christian, W. P., & Hannah, G. T.(1983). *Effective Management in Human Service.* Englewood Clifs, New Jersey : Prentice-Hall, Inc.

Dawoood, S., Mammona, S. Fahmeeda, & Ahmed, A.(2015). Learning Organization-Conceptual and Theoretical Overview. *International Journal of Humanities Social Sciences and Education, 2*(4), 93-98.

Deal, T. E., & Kennedy, A. A.(1982). *Corporate cultures : The rites and rituals of corporate life*. Perseus Books.

Dewey, J.(1933). *How we think*. Boston : Health.

Drucker, P. F.(2006). *The Practice of Management*. New York : Harper Business.

Edwards, W.(1954). The theory of decision making. *Psychological Bulletin, 51*(4), 380-417.

Etzioni, A.(1961). *A Sociological Reader on Complex Organizations*. New York : Holt, Rinehart, & Winston.

________(1975). *A comparative analysis of complex organizations*(rev. ed.). New York : Simon and Schuster.

Fine, S. H.(1992). *Marketing the public sector*. New Brunswick, NJ : Transaction Publishers.

Fitch, D.(2014) An Organizational Cybernetics Framework for Achieving Balance in Evidence-Based Practice and Practice-Based Evidence. *J. Evid. Based Soc. Work 2014*(11), 114-126.

Freudenberger, H. J. (1974). Staff burn-out. *Journal of Social Issues, 30*(1), 159–165. https://doi.org/10.1111/j.1540-4560.1974.tb00706.x

Gillbert, N. M.(1991). Influence of Organizational Culture on Job Satisfaction, Organizational Commitment, Turnover, Absenteeism, and Productivity in Hospital Foodservice. Master's Thesis, University of Tennessee.

Gillingham, P.(2013) The development of electronic information systems for the future : Practitioners, 'embodied structures' and 'technologies-in-practice'. *Br. J. Soc. Work 2013*(43) 430-445.

__________(2015). Electronic Information Systems and Human Service Organizations : The Unanticipated Consequences of Organizational Change. *Hum. Serv. Organ. Manag. Leadersh. Gov. 2015*(39) 89-100.

Gronbjerg, K. A.(1993). *Understanding noprofit funding*. New York : Russell Sage Foundation.

Gulick, L. H.(1937). Notes on the Theory of Organization. In L. Gulick & L. Urwick(Eds.), *Papers on the Science of Administration*(pp. 3-45). New York : Institute of Public Administration.

Gutknecht, D. B., & Miller, J. R.(1986). *The Organizational and Human Resources Sourcebook*. Lanham : University Press of America, Inc.

Hasenfeld, Y.(1996). The administration of human services : What lies ahead? In Raffoul & McNeece(Eds.), *Future issues for social work practice*(pp. 191-202). Boston : Allyn and Bacon.

Hasenfeld, Y., & English, R. A.(1983). *Human Service Organizations*. Ann Arbor : The University of Michigan Press.

Haywood-Farmer, J.(1988). A Conceptual Model of Service Quality. *International Journal of Operations & Production Management, 8*(6), 19-29.

Herman, R. D., & Renz, D. O.(1999). Theses on Nonprofit Organizational Effectiveness. *Nonprofit and Voluntary Sector Quarterly, 28*(2), 107-126.

Hersey, P., Blanchard, K. H., & Johnson, D. E.(1996). *Management of Organization Behavior : Utilizing Human Resource*(6th ed.). Englewood Cliffs, NJ : Prentice-Hall.

Hofstede, G., Neuijen, B., Ohayv, D. D., & Sanders, G.(1990). *Measuring Organizational Cultures : A Qualitative and Quantitative Study across Twenty Cases. Administrative Science Quarterly, 35*(2), 286-316.

House, Robert J., & Mitchell, Terence R.(1974). Path-Goal Theory of Leadership. *Journal of Contemporary Business.* Autumn.

Howard, M. Carisle(1997). *Management Essentials, Concepts and Applications.* Chicago : Science Research Associates, Inc.

Humphrey, J.(2002). Joint Reviews : Retracing the Trajectory, Decoding the Terms. *British Journal of Social Work, 32*, 463-476.

Jansson, B.(2012). *The reluctant welfare state : Engaging history to advance social work practice in contemporary society.* Belmont, CA : Brooks/Cole.

Katz, D., & Kahn, R. L.(1978) *The social psychology of organizations*(2nd ed.). New York : Wiley.

Kotler, P.(1985). *Marketing for nonprofit organizations.* Englewood Cliffs, N.J : Prentice-Hall.

________(1991). *Marketing Management-Analysis, Planning, and Control*(6th ed.). Englewood Cliffs, N.J : Prentice-Hall.

Kotler, P., & Lee, N.(2008). *Social marketing : Influencing behaviors for good*(3rd ed.). Thousand Oaks, CA : Sage Publications

Kotler, P., Armstrong G., Saunders J., & Wong V.(2002). *Principle of Marketing*(3rd ed.). Europe, Prentice Hall.

Kukanja, M., Omerzel, D., & Kodrič, B.(2016). Ensuring restaurant quality and guests' loyalty : an integrative model based on marketing (7P)approach. *Total Quality Management & Business Excellence*, 1-17.

Lauffer, A.(2008). Confronting Fundraising Challenges. In R. J. Patti(Eds.), *The Handbook of Human Services Management*(pp. 351-372). Sage publishing.

Levert, T., Lucas, M., & Ortlepp, K.(2000). Burnout in psychiatric nurses : Contributions of the work environment and a Sense of Coherence. *South African Journal of Psychology, 30*, 36-43.

Llorens S., & Salanova M.(2011). Burnout : Un problema psicológico y social. *Riesgo Labor, 37*, 26-28.

Lubove, R.(1965). *The professional altruist : The emergence of social work as a career. 1980-1930.* Cambridge, MA : Harvard University.

Maslach, C.(2003). Job burnout : New directions in research and intervention. *Current Directions in*

Psychological Science, 12, 189-192.

Maslow, A. H.(1960). *A Theory of Human Motivation.* Cincinati : South-Westery Publishing Co.

McCarthy, Jerome E.(1960). *Basic Marketing. A Managerial Approach.* Homewood, IL : Richard D. Irwin.

McGregor, D.(1960). *The Human Side of Enterprise.* NY : McGraw-Hill.

Meade, G.(1951). American Military Government in Korea. 주한미군정 연구. (안종철 역, 1993). 경기 : 공동체.

Mintzberg, H., & McHugh, A.(1985). Strategy formation in an adhocracy. *Administrative Science Quarterly, 30*, 160-197.

Mishra, D.(2016). Social work administration Retrieved from. http://ddceutkal.ac.in/Syllabus/MSW/Paper-6.pdf

NASW(1999). *Encyclopedia of Social Work*(19th ed.). 이문국 외 공역. 서울 : 나눔의집.

Neugeboren, B.(1985). *Organization, Policy and Practice in the Human Services.* New York : Longman.

Obi, J., & Agwu, M. E.(2017). Effective decision-making and organizational goal achievement in a depressed economy. *International Journal of research and Development Studies, 8*(1).

Online Etymology Dictionary(2023). Retrieved January 28, 2023, from Online etymology dictionary : https://www.etymonline.com/search?q=budget

Ott, J. S.(1989). *Organizational Culture Perspective.* Chicaho : The Dorsey press.

Parasuraman, A., Zeithaml, V. A., & Berry, L. L.(1988). SERVQUAL : A multiple-item consumer perceptions of service quality. *Journal of Retailing, 64*(1), 12-40.

Paton, R., & Foot, J.(1997). Dashboards for non-profits : A new approach to an old problem?. Paper presented at the 1997 meeting of the Association for Research on Nonprofit Organizations and Voluntary Action, Indianapolis.

Patti, R. J.(1983). *Social Welfare Administration : Managing Social Programs in a Developmental Context.* CA : Prentice Hall.

Pettigrew, A. M.(1979). On Studying Organizational Cultures. *Administrative Science Quarterly, 24*(4), 554-574.

Price, J. L.(1968). *Organizational effectiveness : An inventory of propositions.* Homewood : R. D. Irwin.

Quinn, R. F., & Rohrbaugh, J.(1983). A Spatial Model of Effectiveness Criteria : Towards a Competing Values Approach to Organizational Effectiveness. *Management Science, 29*, 363-377.

Richard, L. D.(2003). *Organization Theory and Design.* CA : South-Western College Publishing.

Robbins, S. P.(1980). *The Administrative Process.* Englewood Cliffs : Prentice-Hall.

____________(1984). *Essentials of Organizational Behavior.* Englewood Cliffs, NJ : Prentice-hall.

Rossi, P., & Freeman, H.(1993). *Evaluation : A Systematic approach.* CA : Sage, Newbury Park.

Salamon, L. M.(1993). The marketization of welfare : Changing nonprofit and for-profit roles in the American welfare state. *Social Service Review, 67*(1), 16-39.

Sauplpic, O., Fourcade, F., Lorain, M.-A., Morlaes, J., Giraud, F., Zarlowski, P., & Beresford, A.(2011). *Fundamentals of management control : techniques and principles*. Paris : Pearson Education.

Schaufeli W. B., Bakker A. B., van der Heijden F., & Prins J. T.(2009). Workaholism, burnout and well-being among junior doctors : The mediating role of role conflict. *Work Stress., 23*, 155-172.

Schaufeli W. B., Maassen G. H., Bakker A. B., & Sixma H. J.(2011). Stability and change in burnout : A 10-year follow-up study among primary care physicians. *J. Occup. Organ. Psychol, 84*, 248-267.

Schaufeli, W. B., & Buunk, B. P.(1996). Professional burnout. In M. J. Schabracq, J. A. M. Winnubst & C. L. Cooper(Eds.), *Handbook of work and health psychology*(pp. 311-346). Chichester : John Wiley.

Schaufeli, W. B., & Enzmann, D.(1998). *The burnout companion to study and practice : A critical analysis*. London : Taylor & Francis.

Schein, E. H.(1984). Coming to a New Awareness of Organizational Culture. *Sloan Management Review, 25*(2), 3-16.

__________(2010). *Organizational Culture and Leadership*(4th ed.). San Francisco : Jossey-Bass.

Schermerhorn, J. R., Hunt, J. G., Osborn, R. N., & Osborn, R.(2004). *Core concepts of organizational behavior*. John Wiley & Sons Inc.

Schwartz, H., & Davis, S. M.(1981). Matching corporate culture and business strategy. *Organizational Dynamics, 10*(1), 30-48.

Senge, P.(1990). *The Fifth Discipline*. New York : Doubleday.

Seniutis, M., Petružyte, D., Baltrunaite, M., Vainauskaite, S., & Petkevičius, L.(2021). The Impact of Information System on Interactions of Child Welfare Professionals with Managers and Clients. *Sustainability, 13*(12), 6765.

Simon, H. A.(1961). *Administrative Behavior*. New York : Harper & Row.

Skidmore R. A.(1983). *Social Work Administration : Dynamic Management and Human Relation*. Englewood Cliffs, NJ : Prentice-Hall Inc.

__________(1995). *Social Work Organizational Behavior*(2nd ed.). Englwood Cliffs, NJ : Prentice Hall, Inc.

Slater, P., & Bennis, W.(1964). Democracy is inevitable. *Harvard Business Review, 42*, 51-59.

Smith, H. D.(1945). *Management of yout government*. New York : McGrow-Hill.

Spencer, S.(1959). *The Administration Method in Social Work Education.* New York : Council on Social Work Education.

Stogdill, R. M.(1974). *Handbook of Leadership : A survey of Theory and Research.* The Free Press.

Terry, G. R.(1960). *Principles of Management*(3rd ed.). Homewood, Ill : Richard D, Irwin Inc.

The World Bank(2010). Results, Performance Budgeting and Trust in Government.

Trecker, H. B.(1977). *Social Work Administration : Principles and Practice.* New York : Association Press.

Vergara, S. C.(1991). Razão e intuição na tomada de decisão : uma abordagem exploratória. *Revista de Administração Pública, 25*(3), 120-138.

Verschuere, B., & Sutkens, B.(2020). Effectiveness and Efficiency of Nonprofit Organizations.

Villalobos, V. S., Blanco, G., & Bassett, L.(2010). Management Information Systems for Conditional Cash Transfers and Social Protection Systems in Latin America : A Tool for Improved Programme Management and Evidence based Decision-Making. Social Protection Unit, World Bank.

Virginia Commonwealth University VCU Libraries Social welfare history project 홈페이지 https://socialwelfare.library.vcu.edu/public-welfare/origins-of-the-state-federal-public-welfare-programs/

Wallace, C.(1922). *The Gantt Chart : A Working Tool of Management.* New York, NY : Ronald Press

Wallach, E. J.(1983). Individuals and organizations : The cultural match. *Training and Development Journal, 37*(2), 28-36.

Wastell, D.(2010). Managing as designing: Opportunity knocks for the IS field. *Eur. J. Inf. Syst., 19,* 422-431.

Watson, F. D.(1922). *The charity organization movement in the United States : A study in American philanthropy.* New York, NY : Macmillan.

Wenocur, S., & Reisch, M.(2001). *From charity to enterprise : The development of American social work in a market economy.* Chicago : University of Illinois Press.

White, R. K., & Lippit, R.(1960). *Autocracy and Democracy.* New York : Harper and Row.

Willems, J., Boenigk, S., & Jegers, M.(2014). Seven trade-offs in measuring nonprofit performance and effectiveness. *Voluntas : International Journal of Voluntary and Nonprofit Organizations, 25*(6), 1648-1670.

Yarimoglu, E. K.(2014). A review on dimensions of service quality models. *Journal of Marketing Management, 2*(2), 79-93.

찾아보기

인명

내용

저/자/소/개

■ 서종수
대구대학교 아동가정복지학과 교수

■ 신민정
수성대학교 사회복지과 교수

■ 조성욱
문경대학교 사회복지재활과 교수

■ 강도명
마산대학교 사회복지과 교수

■ 오승하
강동대학교 글로컬사회복지학부 교수

■ 정명환
포항대학교 사회복지과 교수

【제2판】

사회복지행정론

|공저자| 서종수 · 신민정 · 조성욱 · 강도명 · 오승하 · 정명환

|1판 1쇄| 발행 2023년 8월 30일
|2판 1쇄| 발행 2026년 2월 20일

|발행인| 김동훈
|발행처| 공동체

|주소| 경기도 고양시 일산동구 호수로 358-39, 동문타워 1차 905호(백석동)
|전화| 031)814-3000(대표)
|팩스| 031)814-3100
|홈페이지| http://www.compub.co.kr
|전자우편| compub@naver.com
|출판등록| 2005년 10월 6일
|등록번호| 제396-2005-36호

|ISBN| 979-11-7554-094-1
정가 23,000원